中国城市能源生态系统分析及模拟：
理论、方法及应用

Analysis and Simulation of China's Urban Energy
Ecosystem: Theory, Method and Application

穆献中　胡广文　著

国家自然科学基金项目研究成果（批准号：72174015，71673017）
国家重点研发计划研究成果（批准号：2023YFC3904500）
北京市教委人文社科项目研究成果（批准号：SM202310005008）

科学出版社
北　京

内 容 简 介

本书系统梳理了城市能源生态系统研究进展及基本研究范式，阐释了城市能源生态系统的内涵、基本特征和运行机制。针对城市能源系统内部部门要素的异质性、代谢要素行为反馈的异步性及要素间复杂的关联特征，基于生态视角解析城市能源系统代谢演化微观机理和运行机制，进而构建我国城市能源生态系统结构解析、优化评价、系统仿真理论和方法体系。在此基础上，选取北京市、毕节市、榆林市、唐山市等我国不同层级、不同类型的城市能源生态系统为实证对象，研究其能源生态系统要素及内在互动关联结构特征，并对北京市和唐山市能源生态系统进行多情景模拟，分析其演化代谢行为。

本书对城市能源、生态环境及经济管理研究领域的专家学者具有重要参考价值，也可为国内外不同层级政府部门及相关领域从业者提供研究依据，还可作为相关专业研究生和本科生教材或学习用书。

图书在版编目（CIP）数据

中国城市能源生态系统分析及模拟：理论、方法及应用 / 穆献中，胡广文著. —北京：科学出版社，2024.2
ISBN 978-7-03-076763-9

Ⅰ. ①中⋯ Ⅱ. ①穆⋯ ②胡⋯ Ⅲ. ①城市-能源管理-研究-中国 Ⅳ. ①F206

中国国家版本馆 CIP 数据核字（2023）第 202060 号

责任编辑：王丹妮 / 责任校对：姜丽策
责任印制：赵 博 / 封面设计：有道设计

科学出版社 出版
北京东黄城根北街16号
邮政编码：100717
http://www.sciencep.com
保定市中画美凯印刷有限公司印刷
科学出版社发行 各地新华书店经销

*

2024年2月第 一 版 开本：720×1000 B5
2025年10月第二次印刷 印张：18
字数：360 000

定价：198.00 元
（如有印装质量问题，我社负责调换）

前 言

作为推动我国能源革命的中心环节,能源结构转型一直是联结社会经济发展、生态文明建设的关键问题。如何协调区域经济发展、能源消费和环境保护之间的关系已成为国内外学者共同关注的热点研究问题,建立一种可持续的城市能源结构以实现经济与生态环境的协调发展,不仅是世界各国面临的共同挑战,也是我国建立"两型"社会、实现可持续发展的必然和重大战略研究任务。

2016 年,笔者有幸获批国家自然科学基金面上项目"能源输入型城市能源生态系统建模及优化路径研究"(71673017),这是我们研究团队承担的第二项国家自然科学基金面上项目,也是笔者于 2014~2016 年参与国家自然科学基金委员会主任基金项目"我国特大城市生态化转型战略研究"(L1422034)研究工作的有机衔接和自然延续,也为笔者持续开展城市能源生态化转型研究提供了强有力的技术支撑和经费支持。2021 年,研究团队再次获批国家自然科学基金面上项目"生产-生活系统循环链接体系下全要素能效提升路径及政策仿真"(72174015)。依托上述系列研究课题,研究团队发表了 20 余篇高水平学术研究论文,出版了 2 部学术著作,获批了 1 项技术发明专利、6 项软件著作权,培养了 4 名博士研究生、6 名硕士研究生。

本书作为研究团队编撰完成的上述研究课题成果之一,其基本架构由 9 章组成。

第 1~4 章进行方法理论构建,主要阐述本书的研究背景、研究意义,所基于的视角及研究框架;第 5~7 章对城市能源生态系统开展解析,主要结合城市能源生态系统理论方法体系,选取不同层级、不同类型城市解构其能源生态系统要素及内在互动关联结构特征;第 8~9 章模拟城市能源生态系统,主要基于城市能源生态系统理论方法体系,选取不同层级、不同类型城市模拟其城市能源生态系统演化行为,设定不同发展情景探究其发展路径并分析其演化代谢行为。

本书的研究特色及创新性研究工作主要包括以下几方面。

(1)理论方法创新,主要基于代谢演化视角和复杂系统理论,构建城市能源生态系统理论方法体系,完善城市能源生态系统研究。城市的高质量发展、经济结构的转型升级、生态文明制度的不断完善等对城市能源生态系统提出新的发展要求，为城市能源生态系统理论方法研究带来新的研究问题。通过梳理城市能源系统四种研究范式，提出基于生态视角的研究范式，构建城市能源生态系统理论方法体系，即以 3E（energy-economy-environment，能源—经济—环境）为研究主线，强化多学科交叉，丰富城市能源生态系统研究理论方法体系。

（2）管理机制创新，主要基于复杂系统理论从系统内部部门要素的异质性、代谢要素行为反馈的异步性及要素关联特征，解析城市能源生态系统代谢演化微观机理和运行机制，提出城市能源生态系统演化机制解析新思路。

（3）实证研究特色Ⅰ，主要基于城市类型，选取超大城市北京、资源型城市毕节和榆林，构建基于能量代谢的网络分析模型和解释结构模型（interpretative structural modeling，ISM），解析不同类型城市能源生态系统结构和关键因素。

（4）实证研究特色Ⅱ，主要选取北京和唐山开展实证研究，构建基于要素异质性重力模型和多主体模型，模拟城市能源生态系统演化行为。

本书的撰写是一个动态的研究工作过程。首先，2017~2020 年笔者门下研究生胡广文、涂闯、朱雪婷、李国昊、孔丽、周文韬、孙喆人、徐鹏、余漱石等在学位论文撰写过程中，完成了大量基础研究工作和学术成果积累；2020 年，笔者草拟了本书研究框架和写作提纲，开始组织团队研究人员撰写，2021 年初完成第一版初稿，其间因团队研究人员变动及教学科研工作繁杂，撰写工作暂时搁置；2022 年 4 月，笔者对第一版书稿进行了认真斟酌和结构梳理，重新组织团队成员对书稿进行了颠覆性修改和章节重写，参加撰写人员包括胡广文、谢亮、李明伟、田致广、孔丽等，最后由笔者完成统稿。经过近两年的努力，我们完成了目前这个版本的书稿。笔者对不同时期参与课题研究及本书撰写工作的所有研究人员和研究生表达最真诚的感谢和祝福。

需要说明的是，本书部分内容由我们团队不同时期研究成果或学位论文改写，使得部分数据无法统一至最新，特致以歉意。同时，基于本书框架体系的系统性及相关章节内容的系统性和完整性，本书引用了国内外诸多专家学者公开发表的文献资料及相关学术研究成果。尽管在本书中我们尽可能详尽地注明了参考文献的来源和出处，但难免有疏漏之处，当然也可能因阅读资料范围和数量有限而挂一漏万，对书中引用到的所有文献资料作者及该领域专家学者表达最崇高敬意和真诚谢意。

在恩师李京文先生引荐下，笔者有幸从能源央企重新回到高校工作，转眼已有 16 个年头，先生于 2021 年不幸离世，然笔者铭记先生教诲、永怀感恩之心。即将出版的这部著作是笔者撰写的第八部学术著作，抚书思源，笔者真诚感谢中国工程院院士、北京工业大学原校长左铁镛教授，教育部"长江学者"特聘教授、北京理工大学副校长魏一鸣教授，北京工业大学潘家华教授、吴玉锋教授、刘中良教授等学术前辈和同事的关心和帮助。最后，笔者也感谢科学出版社经管分社领导和责任编辑的辛苦付出。笔者也特别感谢给予我们研究团队承担国家自然科学基金项目机会的有关单位和诸多评审专家，这也是笔者撰写本书的最大动力和工作基础所在。

多年来，笔者一直从事常规能源产业领域的技术研发和经济研究工作。由于工作环境发生变动，近年开始转向城市能源系统分析、区域循环经济及相关领域研究工作。尽管笔者及研究团队工作十分努力，但在撰写这部比较前沿的学术著作过程中，深有力不从心和困惑之感，尤其面对学术生态高度商业化的社会现实时更显得茫然，对本书正常撰写工作也造成难以估量的影响。但愿本书对我国城市能源生态化转型研究能起到抛砖引玉的作用，也敬请致力于城市能源系统研究领域的专家学者给予指导帮助和批评指正。

本书交付出版之际，诸多感悟无以言表，谨以此为记。

穆献中
2023 年 5 月 22 日于北京

目　　录

第1章　绪论 ··· 1
  1.1　研究背景及研究意义 ·· 1
  1.2　研究内容及研究框架 ·· 6
  1.3　主要创新点 ·· 8
第2章　研究进展及文献综述 ·· 10
  2.1　能源系统理论 ··· 10
  2.2　城市能源系统研究 ·· 19
  2.3　城市能源系统分析方法 ·· 27
  2.4　文献评述及研究空间 ··· 31
第3章　城市能源生态系统内涵及运行机理 ································· 34
  3.1　城市能源生态系统内涵 ·· 34
  3.2　城市能源生态系统基本特征及内在机制 ·························· 38
  3.3　城市能源生态系统运行机理解析 ····································· 44
  3.4　本章小结 ·· 58
第4章　城市能源生态系统分析理论及方法体系 ·························· 60
  4.1　城市能源生态系统理论架构 ··· 60
  4.2　城市能源生态系统方法体系 ··· 71
  4.3　城市能源生态系统要素识别及结构分解模型 ··················· 76
  4.4　城市能源生态系统评价及优化模型 ································· 84
  4.5　城市能源预测及行为分析模型 ·· 92
  4.6　城市能源生态系统仿真模型 ··· 94
  4.7　本章小结 ·· 103
第5章　北京市能源生态系统代谢结构解析 ······························· 104
  5.1　北京市能源生态系统概况 ··· 104
  5.2　北京市能源代谢系统分析 ··· 109

  5.3 北京市能源代谢网络结构演化分析 124
  5.4 本章小结 148
第6章 毕节市能源生态系统解析 149
  6.1 毕节市能源产业及生命周期分析 149
  6.2 毕节市能源生态系统特征分析 153
  6.3 毕节市能源生态系统子系统相互作用机制及动态演化 160
  6.4 毕节市能源生态系统演化驱动机制分析 164
  6.5 毕节市能源生态系统优化路径 172
  6.6 本章小结 174
第7章 榆林市能源生态系统解析 176
  7.1 榆林市能源产业及生命周期分析 176
  7.2 榆林市能源生态系统特征分析 183
  7.3 榆林市能源生态系统子系统相互作用机制分析 188
  7.4 榆林市能源生态系统解析 190
  7.5 榆林市能源生态系统优化路径 200
  7.6 本章小结 201
第8章 北京市能源系统代谢演化的自组织行为模拟 203
  8.1 北京市能源耗散系统自组织行为架构 203
  8.2 北京市能源耗散系统负熵流控制模拟 207
  8.3 北京市能源生态系统代谢演化自组织模拟 213
  8.4 北京市能源生态系统代谢演化自组织分析 215
  8.5 本章小结 218
第9章 唐山市能源生态系统模拟 220
  9.1 唐山市能源系统概况 220
  9.2 唐山市能源消费主体分析 225
  9.3 唐山市能源消费主体交互关系分析 234
  9.4 情景模拟及结果分析 237
  9.5 本章小结 250
第10章 结论与展望 251
  10.1 主要研究结论 251
  10.2 研究展望 253
参考文献 255

Contents

Chapter 1　Introduction ··· 1
　1.1　Background and significance ·· 1
　1.2　Research content and framework ·· 6
　1.3　Contribution of this book ··· 8
Chapter 2　Research Progress and Literature Review ·································· 10
　2.1　Theory of energy systems ··· 10
　2.2　Research of urban energy systems ··· 19
　2.3　Analytical methods of urban energy systems ·· 27
　2.4　Literature review and research gap ·· 31
**Chapter 3　Connotation and Operating Mechanism of Urban
　　　　　　Energy Ecosystem** ·· 34
　3.1　Connotation of urban energy ecosystem ··· 34
　3.2　Characteristics and operating mechanism of urban energy ecosystems ······ 38
　3.3　Operation mechanism of urban energy ecosystems ······························· 44
　3.4　Summary ·· 58
Chapter 4　Theories and Models for Urban Energy Ecosystem Researches ······ 60
　4.1　Theoretical framework of urban energy ecosystem ······························· 60
　4.2　Models for urban energy ecosystem researches ···································· 71
　4.3　Element identification and structural analysis of urban energy
　　　　ecosystem ··· 76
　4.4　Evaluation and optimization of urban energy ecosystem ······················ 84
　4.5　Prediction and behavior analysis of urban energy ecosystem ··············· 92
　4.6　Simulation of urban energy ecosystem ··· 94
　4.7　Summary ·· 103
Chapter 5　Metabolic Structure Analysis of Beijing's Energy Ecosystem ······ 104
　5.1　Overview of Beijing's energy ecosystem ·· 104

5.2 Analysis of Beijing's energy metabolic system ··· 109
5.3 Structural evolution of Beijing's energy metabolism network ·················· 124
5.4 Summary ··· 148

Chapter 6 Structural Analysis of Bijie's Energy Ecosystem ························ 149
6.1 Analysis of Bijie's energy industry and life cycle stage ································ 149
6.2 Characteristics of Bijie's energy ecosystem ·· 153
6.3 Interactive mechanism and dynamic evolution of Bijie's energy ecosystem ·· 160
6.4 Driving mechanism of Bijie's energy ecosystem ·· 164
6.5 Ecological transformation pathway of Bijie's energy ecosystem ················ 172
6.6 Summary ··· 174

Chapter 7 Analysis of Yulin's Energy Ecosystem ··· 176
7.1 Analysis of Yulin's energy industry and life cycle stage ······························ 176
7.2 Characteristics of Yulin's energy ecosystem ··· 183
7.3 Interactive mechanism of Yulin's energy ecosystem ······································· 188
7.4 Analysis of Yulin's energy ecosystem ·· 190
7.5 Ecological transformation pathway of Yulin's energy ecosystem ··············· 200
7.6 Summary ··· 201

Chapter 8 Self-organizing Behavior Simulation of Metabolic Evolution in Beijing's Energy System ·· 203
8.1 Self-organizing behavior framework of Beijing's energy dissipative system ·· 203
8.2 Simulation of negative entropy flow control in Beijing's energy dissipative system ··· 207
8.3 Self-organization simulation of metabolic evolution in Beijing's energy ecosystem ·· 213
8.4 Self-organization analysis of metabolic evolution in Beijing's energy ecosystem ·· 215
8.5 Summary ··· 218

Chapter 9 Simulation of Tangshan's Energy Ecosystem ································ 220
9.1 Overview of Tangshan's energy system ··· 220
9.2 Description of Tangshan's energy consumption entities ································· 225
9.3 Interaction between energy consumption entities in Tangshan ················· 234
9.4 Scenario simulation and result analysis ·· 237
9.5 Summary ··· 250

Chapter 10　Conclusions and Outlook ·········251
    10.1　Main research conclusions ·········251
    10.2　Research outlook ·········253
References ·········255

第 1 章 绪 论

伴随我国城市化进程加快及绿色发展需求迫切，能源生态化转型在城市发展中的战略地位越来越重要，而城市能源生态系统是城市能源系统不断适应经济社会、生态环境等形成的新的发展形态。本章系统阐述中国城市能源生态系统的时代背景和现实经济意义，并在此基础上系统介绍本书的研究空间、主要内容框架及主要创新点，这也是本书后续内容的概略性归纳。

1.1 研究背景及研究意义

1.1.1 研究背景

城市地区人口密度大、建筑密集、生态环境较为脆弱，能源在城市区域的高强度集中消耗必然引发一系列经济、环境和社会问题。据《中国城市统计年鉴（2021）》，我国设有省级行政区划单位34个（其中直辖市4个），地级行政区划单位333个（其中地级市293个），县级行政区划单位2 844个（其中县级市375个）。根据国家统计局2021年数据，我国城镇化率已达到63.89%，但相较于发达国家普遍的70%~80%城镇化率，我国未来还有较大发展潜力。根据联合国人居署发布的《世界城市报告》（2015年版）的估算，我国2050年城镇化率将达到77.3%，进而引发能源消费量的显著增长。按当前城镇人均能源消费大约为农村人均能源消费的2倍计算，预计居民部门能源消费将比2015年增长超过30%，城市能源安全供给将面临严峻挑战。如何实现可持续的、高质量的城市发展成为城市管理部门关注的核心问题。

近年来，城市发展战略愈加受到重视，国内外各级城市纷纷出台了城市可持续发展、智慧城市、绿色城市、韧性城市等相关发展战略和评估指标，极大促进了城市发展研究。尤其伴随绿色低碳发展，零碳城市发展战略、城市脱碳路线图、零碳城市转型发展指数等城市能源系统管理相关研究对于城市能源系统提质增效和清洁转型提供了极大支撑。然而，作为城市可持续发展的重点领域之一，城市能源系统相关研究也随着城市发展水平的不断提升及内涵的不断丰富，从简单的能源供需问题拓展为涉及经济、环境和社会等多领域的综合问题，需要统筹能源、经济、环境、社会等多个维度，兼顾时间、空间进行综合分析。

城市能源生态系统研究属于典型的多学科交叉、多视角复合的跨领域研究课题，不同领域专家学者对于城市能源生态系统研究所提出和基于的研究架构也千差万别。例如，基于能源科学、宏观经济、行为经济、环境科学、管理科学、社会科学等。不同视角对于城市能源生态系统研究的侧重点各有差异，也形成了不同的研究流派和分析模式，推动了城市能源生态系统研究的进一步发展。根据笔者研究团队的粗略统计，目前主流的城市能源生态系统的研究范式已不少于五大类，并随着学科发展、技术进步及研究领域的拓展呈现出进一步增长的态势。

笔者基于多年从事城市能源生态系统研究的学术见解和系统认知，在此简单阐释几大类城市能源生态系统研究的核心观点和分析架构，也为本书理论方法体系的设计构建提供参考依据。

1. 能源技术的研究范式

该类研究主要聚焦城市能源系统内部能源的生产、转化、传输、存储和使用技术，并根据能源种类和应用领域进行细分，其研究目的在于探究城市系统中能源生产消费全过程的技术机理，以提升能源产品的生产利用效率。因此，该类研究关注城市能源系统中具体能源技术的应用场景，探究其技术适用性和实际效能。例如，按能源种类细分的城市能源系统中光能、风能、电能等的生产使用效能及技术经济适用性；按照应用领域细分的城市能源系统中家庭部门、建筑领域、交通领域的能源技术应用场景；按照能源生产传输形式区分的分布式能源、多能耦合互补、能源互联网等技术的技术原理研发。

该类研究范式总体面向城市能源系统中的中观和微观层面，聚焦城市能源系统中的技术实时应用层面，分析相关技术自身及引致的关联影响，涉及大量技术实施细节，所构建的理论方法模型通常包含大量物理、数学模型，尤其关注能源系统中能源的转化效率、动态监测、抗风险能力、安全保障、环境污染等。因此，该类研究多由具有能源与动力工程、新能源科学与工程、能源与环境系统工程等理工科背景的研究机构和学者开展，具有很强的工程类学科特色。同时，由于该类研究大多针对具体的城市能源系统,所构建的理论方法模型通常具有很强的针对性,同时对于专业分析工具具有较高的依赖性。

2. 系统工程的研究范式

基于系统工程的城市能源系统研究范式源于能源系统工程领域,其核心理念是基于系统工程视角对城市能源供需进行资源配置,确保城市能源系统整体的高效运行。因此,该类研究涵盖了城市能源系统从供给到需求全过程的原料供应、设备设施配置、性能指标等。同时,区别于第一类研究,该类研究更加关注在技术层面上,城市能源系统整体运行的可靠性和高效性等。

具体来说,对于城市电力系统的研究更加关注电力系统波峰、波谷负载情况及城市日常电力的供需配置;对于城市交通系统的研究可能关注交通用能的实时情况与化石能源燃烧导致的环境污染监测;对于工业、建筑、城市服务等部门的研究则关注电气化导致的对电力系统负载能力的影响;等等。

因此,该类研究更加关注中观、宏观层面城市能源系统的高效运行,侧重多种能源产品、多种能源技术、多种应用场景、多种应用领域的组合配置,以实现城市能源系统的稳定、高效运行。从学科属性上,该类研究仍属于能源系统工程领域,因此也具有较强的理工科属性。同时,由于涉及多种能源技术和应用场景的实时监测、安全预警和优化组合配置,该类研究也与计算机科学、数据信息技术等结合较为紧密。

3. 能源经济的研究范式

能源经济的研究范式源于经济学领域,是关注能源资源配置与经济产出关系的研究范式。该类研究强调能源资源与城市经济增长、环境保护、市场价格、要素替代、技术创新、金融衍生品等相关内容,其核心出发点是能源资源的稀缺性,因此研究的重点是城市系统中能源资源在经济发展与环境保护约束下的优化配置问题。

与前两类研究范式相比,能源经济的研究范式侧重于更加宏观的研究视角,同时对于能源技术的描述更加抽象,通常将其表征为效率,并且该效率与前两类范式的效率含义存在较大差别。具体来说,前两类范式中的效率更强调能源间的转化效率,如化学能与电能的转化效率、机械能与热能的转化效率、电能与机械能的转化效率等,更倾向同质(能源)间的转化;而在能源经济的研究范式下,效率表征的是能源产品转化为经济价值或效用的转换效率,更倾向异质(能源与货币、能源与效率)间的转化,由此导致了该范式下能源技术的表征,即轻技术原理,重技术效果。

此外,作为经济学的重要分支之一,能源经济的研究范式非常注重能源与经济发展、环境保护间的协同关系，尤其在城市能源经济系统研究中，围绕城市产业结构升级、能源结构清洁化等，衍生出与能源技术相关的创新（要素替代、效率提升、知识经济）研究。在研究模式和分析手段上，能源经济类的研究普遍基于经典经济理论提出假设，然后基于统计或调研资料，运用计量或统计分析手段进行检验验证。

4. 能源管理的研究范式

基于能源管理研究范式的城市能源系统研究与能源经济的研究范式同属于软科学的研究范畴，但又有所区别。该类研究注重城市宏观层面的能源系统整体管理，不仅包含了能源技术、设施，也包含了能源供需部门及能源产品。同时，基于能源管理研究范式的城市能源系统研究，往往具有明确的目标导向，即在既定约束限制下的目标优化。因此，能源管理的研究范式往往是多维度、多目标管理，包含了能源资源配置、经济发展、环境保护、能源安全保障等多个维度、多个目标的综合管理。

在学科归属上，该类研究范式通常属于管理科学或系统科学，具有明确的目标导向，所研究的内容涉及城市能源系统的结构解析、系统模拟、多维评价、系统优化及风险预警等多个方面，具有很强的多学科交叉属性。此外，能源经济的研究范式与该类研究范式最大的差别在于，前者更关注城市能源系统中不同要素间的关联分析，并以假设检验的方式进行验证；后者更关注城市能源系统中不同要素间的影响机制分析，所采用的分析工具、研究手段和研究模式也更加复杂，通常需要具体问题具体分析。

5. 能源生态系统的研究范式

随着近年来城市能源研究的不断深入，摆脱传统研究范式并不断拓展探索新的城市能源系统研究范式成为近年来诸多学者的关注热点，能源生态系统的研究范式由此提出。首先，区别于能源技术、系统工程的研究范式，能源生态系统的研究范式更加关注技术在实施应用全过程的整体性综合影响，而非简单的能源利用效率、污染排放等指标；其次，区别于能源经济、能源管理的研究范式，能源生态系统的研究范式不再将城市能源相关活动描述为简单的生产函数及约束条件，而是彻底打破原有的认知结构，重塑新的发展模式。

"生态系统"的概念是由英国生态学家Tansley在1935年提出来的，指在一定的空间和时间范围内，在各种生物之间及生物群落与其无机环境之间，通过能量流动和物质循环而相互作用的一个统一整体[1]。随着对生态系统及社会组织结构认识的不断深入，研究者发现，人类社会的组织、运转和生物学意义上的生态系统极为类似，并将"生态系统"这一概念和思想大量引入社会经济系统领域。

在工业领域，基于生态系统中代谢、共生、协同演进等概念，Sagar和Frosch提出工业生态系统的概念[2]，将整个工业系统作为一个生态系统来看待，认为工业系统中的物质、能源和信息的流动与储存不是孤立的简单叠加关系，而是可以像在自然生态系统中那样循环运行，它们之间相互依赖、相互作用、相互影响，形成复杂的、相互连接的网络系统。在产业领域，针对产业活动及其对自然系统的影响，通过比拟生物新陈代谢过程和生态系统的结构与功能，特别是物质流与能量流的运动规律，有学者提出了产业生态系统这一概念。产业生态系统是一个由制造业企业和服务业企业组成的群落，它以系统解决产业活动与资源、环境之间的关系为研究视角，在协同环境质量和经济效益的基础上，利用产业结构功能优化实现产业整体效益的最大化[3]。在商业领域，美国著名经济学家穆尔（Moore）在《哈佛商业评论》上首次提出了"商业生态系统"概念[4]：以组织和个人（商业世界中的有机体）的相互作用为基础的经济联合体，是供应商、生产商、销售商、市场中介、投资商、政府、消费者等以生产商品和提供服务为中心组成的群体。它们在一个商业生态系统中担负着不同的功能，各司其职，但又形成互赖、互依、共生的生态系统。在这一商业生态系统中，虽有不同的利益驱动，但身在其中的组织和个人互利共存，资源共享，注重社会、经济、环境综合效益，共同维持系统的延续和发展。在企业组织领域，企业组织处于由企业组织之间及企业组织与外界环境相互作用的企业生态系统中，企业组织在企业生态系统中要保持竞争与协同的统一。一方面，企业组织在竞争中得到进步，寻找生存空间；另一方面，企业组织之间、企业组织与外界环境之间存在相互依赖的关系。企业组织面临的一个重要问题就是处理好协同与竞争的关系，注重企业组织之间的协调、合作关系，与外界环境协同进化[5]。在创新机制研究领域，借鉴自然界生态体系的特征，学者提出创新生态系统的内涵为多个创新主体之间，基于某些技术、人才、规则、文化、运作模式、市场等共同的创新要素而形成的，相互依赖、共生共赢，并且具有一定的稳定性、独立性的一种组织体系[6]。

对我国而言，随着工业化和城市化进程的进一步加快，在保证拥有足够的能源支撑经济稳步发展的前提下，既要减少对环境的负面影响，也要为全球应对气候变化做出积极贡献，党的十九大报告中明确提出中国能源系统发展的方向是"构建清洁低碳、安全高效的能源体系"①，这也是国家对生态文明建设的内在要求。为实现这一目标，能源系统的构建不仅要通盘考虑本区域内能源开发和利用的平衡及其与生态环境的和谐共生，更要充分利用系统内部涌现出的某些生态特征进行自我调节。从生态系统的视角重新构建城市能源系统成为一

---

① 习近平. 决胜全面建成小康社会 夺取新时代中国特色社会主义伟大胜利——在中国共产党第十九次全国代表大会上的报告. https://www.gov.cn/zhuanti/2017-10/27/content_5234876.htm，2017-10-27.

个值得探索的课题[7]。

立足我国国情和绿色发展的实际需求，本书提出构建城市能源生态系统的设想，为城市能源结构的生态化转型提供新的研究思路。

1.1.2 研究意义

1. 为城市能源经济理论研究和应用提供技术支撑

目前，国内外学者对中国能源系统的研究已经形成了一定的研究规模并取得了较多的研究成果，但是学术界对能源系统的研究更偏重供需平衡，而对能源供应和生态经济可持续发展的作用机制未给予足够的重视，与其相关的学术研究还不够充分。基于对中国能源经济学科发展的理论探索，本书从仿生角度对能源系统的运行机制、演化机制和调节机制进行分析和建模，识别系统中导致能源结构失衡的关键节点，提高网络循环转换的效率、提高系统的价值增值率，考虑能源系统的末端处理和全生命周期的环境约束，为城市能源结构生态化转型及能源经济学科建设提供参考。

2. 绿色发展和能源—经济—环境协同发展的现实需求

中国经济发展模式面临着"粗放"发展模式的瓶颈，未来几年是中国经济结构转型、产业结构升级（含能源产业）、全面实现小康社会的重要发展时期。中国城市能源供需系统将更加趋向多元化、复杂化，运行管理也更加趋向智能化、精细化，能源供需（输入—输出）更加趋向个性化、多样化。在保证经济发展的前提下，提高城市发展的环境效益，优化终端能源消费构成，提高能源利用效率，满足能源供给限度的硬性约束，协调能源、经济、环境关系，对于中国城市建设的可持续发展、资源永续利用、消解环境承载"瓶颈"约束，构建资源节约型、环境友好型社会具有重要的现实意义。

1.2 研究内容及研究框架

如图1.1所示，本书研究内容可大致分为三部分。

第1章 绪 论

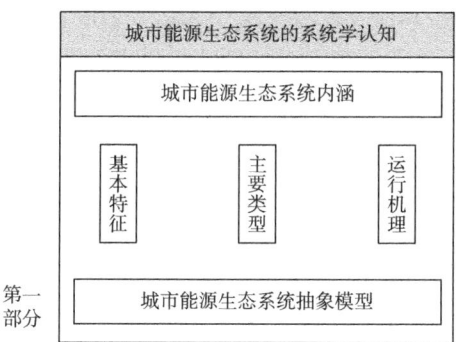

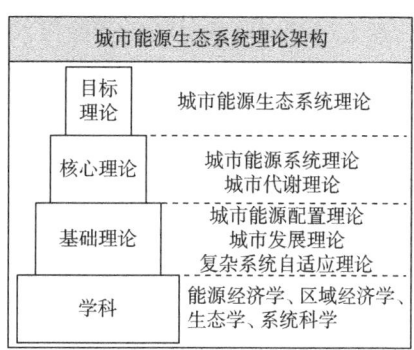

图 1.1 研究内容及研究框架

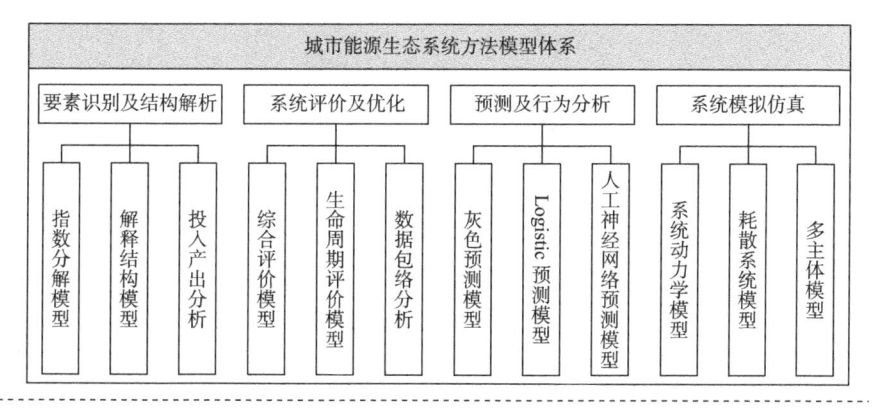

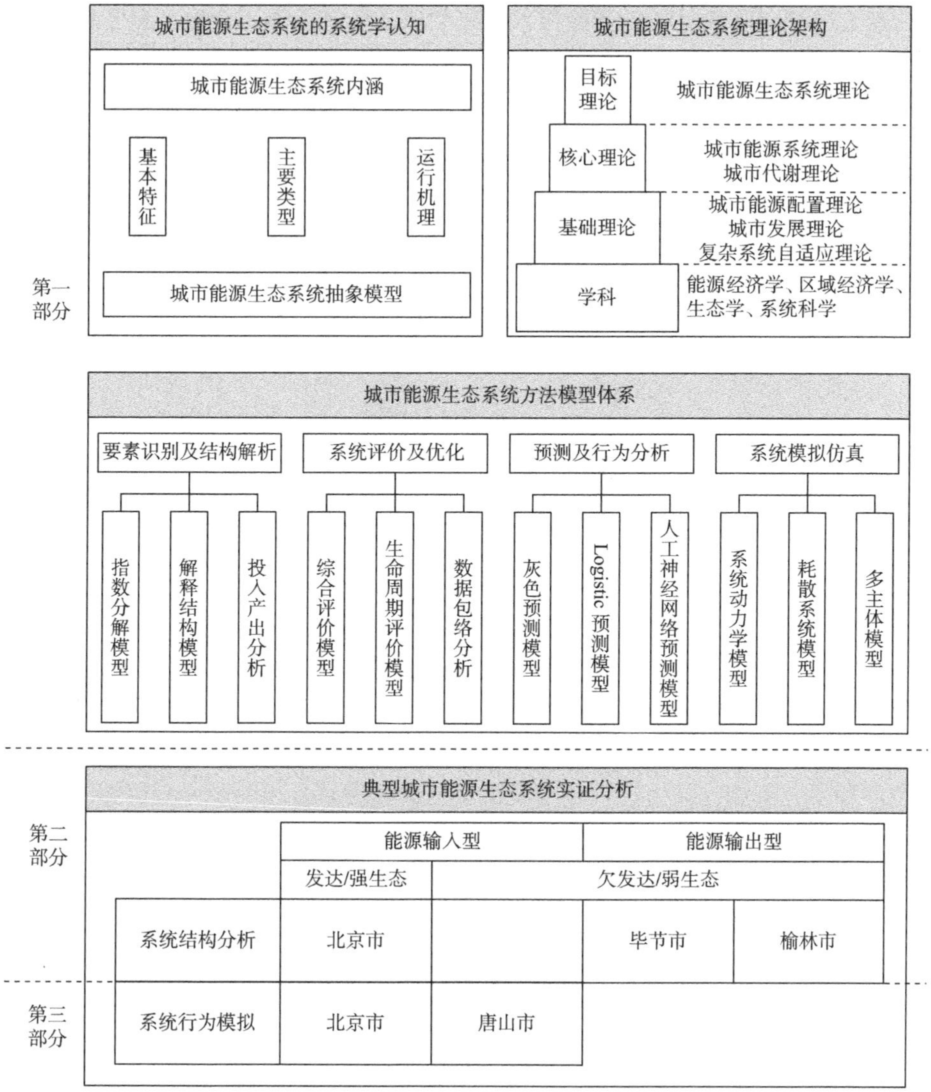

第一部分（第 1~4 章）为研究背景及理论方法。该部分围绕近年来城市能源发展需求和发展特征，分析了本书研究内容的提出背景、研究意义及所基于的视角及研究框架。在此基础上，通过梳理近年来城市能源生态系统的相关研究进展提出本书的研究空间，并着重结合各研究范式设计构建本书的理论方法架构，为后续研究提供支撑。

第二部分（第 5~7 章）为不同层级、不同类型城市能源生态系统解析。该部分结合城市能源生态系统理论方法体系，选取典型城市解构其能源生态系统要素及内在互动关联结构特征。为确保本书研究体系的普适性，选取了超大城市及典型能源输入型城市代表北京，以及欠发达能源富集城市、典型能源输出型城市毕节和榆林进行了系统解析。

第三部分（第 8~9 章）为不同层级、不同类型城市能源生态系统模拟。该部分基于城市能源生态系统理论方法体系，选取典型城市模拟其城市能源生态系统演化行为，并设定不同发展情景探究其发展路径。针对超大城市北京，以及典型工业城市唐山开展城市能源生态系统多情景模拟，分析其演化代谢行为。

1.3 主要创新点

本书的创新点如下。

（1）理论方法创新。基于代谢演化视角和复杂系统理论架构，构建城市能源生态系统理论方法体系，丰富完善城市能源系统研究。城市的高质量发展、经济结构的转型升级、生态文明制度的不断完善等对城市能源系统提出新的发展要求，也为城市能源系统理论方法研究带来新的研究问题。本书通过系统阐述城市能源系统四种研究范式，从生态视角出发，进一步梳理整合相关研究理论方法，构建了城市能源生态系统理论方法体系。所提出的研究架构拓展完善了以 3E（能源—经济—环境）为代表的研究思路，强化了学科交叉的研究架构，丰富了城市能源系统研究理论方法体系。

（2）机制创新。针对城市能源系统转型发展过程中不断出现的新问题、新特征，以及传统还原论视角难以完全解释城市能源系统转型的内在驱动机制，基于复杂系统理论从系统内部部门要素的异质性、代谢要素行为反馈的异步性，以及要素关联的复杂动态特征出发，解析城市能源生态系统代谢演化微观机理和运行机制，提出城市能源系统演化机制解析新思路。基于城市能源系统微观要素的复杂特征和互动关联，结合耗散系统（dissipative system）理论和系统自组织理论自下而上建立城市能源系统代谢演化的运行机制，并统筹考虑经济发展和环境保护的目标导向对城市能源系统转型升级的协同促进作用，形成城市能源生态系统代谢演化机制。

（3）应用创新Ⅰ。基于城市类型，从发达/能源输入型城市和欠发达/能源输出型城市的分类视角，选取典型城市北京和毕节/榆林开展城市能源生态系统实证研究，构建基于能量代谢的网络分析模型和解释结构模型，解析城市能源生态系统结构，识别关键因素。北京市的系统解析表明，天然气逐渐取代煤炭主导城市能源代谢网络，但尚未从底层实现结构转变，且结构转变主要依赖于产业迁移；毕节/榆林的系统解析表明，能源产业的快速发展是推动区域经济增长的主要驱动力，但面临产业结构高度依赖能源产业的"结构困境"。

（4）应用创新Ⅱ。基于城市类型，从超大城市和工业城市的分类视角，选取典型城市北京和唐山开展城市能源生态系统实证研究，构建基于要素异质性的重力模型和多主体模型，模拟城市生态系统演化行为。北京市的系统模拟结果表明，部门异质性对城市能源结构转型政策可能产生负面影响，从而导致能源消费不降反升，阻碍城市能源系统的清洁转型；唐山市的系统模拟结果表明，生产和生活部门的要素异质性，会通过要素间的复杂交互关系导致城市整体能源消费增长趋势出现非预期效果，从而对城市能源系统清洁转型产生关联影响。

第 2 章 研究进展及文献综述

近年来,能源系统的研究内容和研究领域已经不满足于供需平衡和国家层面,开始向生态经济可持续发展及城市层面延伸。因此,基于生态角度对城市能源系统进行从外在整体到内部机理的代谢演化分析成为城市能源系统研究中的一个重要方向。

本章系统梳理国内外能源系统相关领域研究工作成果,不仅包括基础理论、3E 关系、能源生态系统等理论层面研究成果,也对城市能源系统研究和系统分析方法研究工作进行文献综述,为本书后续章节基于系统科学视角构建城市能源生态系统理论架构和方法体系做好铺垫。

2.1 能源系统理论

能源系统理论作为由一般系统理论与能源经济结合而成的衍生理论,其主要研究思路是基于系统工程、系统动力学(system dynamics,SD)等手段,从供需角度对能源系统进行分析和评价。随着研究维度的扩展和研究深度的增加,环境外部性及复杂性等问题也逐渐被引入能源系统研究中,开始进行能源、经济、环境关系研究,极大丰富了能源系统理论体系。近年来,基于能源系统与自然生态系统相似性而提出的能源生态系统理论拓展了能源系统的理论内涵。

2.1.1 能源系统基础理论

能源系统理论是城市能源系统研究的根基,界定了城市能源系统研究的基本范畴和研究范式。能源系统的明确定义源于1976年Hoffman和Wood的研究，其指出能源系统理论是系统工程结合能源经济的复合理论体系[8]。我国成体系的能源系统研究源于1981年刘豹将系统工程理论方法应用到能源系统研究中，明确了能源系统规划与管理的研究范畴[9]。在此基础上，邱大雄强化了数学模型和定量分析在能源系统研究中的应用[10]，拓展了能源系统的理论方法体系。基于这一框架，能源系统理论研究不断深化完善，研究维度完成了从要素、结构到系统的拓展。

随着研究的持续深入，一般系统理论和复杂系统理论的发展推动了能源系统理论体系进一步完善。基于系统动力学的能源系统要素技术经济行为分析[11]强化了系统属性在能源经济研究中的描述和表征。Cumo等将经济发展与环境保护引入能源系统设计中，并指出城市可持续发展必须综合能源、经济、环境三方面考虑[12]。魏一鸣等认为能源系统是涉及政治、经济、社会、环境、气候等多领域的复杂系统，当系统内子系统间的关联程度比较高，并产生整体的涌现性时，就能解决传统能源系统中即使将子系统分析得再清楚也无法解释整个系统总体行为的难题[13]。Fagnart和Germain[14]、Tainter[15]的研究表明，无论是基于历史数据分析还是模型推导演绎，长期发展的可持续性与能源系统的复杂性直接关联。邱大雄指出，能源系统涉及能源供需、技术、政策、战略，是国民经济系统的子系统，而且与自然环境生态系统密切相关[10]。至此，能源系统理论内涵也进一步拓展，能源系统的生态属性开始显现。

2.1.2 能源、经济、环境关系理论

实现能源、经济、环境协调统一是推动发展方式转变，建设资源节约型、环境友好型社会的重要一环。工业革命以来，以地区生产总值为唯一标准的发展模式，把"经济利益"作为首要目标，将发展与单纯的经济增长等同起来。但环境约束，如能源的稀缺性，对经济发展的影响没有引起足够的重视。20世纪70年代"石油危机"的爆发及越来越严重的生态破坏和环境污染问题使得传统的发展理念受到质疑。罗马俱乐部的梅多斯（Meadows）在《增长的极限》中指出，全球系统的五大因子（人口、自然资源、环境污染、农业和工业生产）之间通过反馈环路构成复杂系统，如果全球系统无节制地发展下去将最终走向增长的极限，不可避免地陷于恶性循环和环境资源的崩溃之中。该著作的问世引起人们对可持续发展模式的反思，能源、资源和环境对经济增长的约束作用逐渐受到重视。以能源—经济[16~18]、经济—环境[19~21]、能源—环境[22~24]二元系统为研究对象的理论体系逐渐

成形。随着对 2E 系统（能源—经济、能源—环境、经济—环境）研究的不断深入，人们逐渐发现现实情况总是蕴含着更多系统的相互影响，研究者对能源、经济、环境三个子系统之间的耦合关系的认识逐渐加深，将经济、能源、环境纳入一个整体中去研究[25~27]，形成 3E（能源—经济—环境）系统[28,29]。能源系统从 1E 到 2E 再到 3E 系统的动态演化过程如图 2.1 所示。

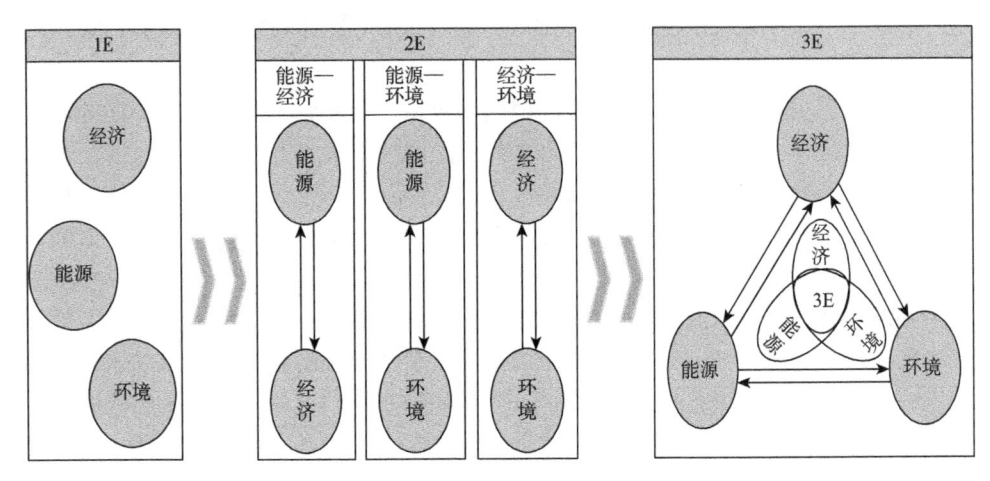

图 2.1　1E 到 2E 再到 3E 系统的动态演化过程

通过对相关文献的时间分布情况进行分析，可以了解该领域研究的发展阶段，明晰未来的发展趋势。图 2.2 为 1990~2021 年能源系统相关外文文献的时间分布情况，可以看出，能源系统相关外文文献量呈逐年增加趋势，能源—经济（2E）、经济—环境（2E）、能源—环境（2E）系统，以及能源—环境—经济（3E）系统的相关研究也相继呈现波动上升状态，除能源—环境（2E）系统外，经济—环境（2E）、能源—经济（2E）系统和能源—环境—经济（3E）系统发文量的变化趋势相似，可见，在考虑经济发展的影响力时往往会顾及能源和环境。

图 2.3 为 1990~2021 年能源系统相关中文文献的时间分布情况，能源系统相关中文文献的时间分布与外文文献的时间分布情况类似，即呈现不断上升态势。能源—经济（2E）和经济—环境（2E）系统相关研究的发文量超过能源—环境（2E）及能源—环境—经济（3E）系统的发文量，表明国内学者更关注经济发展，但能源—经济（2E）和经济—环境（2E）相关研究的发文量从 2010 年开始出现下降后继续波动上升，能源—环境（2E）相关研究的发文量整体上升，说明生态环境已渐渐成为可持续发展的重要因素。

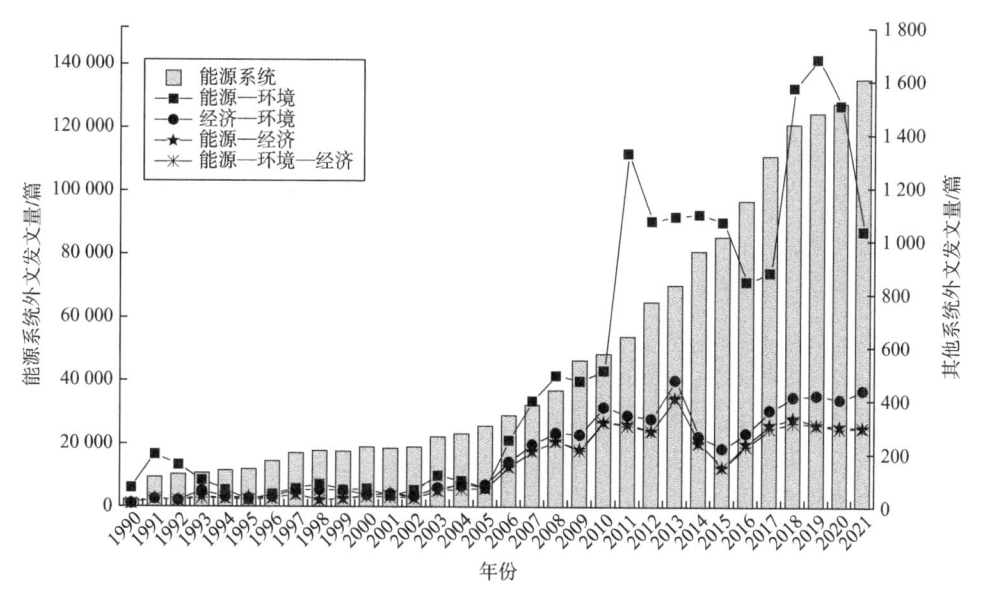

图 2.2 1990~2021 年能源系统相关外文文献的时间分布情况

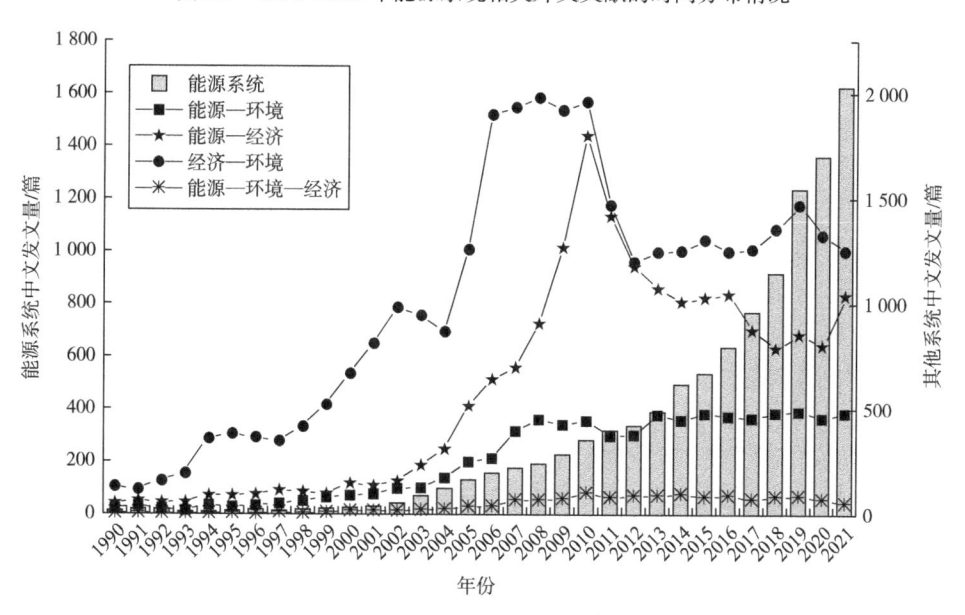

图 2.3 1990~2021 年能源系统相关中文文献的时间分布情况

能源作为支持城市发展的重要物质基础，对城市的经济发展有重要影响。因此，以能源—经济二元系统为对象的研究最先得到广大学者关注[16~18]。能源经济学领域首篇反映能源—经济之间矛盾关系的文献是 1978 年 J. Kraft 和 A. Kraft 在能源经济关系中对标准因果关系的应用[30]。国内，隗斌贤率先开展了对能源消费与经济增长之间关系的研究，并认为二者之间呈正相关关系[31]。后来，张优智和党兴华[32]、范晓莉[33]、Shahbaz 等[34]、Akkemik 和 Göksal[35]等学者又通过不同的实证研究验证了"能源消费与经济发展显著相关"这一结论。总的来说，对于能源消费与经济增长关系，由于学者所采用国别、时间、数学模型等的不同，并无统一结论，既存在单向因果关系，也存在双向因果关系[36]。

经济高速发展的同时也带来了环境污染、生态破坏等问题，能源作为经济高速发展过程中重要的动力支撑，其消耗不可避免会造成环境破坏，即能源的环境负外部性，基于此，经济—环境和能源—环境的二元系统开始被广泛研究。国内外关于经济—环境二元系统的研究主要基于环境库兹涅茨曲线[37, 38]，如 Dinda 通过文献梳理和分析，验证了环境库兹涅茨曲线代表的观点：当经济发展到某一阶段时，环境污染反而会下降[39]。Apergis 和 Ozturk 以 1990~2011 年 14 个亚洲国家的经济发展和环境污染为研究对象，实证验证了环境库兹涅茨曲线[40]。吴玉萍等探究了北京市经济增长与环境质量演替轨迹，发现北京市各环境指标与人均地区生产总值演替轨迹呈现显著的环境库兹涅茨曲线特征，但比发达国家较早实现了其环境库兹涅茨曲线转折点，且到达转折点的时间跨度小于发达国家[41]。彭水军和包群对我国经济增长与包括水污染、大气污染与固体污染排放在内的 6 类环境污染指标之间的关系进行了实证检验，发现环境库兹涅茨倒"U"形曲线关系很大程度上取决于污染指标及估计方法的选取[42]。廉勇基于全球 12 个主要国家的碳排放面板数据，对环境库兹涅茨曲线进行阶段划分，提出经济层次与环境污染的两维度模型，发现经济发展不能跨阶段发展，但可以利用经济发展中减少环境污染的积极因素，缩短高污染持续时间，尽快进入高经济层次和低污染水平阶段[43]。国内外学者针对能源的环境负外部性也做了众多研究。例如，Sheldon 等衡量了水力发电和核能发电所带来的环境负外部性，包括二氧化碳的排放，净水资源的消耗，土地的利用及放射性废物造成的污染等[44]。Aravena 等指出化石能源使用所导致的环境负外部性主要体现在空气污染和导致气候变化的温室气体排放方面[45]。Aden 等认为，在中国，煤炭是具有高负外部性的能源，因为开采和利用煤炭会产生高昂的环境负外部成本，如引发酸雨、污染空气和水体等[46]，而刘倩倩认为恰恰是由于我国目前的煤炭政策不考虑煤炭的这种环境负外部成本，环境才进一步恶化[47]。至此，以经济—环境、能源—环境二元系统为对象的研究得以逐渐发展。

随着对 2E 系统（能源—经济、能源—环境）研究的不断深入，逐渐形成由能源、经济和环境三个子系统耦合而成的复合复杂系统[48]，即 3E 系统。3E 系统具有整体性、动态性、自律组织性的特点，各子系统间相互影响，具有动态相关性[49]，以 3Es-model（日本）、GEM-E3①（欧盟）等为代表的模型为 3E 系统的研

---

① GEM-E3：general equilibrium model energy-economics-environment，一般均衡模型—能源、经济、环境。

究提供了理论依据。

国内，杜慧滨和顾培亮率先介绍并应用了"能源—经济—环境"的复杂系统模型，讨论了该复杂系统中存在的各种关系[50]。张华和魏晓平构建了 3E 系统的内生增长模型，通过引入生产函数和效用函数确定了参数取值和约束条件并得到了系统解，得出了污染治理对经济增长不显著的结论[51]。韩中合和孙青琳构建了包括 3E 的多子系统、多指标综合评价体系并进行了实证检验[52]。张晓梅和庄贵阳对 3E 系统模型在城市尺度上的应用进行了梳理，通过情景分析探索了城市可持续发展的基本规律[53]。曹瑞瑞和蒋震对上海地区 3E 系统协调发展进行了实证研究，通过构建评价体系测算了上海地区 3E 系统发展的综合指数并进行了评价[54]。一些学者在城市能源—经济—环境系统结构特征及其子系统之间相互作用机制的基础上，得到了该系统的演化规律[55, 56]。Ang[57]和 Soytas 等[58]是国外最早开始研究 3E 之间关系的学者。后来，Hlicioglu[59]、Zhang 和 Cheng[60]、Soytas 和 Sari[61]等也分别应用不同国家和地区的数据实证研究了三者之间的关系。Suzuki 和 Nijkamp 针对 3E 系统特性，在数据包络分析（data envelopment analysis，DEA）和最小摩擦距离（distance friction minimization，DFM）模型的基础上进行了改进，提出了基于目标和固定数据包络分析因子的 DFM 模型并进行了实证应用[62]。另外，3E 协调度评价是研究 3E 关系的重要分支，赵涛和李晅煜[63]、赵芳[64]等通过构建 3E 系统协调度的评价模型，对这一复杂系统的整体发展水平和系统协调度进行了评价。

近年来，能源系统理论内涵进一步拓展，不少学者开辟出能源系统理论研究的新思路，针对三元以上的多元系统的研究开始出现。有学者在已有 3E 系统的基础上引入社会系统，从高质量发展的视角创新性地构建了城市层面能源—经济—环境—社会（3ES）系统[65, 66]，在能源消耗、经济发展、环境污染和社会进步之间找到平衡点。有学者运用耦合机理研究经济—能源—环境—科技四元系统从量变到质变的动态可持续发展过程[67]。有学者构建能源—经济—环境—生态（4E）系统[68]，探讨以合理的经济发展为基础，实现能源高效利用，同时最大限度地保护环境。

综上可以看出，能源系统的发展经历了从一元系统向多元系统逐渐演化的过程。能源系统理论作为由一般系统理论与能源经济结合而成的衍生理论，这一基本框架已经相对成熟，基于这一框架国内外学者取得了大量颇具现实意义的成果。

2.1.3 能源生态系统理论

随着能源系统理论不断拓展及生态属性不断显现，学者开始关注生态角度的能源系统理论研究。通过对 Web of Science 和中国知网分别以关键词 "energy ecosystems"和"能源生态系统"进行检索，对检索出的文献样本在时间和空间两个维度进行统计、梳理及分析，其结果如图2.4~图2.6所示。

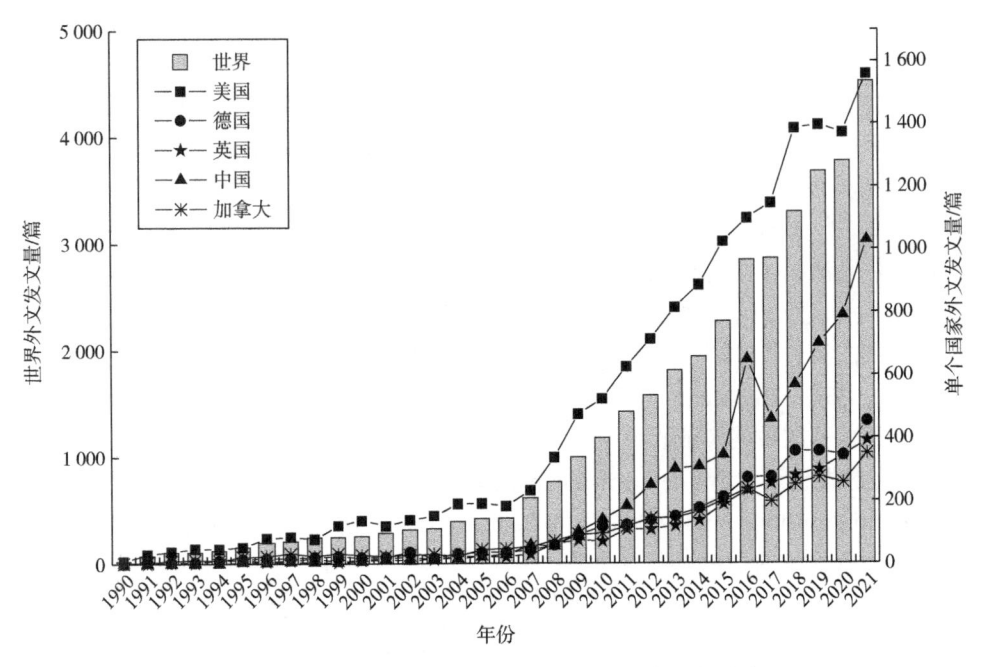

图2.4 1990~2021年能源生态系统外文文献时间分布

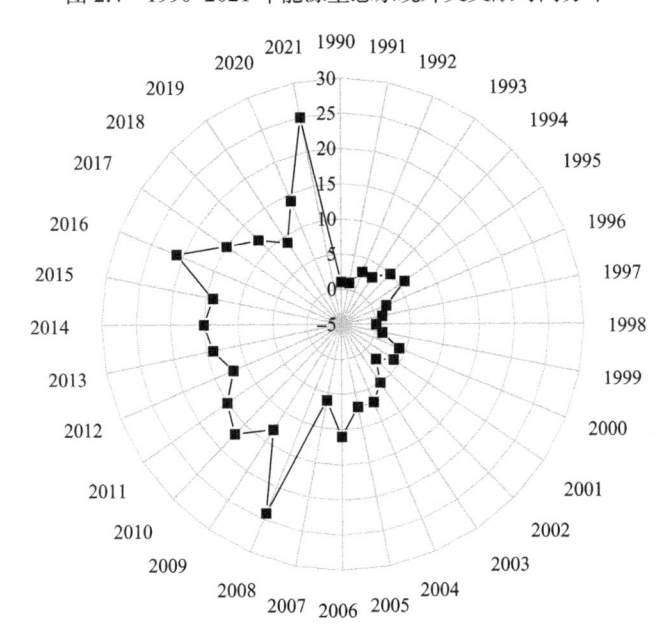

图2.5 1990~2021年能源生态系统中文文献时间分布（单位：篇）

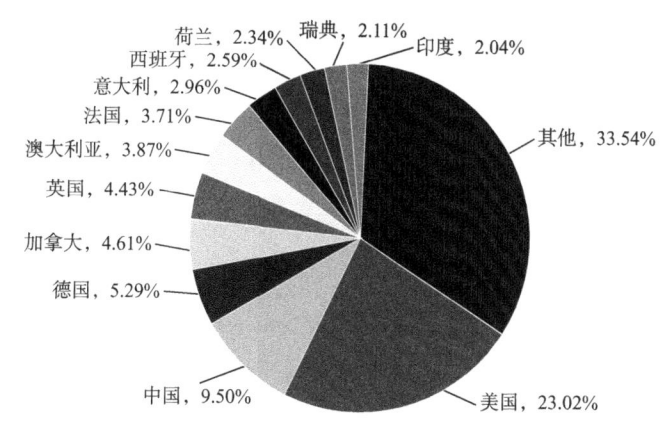

图 2.6　1990~2021 年能源生态系统外文文献空间分布

由于舍入修约，数据有偏差

从图 2.4 和图 2.5 可以看出，美国在相对比较早期开始进行相关领域的研究，从 1990 年开始至 2008 年以前的文献样本中大约有 50%的文献来自美国，加拿大、德国和英国次之。中国在 2009 年后，在此相关领域的年发文量开始出现井喷式增长，但仍与美国有一定差距。能源生态系统的中文发文量整体呈现上升趋势，但存在个别年份（如 2019 年）发文量偏低的情况。从空间分布来看（图 2.6），同样是美国和中国占比较大，远超其他国家。

在中国，能源生态系统的概念最早由张雷在《能源生态系统——西部地区能源开发战略研究》一书提出并对其结构和发育特征做了重点描述，对现代能源生态系统给出了"根据现代能源生产、消费活动链条为主体所组成的一种工业生态系统"的定义[69]。目前，针对这一理论的探讨并不深入，仅有部分学者基于其思想进行了一些实证分析。例如，吴映梅等以能源生态系统理论为基础对我国西部地区的能源资源开发及能源生态系统演进状况进行了分析，发现我国现代能源生态系统的整体演进已经达到一定程度，不断加强外生和共生两大系统投入是保持西部地区能源生态系统协调发展的关键[70]。杨志梁对我国能源生态系统效率进行了分析，认为内生系统和共生系统运行效率上升明显，外生系统效率呈现振荡下降趋势，总的运行效率呈现上升趋势[71]。大多数学者是将能源系统和生态系统二者耦合起来进行研究，目前已形成三种主要的观点。

第一种观点认为能源系统是生态系统的子系统，能源产品与粮食生产、固碳功能、气候调节一样，是自然生态系统提供给人类社会的生态服务，而能源产品的粗放利用对生态系统具有重大的影响。Jess 等评估了能源消耗导致的未来全球生态系统生态足迹的增加和全球福利的损失，最后提出一个维系生态系统稳定的技术措施，即从空气中分离出二氧化碳与电解水产生的氢气制备水煤气和一氧化碳，以此为原料合成可再生燃料[72]。Jones 等从能源足迹的角度研究了化石能源开发对生态系统服务流动的影响，包括生物多样性降低、生态环境恶化、栖息地丧失、噪声和光污染、固碳功能减弱、物种入侵等[73]。Miko 和 Storch 研究表明，人类活动可能导致物种丰富度减少和生态系统功能丧失，最终反过来影响人类生产系统，而能源供应的变化可能会阻止生物多样性保护的潜力和生态系统服务的可持续性[74]。Kreuter 等构建了一个综合社会、经济、生态的概念框架，比较在美国牧场开采生物质燃料、天然气和风能对生态系统功能的影响[75]。Kirubakaran 等研究了可再生能源对生态系统服务的有利影响，并提出了相关的实施措施[76]。Titus 等分析了木材能源的潜力，论证了通过加大木材能源的利用力度可以保护当地生态系统[77]。

第二种观点将能源系统与生态系统视作同等地位，二者为并列关系，试图将能源系统与生态系统连接起来进行研究。Howard 等提出一个解释能源系统如何与当地环境和生态服务相互作用的机制——Energyscape，并将其定义为一个地形区域内能源供应、需求和基础设施在时间和空间上的复杂组合[78]。Blaschke 等基于"能源景观"的概念，在能源建模和空间规划之间架起一座桥梁，将能源建模的研究和技术与地理信息科学结合起来，以探究生物智能在未来能源系统中的应用潜力[79]。张一飞等运用"能源景观"方法体系从空间规划层面对能源规划加以引导与控制，通过生产潜能分析、能源供需分析、时空变异预测构建基于能源规划和空间规划交叉研究的空间规划改进策略，以改变黑龙江生物质能丰富但利用效率较低、资源浪费严重的状况，优化生物质能消费结构，间接减少不可再生能源消耗[80]。Holland 等基于现有的能源系统对生态系统服务影响的研究，从全生命周期的视角，提出一个统一的生态系统服务框架，用以分析能源系统和生态系统服务的相互作用及动态关系[81]。

第三种观点从生态系统的视角去分析能源系统，与前两种观点中的生态系统是现实存在的自然生态系统不同，该观点中的生态系统是抽象的。国内最初将能源与生态系统相结合的研究，主要为了解决农村生活能源短缺，以及其导致的农村生态环境恶化的问题，在此基础上提出"农村能源生态系统"[82]，研究内容包括农业生态系统中能源的重复利用[83,84]及其相关的工程技术[85]。张雷等提出，能源生态系统属于地球自然生态系统中一个处于低级发展阶段的子系统，系统的规模、种群结构及演进方向均会随着资源开发的内外发育环境变化而变化，并不断由低级向高级的有序状态进化。借鉴自然生态系统构成，能源生态系统也可以划分为三个子系统，即内生系统（能源生产）、外生系统（能源消费）和共生系统（能源系统维系的基础）[86]。此后，张雷将这一理论进行了完善，并将其应用于西部地区建设[87]。该理论自创建以来在区域能源系统发育研究方面已有不少尝试。谢辉等构建了能源内生系统发育规模系数和结构系数的概念，并以此对鄂尔多斯市能源内生系统进行评价[88]。张敏等基于能源生态系统理论，对山西、陕西、内蒙古地区能源资源开发对当地经济发展及生态环境的影响进行了评估[89]。

总之，在前两种观点的研究中，生态系统或者与能源系统处于并列关系，或者是比能源系统更大、层级更高的系统，其本质上均是具体的自然生态系统。第三种观点除了研究能源系统与具体的生态系统的关系外，还发掘了生态系统的部分内涵，从生态系统的视角研究能源系统的可持续发展，并相继提出了农村能源生态系统和能源生态系统两个概念，更贴合实际。

2.2 城市能源系统研究

城市区域是能源消费的主要区域，是能源网络的汇点，也是"粗放"发展模式的（经济）受益者和（环境）受害者。基于此，笔者认为，城市层面能源系统的相关研究成果对城市层面能源生态系统构建具有重要启发和借鉴意义。

对相关文献样本在时间和空间维度进行统计、梳理及分析，可以更加深入地厘清该领域研究的发展变化，分析紧密联系的背后原因和今后发展的趋势。由图2.7可以得出，1990~2020年关于城市能源系统的外文发文量随时间呈上升趋势，且上升的幅度先逐渐增大再渐渐缩小，表明对该领域的研究已渐趋成熟。中文发文量与外文发文量相比存在一定差距，但整体上仍处于波动上升状态，研究前景良好。从图2.8的外文文献空间分布来看，文献样本中接近50%的文献来自中国和美国，其中，中国在该领域的发文量远超其他国家，达到了30.77%，之后是美国、英国、意大利等，发文量分别达到了15.43%、9.88%、7.92%等。

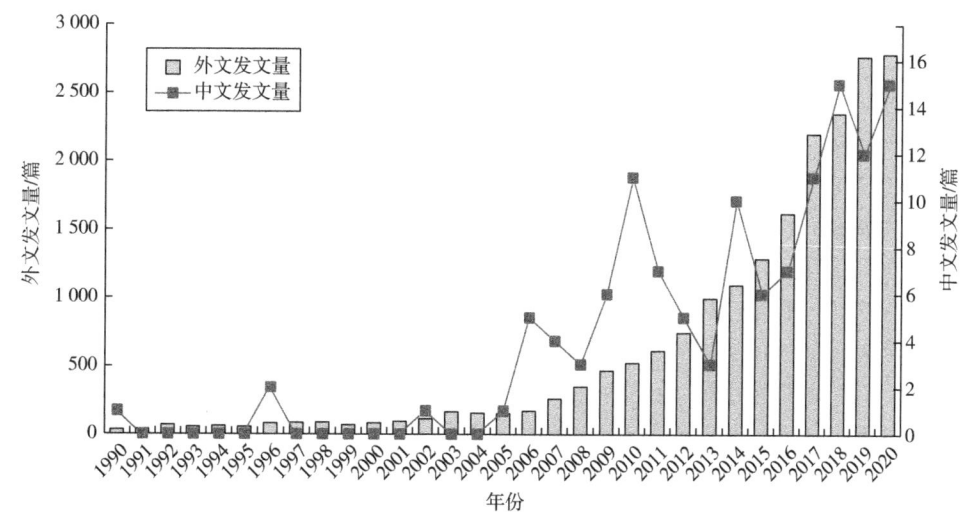

图2.7 1990~2020年城市能源系统研究文献时间分布

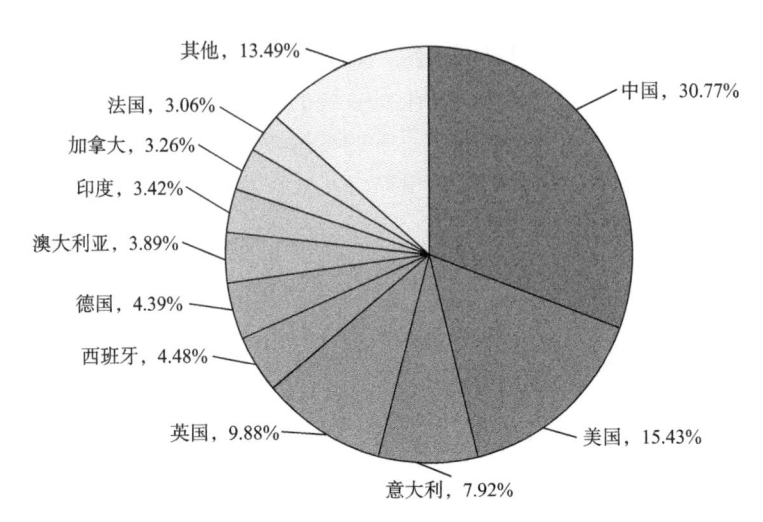

图 2.8　1990~2020 年城市能源系统研究外文文献空间分布

由于舍入修约，数据有偏差

2.2.1　城市能源系统分析

目前，国内外对区域或城市能源系统研究已有较系统的工作，尤以学术论文为主，也有部分学位论文和专著，主要体现在城市能源结构分解、系统分析和转型启示等方面，尤以北京、上海等重点城市为对象的实证分析见多[90]。

在能源结构诊断方面，杨松认为北京能源结构存在能源消费增速过快、供需失衡、对外依存度高、清洁能源比重低、季节性消费特征明显等问题[91]。马丁和陈文颖将伦敦市、东京市和上海市的能源结构进行对比，发现伦敦市和东京市的能源构成更为低碳，电力、天然气等低碳排放能源所占比例均超过 70%，煤炭使用的碳排放所占比例很小，而上海的电力、天然气等低碳排放能源所占比例偏低，高排放的煤炭使用比例接近 20%，远高于其他两个城市[92]。高迪等对上海市工业能源消费增长的驱动因素进行分解并综合预测了上海市工业能源消费总量需求趋势，结果表明，"十三五"后期上海市工业能源消费将呈现增长趋势，但增速较为平缓；进入"十四五"时期，上海工业能源消费总量将进一步放缓[93]。汪辰晨从产业视角出发对北京市能源消费和经济增长进行了分析，结果表明北京市能源消费增长的主要原因在于生产效应，而结构效应和强度效应则延缓了能源消费的增长[94]。伍声宇等总结了北京市能源结构调整历程，指出北京市能源结构调整的主要思路在于"减煤、引电、增气、利用新能源"[95]。陈睿等就长沙市能源需求情况进行了分析，认为长沙市低碳能源消费比重较小，能源消费关联最大的是第二产业，第三产业次之，因此能源消费结构调整升级的重点在于第二产业[96]。刘璇基于北京市产业结构演进和能源消费特征，对北京市能源消费结构与产业结构调整进行了分析，认为北京市能源消费结构中高碳能源比重较大，第二产业是能源消费主体，也是节能减排的关键[97]。

在能源系统评价及优化方面，张晓萱等对北京市能源系统的供应、消费、利用效率与环境空气质量等进行了分析[98]。牛彦涛等构建了北京市能源系统模型，并基于不确定性优化模型对北京市能源系统进行了规划研究[99, 100]。Feng 等构建了北京市能源消费与碳排放的系统动力学模型，对能源消费过程的二氧化碳的伴生排放问题进行了研究[101]。魏一鸣和曾嵘建立了北京市人口、资源、环境和经济协调发展的非线性多目标模型，并在模型计算的基础上给出了相关的包括能源结构调整在内的综合性政策建议[102]。张静等基于能源消费的生态与环境压力指数评价法对北京市进行评估，认为北京市能源消费的生态压力趋于稳定，环境压力尚有调节空间[103]。唐亿文从产业政策导向、产业结构与用能效率、节能成效三个方面对上海市能源发展总体状况进行分析，提出了上海市能源转型的低碳发展策略[104]。朱运涛等基于灰色模型，对上海市工业能耗进行预测，提出了深化节能减排、提高能效水平、转变能源消费结构、发展清洁能源的建议[105]。Liang 和 Zhang 根据苏州市能源系统问题，从可持续发展角度对其 78 个部门的能源消费和排放水平进行了分析[106]。余岳峰等采用 MARKAL（market allocation，市场配置）模型，设计了上海市经济社会发展的能源需求中长期模型，并根据现有能源技术、终端能源需求和污染物排放水平进行了情景假设，为上海市能源系统发展模式、低排放能源技术发展提供了依据[107]。

在能源系统转型及启示方面，梁朝晖对城市能源管理模式进行了深入研究，剖析了纽约、伦敦、多伦多等国际城市能源管理的组织构架和政策措施[108]。蔡建军等总结了日本推进节能减排工作的政策、举措和启示，从日本能源储备、消费、供应、对外依存度和消费结构等方面分析了日本能源系统优化的举措[109]。张通对英国政府推行可持续发展能源转型的措施进行了梳理，指出健全节能减排法律、合理利用市场机制、制定多阶段节能减排指标、严格控制能耗和污染排放增量等措施对我国城市能源系统转型具有一定的参考意义[110]。Parshall 等基于不同方法尺度对美国城市能耗和碳排放水平进行了比较分析，指出城市边界界定对于单位能效的分析研究结果具有较大影响[111]。

2.2.2 城市能源系统消费主体行为研究

对城市能源系统进行研究不仅要关注其宏观分析，还要考虑其微观主体。居民和企业是城市能源消费的两大微观主体[112]，大量国内外学者从不同的学科角度对其能源消费行为做了大量的研究，包括行为经济学[113, 114]、心理学[115, 116]、实验经济学[117, 118]及生态经济学[119, 120]等。

1. 居民能源消费

居民能源消费包括在日常生活中产生的室内直接能源消费、出行产生的能源消费和购买商品或服务产生的间接能源消费[121]。其中，室内直接能源消费主要是指照明、取暖、餐饮、清洁、制冷、娱乐等产生的能源消费；出行产生的能源消费是指因出行而产生的电力或油品能源消费等；购买产品或服务产生的间接能源消费是指购买的各类产品或服务在生产或服务过程中产生的能源消费。

国内外学者对居民能源消费行为进行了大量研究，居民能源消费行为的影响因素可分为内部因素、外部因素[122]和节能行为意愿因素[123]，具体如图2.9所示。

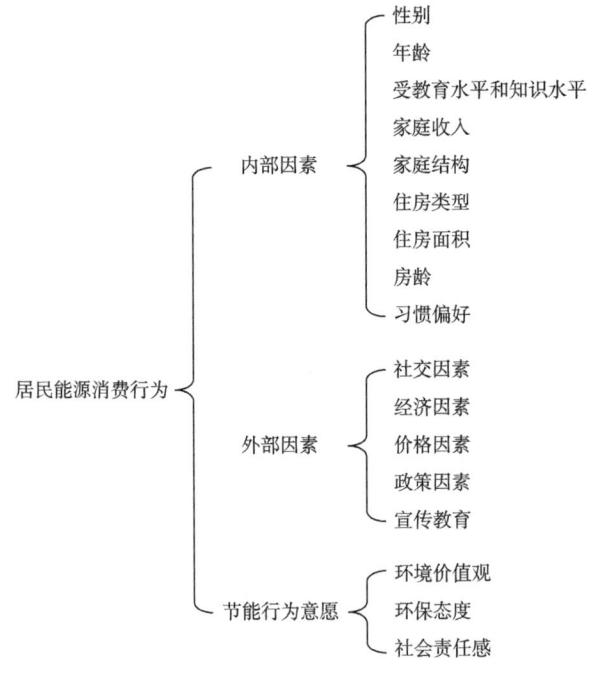

居民能源消费行为
- 内部因素
  - 性别
  - 年龄
  - 受教育水平和知识水平
  - 家庭收入
  - 家庭结构
  - 住房类型
  - 住房面积
  - 房龄
  - 习惯偏好
- 外部因素
  - 社交因素
  - 经济因素
  - 价格因素
  - 政策因素
  - 宣传教育
- 节能行为意愿
  - 环境价值观
  - 环保态度
  - 社会责任感

图2.9 居民能源消费行为影响因素梳理

（1）内部因素对能源消费行为影响的研究如下。在性别方面，有些研究认为女性较男性在节能环保方面更具有优势[124, 125]，但也有学者持相反观点[126~128]或认为节能行为与性别无关[129]。在年龄和家庭结构方面，对于家庭成员年龄而言，Barr等研究表明老年人能采取更多的节能措施[130]，但王璇发现年轻人更多采取节能措施[131]，更多学者的研究表明家庭能源消费行为与年龄呈现的是非线性关系[132]；对于家庭结构而言，Parker的研究表明有儿童的家庭其能源消费量显著高于其他类型家庭[133]，另外，家庭人口越多其家庭能源消费总量越多[134]，但随着家庭更加积极选择节能电器，家庭人均能源消费量将会变得更低[135]。在受教育水平和知识水平方面，大多数研究表明知识水平和受教育水平显著影响节能行为[136~138]，但杨泽坤等认为受教育水平与节能行为相关性不大[139]，王丽萍提出除了年龄、职业、收入及文化程度等人口特征因素对节能环境友好型产品的主观态度和客观行为有显著影响外，受教育程度对居民的低碳消费行为也有较大影响[140]。在家庭收入方面，Poruschi和Ambrey认为高收入家庭虽然能源消费量要多，但是倾向购买低碳绿色产品[141]，Yang等的研究结果恰好相反，认为相比高收入家庭，低收入家庭在习惯性节能行为中更为活跃，如及时关闭家用电器[142]。在习惯偏好和住房类型方面，Haas等指出居民重复性能源消费行为受习惯影响较大，而一次性的能源消费行为受习惯影响较小[143]；对于住房类型而言，Holden认为单户住宅的居民比任何其他类型住房的居民消费的能量要多[144]。此后，Holden和Norland又提出住房面积和房龄与能源消费量存在显著的关系，住房面积和房龄越大消费的能源越多[145]。

（2）外部因素对能源消费行为影响的研究如下。在社交因素方面，攀比和炫耀心理的不良消费观会误导人们过度消费并趋向高碳消费，增加直接能源消费量[146,147]；群体效应也会影响个体的环保意识，进而影响其绿色消费行为[148,149]。在价格因素方面，Lopes等发现能源价格是影响能源消费的主要因素，且能源价格的上升对低收入家庭的影响较大，对高收入家庭的影响并不明显[150]；王璐在对城市居民低碳消费行为选择及其影响因素研究中发现，经济成本对类似服装消费和居住消费等相对长期的消费行为影响较大，但对饮食等随机性较大的消费行为则影响作用不大[151]。在政策因素方面，一些学者认为财政补贴有助于家庭采取节能行为[152~155]，Maki等探讨了不同类型财务激励措施对回收利用、出行行为的影响，结果表明现金激励措施对回收利用产生了更大的影响，非现金激励措施对旅行行为的影响更大[156]。此外，Hori等发现政策法规是促进城市居民环保行动的有效措施[157]。但也有学者研究表明特定的税收优惠或补贴对节能行为影响并不明显[158,159]。在宣传教育方面，宣传教育是实施节能行为的有效工具，对节能行为具有正向促进作用[160]。巢桂芳认为要引导人们采取低碳消费行为除了宣传教育外还需要用经济加以刺激[161]。

（3）节能行为意愿对能源消费行为影响研究如下。在环保态度方面，研究发现环保意识对居民选择绿色出行[162]、绿色住宅[163]等绿色消费行为有显著影响[164]。但也有学者持相反观点，如Anker-Nilssen认为环境意识态度与居民的实际能源行为不一致，家庭能源消费行为更多地受生活舒适性、便利性和耗时性等因素的影响[165]。在环境价值观方面，Price等通过对5 081位澳大利亚居民进行环境行为调研，发现居民持有的环境价值观对其自身的环境行为的影响比较显著[166]。Estrada 等也认为良好的环境价值观对环境友好行为起着显著的影响[167]。但是也有不同观点，如 Hu 等认为环境价值观与环境行为之间存在不一致，价值观体现在行动上往往会受到其他因素的干扰[168]。在社会责任感方面，Hines 等考虑了环境责任因素并构建了环境行为模型，表明具有环境责任感的个体更倾向环境友好行为，并且环境责任感影响行为意愿进而间接影响环境友好行为[169]。Stern 等证实了环境责任感是影响环境行为的因变量[170]。Ding 等通过实证分析得到了环境责任感是影响城市居民节能行为的主要因素的结论[171]。

2. 企业能源消费

目前，企业作为大多数国家的最大的能耗部门，其能源消费行为引发了国内外学者的广泛关注。学者认为企业效益、规模、管理模式、技术创新和外部政策环境对企业节能行为均有显著影响[172, 173]。故此，接下来从财务状况及企业规模、管理者、政策、节能技术等方面阐述对企业能源消费行为影响的研究状况，梳理后如图 2.10 所示。

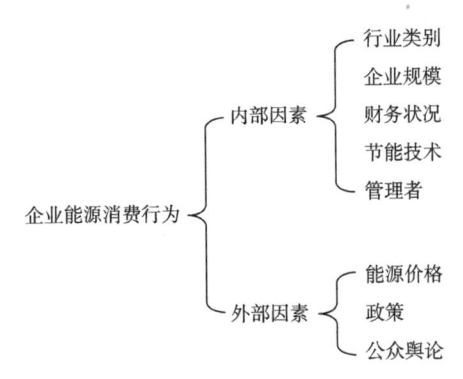

图 2.10 企业能源消费行为影响因素梳理

在财务状况和企业规模方面，Luken 等基于 8 个发展中国家的造纸、纺织和皮毛 3 类生产部门共 98 家企业的调查数据，认为市场特征对发展中国家企业的清洁与节能生产行为的影响较大[174]。Lin 等研究表明在企业环境行为和财务表现，特别是长期财务表现之间存在着正向的相关关系[175]。Groot 等研究了荷兰企业节能生产行为，发现大型跨国企业节能生产的意愿相对较高[176]。有学者研究指出，企业规模越大，企业采用节能环保生产方式的可能性就越大[177]，其原因是大企业可以通过加大技术投入发挥规模效应[178]。但是也有学者持反对观点，Elsayed 认为企业是否采用节能环保生产行为与企业自身规模相关性不大，能源价格上涨是刺激企业采取节能生产行为的关键要素[179]，其原因是高成本的石化能源消耗迫使企业对低碳生产技术进行投入[180]。

在管理者方面，Brust 和 Liston-Heyes 研究发现管理者素质和价值观等对企业节能生产意愿具有重要作用[181]。Blass 等研究发现，由于高层管理人员可以协调决策和获取资源，他们对节能的支持更有可能带来有效的实践[182]。Rohdin 等对瑞典铸造业的研究显示，与私营企业相比，集团化运营的企业进行低碳生产的主要障碍因素是产业组织结构[183]。Zhang 等表示，高层管理人员在企业采取节能措施上发挥了不可或缺的作用，外部压力能推动高层管理人员支持企业的节能行为[184]。然而，目前的节能文献只关注外部压力或高层管理人员支持对企业行为的影响，因此 Zhang 等建立了外部压力与企业节能行为之间的关系模型，重要的是，构建了高层管理人员支持、外部压力和财务状况对企业能源消费行为的影响关系模型，并使用从中国企业收集的调查数据对该模型进行了实证检验[185]。

在政策方面，政府管制和资金支持可以有效提高企业节能行为。Huhtala 认为政府合理的技术和应用资金供给可使企业有动机预先购买节能技术或设备[186]。戈爱晶和张世秋认为，相较激励型政策，强制性环境政策更有利于影响企业环境管理决策[187]。

在节能技术方面，企业具备了节能技术能力才能有效实施节能环保生产行为，而技术能力往往取决于企业的研发投入[188]。Staniskis 和 Stasiskiene 的研究表明，在发达国家具有先进清洁生产技术的企业，其节能减排的意愿提升较快[189]。Zwetsloot 和 Ashford 发现技术创新能力对企业节能生产方式具有支撑效应[190]。Baldwin 和 Lin 认为研发投入对企业低碳环保生产的影响更显著，并且当研发投入强度达到一定水平后，企业对清洁生产的技术投入水平才会高于其他末端治理等低端技术的投入[191]。除上述因素外还有学者考虑了企业责任感、企业文化、组织结构、法律、金融条件等要素的影响[192~196]。

2.2.3 城市能源生态系统研究

由于微观主体众多，关联复杂，近年来多学科交叉研究开始得以发展，随着能源系统研究的不断深入和理论方法的不断创新，一些研究者[73, 197]认为能源系统的研究不应孤立地分析系统本身，而应将其作为自然生态系统的一部分[198]，从生态系统角度研究能源系统的运行规律，分析其组织形态和行为特征。将城市视为完整生态系统的思想最早来自 Wolman 基于物质代谢视角分析城市生态系统的研究思路，这一思路对城市能源生态系统的研究乃至城市生态的研究产生了重要的影响[199, 200]。目前，相对成熟的能源生态系统研究主要基于能源流和能源生态网络的能源代谢分析[201, 202]。此外,与系统科学、复杂性科学结合的能源系统代谢分析是近年来城市能源生态系统研究的一个重要方向[203~205]。

众多学者针对城市能源系统的新陈代谢做出研究。在能量分析中,Liang 等根据 1997 年的数据将中国划分为 8 个行政区域,从最终消费角度对所有区域的总能源消费量进行了核算和比较,并预测了中国 2010 年和 2020 年的能源消费量[206]。运用同样的方法,Cui 等利用"全球贸易分析项目"的数据研究了中国与其他国家的贸易往来引起的能源流动[207];Li 等将生产和消费视角下的总能源贸易流量作为比较标准,对中国各地区间的能源流量差距进行了分析[208],并结合系统生态学和投入产出分析指出,除国家或国家内部消耗的物质燃料形式的直接能源外,生产过程还需考虑各部门间所交换的间接能源的供需关系,从而有助于建立各部门经济或能源流动的均衡方程。Chen 等构建了一个包含 6 384 个节点的网络模型,用来考虑能源在全球能源消费中的比例分配和能源流向,并最终选择了 5 个国家为案例,讨论了社会经济系统中各个部门在能源消费中的贡献[209]。

目前,学术界对城市能源系统代谢进行研究所采用的方法主要包括投入产出分析方法、能值分析法、生态网络分析方法等。例如,Liang 等运用改进后的投入产出分析方法,对苏州市的能源代谢状况进行了分析[210]。Browne 等为研究爱尔兰利默里克市的能源代谢情况,对比应用了物质流方法、代谢比方法和生态足迹分析法[211];Baynes 和 Bai 从城市新陈代谢的角度分析了澳大利亚墨尔本地区的能源代谢过程[212]。Yang 等利用能值分析法对中国厦门市的能源代谢进行了研究[213]。Garcia-Montiel 等说明了波多黎各圣胡安大都市区的社会生态过程对区域内能源流动和代谢的影响机制[214]。进一步,Zhang 等从网络模型的角度对城市能源系统代谢进行了分析,并用这种方法量化对比了中国 4 个典型城市的 17 个行业的能源流,通过分析城市能源系统的结构和功能,揭示了优化城市能源系统结构的方法,从而说明如何在未来的城市系统研究中使用生态网络分析方法[215],之后,该团队使用投入产出分析方法计算了城市中相关部门之间的直接能源流动,并在此基础上利用生态网络分析方法建立了城市能源流动模型,考虑了相关部门之间间接路径流量中所包含的能源消费量[216]。除此之外,Zhang 等还研究了北京市 2000~2010 年 28 个社会经济部门的能源消耗情况,确定了能源流动过程及其在北京市各行业的利用分布情况,并根据研究结果提出了北京市减少能源消费的相关建议[217]。

此后,生态网络分析方法得以广泛应用。Zhang 等根据 2002 年和 2007 年中国各省(区、市)的多区域货币投入产出表和相关能源统计年鉴,结合生态网络分析方法,分别计算了各省(区、市)的直接和间接能源消费及整体能源的投入和产出,以描述中国 7 个城市的能源流动结构[218]。刘华军等选取中国省际层面的能源消耗数据,运用社会网络分析方法研究了能源消费在空间关联网络中的结构特征[219]。姜巍等根据 2007 年的中国投入产出表,在构建中国各个产业部门之间关联网络的基础上，分析了5个主要的能源产业部门间的网络特征[220]。S. Q. Chen 和 B. Chen 以北京市为例，比较了能量流分析、投入产出分析和生态网络分析三种方法在研究城市能源代谢过程中的不同之处，并指出生态网络分析方法可以阐释各部门之间相互作用的机制及各部门对能源的依赖程度[221]。

Zhang 等采用"城市新陈代谢"的概念，将多区域投入产出表和生态网络分析方法相结合，计算了京津冀地区各个行业直接能源消费和间接能源消费，从而分析了能源在城市中各部门之间的代谢路径，在北京、天津和河北三个地区间的流动及三个地区在能源流动中各自的生态地位[222]。赵颜创等基于能量流分析方法对厦门市的能源代谢状况进行了综合分析和系统研究[223]。Zheng 采用生态网络分析方法，并结合能源平衡表数据，在构造山东省能源代谢网络模型的基础上，对山东省内各城市间的能源流进行了流量分析和效用分析，研究了山东省能源代谢网络的系统结构及功能关系[224]。S. Q. Chen 和 B. Chen 以北京市为例，在多区域投入产出表和生态网络分析方法相结合的基础上，分析了城市系统中能源利用和水资源之间的联系[225]；后来 Wang 和 Chen 运用同样的方法研究了京津冀地区城市系统中能源利用和水资源之间的联系[226]。Zhang 等以京津冀地区为研究对象，根据 2010 年中国的多区域投入产出表，结合生态网络分析方法，构建了一个以部门和能源流为节点和路径的 18 部门网络模型，计算了部门和区域的能源消耗，详细描述了能源在城市中各部门和京津冀城市间的流动过程[227]。随后，Zheng 等使用该方法，即将多区域投入产出表和生态网络分析方法相结合，从两个角度分析了京津冀地区与中国其他地区的能源流动，其中一个角度是将京津冀地区作为一个整体，研究其与中国其他 27 个省（区、市）的能源流动；另一个角度是分析北京、天津和河北三个地区之间的能源流动和代谢机制[228]。

2.3 城市能源系统分析方法

随着能源系统研究的深入，能源系统模型方法也不断丰富，形成了十分庞大的模型方法体系。能源系统模型方法体系的发展与能源系统理论的发展直接关联，近年来能源系统理论的发展带动了能源研究视角的拓展和基础理论的完善，进而提出更科学、先进的分析工具[229, 230]。根据研究维度、研究目的和研究方法可以拓展出丰富的能源系统模型方法体系，这些方法各自具备优越性，但考虑到城市能源系统具有典型的复杂系统特征[231]，需要从城市能源系统的角度出发对能源系统模型方法进行研究并随着研究的不断深入而继续完善。能源系统主要研究方法体系见表 2.1。

表 2.1 能源系统主要研究方法体系

类别	研究方法	主要思路
多维度	柯布-道格拉斯生产函数、计量经济学方法、投入产出法、工业生态学方法等	1E（经济） ↓ 2E（能源—经济、能源—环境、经济—环境） ↓ 3E（能源—经济—环境） ↓ 生态系统
多学科交叉	以传统数理经济、计量经济和概率统计为主的时间序列方法；以系统工程、运筹学与控制论等模型算法工具为主的系统工程模型	通过计量经济学方法检验变量间假设关系；通过灰色模型、BP（back propagation，反向传播）神经网络模型等优化模型对能源供需进行预测；通过多主体模型进行政策设计、消费者行为研究和城市能源系统规划

2.3.1 多维度的城市能源系统研究方法体系

能源系统研究方法的维度经历了 1E—2E—3E—生态系统维度的扩展。在 1E 维度，能源的稀缺性还未充分表现，经济增长是唯一发展目标[232]，因此绝大多数新古典经济学家将能源视为资本生产要素所包含的中间变量，并以柯布-道格拉斯资本、劳动力双变量生产函数为其表现形式[233]。2E 维度主要包含了能源—经济与能源—环境两个视角[28]。在能源—经济方面，J. Kraft 和 A. Kraft[30]、吴巧生[234]、Asafu-Adjaye[235]通过应用 Granger 因果关系检验、协整模型等方法对经济发展与能源消费之间的关系进行了实证研究。在能源—环境方面，金忠义强调了能源消费对生态环境产生的负面影响，利用投入产出法、计量经济学方法和系统理论分析了上海市能源消费结构变化对生态环境的影响[236]。

3E 维度研究方法是将能源、环境、经济纳入一个整体，更加系统地分析三者的作用机制、发展规律及内在关联，已被广泛应用于能源、环境、经济的可持续发展研究[237]。Ang[57]和 Soytas 等[58]最早将能源、环境和经济三者结合起来进行研究。El-Houari 等从能源、环境、经济角度对选定的具有不同气候特征的 24 个城市的可再生能源系统进行了分析[238]。刘定一基于能源—环境—经济的关系，研究了大连市可持续发展的相关问题[239]。王德发等在考虑能源、环境对经济增长影响的前提下，对上海市工业部门的绿色地区生产总值进行了测算，并把测算结果同传统意义上的地区生产总值进行了比较[240]。牛晓奇和石风光则以安阳市工业为例，研究能源、环境约束下的经济增长效率[241]。

生态系统维度的研究方法是在 3E 维度方法体系基础上的进一步延伸，是融入了生态系统理念和复杂系统理念所形成的新的方法体系。国外对能源和生态系统相结合的研究主要分为两个方面：一是将能源系统作为生态系统的一部分，分析能源系统对生态系统的影响，并提出相应的解决方案[72]；二是将能源系统与生态系统视作同等地位，二者为并列关系，试图将能源系统与生态系统连接起来进行研究[78, 81]。国内"能源生态系统"的研究由张雷首次提出，基于物质流分析等工业生态学方法[69]，将国民经济系统按照能源生产、消费活动进行重新划分，对能源系统发育过程进行评价[86, 87]。张丽君等构建了城市复合生态系统碳基能源四种范畴不同代谢过程的核算方法体系，并以北京市为例进行了比较分析[242]。

2.3.2 多学科交叉的研究方法体系

城市能源系统研究是多学科交叉的综合性研究。按照学科归属划分，可以将研究方法粗略划分为时间序列分析和系统工程模型。其中，时间序列分析是以传统数理经济、计量经济和概率统计的分析工具为主的研究体系，系统工程模型则来自系统工程、运筹学与控制论等模型算法工具。

以时间序列型研究方法为主要研究思路是通过对历史数据的观察，运用概率统计方法分析时间序列间的数理特征，检验变量间假设关系。运用这类模型方法的研究主要来自传统经济领域[243]，由于此类模型基于历史数据且长于静态结构分析，因此 1E、2E 维度比较多见。郑忠海等基于生态足迹法对城市能源系统的能源生态足迹进行了分析[244]；杨肃昌和韩君运用向量自回归模型对我国城市规划背景下能源消费发展趋势进行了分析[245]；王永真等提出了工业型城市能源转型的综合评价体系，对苏州市能源转型进行了评价并分析了城市能源转型的动态过程[246]；Marquez-Ballesteros 等构建了城市能源可持续发展指数，并用于评价两座西班牙城市的能源可持续性[247]。

系统工程模型是能源系统理论提出时主要运用的模型方法，由于涵盖了系统工程学、运筹学、控制论、热力学、数学等多门类学科，且大多是问题导向的分析工具，相对来说这类模型体系脉络不是特别清晰。总的来说，在目前能源系统研究中常见的模型包括灰色系统模型[248, 249]、模糊模型[250, 251]、BP 神经网络模型[252]、遗传算法模型[253]、系统动力学模型[254~256]、基于主体模型（agent-based model, ABM）[257]等。例如，Jovanovic 等运用模糊集理论，建立城市能源系统评价模型，并在模型预测的基础上，预测和评估塞尔维亚贝尔格莱德能源系统的不同发展情形[230]。赵霞等结合遗传算法（genetic algorithm，GA）的全局搜索能力和Newton法的局部搜索能力，提出电-气综合系统能流计算的混合GA-Newton法，以此开展电-气综合能源系统的能流计算[258]。李忱息等建立了基于超结构建模方法的能源系统发展规划模型对某规模以上城市2021~2035年的能源系统发展路径进行了规划设计[259]。孙天晴等建立了城市能源系统能源流动图并在模糊综合评价模型的基础上对北京市能源系统的可持续性评价进行了研究[260]。

后来，能源建模技术开始慢慢从优化模型向基于主体模型转变。Ma和Nakamori[261]回顾了能源建模技术从优化模型到基于主体模型的转变，并比较这两种建模技术的优缺点和不同情景下的适用性。Beck等[262]考虑了技术经济、环境和社会标准等因素，从可持续发展目标的角度，将混合的全局优化模型和基于主体模型相结合，以此探求出实现能源规划目标的发展途径。运用基于主体的仿真建模技术，则可通过各主体之间的交互模拟所要刻画的系统或现象，突破传统研究方法的局限[263]。城市能源系统与经济、生态、环境等诸多方面有交互影响，多能源系统[264]则将能源系统的研究范畴拓展到所有的能源品种，包括风能、太阳能等可再生能源，是一个典型的复杂系统，因此采用基于主体建模（agent-based modelling）方法研究城市能源系统具有较高的适配性[265]。

基于主体建模或称多主体建模（multiple-agents modelling）。在城市能源系统建模领域，基于主体建模方法的应用日益广泛[262, 266~270]。本书概括出两个主要的建模方向。一个方向涉及城市能源系统中人类的决策过程，通常用于政策设计和消费者行为的研究上。Rai和Henry在构建消费者能源选择模型时，先考察其他模型（non-ABM）对能源需求侧建模的局限性，然后提出一个可以增进理解消费者能源需求的复杂能源系统框架，结果表明该模型提升了可持续能源行为[271]。针对以往模型中对人类行为的假设通常超出理性和同质化，Gerst等引入多层次模型框架，采用基于主体建模方法，通过对企业和家庭行为的设定，模拟国际协定和国内政策结果之间的双向动态反馈[272]。Decarolis等建立能源系统优化模型（energy system optimization models，ESOMs），以互动的方式，探索能源系统的可替代方案，寻找最优的决策空间，以获得不确定条件下的政策目标，并以美国电力部门和轻型运输部门为例进行实践探索[273]。Mercure等提出一种向可持续发展转变的政策干预模型，首先解释了该对象的复杂性（自我强化机制，技术锁定）和主体异质性（如不同收入群体的消费和投资行为存在差异），其次探讨了可持续发展政策在技术研发和扩散，低碳政策的宏观影响，社会经济系统和自然环境之间的相互作用等领域的应用[274]。另一个方向是将基于主体建模与空间分析用于城市能源系统规划方面[275]。Imran等利用基于主体建模方法仿真德国Kreis地区沼气发电厂的潜力，并对此进行规划[276]。Verhoog等建立基于主体模型的沼气基础设施系统，用以探究荷兰沼气基础设施所经历的社会、体制和生态演变[277]。Li等提出基于主体的孤岛微网分散控制方法，进行电网规划[278]。Khan 等提出一个多主体分布式能源管理系统架构，并在可再生资源波动、季节性负载需求和电网干扰等几种情形下对能源系统进行仿真和评估，结果表明，该模型比传统的集中式能源系统具有更好的可控性[279]。

2.4 文献评述及研究空间

本章梳理了能源系统理论基础，主要包括能源系统基础理论，能源、经济、环境关系理论和能源生态系统理论，以奠定本书的理论架构。在理论综述基础上，针对城市层面能源系统的研究情况进行综合归纳，主要包括城市能源系统分析、城市能源系统消费主体行为研究和城市能源生态系统研究。同时，就 1E—2E—3E—生态系统的多维度的城市能源系统研究方法体系和灰色系统、模糊模型、BP 神经网络、系统动力学等多学科交叉的研究方法体系进行了综合分析，从而为不同类型、不同层次城市能源生态系统方法论和数据管理体系构建提供拓展研究支撑。

基于上述研究展望，本节初步提出本书的理论基础和研究空间，主要包括理论体系、研究方法、研究设计等方面，尤其是城市能源生态系统理论基础和研究设计需要投入更多研究，这也是不同类型、不同层次城市能源生态系统发展的必然。

1. 缺乏城市能源生态系统理论体系支撑

就现有城市能源生态系统基础理论成果及相关研究工作来看，其主要基于能源系统理论、能源-经济-环境关系理论、能源生态系统理论和城市能源系统理论等理论架构，对城市能源系统评价、城市能源消费、城市能源生态系统代谢等问题进行深入探讨，但对于城市能源生态系统的研究边界和理论分析层面缺乏明确的界定。

尽管能源系统的基本框架已经相对成熟，众学者也对城市能源生态系统做了许多研究工作，但对于城市能源生态系统的理论归属、方法体系、技术支撑等方面的顶层设计还远远不够。尤其随着近年来城市能源系统转向更加灵活和多元的能源供应体系，能源系统内部主体之间的交互关系也更加丰富，若采用传统能源系统理论体系进行研究，既缺乏针对性也不符合现实要求，导致城市能源生态系统理论机制和行为模式探讨不足。

2. 城市能源系统代谢演化机理研究不充分

国内外学者对能源、环境、经济关系理论的研究历程，经历了能源—经济、经济—环境、能源—环境和能源—经济—环境的发展阶段，能源系统模型的研究历程也经历了相应的改变。这些研究思路各自具备自身优越性，它们的主要贡献在于从宏观角度对城市能源系统整体进行评价分析，这种思路能够兼顾城市能源系统发展过程中多种关系的协调，但缺乏恰当的系统内部结构表征方式，因此这类研究往往更加侧重于对能源系统"量"的分析。

然而，城市能源系统具有典型的复杂系统特征，不仅体现在能源规模和消费总量上，更体现在系统内部能源代谢路径的交叉和重叠上。因此，从城市能源系统代谢角度出发，兼顾城市能源系统"量"变和"质"变相对薄弱问题，需要对系统内部能源具体的代谢路径和运作机理进行深入研究。为此，本书建议就具体城市而言，可尝试基于耗散系统理论，通过构建城市能源系统的耗散结构模型，从城市能源代谢的微观涨落和结构涌现视角解析城市能源代谢由微观量变到宏观质变的过程，本书也试图在这方面进行尝试性研究工作。

3. 研究方法与系统变化过程结合程度不高

我国城市能源系统存在能源消费体量大、强度高、对外依赖性强等问题，在当前背景下，优化能源系统结构将成为城市能源系统可持续发展的主要手段。目前，关于城市能源系统代谢演化的研究多是基于系统学分析方法分析城市能源系统供需的逻辑关联结构和传动反馈机制，对于城市能源系统转型具有较好的针对性，但目前的主要研究方法与系统变化过程结合程度不高，难以综合反映城市能源系统代谢演化状态。

当前，城市能源系统结构调整优化方向从主要考虑经济目标或环境目标，发展到考虑能源、经济、环境目标，既是顺势而为的重要举措，也是可持续发展的必然选择。因此，结合城市能源系统转型战略和方向、选择合适的研究方法、了解系统变化过程、纳入更多因素以阐释城市能源系统代谢演化机理是一个有待深入研究的问题。

4. 研究设计不能满足现实需求

目前，城市能源生态系统代谢分析的研究思路主要是基于城市能源系统中能源流的生产、转化、传输、消费、排放路径进行分析，反映部门间及与外部环境间的互动关系，主要的分析工具是生态网络分析及与能值分析、生命周期评价（life cycle assessment，LCA）、复杂网络等方法相结合的衍生模型。这种研究模式能够直观地体现出城市能源系统代谢过程，并且通过列昂惕夫矩阵能够计算出城市能源系统中的隐含能流，进而得出能源系统组分间的关联。

但值得注意的是，这一研究思路对于部门间的互动关系往往只关注于能流，对于其他关系的影响重视程度不足，难以满足构建城市能源生态系统以探索城市能源结构生态化转型路径的实际需求。另外，该研究思路只能针对一定时间段内的代谢过程和稳定的能源结构进行分析，而对于长期的能源系统演化行为或动态特征的代谢描述存在一定的局限性，这也为本书提供了研究空间。

5. 研究方法体系针对性不足

能源系统模型经过多年的发展，形成了丰富的方法体系。从研究维度来看，已经完成了从1E到3E的扩展，并逐渐向生态系统发展；从学科门类来看，涉及的学科领域已经超越了传统的学科领域，复杂性科学、生态科学等新的理论方法不断扩充到能源系统模型方法体系中。显然，模型方法体系的丰富一方面来自能源系统理论的不断发展，另一方面也来自不同学科的不断交流融合。目前，基于生态系统角度提出的能源生态系统无论从理论框架还是模型方法都是能源系统研究相对前沿的领域，也是针对现有研究存在不足而不断改进完善的模型方法体系。

但从城市角度进行研究需要考虑到微观主体之间的交互影响，即存在复杂性特征。此时，基于主体建模方法便具有较强适用性。目前，在能源方面采用基于主体建模的研究中大多仍以单一部门主体行为为主，对于企业行为研究较少，综合研究居民和企业两大主体行为更是少之又少。因此，在研究方法上运用基于主体建模方法构建两大能源消费主体综合模型为本书提供了较大的研究空间。

第3章 城市能源生态系统内涵及运行机理

城市能源生态系统是为适应新形势、新环境而对城市能源系统的新认识,也是探索可持续发展、人与自然和谐相处的能源利用新模式。城市能源生态系统的核心是"生态",反映了城市发展过程中能源、经济、环境的协同耦合关系,而城市能源生态系统的演化分析则是基于动态视角,描述城市能源生态系统不断自我适应内外部变化,实现与经济、环境协调发展的过程。

本章探讨城市能源生态系统的内涵、基本特征及内在机制,并解析其运行机理。在此基础上,构建城市能源生态系统的抽象模型,为后续章节研究开展提供理论支撑。

3.1 城市能源生态系统内涵

3.1.1 城市能源生态系统内涵的发展演化

城市能源系统的发展伴随着城市发展,不同发展进程和发展阶段的城市能源系统也对应不同形态,而城市能源生态系统则是城市能源系统发展过程中的一个阶段。因此,要了解城市能源生态系统,需要先了解其由来。按城市发展阶段区分,城市能源系统可大致分为农业社会的城市能源系统、工业社会的城市能源系统、后工业化社会的城市能源系统及生态化的城市能源系统。

1. 农业社会的城市能源系统

农业社会是人类文明史上经历时间最长的阶段，涵盖了奴隶社会和封建社会。这一时期，生产力水平相对低下，城市规模较小且发展缓慢，城市功能比较单一，以军事、宗教及商业中心等为主要职能。能源需求主要以取暖、照明、烹饪、预警等为主，主要利用形式是植物秸秆、木材、油脂等的燃烧，能源的需求、利用形式和种类等都比较简单，能源的经济、生态矛盾也并不突出，城市能源系统处于相对低级的阶段，表现形式基本属于自生型。

农业社会的城市能源问题由于供需矛盾并不突出，能源资源供给充分且需求较小，配套管理问题等发展相对缓慢，城市能源系统并不完善，这一时期的主要矛盾在于技术因素制约导致的能源利用效率低下。

2. 工业社会的城市能源系统

工业社会的发展源于工业革命推动城市迅速形成以第二产业为主的产业结构，技术进步、社会分工及产业规模化极大促进了工业化和城市化进程，城市人口迅速增长，区域资源集聚程度增加，城市规模急剧扩张。这一时期，城市开始逐渐表现出现代意义上的"城市"概念，工业生产开始成为城市的主要职能，并由此带动配套的行政管理、居民生活、社会服务等发展。同时，工业革命极大地推动了社会生产效率和资源利用效率的提升，引发了能源消费的急速增长，能源供需矛盾突出，煤炭、石油等能源资源被大量开采。在这一时期，城市能源系统的系统性建设和研究获得快速发展，配套的能源供需设施的规范化建设和管理也随之获得重视。因此，现代城市能源系统理念和理论、技术发展发端于此。

一般而言，工业社会的城市能源系统是现代城市能源系统的开端。这一时期，能源产品的原料、利用技术及应用领域获得了极大丰富。第一次工业革命蒸汽机的出现，以煤炭为代表的能源产品推动了由手工向机器生产的过渡；第二次工业革命电的应用及内燃机的发明，依托电力、石油为代表的能源产品则诞生了现代电气、通信、交通、化工等，极大提升了生产力，推动了城市工业化发展，也由此带来能源消费的急速增长。城市能源需求的增长引发了城市能源供需矛盾，从而驱动配套供需设施规范化管理，配给、利用等相关技术和政策的研究、制定、维护等应运而生。另外，由于缺乏清洁生产的意识和技术，大量煤炭、石油资源的消耗导致了严重的环境问题，以及资源分布差异导致的区域发展不均衡问题等。

3. 后工业化社会的城市能源系统

后工业化社会的城市一般认为是20世纪四五十年代以来第三次工业革命（信

息技术革命)推动城市结构发生变化所形成的新形态城市。后工业化社会的城市结构的显著变化是传统制造业在城市产业结构中的比例下降,城市重心逐渐向金融服务、文化传媒、国际交流和科技研发转移,传统制造业、资源消耗型产业外迁,居民集聚,基础设施、卫生条件、公共服务建设发达,并出现城镇密集区、大都市带和区域城市群等。同时,由于人口、建筑高度密集,城市热岛效应严重,加上工业化时期城市发展遗留的生态恶化、环境污染、资源衰竭等问题开始显现,城市生态环境问题突出。由于城市化的推行,城镇人口在城市区域内高度聚集,并引发相应的生活服务、公共设施、文化娱乐等产业发展,生态用地面积急剧缩减,城市热岛效应显著,部分城市出现"大城市病"。

后工业化社会的城市发展已逐渐摆脱依赖高污染、高资源消耗的发展模式,而转向更加高效、清洁的以第三产业为主的产业结构,因此城市能源需求形式相较于工业社会的城市对能源产品的形式和利用方式出现了一定的简化,形成了以电力、天然气等清洁能源为主的能源需求结构,能源利用效率极大提升。当然这并不意味着其他能源在后工业化社会的城市能源系统中完全消失,而是伴随传统制造业和高污染产业的外迁而在城市区域内能源消费所占比例降低。可以看出,城市能源清洁化是后工业化社会的城市能源系统的一个重要特征。

4. 生态化的城市能源系统

随着后工业化社会的城市发展,"精明增长"、智慧城市的概念逐渐提出,人类社会与生态环境的关系引发人们的深度思考,在这一背景下生态化的城市理念开始得到重视[280]。目前,关于生态化城市的概念尚未形成一个系统、公认的界定,但总体上是通过对城市范围内的资源代谢研究,优化城市结构组成,实现人类社会与自然环境的和谐共生,其核心思想是将城市视为自然生态系统中的一个子系统,城市的物质、能量、信息代谢参与区域自然生态大循环。

在这一框架下,城市能源系统作为城市系统的子系统,城市能源代谢自然也成为区域物质资源代谢的一部分。资源禀赋和区位分工的差异导致部分城市"能源输入"特征比较明显,而部分城市"能源输出"特征比较显著,因此在区域复合生态系统中处于不同"生态位",进而体现不同的职能。此外,智能信息技术的高速发展使得生态化的城市能源系统具有自我调节、自我适配的智能功能,能够结合城市能源供需水平、环境质量等进行合理优化。

需要注意的是,由于区域发展程度的差异,存在多种城市能源系统形态并存的情况。尤其在区域发展相对不平衡或城市化边缘地带,区域城市群中心城市与边缘城市在发展进程上的差异,以及高发展城市产业外迁至欠发展城市,导致区域内部城市能源系统多种形态并存。

3.1.2 城市能源生态系统内涵的界定

通过城市能源生态系统的由来可以看出，城市能源生态系统是在传统能源系统基础上，充分考虑其在城市范围内生产消费涉及的相关过程所产生的直接或间接环境、经济和社会等影响，基于可持续发展理念进行统筹优化的现代能源管理系统。由此可以得到如下认知：城市能源生态系统是可持续发展目标下城市能源系统的升级和拓展，而要厘清城市能源生态系统的内涵需要先了解城市能源系统。

城市能源系统的概念非常宽泛，按照不同的视角有不同的理解。

（1）按照功能定位界定，城市能源系统是城市供电、供热、供冷、供气等各类能源系统的综合集成，通过系统性的资源优化配置和协调管理，可以实现多种能源的相互协同互补及梯级利用，从而实现提高能效、减少污染、保障安全等目的。

（2）按照研究内容界定，城市能源系统既可以是抽象、虚拟的"软"系统，也可以是具体、实际的"硬"系统。前者一般侧重于分析能源在城市空间范围内的流动过程和供需关系，大多属于区域经济、资源经济、工业生态等领域；后者则强调实际的设备装置、加工转换、能源调配、功率负载等，属于能源工程、电力工程等领域。

（3）按照学科属性界定，不同理论背景和学科认知对城市能源系统的概念和内涵形成多种界定和解释。其中，区域经济学视角的解释侧重城市化进程中能源配置的公平性和效率性，强调能源服务与城市发展的匹配程度，认为城市能源系统是城市发展的基础保障，涵盖满足生产部门、公共服务、居民消费的所有基础设施、能源资源和服务，是社会经济系统的子系统。能源经济学视角的解释则偏重能源利用的效率性、供需分配的合理性及资源配置的可持续性，认为城市能源系统由城市范围内的能源勘探、开发、运输、加工、转换、存储、输配、使用、环境保护等一系列环节、设备及服务组成，涵盖从能源资源到城市生产/生活最终服务的整个过程，是一套独立完整的工程系统。系统科学视角的解释则更加注重系统内部、系统间及与外部环境的关联和反馈，关注能源系统在外部（自然、政策等）环境变化下的自组织与自适应性，认为城市能源系统是城市系统在发展过程中适应外部自然环境演化出的调节系统，既反映了资源环境的外部约束性，又体现了城市系统的技术适应性。

总体而言，不同视角对于城市能源系统的阐释各有侧重，针对不同的研究问题和实际案例具有各自的针对性，并不存在绝对的孰是孰非。笔者认为，随着近年来城市能源系统内涵的不断丰富，城市能源系统的研究已发展为多能耦合、多端协调的，融合多学科、多视角的系统性理论。

随着城市能源系统内涵的不断丰富，其不断涌现的新的特性也催生了城市能源生态系统概念的出现。如前文所说，城市能源生态系统本质上是在传统城市能源系统的基础上引入了生态多维视角，统筹考虑了能源在城市区域内生产、传输、消费乃至末端排放等全过程的经济、环境、社会综合影响，其核心是能源供应链的生态化。生态化不仅包含了能源生产和消费两端的动态供需平衡，还涵盖了上下游部门间的互动关联机制，以及整个过程中经济、环境、社会的多维影响，从而形成以能源为核心的人工"生态"系统。

因此，城市能源生态系统面向的是能源开发、加工、运输、使用、处理全过程，以供需平衡、环境影响最小、经济社会效益最大化为目标函数，以能源资源和环境生态承载力的有限性为约束条件，以系统性和可持续性为研究视角，以清洁化利用技术和信息化智慧管理为优化手段的一种现代化城市能源供需配置模式。

3.2 城市能源生态系统基本特征及内在机制

3.2.1 城市能源生态系统基本特征

城市能源生态系统是城市能源系统发展到一定阶段的形态，因此仍具备城市能源系统的基本特征。城市能源系统是由特定范围内诸多子系统相互联系、相互作用的高复杂度城市复合系统，其具体形式呈现出一种"节点式、网络状、扁平化"的发展态势和"多源、多汇、多路径"的拓扑状态。因此，城市能源系统按照发展脉络所表现的特征可以概括如下。

（1）空间紧凑型：实现城市空间利用的紧凑化和城市功能的紧凑化，以避免城市的过度扩张引发的能源短缺、效率低下。

（2）个人责任化：在个人开展能源活动过程中，从各个层面提倡节约环保、节能低碳。

（3）减量化：规划视野的转变，降低系统的负荷，提高资源能源的利用率，减少输送转换损失，提高分布式能源的普及程度。

（4）减少碳足迹：调整能源结构和供能路径，利用可再生能源和绿色能源替代高碳排放因子的化石燃料以提高能源利用效率，应用碳捕集和碳储存技术减少碳足迹。

（5）统筹碳源/碳汇：合理规划用地，尽可能保留碳汇功能区，以保护碳汇。

（6）提高资源效率：发展循环经济，将废弃物资源实现可再利用化；发展低碳经济以应对气候变化，是面向"后京都时代"的时代抉择，是建设低碳城市的必然选择。

城市能源生态系统区别于传统城市能源系统的关键在于其城市社会经济、自然环境、科技水平等有着非常紧密的联系，它既为社会经济系统的运行提供动力，又是自然环境系统的一部分，它不仅以满足社会经济的运行需要为目标，更加关注与自然环境的协同共生和可持续发展。

基于系统科学认知，城市能源生态系统具备以下特征。

1. 要素异质

城市能源生态系统是在传统城市能源系统基础上的进一步拓展和延伸，不仅包含了传统城市能源系统中能源供给端煤炭、石油、天然气、可再生能源等各种能源产品，以及能源需求端各种生产部门和家庭部门等，也包含了城市社会经济、生态环境、历史文化等诸多因素。这不仅带来系统要素数量的增加，同时由于诸多要素来自不同子系统，不同要素间的属性存在较大差异，甚至由于视角的增加，同一要素的属性也发生较大变化。具体来说，在一元能源系统或能源—经济二元能源系统中，能源产品属性通常不包含污染物排放水平等属性，但在能源—经济—环境三元系统或能源生态系统中，该属性则被引入诸系统单元；另外，能源产品属性通常包含热值、供给量、价格、转化效率、排放水平等相关指标，而对于能源需求部门来说则通常包含需求量、能源预算、碳配额等指标，可见不同要素间的属性差异也会随着研究的进一步深入而产生细分进而可能对分析过程和结果产生较大影响。可见，随着系统维度的增加，要素间的差异凸显。因此，这种要素的异质性在城市能源生态系统中格外突出。

2. 关联多维

城市能源生态系统是典型的多维复杂系统，包含了不同维度子系统要素，以及相同能源要素在不同维度的关联影响。具体来说，在城市能源生态系统中除了基本的经济、能源、环境三元子系统，还涉及社会、地理等其他子系统，因此在将这些子系统中的关联要素纳入分析框架后，由此带来的首先是如何处理来自不同维度子系统要素间的差异。例如，经济子系统中常见的经济产值，与能源子系统中某一能源产品的消费量，无论在数值、单位还是在系统中的贡献都是不同的。此外，对于某些跨越多个子系统的要素，多元子系统耦合形成的能源生态系统还会引发要素的多元影响。例如，对于能源子系统中能源产品的消耗，会引发经济子系统中原料投入带来的成本上升和产值增加，还会引发环境系统中资源耗竭及污染物排放等。

3. 过程动态

城市能源生态系统是发展的系统，其微观层面是由无数个要素的动态过程组成的。微观要素由于内生因素或外部影响导致自身随时间呈现动态特征，进而通过与周边关联要素的互动机制和传导机制形成复杂冗长的链式反应，从而驱动整个过程的动态性和发展性。例如，能源消费量的历史发展动态性表现为不同时间节点城市能源消费量的时间序列，但其作为观测量终究只是一连串动态过程所表现出的观测结果，并伴有冗长复杂的前置和后续连锁的动态过程。具体来说，能源消费的历史波动过程是由于社会经济系统中的供需，通过价格市场和能源供给量及环境约束等一系列传导链最终形成的，并会后续影响下游产品及用户消费行为等。整个过程都非静态的，同时受到其他因素影响而不断变化。此外，由于传导过程需要时间，整个过程通常不仅具有时间连续性，而且存在时间持续性和滞后性。

4. 结构冗余

结构冗余是城市能源生态系统相较于传统城市能源系统的重大区别之一。城市能源生态系统的结构冗余体现在能源供需的两端或上下游，往往存在多种可相互转化或相互替代的互动关系，能够保障在系统某些结构受到破坏的情况下仍然保证系统的正常运行。具体来说，能源系统中既包含煤、石油、天然气、核能等不可再生能源，也包含太阳能、风能、生物质能等可再生能源，各种能源之间存在相互可替代性，在能源需求端通常可通过电气化等技术实现多种能源产品需求的转化。此外，由于库存、市场等缓冲机制的存在，这种结构和节点上的冗余保证了城市能源系统极高的系统韧性。对于外部环境变化，如政策、技术、市场、自然灾害等不可控的外部冲击，系统仍然能够正常运行而不会瘫痪，这对于大型城市而言是极为重要的。

3.2.2 城市能源生态系统的主要类型

按照不同标准尺度，城市能源生态系统可以进行多种分类。例如，根据城市能源资源禀赋和产业结构，可以分为能源输入型和能源输出型；按照城市经济发展水平，可以分为发达型和欠发达型；按照城市发展与区域生态环境协同程度，可以分为强生态型和弱生态型。

1. 能源输入型和能源输出型

能源输入型城市能源生态系统主要是依赖于外部能源输入维持自身内部能量

流动代谢活动的系统;相对应地,能源输出型城市能源生态系统则是通过内部能量流动代谢活动向外输出能源的系统。显而易见,能源输入型和能源输出型城市能源生态系统很大程度上是先天的能源资源禀赋、后期的区域产业结构导致的。因此,我国大部分能源输入型城市主要聚集于东部沿海地区,而能源输出型城市则遍布我国东北、中部、西北和西南地区。需要说明的是,能源输入型和能源输出型城市能源生态系统使能源总量呈现出流入或流出的特征,因此一般情况下并不存在纯粹的能源输入型或能源输出型城市能源生态系统。

能源输入型和能源输出型城市能源生态系统形成的过程,大多起始于先天资源禀赋,后经过社会分工,形成了特定的产业结构,最终导致相应的城市能源生态系统产生。具体来说,不同区域的先天资源禀赋差异产生了"相对优势",因此面对有限的资本和劳动力分配,能源资源富集城市发展资源产业短期内能够带来更快、更客观的经济收益,能源资源富集城市逐渐演变成能源输出型城市;而对于能源资源禀赋条件相对较差的城市,则集中发展制造业、服务业等产业,并逐渐演变为能源输入型城市。

按照能源代谢过程来看,能源输入型城市能源生态系统中的节点大多为能源代谢过程的下游,即能源的需求端,通过能源产品的输入而转化为经济或社会产出;能源输出型城市能源生态系统中的节点则通常为能源代谢过程的上游和中游,包含了能源资源采掘、加工转化和传输等过程,即能源的供应端。此外,由于能源产品的成本优势,能源输出型城市通常也伴随大量的高能耗重工业产业聚集,如冶炼、化工、制造等,能源输出型城市通常也是工业城市。因此,能源输出型城市通常并不是纯粹的能源"输出"城市。

2. 发达型和欠发达型

发达型和欠发达型城市能源生态系统的界定,通常是以经济发展水平来区分的,但这种界定方式存在两个问题:一是经济水平与经济发展水平二者极易混淆,导致部分城市的界定并不明确;二是经济发展水平区分的标准并不是统一且一成不变的。

首先,经济水平与经济发展水平二者的内涵存在一定差异。城市经济水平大多以区域经济产值或人均收入等指标进行衡量,而经济发展水平则更偏向于综合指标,反映区域总体的经济社会发展水平。尽管在大多数情况下,二者的混用并不会产生差异较大的结果,但对于能源输出型城市能源生态系统,可能会造成界定的偏差。举例来说,我国中西部地区部分省(区、市)煤炭资源丰富,经济产值相对较高,但总体而言城市经济发展高度依赖资源产业,造成长期来看城市发展难以维持,常伴随资源储量下降或资源需求变化而影响城市发展,即"资源诅咒"。因此,这类经济水平相对较高但发展模式相对简单的城市,通常也属于欠发达型城市,即欠发达资源富集区。

发达型和欠发达型城市能源生态系统的显著区别在于，能源代谢过程中能源产品形态的转化。具体而言，对于发达型城市能源生态系统，通常是将能源作为投入，转化为产品、科技、服务等实质性经济产出，往往伴随产品根本属性的本质性变化，即能源向效用的转化。欠发达型城市能源生态系统的代谢过程，通常是将能源产品进行初加工，即能源的形态转化，如煤炭转变为电力、石油转变为汽/柴油等，因此相对而言产品附加值较低。

3. 强生态型和弱生态型

强生态型城市能源生态系统注重能源系统清洁高效，与自然环境形成良好的可持续的互动关系，而弱生态型城市能源生态系统通常注重经济发展，而对环境并不友好。

改革开放以来，我国处于经济发展上升期，工业化、城市化进程持续加速，一方面极大提升了居民生活水平，另一方面急速扩张的工业化、城市化进程也破坏了城市生态环境。能源活动关联的环境污染物排放，以及过量的物质能量的流入、流出，对城市生态环境负载提出了严峻挑战。化石燃料的大规模使用不仅导致 NO_x、PM10（可吸入颗粒物）、PM2.5（细颗粒物）等污染城市空气质量，工业、生活污水排放及城市绿地面积缩减破坏了城市生态环境。

近年来，东部沿海城市通过一系列技术管理手段，极大优化和提升了城市生态环境质量，但对于部分中西部地区城市，自然生态环境脆弱，能源资源大规模开采及粗放的管理模式，极大地恶化了城市生态环境，恢复任务艰巨。

3.2.3 城市能源生态系统内在机制

根据以上分析可以认识到城市能源生态系统并非一成不变的静态结构，而是根据内部和外部环境变化不断适应、自我演化的动态系统。此外还需认识到，当代城市系统发展到现今水平，已发展为不断与外界进行物质、能量和信息交换的开放复杂大系统。"开放"，即系统与外部存在互动关系；"复杂"，根据前文分析则包含了内部要素间的互动关系。两种截然不同类型的互动关系的交融耦合，促成了城市能源生态系统独特的内在机制。

1. 动态反馈

动态反馈机制是系统应对内外部变化做出反应的机制，也是系统自适应的基础机制。城市能源生态系统动态反馈机制本质上是微观要素间复杂的因果关联形成的逻辑网络，由于各个要素能够接受外部刺激并做出相应反应，这种反应通过逻辑网络形成复杂的反馈行为。

按反馈的结果类型，反馈机制分为正反馈和负反馈。一般来说，对于外部刺激做出正面反应，对输入信号起到强化作用的反馈即正反馈；对于外部刺激做出负面反应，对输入信号起到削弱作用的反馈即负反馈。例如，油价上涨会导致强化石油投资和石油开采，增加石油产量，即正反馈；但油价上涨会导致石油需求量下降，则为负反馈。城市能源生态系统中包含了大量的微观要素及其复杂的关联网络，因此形成了极为复杂的反馈机制，也很难判断其反馈机制的属性。此外，反馈链路长短不一，导致信号传导存在时间滞后性，而多维、多向、多路反馈往往时滞不一，即异步的，又导致不同反馈回路在时间上的互动，进一步复杂化了反馈机制。

2. 非线性

非线性机制反映了系统输入与输出间的定量关系，表现为输出与输入不成正比。城市能源生态系统非线性机制的产生，根源在于内部极为复杂的要素互动机制使得输入信号在传导过程中存在抵消、缓冲、迭代等现象，从而造成最终输入与输出间的叠加性不再成立。

由于动态反馈机制的存在，无论从系统尺度抑或是中观或宏观尺度，输入和输出间通常都会存在非线性机制。在城市能源生态系统中，反馈机制以负反馈为主导，这主要是由于生态系统总是趋于"稳态"和"自我控制"的内在属性。因此，在反馈链条或者传导路径分析过程中，通常存在大量抵消、缓冲及时滞等现象，从而导致了非线性机制的形成。举例来说，当所有能源产品输入翻倍，通常并不会导致经济产值及污染物排放量的等量翻倍，而是通过价格机制产生反弹效应。

3. 协同演化

协同演化机制是系统内部不同要素或代谢过程通过相互的动态反馈机制形成耦合协同效应，产生 1+1>2 的效果，因此也是非线性机制的一种表现形式。产生这种现象的基础在于系统中庞杂的要素集群及互动关联，其根源在于要素的异质性及代谢过程的异步性。以此为前提，通过要素间的协同演化机制使得系统整体能够不断发展，而形成之前系统或是子系统都不具备的特征，也是子系统与系统、系统与大系统间一种积极的互动机制。

城市能源生态系统中异质、异步因子的存在导致了不同要素或代谢过程在发展过程中可能由于"振动"频率相同而形成"共振"。这种"共振"既可能类似正反馈机制相互加强彼此，形成 1+1>2 的效果；也可能类似负反馈机制相互削弱彼此，形成 1+1<2 的效果。此外，当这种"共振"周期相同或呈现倍数关系时，可能导致系统形成稳定的波动形态，而不断调整自身结构形成稳定形态的过程则可

以理解为演化过程。一个典型的案例就是经济发展水平、技术创新水平与能源清洁化水平间的协同演化过程。

3.3 城市能源生态系统运行机理解析

要深入理解城市能源生态系统特征及运行机理，需要先基于城市能源生态系统的基本过程——"代谢"入手，进行抽象表征；在此基础上，结合不同能源代谢过程间的互动关系，解析其运行机理；最后，从系统层面解析城市能源生态系统行为[281]。

3.3.1 城市能源生态系统的代谢过程解析

代谢是城市能源生态系统最基本的过程，也是分析城市能源生态系统最根本的着手点，因此需要首先了解其基本内涵，并构建恰当的抽象表征手段，从而实现自下而上的系统定量描述。

1. 城市能源生态系统代谢内涵

城市能源代谢的概念源于 Wolman 于 1965 年提出的城市代谢理论，泛指城市区域内包含的能源开发、转换、运输、配置、利用及废弃等整个过程。由于资源禀赋差异及区域分工，城市能源代谢过程通常为能源全生命周期的一部分，但通过类比自然生态系统代谢过程，可以将这一过程视为城市系统维持自身"生命"活动必需的过程，进而基于生态学视角对城市能源系统代谢过程进行分析。

代谢原指生物个体或生态系统与外部环境进行能量和能量交换、内部物理化学过程反应、能量的供给传递和存储，以及代谢废物排至外部环境的全部过程。城市能源代谢是基于自然生态系统与城市能源系统在结构、功能上存在的相似性，通过类比和仿生，将生态代谢的相关理论和分析方法引入城市能源系统的研究中，从而形成城市能源生态系统的基础。

城市能源生态系统代谢本质上是基于能量流/能流，对城市系统能源流入/流出进行分析。然而，不同于投入产出分析，城市能源生态系统同时考虑了城市系统内部能源流动的依存关系和互动关系，并能够通过能流路径和网络结构特征，判断城市能源系统内部的生态结构和系统状态。因此，相较于投入产出侧重于"量"

的分析,该理论同时考虑了"质"的分析,因而对描述城市能源消费过程、反映城市能源系统状态具有较好的针对性。

基于Wolman的观点,城市"经济—能源—环境"3E矛盾,很大程度上在于城市资源出现了配置冲突,进而导致系统代谢失调。能源连接经济系统(供给端)与环境系统(排放端),能源系统代谢分析及优化对于协调经济系统与环境系统矛盾,缓解"大城市病"具有十分重要的研究意义。

诸多研究表明,目前城市可持续发展过程中面临的资源稀缺、环境退化、气候变化等一系列资源环境问题源于城市当前结构难以处理超量的资源流入/流出,进而导致资源利用效率低下和代谢系统失能。城市能源系统代谢研究不仅注重能源流入/流出的测度和计量,而且充分考虑能源代谢过程的影响,评估代谢路径性能。因此,本书将城市能源系统代谢理论应用于分析中,探究城市能源系统运行机理和演化模式。

城市能源系统代谢抽象模型以能量/能量流分析为基础,将代谢系统视为"黑箱",只关注系统的总体流入、流出,并进行计量和分析(图3.1)。该抽象模型的优势在于能够直观反映系统能源的流入流出、投入产出,但由于忽略了系统内部代谢路径和状况,将整个系统视为"黑箱",对于城市能源系统代谢过程中可能存在的回流、累计流等,缺乏相应的计算和处理。

图 3.1 城市能源系统示意图

因此,本书在传统城市能源代谢系统"黑箱"框架基础上,将城市能源代谢的逻辑路径和供需关系引入城市能源系统内部,形成逻辑"灰箱"模型(图3.2)。

首先,从宏观层面,通过系统边界将城市能源系统与外部环境区分开来。按照城市功能定位,城市能源系统主要流入包括(从自然界开采的)能源类资源及进口(能源原材料、能源中间产品、成员产品),主要流出包括排放、出口等。这也是传统城市能源系统"黑箱"分析的主要研究内容。

其次,根据城市能源系统的递阶性,其中观层面可按照部门功能属性划分为供给端及需求端。供给端主要指能源产品的供给部门,包括能源开采、转化、配送等部门;需求端主要包括按产业区分的第一产业、第二产业、第三产业及家庭部门。该层次的分析以基于投入产出的分析为主,然而值得注意的是,尽管传统"黑箱"分析框架实现能源流量、存量的区分,但并不能实现识别存量中的回流,从而导致高估最终分析结论中的存量。

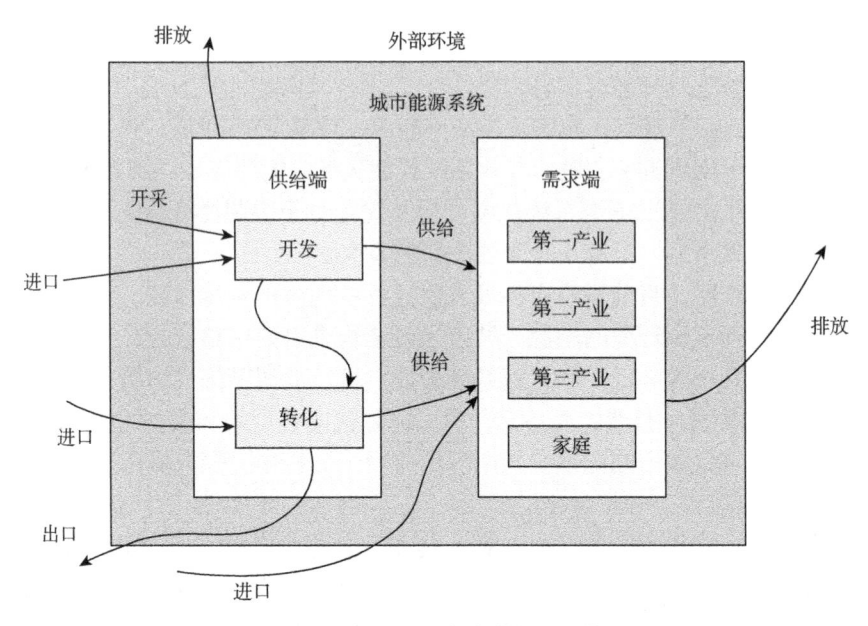

图 3.2　城市能源系统代谢的概念模型

再次，类比自然生态系统中食物链结构，能源流在城市系统中的流动过程又可进一步细化为生产、转化、消费及排放四个阶段，并通过该过程可将城市能源系统代谢过程进行划分，进一步形成部门间基于能量流动的代谢网络。该过程描述了部门间基于能量流动的供需关系，且描述是基于实际的能量流动值，而非换算后的净值，因此回流等得以在计算过程中反映。

最后，基于能量流的代谢网络能够反映出城市能源系统中部门间的依存关系，能够为进一步解释城市能源系统代谢网络结构提供支持。

2. 城市能源生态系统的代谢路径

城市能源生态系统的代谢路径包含三个关键要素，即能量、过程及路径。

能量是指城市能源代谢过程中涉及能源的所有不同形态原料或产品，如煤炭包含了原煤、洗煤、精煤、焦炭、煤气等。因此，对于所有相关产品的测度和计算都是针对同种能源的。需要注意的是，城市能源代谢通常涉及多种能源种类，在计量过程中通常采用基于热值的统一计量单位。

过程包含了城市系统中能源的流入、流动、转化、存储及流出等。流入是指该能量由系统外部流入系统内部的过程，该过程通常与研究范围、系统边界有关，同时涉及能量流入的形态、数量、方式等。流动主要是指能量在系统内部空间位置发生变化的过程，如由一个部门流向另一个部门等。转化主要是指能量形态发生变化的过程，该过程通常伴随生产、消费等活动，具体的形式可能包含多对一、一对多、多对多等多种形式的能流交互，如图 3.3 所示。存储是系统增长的主要途径之一。通常，当系统能量流入大于能量流出时，说明部分能量以存储的形式留存在系统中。需要注意的是，存储并不意味着系统一定会增长，能量可能会以库存的形式留存在系统中，而非转化为系统结构的一部分。反之（能量流出大于流入），系统可能衰退（或减少库存）。流出主要是指能量由系统内部流向系统外部的过程，该过程也涉及系统边界及能量自身状态等因素。

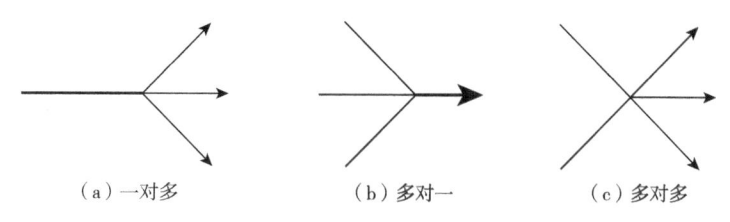

(a) 一对多　　　(b) 多对一　　　(c) 多对多

图3.3　三种主要的能流过程

在城市能源生态系统中，每一个特定的直接能源流动关系对应一个能流，每个能流包含一个流入端和一个流出端，联结系统中两个节点。多个能流组成城市能源生态系统代谢路径，反映了特定的能量流入在城市系统中流经的过程。由于能源代谢过程存在多种能流形态，多种形态根据特定的供需关系和产业链结构形成更加复杂的能源代谢路径（图3.4）。

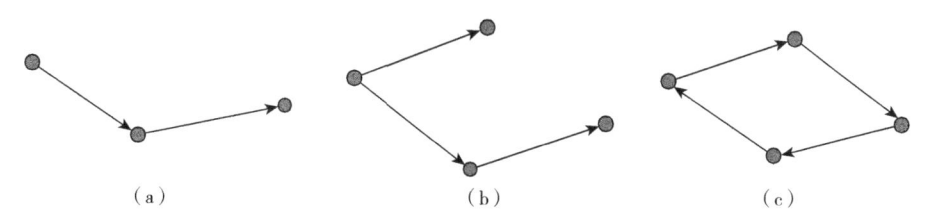

(a)　　　　　(b)　　　　　(c)

图3.4　城市能源生态系统代谢路径的多种形态

需要注意的是，在上述代谢路径中对于代谢能流的核算，不同能流路径由于形态的差异可能存在区别。例如，对于一对多、多对多的代谢路径，需要考虑流入能流与流出能流的数量分配；而对于存在回路的代谢路径，则需要考虑回流的累积计算。

此外，在能源代谢过程中往往伴随能源形态的转化，如在代谢上游包含了一次能源与二次能源的转化，在代谢下游则包含了基于产品的隐含能流转换。

3. 城市能源生态系统代谢结构

城市能源生态系统代谢结构的形成基础是城市能源生态系统代谢路径的产生。代谢路径的形成基于三个层次的完备性，即技术完备性、经济完备性和意识完备性。其中，技术完备性是基础，只有技术层面是可行的，该能源代谢路径才是可实现的；经济完备性是保障，不经济的能源消费模式终究只能停留在理论层面，而其大规模应用则需要考虑经济成本；意识完备性则是根据发展需求对于能源供需关系、代谢模式的约束，如为能源代谢更加清洁环保而出台的相关政策及能源消费行为的改变等。

城市能源生态系统代谢结构是由城市能源生态系统代谢路径组成的复合网络结构，其形成机理是能源供需关系［图 3.5（a）］和竞争关系［图 3.5（b）］综合作用的结果。

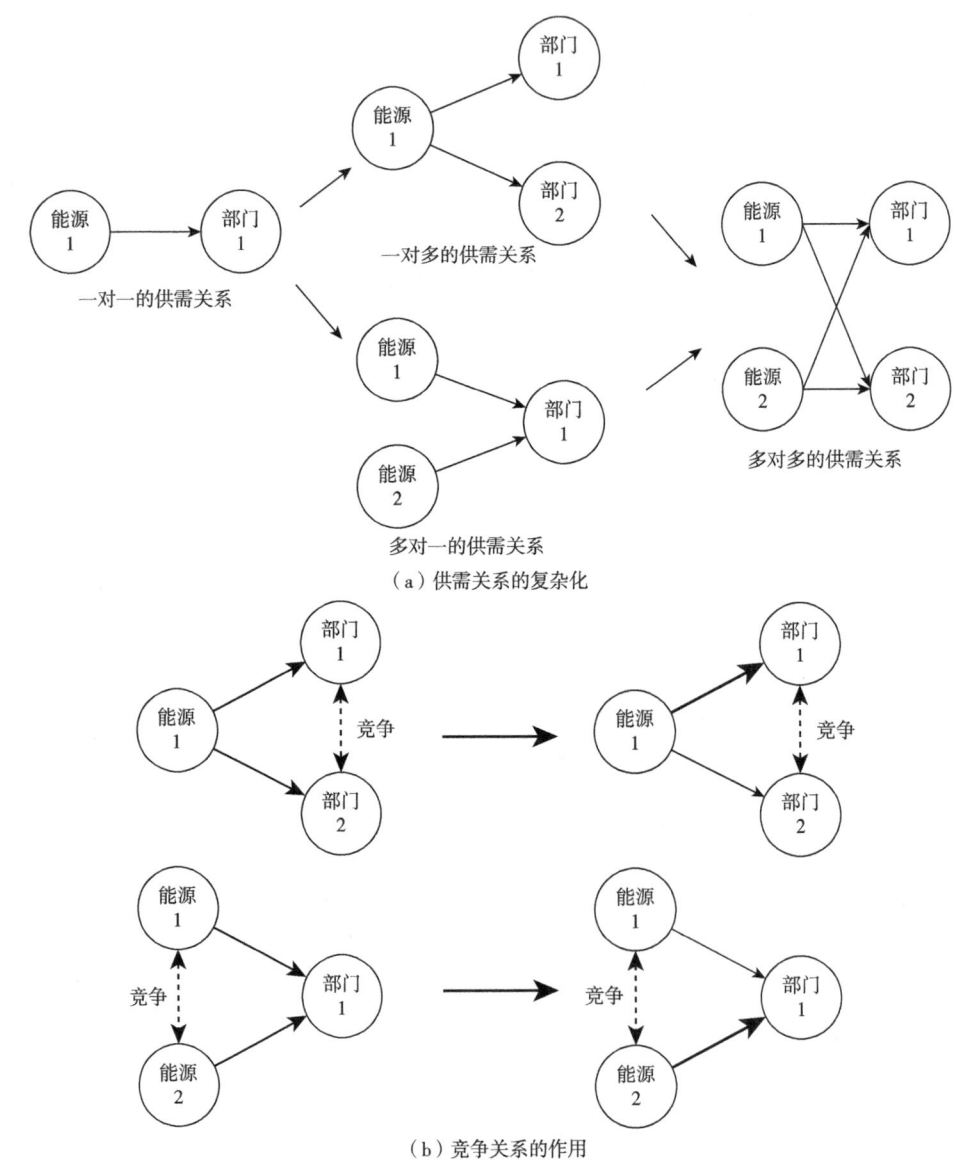

（a）供需关系的复杂化

（b）竞争关系的作用

图 3.5　城市能源生态系统代谢结构的形成

箭头的粗细表示能量流的大小

图 3.5 反映了简单代谢结构在供需关系的复杂化和竞争关系的作用综合下的变化趋势。当多个简单结构堆叠，城市能源生态系统的代谢路径形成的代谢结构规模会不断扩大，并进而发展成复杂的网络结构形态。

在城市能源生态系统代谢的供给端，包含了能源生产转化，以及能源输出两部分。其中，能源输出即直观意义上的能源产品输出，供下游消费端使用；生产转化通常容易被忽略，是指能源产品间的转化，如由原煤到煤制品及电力、热力的转化过程。

在城市能源生态系统代谢的需求端，包含了主要的能源需求部门，以及部门间基于商品交易的供应链结构，这也是投入产出分析的重点研究对象。

在城市能源生态系统代谢结构的形成过程中，绝大多数为多对多的供需关系和代谢路径，因此存在着对同种能源供给的部门竞争，以及对于同一部门消费的能源供给替代[图3.5（b）]。能源的供给量波动，以及部门的需求量波动导致的能源代谢流波动，即对应耗散视角下城市能源生态系统代谢的微观涨落。相关政策体系下的能源主导结构和产业竞争力决定了城市能源生态系统代谢结构的形态。

具体来说，出于地理、历史、技术、政策等原因，部分能源或部门在城市发展过程中具备一定优势，因此容易形成该能源种类或产业部门主导的能源供给结构或产业结构，进而形成适配该结构的城市能源生态系统代谢结构。在这种城市能源生态系统代谢结构中，占据主导地位的能源或产业对整体系统代谢结构的形成和演化具有关键影响作用，通常都是基于该能源或产业而协调其他能源或产业。例如，我国大部分城市以煤炭为主的能源结构，适配出一系列基于煤炭主导的火电、供暖及产业结构，进而形成以煤炭能流为主的城市能源生态系统代谢路径和代谢结构。

3.3.2 城市能源生态系统内在机理的系统学解析

城市作为典型的开放系统和远离平衡态系统，属于典型的耗散系统，因此基于耗散理论分析城市能源生态系统机制具有理论可行性。从代谢过程描述城市能源生态系统是典型的自下而上、自微观向宏观的系统研究视角，因此其核心机制解析可以围绕涨落和自组织对城市能源生态系统机制进行解析。

1. 涨落

系统演化，从耗散系统理论解释是系统现有结构失稳后重新建立有序结构的过程，而该过程的产生则是建立在多个微观要素连续不断地、自发地对原始状态的偏离基础上的,即涨落。涨落是一个系统学概念,用于描述系统微观粒子的随机运动,即布朗运动。涨落是客观的、不可避免的,而且是随机的、不可预测的,并且大多数平稳状态的涨落总是趋于一定的稳定水平(平均值)。这个概念映射到城市能源生态系统中,即城市能源生态系统中的代谢单元(如部门、企业甚至个人)的能源消费活动水平总是波动的,但总是趋于一定水平(图3.6)。

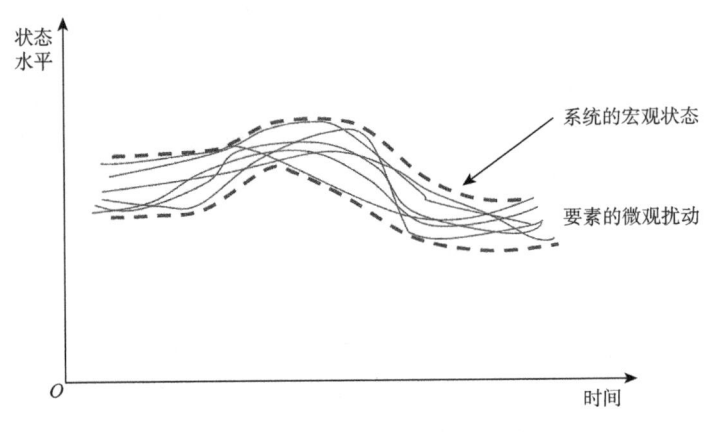

图 3.6 系统微观扰动和宏观涨落

城市能源生态系统的微观涨落主要表现为代谢单元自身代谢流,即输入输出能流的波动,并通过递阶形成各级代谢流涨落。同时,各级能量代谢流由于通过代谢单元自身属性(如设备、技术、需求、现金流、政策保护等,对应了要素异质性)而存在一定的波动涨落阈值范围。在阈值范围内,波动导致的局部不稳定能够通过代谢单元内部反馈和调节机制自我消解。

当受到环境因素或其他因素扰动(如能源外部供给降低)时,部分个体能源消费行为会直接受到影响,导致能源需求不能满足。首先,在个体层面,若这个波动在个体接受范围之内,则个体通过调整自身行为"容忍"这个刺激,即个体的微观扰动;当超出个体接受阈值,则通过与个体的关联网络,与其他个体协同调节,如果在系统范围内能够接受这个刺激,则系统总体出现波动,即系统涨落,但系统结构维持稳定(图3.7);若这个刺激超出系统阈值,则打破系统原有结构,系统必须形成新的结构以适应外部环境,即巨涨落。

图 3.7 系统要素涨落发展路径

城市能源生态系统的临界阈值通常取决于如下因素：①系统容量；②供需关系；③技术水平；④政策环境。这四个因素决定了城市能源生态系统临界阈值，进而导致城市能源生态系统代谢结构演化。当城市能源生态系统涨落低于临界阈值，微观涨落波动能够自我调控，保持系统处于相对平稳的动态平衡状态；当高于临界阈值，微观涨落放大成巨涨落，城市能源生态系统结构失稳，需要形成新的有序结构以适应外部环境。

在城市能源生态系统中，涨落的作用不仅是要素偏离的校正，而且是系统发展的根源。无论是城市能源供给端的清洁化转型还是需求端的产业结构升级，都是系统平衡偏离的结果。涨落通过系统在远离平衡态的非线性状态分岔（图3.8），在要素反馈机制的作用下，推动城市能源系统的结构和功能升级。

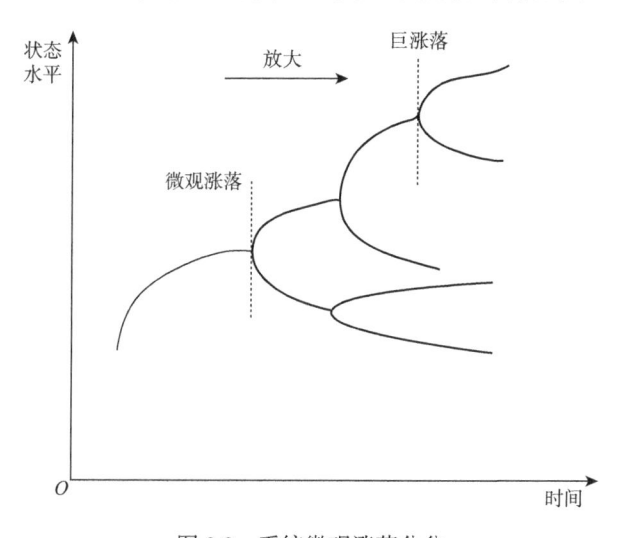

图 3.8　系统微观涨落分岔

微观涨落通常是由系统内外环境变化或不可控要素导致的，细微变动累积突破临界阈值，而城市能源生态系统的宏观突变是要素微观涨落协同的结果。当微观要素的涨落能够与相关联要素的涨落产生负反馈时，要素间的扰动会相互减弱影响导致涨落衰减；当产生正反馈时，要素间的涨落会相互加强，当一定范围内的要素相互加强的作用大于相互削弱的作用时，区域内的要素会形成联动协同（共振），从而表现出区域内的巨涨落，即突变。这种巨涨落的结果通常是区域结构适应环境变化而形成的新的有序结构和功能的升级，抑或是系统难以适应变化而消亡。

2. 自组织

自组织行为是耗散系统外部适应环境变化、内部协同演化的表现，本质是系统在外部环境干预下的自我完善、自我适应的一种行为。它的现实表现为系统在外部负熵流干预下，自发重新形成新的有序结构以适应外界环境的变化。更具体地，在外部物质、能量、信息等的输入下，城市能源生态系统对自身能源供需结构进行适应性调整和优化升级，以更好地应对和适应城市发展需求、环境变化等。

城市能源生态系统的自组织行为本质上是系统中微观个体（如能源消费部门、能源供给部门等）对外部刺激（如市场波动、政策干预等）的宏观集体表征，这种表现在微观层面表现为局部个体的应激反应，并通过个体间反馈机制形成协同行为，进而在宏观层面表现为系统的适应性反应，即自组织行为。城市能源耗散系统的自组织行为是系统外部突变导致某些突变刺激的直接受体或系统边界附近的、与外部环境存在直接或紧密间接关联的个体最先受到影响，打破系统内部原本处于临界状态的平衡关系，然后通过能源代谢网络以该个体为中心向外辐射，进而形成反馈，以此类推，最终在系统内形成新的结构。

在这一过程中，首先需要对现有城市能源生态系统代谢结构的形成机制进行分析。外部环境及技术条件决定了该状态下存在一定的能源供需关系，适配当前状态。这种供需关系不仅表现在能源资源在部门间的数量分配关系，也表现为部门间供需关系的反馈机制，并通过供应链延伸形成复杂的供需结构（图3.9）。

在此结构下，对于特定的能源输入，系统形成特定的外部输出，从而表现出稳定的系统功能结构（如在一定范围内，输入特定种类和数量的能源产品，会形成一定的经济产出）。同样地，当输入特定的局部干扰信号（政策信号、市场信号、技术信号等）时，系统会对自身结构做出相应的调整（如强化/弱化特定能源供需关系）。这种相对动态的自我调节机制决定了城市能源生态系统的功能结构具有一定的抗干扰性。当外部环境变化超出一定范围（系统抗干扰阈值），系统现有结构无法应对时，则出现结构失稳（资源供需分配机制失灵）、功能紊乱（能源供需保障机制失能），最终系统解体消亡。

城市能源生态系统自组织行为基于耗散结构的城市能源系统基础上，通过外部负熵流的引入和干扰，对内在代谢结构进行功能性调整，进而引导其系统内部的适应性自我适配（图3.10）。

根据自组织理论，城市能源生态系统代谢耗散结构在外部负熵流干扰时，催生微观代谢单元涨落的协同演化，进而形成新的有序结构。其中，在适当外部负熵流干扰时，能源代谢流可以在异步协同和同步协同间，以及同质影响和异质影响间相互转化，并通过反馈机制的强化或减弱涨落效应实现代谢结构的自组织、自适应，最终形成代谢单元间基于供需/竞争关系的新的有序代谢结构。

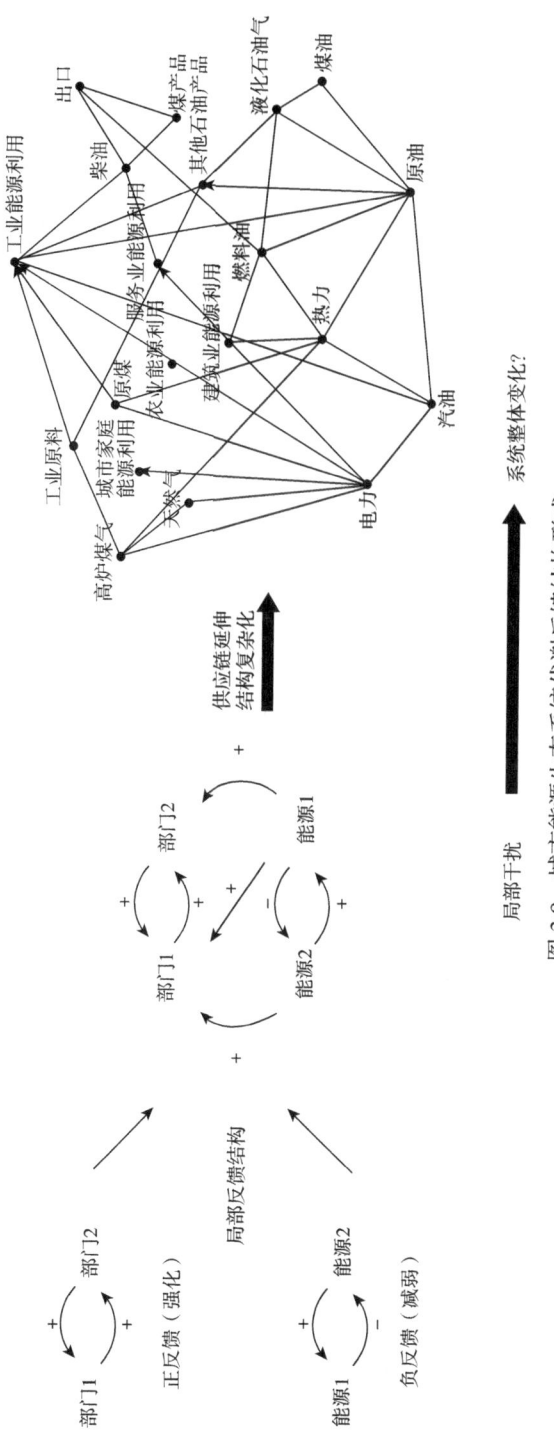

图 3.9 城市能源生态系统代谢反馈结构形成

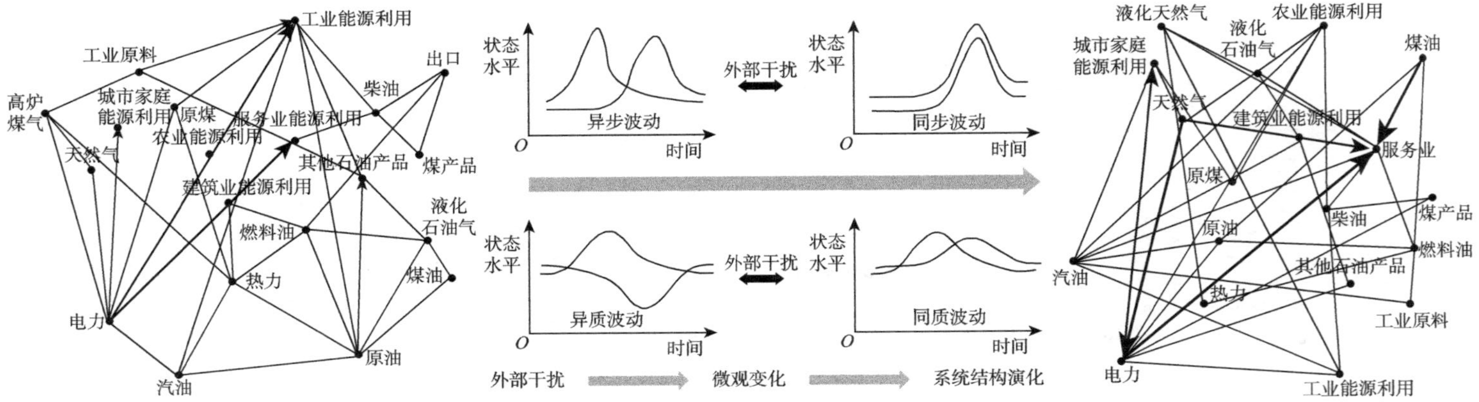

图 3.10 城市能源生态系统代谢结构演化

箭头的粗细表示能流流的大小

3.3.3 城市能源生态系统的行为解析

城市能源生态系统演化的外在表现是城市能源系统伴随城市发展不断升级、完善的过程，其内在机理是系统单元/要素供需关系推动的技术进步和供需调整。本小节通过不同视角阐释城市能源生态系统演化内涵，梳理城市能源生态系统演化基本理论架构。

1. 基于发展视角的城市能源生态系统演化阐释

探讨城市能源生态系统演化不能脱离城市发展，因为城市能源生态系统作为城市子系统/衍生系统，其建设、发展必须始终围绕、适配城市发展进程，满足城市发展需求。显然，孤立的城市能源生态系统不存在且毫无意义。

从发展视角阐释城市能源生态系统演化内涵，其本质是探究城市能源生态系统在城市发展过程的组件、结构和功能的演化过程。城市的发展可以简单描述为，始于区位优势，并通过资源富集形成区域增长极，并在达到一定发展程度后反哺区域发展，实现均衡增长。在这一过程中，城市能源生态系统作为基本的生产供给系统和生活保障系统，必然伴随城市发展进程不断进行自我升级以适配发展需求。

因此，发展视角下的城市能源生态系统演化过程一定程度上可以理解为伴随需求升级的多目标体系构建过程。

在城市发展初始阶段，满足生产/生活资料的基本需求。这一阶段，能源被视为基本生产/生活投入，以满足生产/生活需求为主要目标。同时，由于能源技术发展相对落后，效率相对低下，对能源资源需求不高，环境影响较小。

在城市发展中期阶段，满足大规模工业生产和城市生活需求。该阶段由于技术进步和大规模工业生产及城市规模扩张，能源利用效率显著提升，能源消费急剧增长，进而导致能源资源需求增长，即杰文斯悖论。这一时期，城市能源生态系统建设主要围绕保障需求、扩大建设规模、提高能源绩效等。同时，由于能源过量消费及缺乏相应的环境保护意识和处理手段，环境问题开始出现。

在城市发展现阶段，提高能源生态系统适应性、能源供给安全、减少环境污染和温室气体排放、降低可再生能源使用成本以实现清洁化发展和绿色增长成为这一阶段的主要目标。由于资源稀缺性和供需矛盾不断突出，现阶段城市能源生态系统的核心目标是系统的适应性及可持续性问题。主要发展策略一方面是优化配置传统能源资源，另一方面是积极推广应用新能源、清洁能源。通过产业结构调整，从需求端进行根源性的能源需求保障；通过供给结构调整，从消费端对能源资源种类进行限制。在此基础上，进行废能回收/循环利用，建立分布式能源网络等。

具体来说，发展视角的城市能源生态系统演化，是基于具体指标的一种变化过程。例如，在城市发展初始阶段，能源供给保障是基本目标，因此城市能源生态系统的发展是基于能源供给量这一指标进行反映的；在城市发展中期阶段，则是在供给保障基础上，以能源利用效率、污染排放量为具体指标进行引导的；在城市发展现阶段，城市能源生态系统发展则扩充了更多具体的指标。

可以看出，发展视角下的城市能源生态系统的发展实质上是一个不断扩充的多目标体系，现阶段中发展目标的出现并不意味着要取代原目标。因此，基于发展视角的城市能源生态系统演化内涵是在城市发展具体指标体系约束和指导下的，以问题为导向的多目标资源配置和动态优化过程。

2. 基于系统视角的城市能源生态系统演化阐释

系统视角下的城市能源生态系统演化更加注重系统要素间的互动关系和互动行为。城市能源生态系统组成要素的异质性决定了不同要素对于能源的竞争力是不同的，对于外部刺激的敏感性和响应速度也是不同的，即系统要素的异质性及相应异步性。这种特性决定了城市能源生态系统内部不同部门间对于不同能源产品的选择、竞争和供需关系在特定的外部环境下处于一种相对的平衡状态，即在特定环境下形成特定的能源供需路径和网络形态。换言之，城市内部能源和部门间的供需关系和代谢网络总是适配于当前城市的发展形态。

然而，当外部环境、技术进步及政策法规等突变，这种相对的平衡状态便会被打破。不同要素对于这一突变的敏感程度和反应速度存在差异，导致不同要素做出的反应也是不同的，这些变化通过供需网络中特定的传播路径和反馈机制扩散，并加以强化或减弱，引发城市能源生态系统内部做出相应的调整。

城市能源生态系统作为复杂系统，其内部要素异质且庞杂，并通过特定的能源供需关系不断趋近、环绕在一定的平衡状态下。需要说明的是，这一平衡状态不是恒定的，并取决于环境（包括政策环境、技术环境、政策环境、市场环境等一系列外生环境）。当这一环境发生突变后，当前状态失稳，系统内部要素通过变动、反馈以调整、重建互动关系，并最终再次逼近稳定状态和结构，即自组织、自适应。其中，主导变动、反馈的关键参数往往取决于对外部突变的敏感程度，因而主导因子也不是固定的。

根据哈肯的协同理论，这一"主导因子"即慢变量。在系统协同演化过程中，快变量必须适配慢变量，才能最终形成系统内部要素间的协同"共振"，从而涌现出新的结构。不难看出，这里的慢变量即对应了发展视角下城市能源生态系统演化的主要目标。因此，随着城市能源系统发展的不断推进，基于不同视角的城市能源生态系统演化阐述也是殊途同归的。

在城市能源生态系统演化过程中，要素结构的变化取决于内部、外部等一系列因素的综合表现。在不同时期、不同环境下，不同的要素会占据主导地位，从而在宏观上表征出不同的系统结构和功能特征，以适应外部环境，而在不同状态间的转变即演化。因此，城市能源生态系统演化实际上是不断适应外部环境的过程。

3.3.4 城市能源生态系统的演化过程解析

城市能源生态系统的演化过程，是从一个系统状态到另一个系统状态转化的过程。根据耗散系统的观点，系统演化的本质是原系统的外部环境变化导致系统逐渐失稳，而通过系统自组织行为形成新的适应外部环境的稳态系统的过程（图 3.11）。

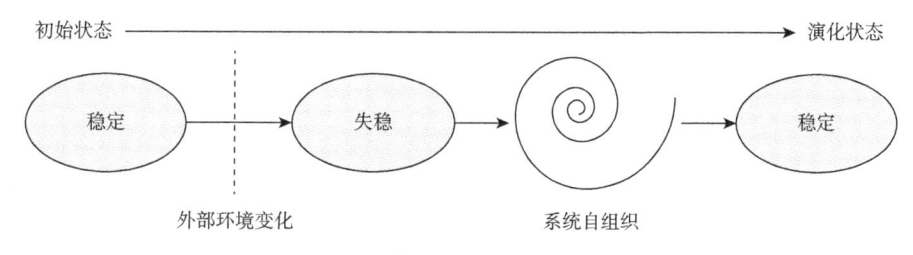

图 3.11　城市能源生态系统演化过程

根据热力学熵增定律，城市能源生态系统的稳定运行是建立在特定条件下的相对稳定状态，即便与外部有着持续的物质能量信息交换而非封闭系统（熵增定律要求封闭系统，而绝对的封闭系统在社会系统中极为少见），其系统稳定性总是在持续下降，即熵增。这是由于，城市能源生态系统的稳定运行依赖于一定时期内的科技水平、经济活动、政策体系等一系列规则的引导和约束。换言之，当前城市能源生态系统的稳定运行是在当前的政治、经济、环境、政策等一系列特定条件下的结果，如果当前的城市能源生态系统施行的是 100 年前的政策体系，则城市并不一定能够稳定运行，即失稳。同时，对于以上的条件和约束，往往都不是一成不变的。例如，知识的持续积累会促成技术创新，全球经济市场波动及政策体系更新等都会促成新的外部环境，进而导致系统失稳（图 3.12）。

在熵增阶段，由于时间推进及外部环境变化，不同部门、主体间相对稳定、高效的互动关系会随着主体间互动关系的推进而逐渐惰化。例如，鼓励清洁能源、对高污染能源征收费用政策的实施短期内有利于城市能源生态系统的清洁化转型，但随着时间的推移，企业会出现钻政策体系空子的行为，若政府没有及时采

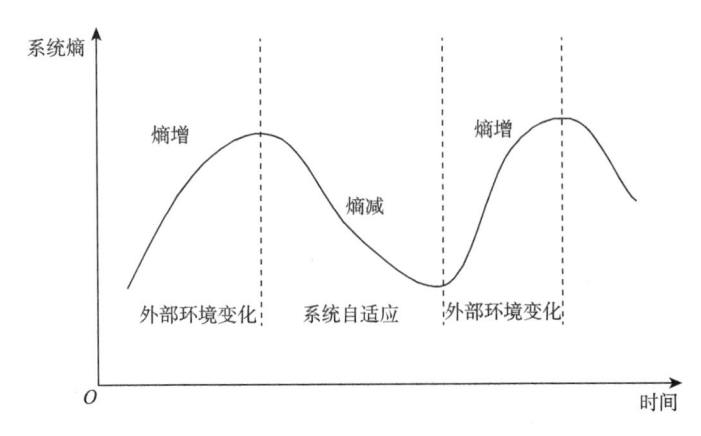

图 3.12 城市能源生态系统熵的周期性波动

取相应治理措施，就会导致政策体系的逐渐失效，即其有效性的降低；又如，高效能源技术的实施，短期内能够有效推动节能减排，但由于收入效应，其节能的潜在收益可能被掩盖，能源消费不降反升，即杰文斯悖论。

在熵减阶段，城市能源生态系统的微观组成中，除庞大数量的要素及极为复杂的要素关联外，要素先天属性的异质性及要素对于外部刺激的反馈异步性，也是推动城市能源生态系统演化的关键。因此，不同要素由于自身属性差异对于相同外部环境变化做出不同的应激反应，通过涨落涌现机制形成系统的自适应行为。例如，城市管理者会通过引入新的政策、技术、资金等改善当前环境，形成适应环境的新的有序结构。

3.4 本章小结

本章探讨了城市能源生态系统的内涵及发展演化，并结合其基本特征解析了其运行机理，得到的主要结论如下。

（1）城市能源生态系统是面向能源开发、加工、运输、使用、处理全过程，以供需平衡、环境影响最小、经济社会效益最大化为目标函数，以能源资源和环境生态承载力的有限性为约束条件，以系统性和可持续性为研究视角，以清洁化利用技术和信息化智慧管理为优化手段的一种现代化城市能源供需配置模式。

（2）城市能源生态系统的基本特征包括要素异质、关联多维、过程动态及结构冗余，由此保障了城市能源生态系统的结构和功能稳定；按照不同的标准尺度，城市能源生态系统可以分为多种类型，如能源输入型和能源输出型、发达型和欠发达型、强生态型和弱生态型等；其内在机制包含动态反馈机制、非线性机制及协同演化机制。

（3）城市能源生态系统可通过基于物质代谢的分析视角实现城市能源生态系统运行过程的"灰箱"化，进而从代谢要素的异质性及代谢过程的异步性探讨城市能源生态系统代谢演化的微观机理，自下而上解析城市能源生态系统演化过程。

第4章 城市能源生态系统分析理论及方法体系

尽管目前国内外学者围绕城市能源生态系统开展了诸多探索，但尚未形成系统的理论方法体系。本书结合前人已有研究基础及自身认知，基于城市能源生态系统的内涵、运行机理及抽象表征，构建城市能源生态系统理论方法体系，以期为相关后续研究提供启示。

结合第3章对城市能源生态系统内在机理的系统学解析，本章对相关支撑理论方法进行梳理。本章先从目标理论、核心理论、基础理论和学科层面对城市能源生态系统理论架构进行设计，以期为城市可持续发展提供理论依据。在此基础上，按"识别—评价—优化"思路构建城市能源生态系统方法体系，为后续实证研究提供方法学支持。

4.1 城市能源生态系统理论架构

基于对城市能源生态系统内涵、特征的分析，结合笔者近年来对城市能源相关研究认知，本节构建了城市能源生态系统理论架构（图4.1）。该理论架构从城市能源生态系统内涵、特征及发展脉络出发，融合不同学科研究视角对它的认知，基于城市能源生态系统运行内在机理，为本书后续章节研究内容的开展提供理论支撑。

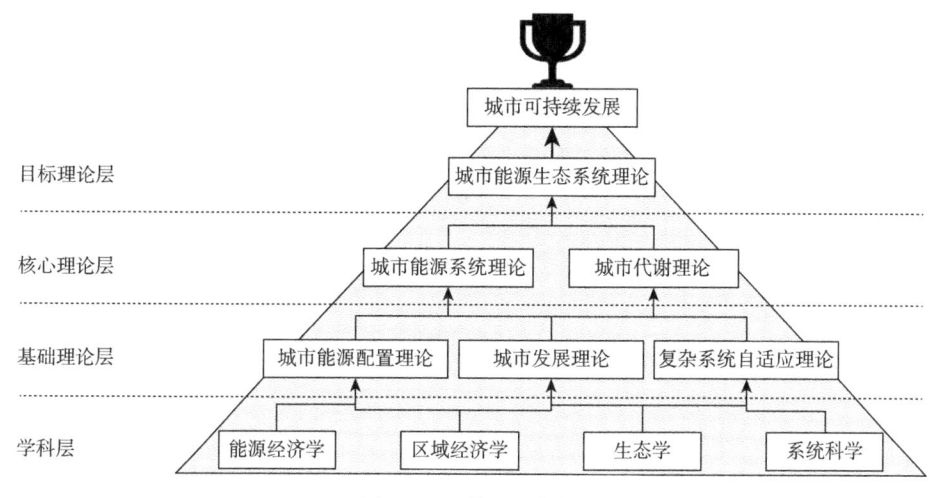

图 4.1 总体理论架构

该理论架构涵盖了能源经济学、区域经济学、生态学、系统科学等多学科门类，涉及多学科交叉的核心理论和基本原理，进而形成学科交叉的复合理论架构。该理论架构以构建城市能源生态系统理论体系为目标理论层，向下依次划分出核心理论层、基础理论层及学科层。划分依据主要是城市能源生态系统理论中的核心观点和理论方法工具的学科理论来源，体现了城市能源生态系统的多学科交叉属性。为便于读者理解，下面自下而上逐层介绍学科层、基础理论层、核心理论层及目标理论层的基本内容。

4.1.1 学科层

1. 能源经济学

能源经济学以能源经济系统的运行规律为研究对象。能源经济系统不仅包括能源的勘探、生产、加工、贮运和利用各个环节，更包括各个环节的相互关系，以及与其他经济要素的关联关系。本书重点研究城市能源供需之间的关系、能源—经济—环境间的协调关系。

能源是维系经济增长和人民生产生活的核心物质资料。各类生产活动均离不开能源的消费。家庭部门和生产部门（其中公共服务部门可视为生产部门，因为其提供医疗、秩序维护、社会保障等服务）构成了城市能源消费两大核心主体。由于生产活动在某种程度上是对商品和服务需求的一种反映，家庭部门作为最终消费主体实际上是生产部门和公共服务部门的幕后驱动力。

图 4.2 描绘了城市家庭部门消费支出与生产部门能源消费间的传导关系。从需求侧来讲，居民从本市内、本市外的产品市场购买产品或服务并产生支出；在供给侧，生产部门将产品或服务投放到本市内、本市外的产品市场。此外，在各生产部门间还存在生产资料流通以满足企业生产需求，即产业链下游生产部门为上游生产部门提供产品或服务，而企业在提供产品或服务时离不开能源消费的支撑。

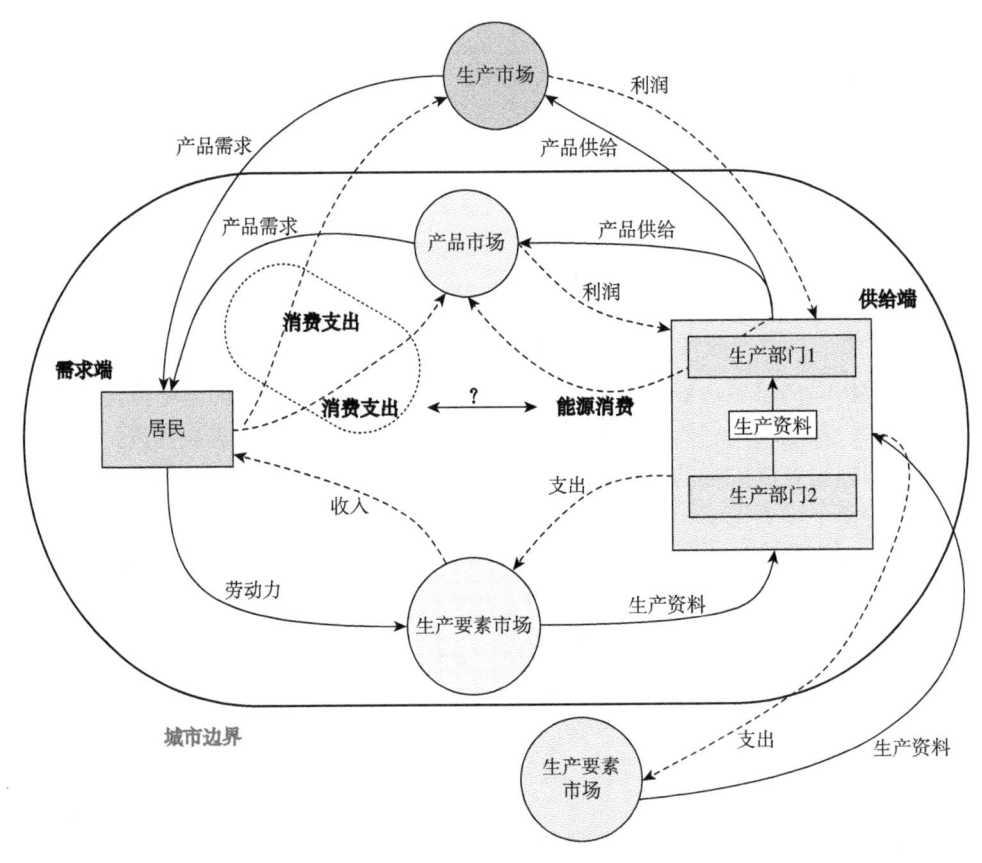

图 4.2　能源与经济互动关系

实线箭头表示产品/服务，虚线箭头表示货币

在图 4.2 的下半部分，居民以劳动力的形式投入生产要素市场以获取报酬；生产部门则通过本市内、本市外生产要素市场获得劳动力、资本等生产资料并支付相关费用。一个城市中生产部门的能源消费主要是因提供产品或服务而产生（能源作为生产材料投入占比较少，故本书不考虑）；对于家庭部门来说，能源消费主要包括直接能源消费（由照明、炊事等产生的能源消费）和间接能源消费（购买的商品或服务在生产过程中的能源消费），间接能源消费在家庭能源消费中起主导

作用，特别是发展中国家占到62%~84%。家庭间接能源消费实际是家庭因消费支出撬动生产部门提供产品或服务而产生的能源消费。

2. 区域经济学

区域经济学属于应用经济学，是经济学和地理学的交叉学科，主要从宏观角度研究不同时期不同区域内的经济发展情况及各区域间的相互关系，强调空间资源配置的合理性，即将资源、要素和市场在空间上进行优化配置，以促进区域平衡发展。

由于对区域内资源配置方式、配置重点和布局的选择不同，形成了不同的理论派别。区域经济学的基础理论主要包括平衡发展理论和不平衡发展理论，平衡发展理论以哈罗德-多马新古典经济增长模型为理论基础，致力于促进产业协调发展和缩小地区发展差异；不平衡发展理论强调重点行业和重点地区，突出提高资源配置效率。在此基础上，也延伸出一些新的区域发展理论，如被用于研究区域分工与贸易的分工贸易理论、基于工业生产生命周期阶段理论的区域经济发展梯度转移理论和由佛朗索瓦·佩鲁提出的增长极理论等。

区域经济学的核心目的是优化资源配置、提高资源配置效率并保持区域稳定发展。城市作为其中一个区域单元，其资源配置和优化情况关系到整体经济的发展与稳定。现如今，城市经济已经成为区域经济发展的龙头，其发展影响着整个区域的发展，在区域经济发展中起主导作用。城市凭借各种优势吸收并聚合了各种资源和要素，通过集聚作用产生了规模集聚效益，进而优化了资源配置，提高了城市经济效率，使城市经济成为所属区域经济发展的龙头。

城市经济成为区域经济发展的龙头主要表现为：①城市发展对区域内其他地区的经济发展具有示范效应。若一个城市的经济发展、科技进步、生活方式等各个方面都优于其他地区，那么该城市的发展将对区域内其他地区的发展起到很好的示范效应。②发挥辐射功能带动周边地区经济发展。城市由于具有规模优势和经济实力，能够从固定资本、人才资源、科学技术、信息、产业等方面产生向周边乃至全区域的辐射力，从而带动整个区域整体经济实力的发展。③协调周边经济发展，加强区域内经济联系与合作。城市能够对区域内的经济发展运行情况起到协调、监督与控制作用，通过统筹运用经济杠杆，加强区域经济的综合平衡与治理，实现区域内经济联系与合作的目的。

总之，城市经济可以通过多方面对区域经济发展产生影响，区域经济可持续发展离不开城市的可持续发展，这也是本书意图从城市角度研究城市能源生态系统的原因，以期通过对城市能源生态系统的研究和分析为系统优化提供参考，进而实现区域整体的系统优化和经济发展。

3. 生态学

生态学是研究生命系统和环境系统之间相互作用的机理、规律的科学。生态学包括非生物部分和生物部分。非生物部分主要由气候和土壤组成。生物部分，按照其在生态系统中的功能和特征，分为生产者、分解者和消费者三部分。总之，生态学是研究生态系统结构和功能的科学，其目的是探索生物与生物、生物与环境之间的相互关系及其作用机理。

生态学作为专门研究生命系统与环境系统之间相互关系的科学，其基本理论对于生态文明建设和可持续发展具有重要的指导意义。生态学的基本理论可以分为四种：①限制因子原理。限制因子原理表明生物对环境因子具有耐受性，在开发和利用特定地区的自然资源时，需要考虑当地自然环境的限制因子水平。②生态位与生物多样性理论。在生态文明建设和可持续发展过程中，人类需要保护自然环境，保护生物多样性。③生态系统平衡理论。生态系统是一个开放的系统，系统内部不断进行着物质循环、能量流动和信息交流，当外界干扰（自然的或人为的）超过了生态系统自身调节能力和补偿能力后，生态系统的结构将被破坏、功能失常，生态系统便处于平衡失调的状态。④恢复生态学理论。恢复生态学致力于使受损生态系统恢复到先前未被损坏的健康状况的理论研究。这些理论为各系统保持稳定及社会的可持续发展奠定了基础。

生态学实现了能量的流动和物质的循环，对可持续发展具有不容忽视的作用。工业生态学是将生态学理论与可持续发展思想结合起来形成的一门新学科。工业生态学的最终目的是使经济、社会和生态环境保持协调发展，为社会经济可持续发展提供保证。将工业生态学理念和发展原则应用到能源系统建设中，便是本书"能源生态系统"的思想来源。通过将能源的生产供应系统看作工业生态系统的一种，以生态学理论为基础，应用工业生态学的基本理念和原则指导能源系统建设，可以为系统的协调发展提供新的思路和广阔的发展空间。

城市作为一个仿生系统，又是能源消费的主体，其中的能量流动和物质循环无处不在，城市能源利用模式的优化转变是城市清洁转型的基础。因此，结合生态学理论和原则构建城市能源生态系统并进行研究有助于实现城市能源系统的可持续健康发展。

4. 能源系统工程学

能源系统工程理论是运用运筹学、控制论、系统工程、数量经济学等定量方法研究不同层面能源需求、供给、配置等问题的理论体系，其核心是通过定量的方式描述能源系统结构及变量间的相互关系，通过模拟、仿真、控制、优化等途径对能源系统参数变量进行分析，进而为能源系统优化提供参考。

能源系统工程理论涵盖了能源系统中从能源资源开发到能源生命周期的末端处理的全过程，通过构建能源模型进行问题分析。基于该理论可以构建城市能源系统的基本模型，并通过实际研究对象进行参数调整，实现研究对象模拟仿真，因此该理论在本书中既是基础理论，又是方法论。

在基础理论方面，能源系统工程理论包含了对城市能源系统演化过程中能源供需预测、能源效率、投入产出分析等问题的基本分析，对于城市能源系统变化的关键指标体系构建、优化目标设定及动态特征具有较好的针对性。

在方法论方面，能源系统工程理论构建的能源系统网络基本框架是城市能源系统演化模型的基础，并能够在此基础上推导出城市能源结构优化模型、城市能源代谢网络模型及城市能源系统演化模型等。

能源系统工程理论研究的核心问题是针对能源资源配置过程中的供需平衡和结构优化，提高能源系统效率。因此，不同于能源经济理论关注的能源作为必要生产资料投入的能源经济效益及伴生的产权问题，能源系统工程理论更加注重配置过程的效率和合理性。这一根源性的差异也是导致当前城市能源系统研究分歧的关键：基于能源经济理论的城市能源系统分析将城市能源系统视为"黑箱"，关注的是投入产出的宏观效益，即效率，以及投入/产出产生的衍生影响，即外部性；基于能源系统工程理论的城市能源系统分析将城市能源系统视为"灰箱"（在某些微观系统甚至达到"白箱"），分析系统内部结构及技术细节，即功能结构，以及在当前外部约束下的潜在空间，即优化配置。

因此，能源系统工程理论本质上是自下而上的系统分析理论，这与本书尝试构建的基于代谢视角的城市能源系统演化模型的研究需求相契合。

具体来说，本书构建的城市能源系统代谢网络实质上是城市能源系统内部能源供需关系的网络表达，通过连接路径及网络结构的方式模拟城市能源系统供需关系的拓扑结构，进而以运筹学方法对网络形状进行定量分析，反映城市能源系统性状。在此基础上，结合城市宏观发展趋势和目标，模拟分析城市能源系统内部以部门为单位的要素微观反馈行为和互动机制，进而实现城市能源系统演化分析。

4.1.2 基础理论层

1. 城市能源配置理论

城市能源配置理论基于市场调节机制优胜劣汰，进而实现整个城市能源的优化配置，主要解决城市能源利用过程中的资源配置效率问题。城市能源生态系统代谢过程中存在着对资源的利用，只有合理利用和配置资源，才能减少资源浪费和环境破坏。因此，城市能源配置理论能够对城市能源生态系统代谢分析、配置优化提供参考。

目前，城市能源生态系统存在能源消费体量大、强度大、对外依赖性强等问题，在当前背景下，优化能源生态系统结构、提高能源配置效率将成为城市能源生态系统可持续发展的主要手段。尽管新能源、清洁能源的使用力度不断加大，但利用效率普遍偏低现象仍旧存在，新能源造成的二次污染问题也制约着新能源的发展，需要通过优化能源配置、提高能源配置效率进而提高能源利用效率，以缓解能源消费给环境造成的压力。

城市能源配置理论能够为城市能源优化配置提供指导，并发挥城市的辐射带动作用，实现区域的协调联动和平衡发展。资源具有有限性特点，某种能源资源投入其中一种产品时必然会导致另一种产品能源资源投入的减少，因此，在有限的能源资源条件下，只有通过资源的优化配置，选择最优的配置方式，使有限的资源得到充分利用，才能最大限度地进行系统优化。经过优化后的城市凭借其具有的优势带动周边城市进行系统优化，最终实现整个区域的平衡发展。这也是城市能源配置理论应用于城市能源生态系统建设的关键。

2. 城市发展理论

城市发展理论研究的主要问题是城市发展过程中的特征、动力机制、趋势等。本书认为，城市能源生态系统演化与城市发展进程是相适应的，因此城市发展理论对于城市能源生态系统演化分析具有指导和参照意义。

城市发展理论认为，城市发展的主要动力来自四个方面。

（1）产业的空间集聚。生产力发展到一定程度后推动了生产的集中化、连续化和商品化，从而导致产业在一定空间上高度组合，进而导致城市化/城镇化的发展。在这一过程中，城市能源生态系统的主要职能是，保障能源配置供需平衡以适应城市化进程。

（2）产业结构转换。在城市发展的不同时期，不同产业占据主导地位。在工业化前中期，以第一产业、第二产业为主的产业结构是典型的能源密集型结构，对于能源资源依赖程度较高，环境压力大。相应地，城市能源生态系统与产业结构相适应，形成以煤炭为主体的能源结构。在工业化中后期，随着产业结构逐渐向以金融、信息服务业为代表的第三产业主体转移，对一次能源资源依赖逐渐降低，同时随着环境需求的提高，城市能源生态系统逐渐向清洁化能源结构转移。

（3）城乡、城市间相互作用。城乡、城市间相互作用表现在区域中心城市的辐射力和吸引力上。区域中心城市的辐射力和吸引力决定了对邻近区域内乡镇、城市人口、资源的影响程度，这个吸引力通过空间交通网络进一步放大，并伴随中心城市的吸纳能力逐渐饱和而反向向外围城镇、城市扩散转移，形成以城市为中心的城镇体系。相对地，城市能源生态系统的演化也表现出由中心向外围发展的空间特征。

（4）技术进步。城市化发展的原动力是生产力的发展和生产效率的提升。从煤炭到电力，再到清洁能源的推广使用是能源技术的不断进步，也是能源系统自我升级完善的过程。

可以看出，城市能源生态系统的发展必然与城市发展的进程相适应。从城市发展的空间特征和动力机制入手，结合城市发展趋势和动力机制，从系统适配性入手对城市能源生态系统的演化进行分析是可行的。

3. 复杂系统自适应理论

复杂系统自适应理论是基于系统内部要素间反馈的动力机制和微观主体的相互作用，揭示系统宏观复杂行为的理论。该理论的基本思路是，以自下而上的视角，通过微观主体行为及主体间因果关联和反馈机制，揭示客观主体发展和演化的一般规律。

城市能源生态系统的结构、状态、特征、行为和功能会随时间的推移而发生转变。城市能源生态系统的演进是区域经济体由无到有、由少到多、由简单到复杂、由无序到有序的过程，这个过程体现的是城市能源生态系统为适应环境、实现自身发展而自发形成的，是局部最优促成的宏观最适应的结果。因此，城市能源生态系统耗散结构的演化实际上是系统自我完善、自我发展的具体表现。

基于复杂系统自适应理论研究城市能源生态系统代谢演化的依据在于传统能源生态系统"黑箱"研究的"灰箱"化。由于微观要素、过程和反馈机制的引入，城市能源系统发展和演化不再满足于基于单个或多个指标的数量描述和定性判断，而更加倾向一种基于因果性的机理性分析，通过局部过程，推断系统的全局行为。

复杂系统自适应理论应用于城市能源生态系统演化的关键在于反馈机制的引入。这里的反馈不仅仅局限于系统动力学中要素间的正负反馈机制和反馈路径，还包含了城市能源生态系统中要素复杂化导致的要素异质性和相应的异步性。由此导致反馈由简单的正负表述，增加了敏感性、幅度、速度、时间等相关反应，并进一步通过代谢网络进行传播，形成协同、竞争等关系，最终表现出新的结构形态。

4.1.3 核心理论层

1. 城市能源系统理论

城市能源系统本质上仍属于能源系统的一种，因此其核心内涵和功能定位符合能源系统的基本界定，但突出了地域空间尺度上的限制导致城市能源系统的局部特征和功能被强化。即在城市行政边界限定下以城市能源系统为研究对象，由于考虑了城市功能区域和行政边界的限定，城市能源系统理论通常相对于能源系统考虑的外部因素更加具体、细化，如更加强调城市范围内的能效提升、环境保护、低成本、能源灵活性配置、易操作/维护和管理、可靠性、便利性、空间限定等。这里重点介绍几项关键指标。

（1）能效提升。提升能效是现代城市建设最重要的目标之一，也是能源系统建设的核心指标之一。由于城市密集的空间分布、激烈的部门竞争，以及严格的环境管制，高效的能源利用模式是现代化城市建设的立足根本。值得注意的是，这里的高效是一个复合概念，包含了能源转化（能量利用率）、经济转化（单位能量的经济产值）、能源环境转化（单位能量的污染排放），以及空间利用（能源基础设施空间利用率）等。

（2）环境保护。现代城市的绿色高质量发展对能源利用模式提出了极高要求，环境保护也是近年来城市能源管理的重点领域之一。例如，近年来持续推进的城市散煤治理、能源密集产业区域转移，以及化石能源的有序退出等，都是基于环境保护视角下的城市能源系统管理。相关的研究内容包含了围绕高耗能、高污染、高排放产业管理及环境规制，区域协同发展与高质量发展等。

（3）低成本。成本经济性是影响城市能源系统建设的关键，清洁高效的现代化能源系统要取得广泛性的应用必须建立在成本具备市场经济性的前提下，这也是城市能源系统研究的重要领域之一。一方面，成本经济性影响了城市能源利用效率；另一方面，成本经济性影响了新型城市能源系统的推广率。尤其在城市能源系统清洁化转型过程中，新能源、新技术的环境友好性和高效率往往伴随着高成本，缺乏市场竞争性，需要针对性的政策设计和激励措施。

（4）灵活性、易维护和可靠性。稳定可靠的能源系统是现代城市建设的基础。灵活性是针对特定情况下不同能源产品的灵活切换保障能源稳定供给和城市运行；易维护是针对城市能源系统日常易于管理和出现故障后的快速恢复能力；可靠性则是针对城市能源系统稳定运行的综合目标。面对绿色低碳发展，零碳技术的快速推广带来新技术不成熟，风、光等可再生能源供给不稳定等诸多问题，给城市日常生产生活带来不确定性风险，这也是城市能源研究的重要领域。

2. 城市代谢理论

城市能源系统代谢本质上是基于自然生态系统框架，运用能流分析手段对城市系统能源流入/流出进行分析并通过解析能流路径和网络结构特征，判断城市能源系统内部的生态结构和系统状态。针对当前城市可持续发展过程中日渐严峻的资源稀缺、环境退化、气候变化等一系列资源环境问题，城市当前的物质能量利用模式和路径结构愈发难以处理超量的物质能量流入/流出，导致资源利用效率低下，甚至系统失能。因此，传统基于"黑箱"视角分析城市能源系统的研究思路难以满足城市发展和研究需求。基于中观和微观视角的能源利用过程分析，逐渐受到重视。城市能源系统代谢研究不仅注重能源流入/流出的测度和计量，而且充分考虑能源代谢过程的影响，评估代谢路径性能，因此具备较好的针对性和适用性。

在本书构建的理论架构中，城市代谢理论关注的是城市能源系统运行过程中流量、路径及其关联影响。这是由于城市的发展必然引发城市部门功能节点的增加和物质能量流量的增长，由此引发的问题不仅包括不同部门间关联路径的复杂化，还包括已有基础设施负载能力的限制导致的物质能量拥堵、资源竞争，以及不同部门、要素节点自身异质性导致的代谢过程紊乱等。

"代谢"这一生态学术语的引入，相较于城市能源经济分析，更加强调了城市能源利用全过程、全链条的关联性；相较于物质流、能流分析，更加突出了流动过程中隐性的、间接的关联影响；相较于能源流的复杂网络分析，则注重全过程的动态性、演化性和适应性。因此，城市能源代谢系统研究，是一门多视角、多学科的综合性理论分析。

4.1.4 目标理论层

生态学以生物个体、生物种群、生物群落等不同层次的生态系统为研究对象，研究生态系统的功能和结构，以及生态系统与其环境系统的复杂关系，它强调系统中各个成员之间的相互作用。生态系统与现实系统的结合使生态系统升华为一门方法论，生态系统中的理论与思想已经广泛地向各个学科渗透。城市能源生态系统具有诸多生态系统的特征，主要包括生态复杂性、层级性和共生演化，这些性质为本书构建城市能源生态系统提供了理论支撑。

1. 生态复杂性原理

"生态复杂性"这一概念最早由生态学家提出，用以在群落或生态系统层面上探讨系统的稳定性与复杂性之间的关系[282]，其后发展为利用复杂学的原理和方法来研究群体进化过程中物质、能量和信息的转换、流动、传输，以及生态系统内不同层次上结构和功能的多样性、自组织性和有序性[283]。Wang等将生态复杂性概括为生态系统呈现出的空间异质性、组织结构连通性和时间上的偶然性程度，并首次将这一概念引入社会—经济—自然复杂系统。在生态复杂性理论框架中，系统往往表现出生态系统和复杂系统的双重特征[284]。但这并非一般系统的共性，而只是那些在微观层面上具有大量相互作用的元素且元素之间复杂连接，在宏观层面上却表现得井然有序、层次分明的系统的特性。实际上，复杂系统和生态系统并不是两种相互独立的系统，二者既有从属关系，又互相促进、相辅相成。生态系统本身就是典型的复杂系统[285]，为完善复杂性科学理论基础和内涵提供了大量的素材，促进了复杂性科学的发展，而复杂系统的相关理论和方法也为深入认识生态系统提供了新的途径[286, 287]。

现代城市能源系统是社会—经济—自然复杂系统的子系统，整个系统以能量的供需关系为纽带，覆盖包含能源生产、传输、消费、存储、转换的整个能源链，参与者为社会全体成员，每个成员的能源消费种类和方式各异，表现出的总体能源消费结构的变化却是平稳的。能源系统在微观上表现出一定的复杂系统特点，在宏观上则与生态系统的表观形态保持一致，这为本书迁移运用生态复杂性的原理，阐释能源系统与生态系统和复杂系统的协同效应提供了依据。

2. 层级性原理

生态系统按照系统各要素特点、相互作用方式、功能共性、尺度大小及能量变化范围等多方面特点分为11个层级，即全球（生物圈）、区域（生物群系）、景观、生态系统、群落、种群、个体、组织、细胞、基因、分子。以个体为界，将其分为宏观部分和微观部分[1]。每一层级对高层级表现出从属组分的性质，而对其低层级表现出自我包含的整体特性。高一级层级对低一级层级有制约作用，而低一级层级是高一级层级的基础。

不同层级的系统特征是不同的，所产生的性质、规律和模式也有所不同。每一个层级都具有各自的时空尺度，表现出不同的功能，生态系统之所以表现出层级性是因为各种要素之间的相互作用形成不同的特点和性质，从而形成相对独立的层级[288]。系统的结构性则由不同要素的相互作用方式决定。相互作用方式的多样性决定了结构的多样性，而相互作用方式的变化引起结构的变化[289]。总之，系统各要素间的相互联系和作用方式决定了生态系统的形式、功能和层级结构。

层级性原理为研究和理解高度复杂化的系统结构、功能和系统行为提供了有效途径。依据层级性原理，合理地分解层级系统是应用层级性原理解决实际问题的关键。本书将依据层级性原理对城市能源系统进行重构，以建立城市能源生态系统。

3. 共生演化原理

共生是种群之间形成的一种对双方均有利的共居关系，彼此间有直接的营养物质交流，相互依赖、相互依存、双方获利[1]。演化是系统在内外因素的影响下产生了主体之间及系统与环境之间新的行为规则系统，在由主体构成的关系网络中蔓延、传播，使得原有系统稳态瓦解、分岔或变迁，并最终导致系统彻底崩溃或者导致新的系统稳态诞生[290]。演化最早属于生物学范畴，指生态系统的发展，或常常称为生态演替。生态系统中的演化具有如下三个特征：①它是群落发展有顺序的过程，包括物种组成和群落过程随时间的改变；它是有规律地向一定方向发展，因而是能预见的。②它是群落引起物理环境改变的结果；也就是说，虽然物理环境决定演替类型、变化速度和发展到多远的限度，但演替是受群落本身控制的。③它以稳定的生态系统为发展的顶点，即在稳定的生态系统中，如以单位能流量表示，能够获得最大的生物量和生物间共生功能。在特定地区中，群落由一个到另一个的整个取代顺序称为演替；其中过渡性的群落，可以称为系列期、发展期或先锋期，而最后的稳定系统则称为顶级群落。某种群的活动改变了物理环境，使生存条件有利于其他种群，因此在达到生物与非生物因素之间的平衡以前，演替过程中一直发生着物种的交替。共生的层级在种群层面，是面向不同物种之间的（二者遗传信息交流很低或完全没有），而演化则位于群落或更高的层级之上。因此，共生演化即由种群之间的共生关系导致的群落或生态系统的整体演化。

4.2 城市能源生态系统方法体系

结合城市能源生态系统的理论架构，本节针对城市能源生态系统研究的相关方法进行设计梳理。

4.2.1 方法的功能分类

结合城市能源生态系统理论架构,本书针对城市能源生态系统研究的功能需求,遵循"识别—评价—优化"的问题分析解决思路(图 4.3),对城市能源生态系统研究方法进行功能分类。

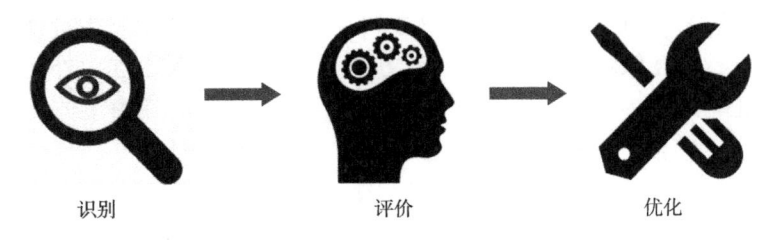

图 4.3 "识别—评价—优化"思路

1. 问题识别

识别是针对城市能源生态系统的问题进行识别。

识别的目的在于确定城市能源生态系统的关键主导因素或路径,进而为后续研究圈定研究范围。

按照识别的对象,分为要素识别、结构识别。

按照识别的区间,分为历史数据识别和未来情景识别。

1)识别的对象

要素识别是传统城市能源分析中最常见的内容,主要包括构造设计核心观测指标,并通过关联分析,识别要素与目标的关联性,进而结合相应的经济、管理学理论探讨要素对于城市能源系统演化发展的贡献。常见的分析手段包括时间序列分析、面板回归等计量工具,以及复杂系统理论中的哈肯模型等。

除了要素层面的识别研究,城市能源生态系统中另一类常见的识别是针对系统结构开展的。通常,在中观结构层面,"识别"的研究需求主要表现为对于结构的解析,也可以理解为多维要素联合贡献于系统所表现的结构识别。最常见的是多种不同能源贡献于城市能源系统发展的结构识别,即能源结构识别(或能源供给结构);不同部门对于城市能源系统供给的结构识别,即能源消费结构识别等。常见的分析手段主要是结构解析模型、指数分解模型、解释结构模型等。

2)识别的区间

识别的区间主要是针对识别研究中所使用的数据,或所面向的时间阶段。按照数据的获得性,分为面向过去和面向未来阶段。前者即利用历史数据,分析识别已有系统中的要素和结构;后者是利用历史数据或其他来源数据,预测模拟未来系统中的要素和结构等。

历史数据识别常用的分析工具主要包括时间序列分析、面板回归等;未来情景识别的分析工具主要包括时间序列分析、灰色预测,以及基于现代人工智能、机器学习的人工神经网络(artificial neural network,ANN)等模型。

2. 多维评价

评价通常是基于识别的关键问题,开展要素、路径、方案等多个维度的综合影响研究。城市能源生态系统是典型的多维系统,因此无论是针对经济、技术、政策等哪个方面的刺激,必然导致系统内外部的一系列关联反应,进而形成多个维度的综合影响。单纯针对某一方面的分析可能导致评估失真,同时会产生难以估量的溢出效应。因此,从一维到多维,也是城市能源生态系统发展过程中的一个必然发展趋势。

按照评价的对象,多维评价可以分为面向结构的评价和面向系统的评价。

按照评价的覆盖范围,多维评价分为面向过去/当前的综合评价和面向未来的系统仿真。

按照评价的聚焦区间,多维评价分为静态评价和动态评价。

1)评价的对象

尽管都是多维评价,面向结构的评价和面向系统的评价的最大差别体现在未知维度关联影响的考量上。一般来说,面向结构的评价思路是通过构建多维评价指标体系,进而考量不同指标间的相对重要性,即权重,最后进行评价。显然,面向结构的评价只考虑已知的、体现在指标体系的维度。例如,常见的维度设计包括 1E(能源)、2E(能源—经济、能源—环境、经济—环境)、3E(能源—经济—环境)、3E1S(能源—经济—环境—社会)等,维度的考量不会超出其设定的基本框架。

相反,面向系统的评价通常考虑的方面更为广阔,甚至针对认知局限导致的其他维度也在面向系统的评价范围内,如通过增加系统稳定性、韧性、适应性等指标进行体现。

2)评价的覆盖范围

与识别类似,评价的覆盖范围按照所基于的数据属性,划分为面向过去/当前和面向未来的类型。其中面向过去/当前的综合评价较为传统,本书在此不予赘述。面向未来的系统仿真,由于系统中大量数据难以直接获取,通常需要依赖计算机信息技术进行模拟仿真。近年来,随着计算机技术、机器学习等现代模型算法的快速发展,基于微观尺度的城市能源生态系统模拟仿真成为可能,这也为面向未来的系统仿真提供了技术支持,进而可以通过多情景模拟,实现对未来不同情景下系统的发展情景进行多维综合评价。

3）评价的聚焦区间

评价的聚焦区间，实际上是围绕区间的长短进行区分的。具体来说，当聚焦区间为时间节点，即静态评价；当聚焦区间为时间段，即动态评价。通常来说，利用面板数据的评价大多为静态评价，最为典型的该类模型即投入产出分析模型。

面向时间段的分析相对复杂，还需要按照时间维度进一步划分。一类是时间段覆盖固定时间节点上的全过程，该类模型能够覆盖单一能源产品上下游完整产业链供应链，同时能够对固定时间节点或时间段内在特定技术、市场、政策水平约束情况下的生产消费全过程影响进行评估，代表模型即生命周期评价模型，通常面向中观和微观尺度；另一类是真正意义上的全过程，聚焦的时间段也相对较长，通常面向宏观尺度，如系统的演化过程等，代表模型即系统动力学模型。

3. 系统优化

系统优化是以提升系统综合表现目标，基于系统内部要素间及要素与外部环境间的互动关联机制，通过对内部关键参数及要素配置的调整实现限定特定条件约束下系统综合绩效最大化的过程。近年来，随着城市发展需求的不断提升，以及人们对城市高质量发展、可持续发展的需求愈发迫切，城市能源生态系统优化的研究也愈加丰富，所使用的模型方法更加多样。较为常见的包括数据包络分析模型、耗散系统模型、多主体模型等。

按照优化的指标数量，系统优化可以分为单一指标优化和多维指标优化。

按照优化的原理，系统优化可以分为性能提升类优化和模式创新类优化。

1）优化的指标数量

该类优化通常是基于目标函数为导向的，通过构造单一目标或多目标的目标函数，并结合城市能源生态系统中能源供需、经济发展、环境约束等约束条件，寻求在既定约束下单一目标或多目标的总体最大化。常见的分析工具以运筹学中的线性规划、非线性规划为代表。

2）优化的原理

按照优化的原理区分，系统优化的主要类型包含性能提升类优化和模式创新类优化。具体而言，性能提升类优化主要是探求在既定约束环境下，进一步优化提升系统表现、性能的一类模型方法，其比较有名的指导思想是帕累托改进，比较常见的该类模型是数据包络分析模型。模式创新类优化则主要聚焦打破现有约束边界，通过增维、结构重构等方式寻求系统的跃迁式提升，较为典型的模型方法包括耗散系统的自组织模型及以基于主体建模方法为代表的一类自下而上的模型。

4.2.2 方法的模块梳理

通过以上分析，城市能源生态系统研究方法按照功能可以区分为多种类型，但在方法应用过程中往往由于应用场景的不同，面临应用场景下数据维度的限制，导致方法选择难以归类。例如，面向中观结构的历史数据难以用于面向未来系统行为的预测，微观要素历史数据不能满足中观结构解析的分析需求等。因此，对于城市能源生态系统方法体系的梳理构建，需要在方法功能分类基础上进一步结合应用场景面向的数据维度和结构层级进行区分（图 4.4）。

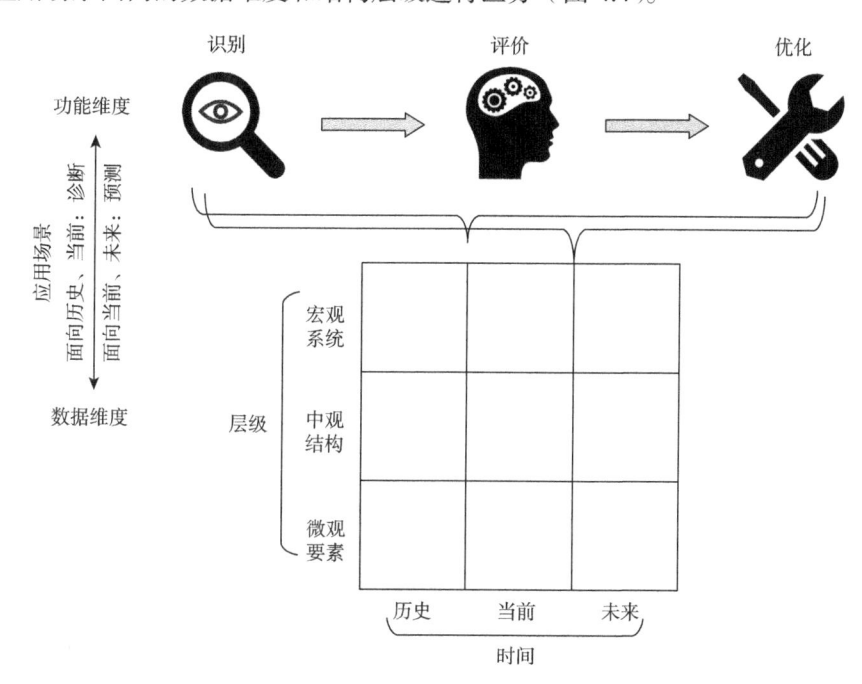

图 4.4 城市能源生态系统方法功能与数据对应关系

为此，按照时间维度、层级维度和功能特征，结合不同模型方法的应用场景及数据支撑，进一步对城市能源生态系统方法体系进行模块梳理（图 4.5），便于后续章节系统介绍。

（1）要素识别及结构解析。面向微观要素及中观结构层面，所利用的数据主要为历史及当前统计数据，主要功能是结合中观和微观数据对于城市能源生态系统演化过程中的核心驱动因素/制约因素，或是结构演化趋势进行诊断，这也是城市能源系统分析中常用的基础方法之一。

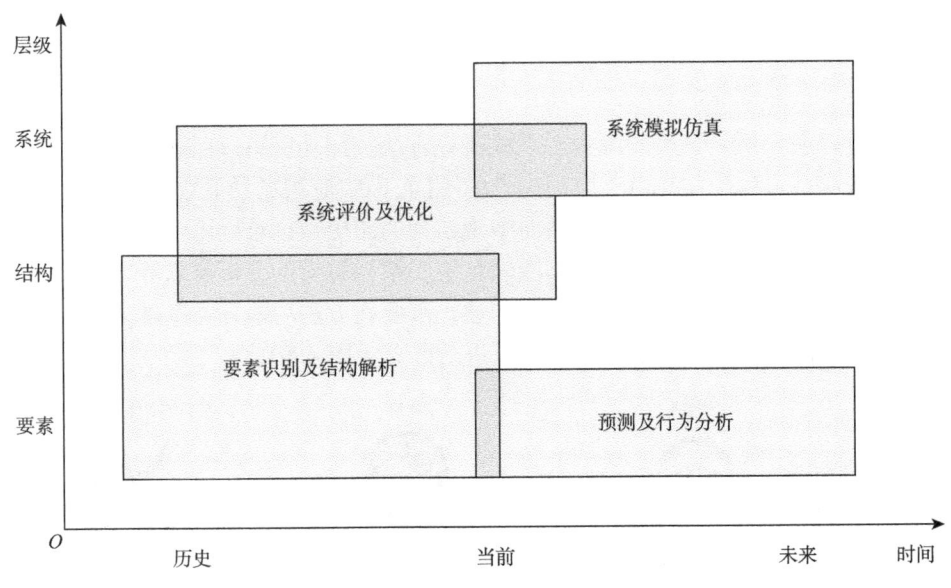

图 4.5 城市能源生态系统方法梳理

（2）系统评价及优化。通常面向中观结构及宏观系统层面，所利用的数据主要为历史及当前统计数据，主要功能是对城市能源生态系统当前的结构或系统整体进行多维度综合评价，并根据评价结果给出优化建议。

（3）预测及行为分析。面向微观要素发展的未来场景，通常是针对特定情境或约束环境下要素未来的变化行为、态势等进行预测，主要是针对不确定性条件下要素的发展趋势进行分析，为城市能源生态系统预警等提供应对机制设计。

（4）系统模拟仿真。主要面向宏观系统层面的未来发展场景，基于系统要素行为及中观和微观互动关联机制对系统中远期的发展行为进行模拟仿真，从而获取宏观系统层面的发展行为数据资料，供系统诊断分析和评价优化，为政策设计提供支撑服务。

4.3 城市能源生态系统要素识别及结构分解模型

城市能源生态系统要素识别及结构分解是城市能源系统研究的基础工作之一，也是对诸多复杂分析模型进行分析的前期基础。因此，如何准确对城市能源生态系统进行要素识别及结构分解具有重要意义。要素识别及结构分解模型大多基于自上而下的分析视角，从系统整体递阶分解至子系统或要素层面，其核心在于分解过程中数理逻辑的严密性。这里的数理逻辑一方面强调分解过程的可逆性，同时又注重要素间的关联性。本节主要介绍城市能源生态系统分析中常用的要素识别及结构分解模型。

4.3.1 指数分解模型

指数分解模型是城市能源生态系统结构分解的常用模型方法之一，其核心是基于数理推导，将研究对象拆分成多个要素变量的数量关系，实现研究对象变动为多个要素变动的综合表示，进而以此判断和识别各要素变化对研究对象变化的主要贡献因素。在能源系统分析中，指数分解模型多用于分析能源系统的效率或强度，如能源消费、能源利用效率（单位能源投入的产出）、碳强度（单位经济产出的碳排放量）等。

指数分解模型的优势在于原理简洁直观且数理逻辑严谨，缺点在于要素分解的结果可能产生没有实际意义的要素，因此依赖于研究者对分析对象的理解，具有一定主观性。此外，对于不同要素贡献的分配随着要素数量的增多，计算量呈几何式增长。

以能源强度分解为例：

$$I = \frac{E}{G} = \sum_{i}^{n} \frac{E_i}{G} = \sum_{i}^{n} \frac{E_i}{G_i} \times \frac{G_i}{G} = \sum_{i}^{n} I_i \times S_i \tag{4.1}$$

其中，I 为能源强度；E 为能源消费；G 为经济产出；$i=1,2,\cdots,n$ 代表第 i 个部门；E_i 为第 i 个部门的能源消费；G_i 为第 i 个部门的经济产出；I_i 为第 i 个部门的能源强度；S_i 为第 i 个部门的产业经济产出结构。

能源强度可以表示为各部门能源强度与产业经济产出结构的组合，因此能源强度的变化可以认为由这两个要素驱动。

以两部门在 $o\sim t$ 时间段的能源强度分解为例：

$$\begin{aligned}\Delta I &= I_t - I_o \\ &= I_{1t} \times S_{1t} + I_{2t} \times S_{2t} - I_{1o} \times S_{1o} - I_{2o} \times S_{2o} \\ &= (I_{1o} + \Delta I_1) \times (S_{1o} + \Delta S_1) + (I_{2o} + \Delta I_2) \times (S_{2o} + \Delta S_2) - I_{1o} \times S_{1o} - I_{2o} \times S_{2o} \\ &= \Delta I_1 \times S_{1o} + \Delta S_1 \times I_{1o} + \Delta I_2 \times S_{2o} + \Delta S_2 \times I_{2o}\end{aligned} \tag{4.2}$$

两部门总体能源强度可以分解为单部门强度变化和产业结构变化的贡献。

同时，能源强度又可分解为

$$I = \frac{E}{G} = \sum_{i}^{n}\sum_{j}^{m}\frac{E_{ij}}{G} = \sum_{i}^{n}\sum_{j}^{m}\frac{E_{ij}}{E_i} \times \frac{E_i}{P_i} \times \frac{P_i}{P} \times \frac{P}{G} = \sum_{i}^{n}\sum_{j}^{m} \text{ES}_{ij} \times \text{EP}_i \times \text{PS}_i \times \text{PG} \quad (4.3)$$

其中，E_{ij} 为第 i 个部门第 j 种能源消费；P_i 为第 i 个部门就业人口；P 为人口总量；ES_{ij} 为第 i 个部门第 j 种能源消费占比；EP_i 为第 i 个部门人均能耗；PS_i 为就业人口结构；PG 为人均经济产出的倒数。

可以看出，在上述这种分解框架下，能源强度可以分解出更多的贡献要素。然而，随着部门数量、能源产品种类的增加，分解的计算量也逐级增加，所分解的结果也包含了所有部门不同要素的贡献。一方面，要素分解方式的多样化对分析者的经验具有较高要求；另一方面，这种计算结果可能导致产生的结论不具有操作性。

4.3.2 解释结构模型

解释结构模型[291]是一种使用广泛的系统科学方法。该模型可以将分析者对系统要素关联的直观定性认识转化为具有严密定量逻辑的多级"递阶"关系矩阵，因此对于城市能源系统这种多目标、多变量、要素关系和层级结构复杂的系统具有较好的针对性和适用性。

基于解释结构模型分析方法的城市能源系统结构分析中，需要先将系统进行逐级分解，得到若干个系统要素，然后对系统组成要素的关联进行逻辑描述，并构建和计算可达矩阵，最后将系统分解为层次清晰的多级递阶形式。

解释结构模型分析方法的具体计算过程如下。

1. 系统边界及关键问题设定

解释结构模型分析方法是针对系统分解的方法，因此必须事先规定系统边界及关键问题。在城市能源系统分析中，系统一般包含能源、环境、经济、社会、科技、政策子系统及子系统间的连接部分，核心问题在于连接部分中相关的要素及要素间的关联。

2. 系统分解及要素识别

将系统逐级分解为若干子系统，进而分解为要素。这一步分解是粗分解，目的在于圈定系统分解目标的大致范围，因此可以尽可能地丰富要素。尤其难以把握的要素可以纳入分解系统中。对于城市能源系统分析，可能涉及子系统要素关联关系链条的延长，从而导致新的间接关联产生，因此应当尽可能地丰富要素体

3. 邻接矩阵构建

基于关键问题和系统要素构建邻接矩阵,依据专家意见判断要素间逻辑关系,绘制逻辑关联图。以点表示系统要素,以有向边表示要素间关联,以箭头表示因果关系方向。需要注意的是,图 4.6 中的逻辑关联为直接逻辑关联,即要素的变化只经过"一步"传导而影响另一个要素。

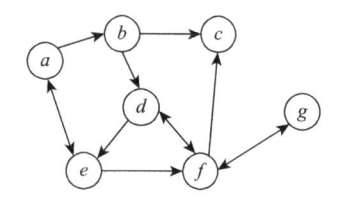

图 4.6 系统要素逻辑关联

图 4.6 中的要素逻辑关联,可用邻接矩阵表达。例如,要素 a 可达要素 b,则两者关联表示为 $v_{ab}=1$;要素 a 不可达要素 d,则两者关联表示为 $v_{ad}=0$。由图 4.6 得邻接矩阵 V[①]:

$$V = \begin{matrix} & \begin{matrix} a & b & c & d & e & f & g \end{matrix} \\ \begin{matrix} a \\ b \\ c \\ d \\ e \\ f \\ g \end{matrix} & \begin{pmatrix} 1 & 1 & 0 & 0 & 1 & 0 & 0 \\ 0 & 1 & 1 & 1 & 0 & 0 & 0 \\ 0 & 0 & 1 & 0 & 0 & 0 & 0 \\ 0 & 0 & 0 & 1 & 1 & 1 & 0 \\ 1 & 0 & 0 & 0 & 1 & 1 & 0 \\ 0 & 0 & 1 & 1 & 0 & 1 & 1 \\ 0 & 0 & 0 & 0 & 0 & 1 & 1 \end{pmatrix} \end{matrix} \quad (4.4)$$

4. 可达矩阵计算

邻接矩阵 V 表述了要素间的直接可达关系,在此基础上可以计算可达矩阵 M。可达矩阵 M 表示系统内任意两要素间通过一步或多步逻辑关联后,二者间的逻辑可达关系。例如,在图 4.6 中,尽管要素 a 与要素 d 间没有直接的关联关系,但通过要素 b,要素 a 和要素 d 是可达的。可达矩阵的计算方法如下,运用布尔代数规则对矩阵 V 进行自乘,直至得到的矩阵稳定为止,即

---

① 本书矩阵、向量字母均用白体表示。

$$V_0 = V$$
$$V_1 = V_0 \times V$$
$$V_2 = V_1 \times V \tag{4.5}$$
$$V_3 = V_2 \times V$$
$$\vdots$$
$$V_n = V_{n-1} \times V$$

直到有 $i \in [1, n)$，使得 $V_i = V_{i-1}$ 且 $V_i = V_{i+1}$。

此时，可达矩阵 $M = V_i$。

5. 系统结构分层

对于可达矩阵 M 中第 p 行的所有非零元素，其含义为由要素 p 出发经过若干次传递最终可达的所有要素集合，记为 $E(p)$。对于可达矩阵 M 中第 p 列的所有非零元素，其含义为经过若干次传递最终可达要素 p 的所有要素集合，记为 $F(p)$。

当 $E(p) \subset F(p)$ 时，$F(p)-E(p)$ 非空，则有要素集 $F(p)-E(p)$ 可达要素 p，而要素 p 不可达该集合。显然，要素 p 在结构中处于较高的层级。此时，将满足该条件的所有要素 p，记入最高层级，并从可达矩阵 M 中删除要素 p 的行和列，然后重复上述步骤直至 $F(p)=E(p)$。此时，按照每次删除要素步骤的顺序倒叙进行整理，并依据初始可达矩阵 M 中要素的可达关联对要素进行连线，即为系统结构分解关系。

6. 要素驱动性分析

要素驱动性分析主要基于矩阵交叉影响相乘法（matrices impacts croises-multiplication appliance classement，MICMAC），对解释结构模型可达矩阵进一步分解，分析要素间驱动关系和路径依赖程度，判断和识别要素驱动属性。

MICMAC 分析过程如下：对于可达矩阵 $M = (m_{ij})$，按要素间依存度关系分别计算要素驱动力向量 D_i 和要素依赖性向量 R_j，即

$$D_i = \sum_{j=1}^{n} m_{ij}, \quad i = 1, 2, 3, \cdots, n \tag{4.6}$$

$$R_j = \sum_{j=1}^{n} m_{ij}, \quad i = 1, 2, 3, \cdots, n \tag{4.7}$$

MICMAC 分析根据要素驱动力向量 D_i 和要素依赖性向量 R_j，绘制驱动力–依赖性矩阵，并根据要素驱动程度和依赖程度对要素群进行划分。

图 4.7 中，Ⅰ 为自治簇，该类要素对于其他要素的要素驱动程度和依赖程度

都相对较低，要素相对独立；Ⅱ为驱动簇，该类要素对于其他要素的要素驱动程度较高，但对其他要素依赖程度较低，即要素自身影响程度高而受影响程度低，该类要素多处于传导链发端；Ⅲ为联系簇，该类要素对于其他要素的要素驱动程度和依赖程度都较高，该类要素多处于传导链中部，传导作用突出；Ⅳ为依赖簇，该类要素对于其他要素的要素驱动程度较低，但对其他要素依赖程度较高，即要素自身受影响程度高而影响程度低，该类要素多处于传导链末端。

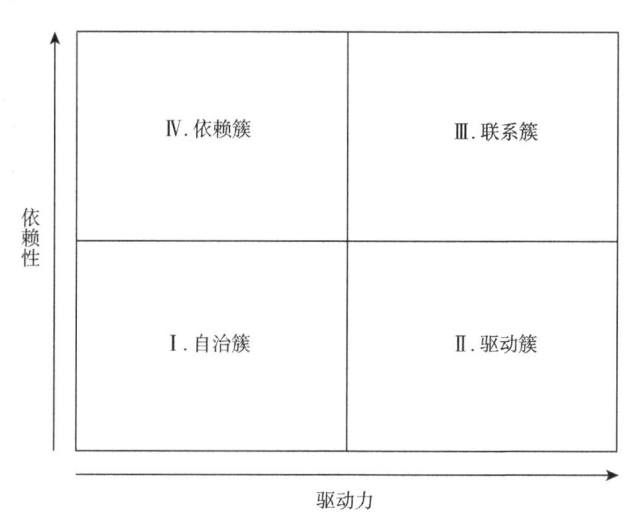

图 4.7　驱动力-依赖性矩阵

4.3.3　投入产出分析

投入产出法是由列昂惕夫提出的一种可以有效揭示产业间的技术经济联系量化比例关系的定量研究方法。概括地说，投入产出法就是以科学的国民经济部门分类为基础，通过适当的统计平衡表和技术经济系数描述各部门间错综复杂的投入产出数量关系，并利用数学方法建立经济模型，进行相应的分析和预测。

能源投入产出模型主要是在对经济—能源关系描述的基础上，研究经济活动与能源利用之间的相互影响。能源投入产出法是把投入产出技术的一般原理应用于对能源需求的预测及对能源结构的转换、分析等方面。能源投入产出表分为经济（投入产出表主体）和能源（卫星账户）两个模块，如表 4.1 所示。

表 4.1 能源投入产出表基本形式

部门		中间使用 1,2,3,…,m	最终需求	总产出
中间投入	1	$(X_{ij})_{m\times m}$	$(Y_i)_{m\times 1}$	$(X_i)_{m\times 1}$
	2			
	3			
	⋮			
	m			
最初投入		$(V_j)_{1\times m}$		
总投入		$(X_j)_{1\times m}$		
能源投入（卫星账户）	1	$(E_{kj})_{n\times m}$	$(E_{ky})_{n\times 1}$	$(E_k)_{n\times 1}$
	2			
	⋮			
	n			

在能源投入产出表中，表格主体部门（X_{ij}、Y_i、X_j、V_j）都以货币单位计量，而卫星账户（E_{kj}、E_{ky}、E_k）都以实物单位计量。能源投入产出表共有三组平衡关系，其中行方向上两组，列方向上一组。

1. 投入产出模型相关指标

1）直接消耗系数

直接消耗系数是指生产单位 j 产品所直接消耗的 i 产品的数量。通常把直接消耗系数记作 a_{ij}，其计算公式为

$$a_{ij} = \frac{x_{ij}}{X_j}, \quad i,j = 1,2,3,\cdots,n \tag{4.8}$$

其中，a_{ij} 表示 i 产业对 j 产业的直接消耗系数；x_{ij} 表示 i 部门对 j 部门的中间使用；X_j 表示 j 部门的总投入。

2）直接分配系数

直接分配系数是指 i 产业为 j 产业提供的做其中间投入的价值量与 i 产业总产值的比值，直接分配系数记作 r_{ij}，其计算公式为

$$r_{ij} = \frac{x_{ij}}{X_i}, \quad i,j = 1,2,3,\cdots,n \tag{4.9}$$

其中，r_{ij} 为直接消耗系数；x_{ij} 为 i 产业提供给 j 产业做中间投入使用的价值量；X_i 表示 i 产业的总产值。

2. 投入产出的两个基本模型

1）投入产出行模型

由直接消耗系数 a_{ij}，得到 $x_{ij}=a_{ij}\cdot X_j$，将其代入按行建立的平衡关系式 $\sum_{j=1}^{n}x_{ij}+f_i=X_i(i=1,2,\cdots,n)$，就得到如下投入产出模型：

$$\begin{cases} a_{11}X_1+a_{12}X_2+\cdots+a_{1n}X_n+f_1=X_1 \\ a_{21}X_1+a_{22}X_2+\cdots+a_{2n}X_n+f_2=X_2 \\ \vdots \\ a_{n1}X_1+a_{n2}X_2+\cdots+a_{nn}X_n+f_n=X_n \end{cases} \quad (4.10)$$

用矩阵变换，上述投入产出方程组模型可转化为

$$(I-A)X=f \quad (4.11)$$

其中，

$$(I-A)=\begin{bmatrix} 1-a_{11} & -a_{12} & \cdots & -a_{1n} \\ -a_{21} & 1-a_{22} & \cdots & -a_{2n} \\ \vdots & \vdots & & \vdots \\ -a_{n1} & -a_{n2} & \cdots & 1-a_{nn} \end{bmatrix} \quad (4.12)$$

投入产出行模型表明了总产出与最终产品间的基本平衡关系，可以据此由总产出推算最终产品，或者反过来由最终产品推算总产出。

2）投入产出列模型

同理，将 $x_{ij}=a_{ij}X_j$ 代入按列建立的平衡关系式 $\sum_{i=1}^{n}x_{ij}+y_j=X_j(j=1,2,\cdots,n)$，可得到如下投入产出模型：

$$\begin{cases} a_{11}X_1+a_{21}X_1+\cdots+a_{m1}X_1+y_1=X_1 \\ a_{12}X_2+a_{22}X_2+\cdots+a_{n2}X_2+y_2=X_2 \\ \vdots \\ a_{1n}X_n+a_{2n}X_n+\cdots+a_{nn}X_n+y_n=X_n \end{cases} \quad (4.13)$$

用矩阵可将上述模型转化为

$$y=(I-\Lambda)X \quad (4.14)$$

其中，

$$\varLambda = \begin{bmatrix} \sum_{i=1}^{n} a_{i1} & 0 & \cdots & 0 \\ 0 & \sum_{i=1}^{n} a_{i2} & \cdots & 0 \\ \vdots & \vdots & & \vdots \\ 0 & 0 & \cdots & \sum_{i=1}^{n} a_{in} \end{bmatrix} \quad (4.15)$$

投入产出列模型表明了总投入与最初投入之间、总产出与增加值之间的基本平衡关系，据此，可以由总投入或总产出推算最初投入或增加值，或者反过来由最初投入或增加值推算总投入或总产出。

4.4 城市能源生态系统评价及优化模型

4.4.1 综合评价模型

综合评价模型是建立在对多要素系统进行综合表征基础上的一种评价模型，本质是基于要素在系统中的重要程度和数理特征进行合并和降维。在城市能源系统中，通常涉及的要素是多样的，如不同能源产品的消费量、能源产品的供给量、能源产品的价格、不同部门不同能源产品产生的经济效益等。综合评价模型的作用就是根据研究目的，将这些要素进行特定处理，形成一个能够综合反映系统特征的指标集。

综合评价模型的分析过程主要分为五步。

1. 明确评价对象和目标

综合评价的前提是具有明确的评价对象和评价目标。评价对象的确定是后续数据搜集边界界定的前提，而评价目标的确定则决定了不同指标的权重分配。具体来说，对于城市能源系统节能减排绩效的综合评价，应当围绕城市能源消费相关的指标进行搜集，并重点针对节能减排相关的指标权重进行着重强调。

针对城市能源系统相关研究的评价对象，通常选取一定时空边界内的城市能源系统、部门能源系统或特定能源系统等，如北京市能源系统、北京市交通部门能源系统，或是某工业园区工业系统等。评价目标的设计需要结合具体研究需求，如在能源系统效益的评价研究中，可以从社会效益、节能效益、减排效益等（图4.8）方面进行考虑。

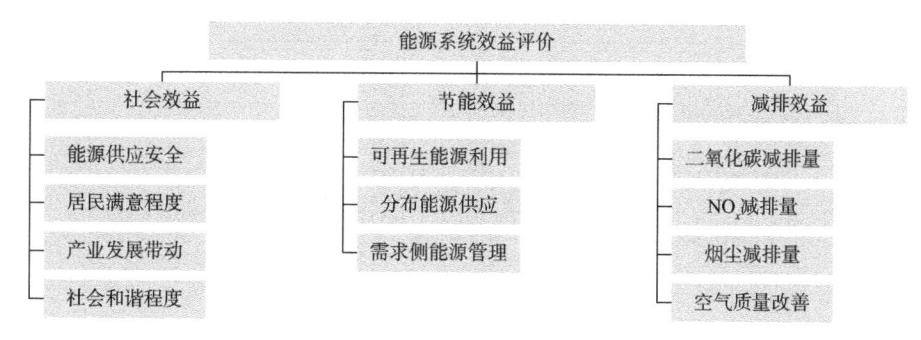

图4.8 能源系统效益评价[292]

2. 指标体系构建

指标体系构建是综合评价模型构建的核心内容之一，也是不同学者认知差异体现进而影响城市能源系统评价结果的主要因素。指标体系构建需要结合评价目的和对象特征，针对性地设计、筛选评价指标体系。指标体系构建通常基于自上而下的设计思路，逐级根据评价目标进行分解，同时需要尽可能降低指标间的关联性、干扰性和重复性，并兼顾指标的可测度性和数据的可获得性。

专栏4-1 新华·城市转型发展指数指标体系

新华社直属单位中国经济信息社针对我国资源型城市转型研发构建了"新华指数"系列，并与多个地方政府合作提出城市转型发展指数指标体系。

新华·城市转型发展指数指标体系

一级指标	二级指标	三级指标
综合实力	经济绩效	地区生产总值增速
		人均地区生产总值
	经济活力	固定资产投资增速
		社会消费品零售总额增速
	城市能级	年末常住人口数量
动能转换	科创引领力	高新技术企业及国家级专精特新"小巨人"企业数量
		高新技术产业增加值占地区生产总值比重
	产业竞争力	规模以上工业增加值增速
		战略性新兴产业增加值占地区生产总值比重
		服务业增加值占地区生产总值比重

续表

一级指标	二级指标	三级指标
绿色低碳	绿色生产	高耗能产业增加值占规模以上工业比重
		单位规模以上工业增加值能耗降低率
	绿色生态	地表水质达到或优于Ⅲ类比例
		空气质量优良天数占比
		耕地土壤环境质量点位达标率
	绿色生活	生活垃圾无害化处理率
		城市生活污水集中处理率
		人均公园绿地面积
改革开放	营商环境	新登记各类市场主体增速
		民间投资占固定资产投资比重
	对外开放	招商引资总额（含实际使用外资）
		对外贸易系数（进出口总额占地区生产总值比例）
		开放平台数量（海关口岸、自由贸易区、综合保税区、跨境电商试验区数量）
共享发展	居民收入	居民人均可支配收入增速
	居民就业	城镇调查失业率
	公共服务	重点民生支出占一般公共预算支出比例（教育、社保、医卫、住房、文娱五大领域民生支出占一般公共预算支出比例）
协调发展	城乡协调	常住人口城镇化率
		城乡居民人均收入比（城市居民人均可支配收入与农村居民可支配收入之比）
	城市更新	年度新开工改造城镇老旧小区数量
	文明创建	省级文明城市/文明村镇/文明单位/文明家庭/文明单位数量
特色指标	"四港"联动	港口货物吞吐量（万吨）
	"四区N园"	四大开发区地区生产总值
	特色产业培育	PCB（printed circuit board，印刷电路板）产业规模
		电子信息产业产值
		新材料产业产值
	生态修复	累计历史遗留矿山生态修复治理率
转型满意度	市场主体满意度	市场主体满意度
	市民满意度	市民满意度

3. 数据搜集及预处理

在明确了评价对象后,数据搜集主要是利用统计年鉴、公开或专业数据库,以及实地调研资料进行数据搜集和整理,并根据分析需求进行数据清洗、筛选,特定情况下需要对数据进行结构设计(如归一化、无量纲化)和指标设计(如构建新指标)等。

4. 权重计算

权重计算是根据综合评价需求,基于不同指标对于评价目标的需求,进行重要性的数值分配。权重计算是区分不同综合评价模型的基础,即便对于相同的评价目标,不同权重计算方法也可能存在较大差异。权重计算方法可以分为定性和定量两种。定性权重主要通过专家打分、头脑风暴等方式确定指标权重,并通过层次分析法等权重处理方法保障打分权重符合数理逻辑;定量权重主要基于采集数据的特征分布,进行权重赋值。

5. 加权计算及分析

在完成数据搜集处理及权重计算后,即可进行加权计算,获得评价对象的综合评价得分,并进行针对性讨论分析。

专栏 4-2　权重计算方法

1. 模糊层次分析法

模糊层次分析法是运用模糊数学原理分析和评价具有"模糊性"事物的系统分析方法。该方法根据模糊数学的隶属度理论把定性评价转化为定量评价,即用模糊数学对受到多种因素制约的事物或对象做出一个总体评价。由于这种方法在处理各种难以用精确数学方法描述的复杂系统问题方面所表现出的独特的优越性,近年来已在许多学科领域得到了十分广泛的应用。

为了便于描述,依据模糊数学的基本概念,对模糊层次分析法中的有关术语定义如下。

（1）评价因素:指构建的指标体系中的相关因素,即评价对象。

（2）评价因素值:指评价因素的具体值。

（3）评价值(E):指评价因素的优劣程度。评价因素最优的评价值为 1（采用百分制时为 100 分）;欠优的评价因素,依据欠优的程度,其评价值大于或等于 0、小于或等于 1（采用百分制时为 100 分）,即 $0 \leqslant E \leqslant 1$（采用百分制时 $0 \leqslant E \leqslant 100$）。可以依据各类评价因素的特征,确定评价值与评价因素值之间的函数关系（即隶属度函数）。确定这种函数关系（隶属度函数）有多种方法，如 F 统计方法、各种类型的 F 分布等。当然，也可以请有经验的评标专家进行评价，直接给出评价值。

（4）平均评价值：指评标委员会成员对某评价因素评价的平均值。平均评价值＝全体评标委员会成员的评价值之和÷评委数。

（5）权重：指评价因素的地位和重要程度。

第一级评价因素的权重之和为 1；每一个评价因素的下一级评价因素的权重之和为 1。

（6）加权平均评价值：指加权后的平均评价值。加权平均评价值＝平均评价值×权重。

（7）综合评价值：指同一级评价因素的加权平均评价值之和。综合评价值对应的也是上一级评价。

模糊层次分析法主要步骤如下。

（1）模糊综合评价指标的构建。模糊综合评价指标体系是进行综合评价的基础，评价指标的选取是否适宜，将直接影响综合评价的准确性。进行评价指标的构建应广泛涉猎该评价指标系统行业资料或者相关的法律法规。

（2）构建权重向量。通过专家经验法或者层次分析法构建权重向量。

（3）构建评价矩阵。建立适合的隶属函数从而构建评价矩阵。

（4）评价矩阵和权重的合成。采用适合的合成因子对其进行合成，并对结果向量进行解释。

2. 熵权法

熵权法作为客观赋权法的一种，利用各指标的熵值所提供信息量的大小来决定指标的权重，一定程度上避免了主观因素引起的误差。主要根据为，信息熵是系统有序程度的一个度量，熵值越大表明系统越无序，相反越有序。信息熵越大表明有用信息量越少，在研究对象中所起的作用越小；反之，熵值越小表明有用信息量越多，在研究对象中所起的作用越大，在综合评价中所占比重越大。

信息熵借鉴了热力学中熵的概念，用于描述平均而言事件信息量的大小，因此在数学上，信息熵是事件所包含的信息量的期望，根据期望的定义，可以设想信息熵的公式大概如下：

信息熵＝$\sum$每种可能事件的概率×每种可能事件包含的信息量

每种可能事件包含的信息量与这一事件的不确定性有关，换言之，与事件发生的概率有关，概率越大则信息量越小。

每种可能事件包含的信息量的计算采用不确定性函数 f：

$$f = \log\left(\frac{1}{P}\right) = -\log P$$

采用不确定性函数,一方面可以保证信息量是概率 P 的单调递减函数,另一方面可以保证两个独立事件所产生的不确定性应等于各自不确定性之和,即具备可加性。

将不确定性函数代入最初设想的公式:

$$H(U) = -\sum_{i=1}^{n} P_i \log P_i$$

其中,H 为熵;U 为所有可能事件的集合,有 n 种取值($U_1, U_2, \cdots, U_n$),对应概率为 $P_1, P_2, \cdots, P_n$。

根据信息熵的定义,对于某项指标,可以用熵值来判断该指标的离散程度,熵值越小,指标的离散程度越大,该指标对综合评价的影响(即权重)就越大,如果某项指标的值全部相等,则该指标在综合评价中不起作用。

确定权重的具体计算过程如下。

(1)确定第 i 项指标第 j 年份指标值的比重 P_{ij}。

$$P_{ij} = \frac{X_{ij}}{\sum_{j=1}^{m} X_{ij}}, \quad i = 1, 2, \cdots, n;\ j = 1, 2, \cdots, m$$

其中,X_{ij} 为无量纲化处理后的数据。

(2)计算指标信息熵 P_i。

$$P_i = \frac{1}{\ln(m)} \sum_{j=1}^{m} P_{ij} \ln(P_{ij})$$

(3)计算第 i 项指标的权重 ω_i。

$$\omega_i = \frac{d_i}{\sum_{i=1}^{n} d_i}, \quad i = 1, 2, \cdots, n$$

其中,$d_i = 1 - P_i$,d_i 表示第 i 项指标的信息效用值,其取决于 P_i 与 1 之间的差值。d_i 直接影响权重的大小,d_i 越大,权重则越大。

4.4.2 生命周期评价模型

生命周期评价是对一种产品及其包装物、生产工艺、原材料、能源或其他某种人类活动行为的全过程,包括原材料的采集、加工、生产、包装、运输、消费和回用及最终处理等，进行资源和环境影响的分析与评价。生命周期评价通过确定和量化与评价对象相关的能源消耗、物质消耗和废弃物排放，来评估某一产品、过程和事件的环境负荷。

ISO 14040：2006（《环境管理　生命周期评价　原则与框架》）标准系列中，将生命周期评价分为：目标与范围的界定（goal and scope definition）、清单分析（inventory analysis）、影响评价（impact assessment）和解释（interpretation）四个步骤，如图4.9所示。

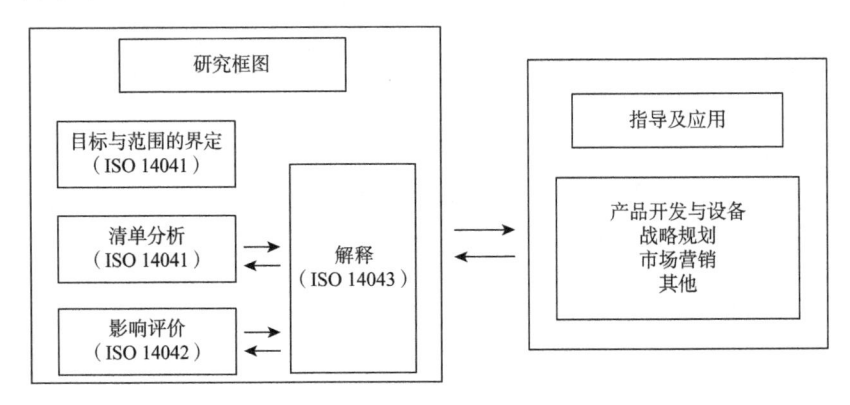

图4.9　生命周期评价的理论框架

1. 目标与范围的界定

根据项目研究的理由、应用意图及决策者所需要的信息，确定评价目标的定义，并按照评价目标界定研究范围。具体包括评价系统的定义、边界的确定、假设条件及有关数据要求和限制条件等。随着研究目标的不同，此类工作变化很大，没有一个固有标准模式可套用。此外，由于生命周期评价研究是一个反复的过程，最初收集到的数据和信息可能并非十分准确，可通过后续的需要来修订最初的设定范围，确保结果更为科学精确。

2. 清单分析

生命周期清单分析是量化评价对象在其设定边界范围内每个阶段的资源、能源输入及环境排放的过程。建立清单的过程就是在界定的系统范围内，针对每个单元过程建立相应的系统输入和输出，即对资源消耗、能源消耗和环境排放进行数量化的统计和分析。清单分析的核心是产品系统的输入和输出。每个子系统内，物质和能量都必须遵循物质守恒和能量守恒原理。生命周期清单分析主要有三类，即基于过程的生命周期清单分析、基于经济投入产出分析的清单分析、综合过程和经济投入产出的复合清单分析。

3. 影响评价

影响评价是通过清单数据确定各种潜在的环境影响因子类型，并将不同种类环境影响因子汇总，分析各因子对环境影响的相对贡献，最后根据各因子的相对重要性对不同种类的环境影响赋予权重。

4. 解释

解释是根据前几个阶段的研究或者清单分析的发现，以客观的方式分析结果、形成结论、解释局限、提出建议并报告结果，尽可能提供对所确立的研究目标和范围相符且浅显易懂、完整一致的说明。

4.4.3 数据包络分析

数据包络分析方法是运用数学工具评价经济系统生产前沿面有效性的非参数方法，它适用于多投入、多产出的多个决策单元（decision making unit，DMU）的绩效评价。这种方法以相对效率为基础，根据多指标投入与多指标产出对相同类型的决策单元进行相对有效性评价。在城市能源生态系统分析中，数据包络分析常用于效率类指标的系统综合评价，如系统的能源利用效率分析，并进行优化。

数据包络分析的基本原理是把每一个被评价单位作为一个决策单元，再将众多决策单元构成被评价群体，通过对投入和产出比率的综合分析，以决策单元的各个投入和产出指标的权重为变量进行评价运算，确定有效生产前沿面，并根据各决策单元与有效生产前沿面的距离状况，确定各决策单元是否数据包络分析有效，同时还可用投影方法指出非数据包络分析有效或弱数据包络分析有效的原因及应改进的方向和程度。

最常见的数据包络分析模型为 CCR 模型[1]和 BCC 模型[2]，两种模型的区别在于对于规模报酬是否可变进行了界定，CCR 模型假定了规模报酬不变，BCC 模型假定了规模报酬可变。

---

[1] CCR 模型由 Charnes、Cooper 和 Rhodes 三位学者于 1978 年提出。
[2] BCC 模型由 Banker、Charnes 和 Cooper 三位学者于 1984 年提出。

4.5　城市能源预测及行为分析模型

4.5.1　灰色预测模型

灰色系统由华中科技大学控制科学与工程系教授、博士生导师邓聚龙于1982年提出[①]。在客观世界中，有许多问题缺乏具体的信息、参数、结构或特征，这使得我们难以用许多传统的模型计算得到详细的结果来解决它们，只能通过推理与猜测来构建一种新的模型。这样的既有一部分信息缺失，又有一定已知信息的系统，即灰色系统。灰色系统的基本思想是把所有随机过程均看作与时间相关的、在一定范围内变化的灰色过程。多年来，灰色系统发展迅速，在许多领域发挥了重要作用。其中，以灰色系统为基础的灰色预测成为灰色系统的主流分支之一，也是灰色系统理论的重要组成部分。它提供了一种在已知信息较少的情况下进行建模预测的方法。

虽然我们的肉眼看上去数据是杂乱而无规律的，但实际上数据具有有界和有序的特点，故数据具有潜在的规律，灰色预测基于这种规律进行有效的预测。

进行灰色预测一般需要经过数据的检验与处理、建立模型、检验预测值、预测预报四个步骤，具体可参阅文献[293]。

4.5.2　Logistic 预测模型

Logistic 预测模型源自1838年数学生物学家 Pierre-Francois Verhulst 提出的人口增长模型——Logistic 方程（logistic equation）：

$$\frac{dy}{dt} = ky\left(1 - \frac{y}{N}\right) \tag{4.16}$$

其中，t 为时间；y 为种群个体总数；k 为种群增长潜力指数；N 为环境最大容纳量。

[①] 灰色系统理论由邓聚龙教授于1982年在《华中工学院学报》发表的《灰色控制系统》一文中提出。

该方程提出后，由于其不需要太大的计算量，且具备较好的预测概率而获得广泛应用。Logistic 预测模型在于易用且高效，因此在研究中，通常会以 Logistic 预测模型作为基准，再进一步尝试使用更复杂的算法。

然而，Logistic 预测模型的缺点在于难以适用于解决非线性问题，因为其决策面是线性的。线性回归模型的局限性在于要求因变量是定量变量，而不是定性变量。但在许多实际问题中，经常出现因变量是定性变量的情况。另外，Logistic 预测模型中自变量多重共线性较为敏感，如两个高度相关的自变量同时放入模型，可能导致较弱的一个自变量回归符号不符合预期，符号被扭转。这就需要利用因子分析或者变量聚类分析等手段来选择代表性的自变量，以减少候选变量之间的相关性。

在实际应用中，可以直接套用 Logistic 方程进行求解。在此基础上，诸多学者从易用性出发对 Logistic 方程进行了修改和改造，形成了二分类因变量 Logistic 回归模型、累计 Logistic 回归模型、多项 Logit 模型等针对不同功能特点的模型变种，尤其对于能源经济预测、城市能源消费等问题取得了较好的应用。

4.5.3 人工神经网络预测模型

人工神经网络受到生物神经网络的启发，通过数学、物理或信息化的处理方法对生物大脑进行抽象，模拟生物大脑中的神经元，进而构建简化的模型。人工神经网络的应用场景包括但不限于信号识别、数据挖掘、分类、复杂系统控制、预测等。其中，人工神经网络在预测领域体现出明显的优越性。原因在于人工神经网络具有自适应、自组织、自学习能力和非线性、非局限特性，可以通过学习逼近任意非线性映射，将其应用于非线性系统的建模与识别中时，可以不受非线性模型的限制，相较于其他模型或算法能够比较完美地解决非线性系统的预测问题。利用人工神经网络，可以较为便捷和精准地实现对能源、环境、经济、医疗卫生等多领域的数据预测。

神经网络一般分为输入层、隐含层、承接层和输出层四层。输入层单元作用为信号传输，输出层单元则起到加权作用。隐含层单元包含线性和非线性两类激励函数，其中非线性函数一般为 Sigmoid 函数。承接层单元的作用在于记忆隐含层单元前一时刻的输出值并返回给网络的输入层。隐含层的输出通过承接层的延迟与存储，自联到隐含层的输入，这种自联方式使其对历史数据具有敏感性，内部反馈网络的加入增加了网络本身处理动态信息的能力，从而达到动态建模的目的。

所有类型人工神经网络的使用均包括五个步骤，即信息预处理、网络模型建立、网络学习、模型测试、模型使用（图4.10）。

信息预处理	网络模型建立	网络学习	模型测试	模型使用
认识问题 / 数据处理	选择网络模型 / 设定网络参数 / 确定学习模式	网络自主学习	模型检验	实际问题应用 / 政策建议

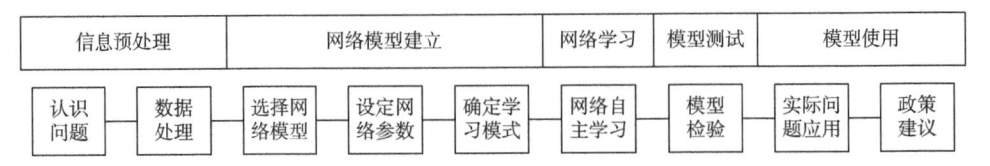

图4.10　神经网络学习算法流程

信息预处理是将实际问题及相关的知识转化为神经网络可以"读懂"并可以处理的某种数据形式。

网络模型建立包括选择网络模型、设定网络参数、确定学习模式三部分。选择网络模型是根据问题实际情况及要求选择神经网络的结构或类型，也可以在典型神经网络基础上进行算法优化或采取多种网络模型的组合形式。设定网络参数和确定学习模式两个步骤是为搭建神经网络结构及学习环境。任务包括确定网络节点、输入输出神经元数目、设定初始权值等参数；根据实际问题选择合适的学习方式、算法，设定学习速率、动态参数、允许误差、迭代参数等。

网络学习是神经网络根据使用者设定的各种参数进行自学习的过程。模型测试部分需要使用者选择合理的测试样本对模型学习效果进行测试和评价，或者将模型应用于实际问题以检验网络工作性能。模型测试过程需要遵循"交叉测试"的原则，以保证测试的有效性、准确性和全面性。模型使用是针对所研究的实际问题进行模型构建并应用，并进一步根据得出的结论提出政策建议。

4.6　城市能源生态系统仿真模型

4.6.1　系统动力学模型

系统动力学模型是一种分析研究信息反馈系统动态行为的计算机仿真方法，它将信息反馈的控制原理与因果关系的逻辑分析结合，依据系统的内部结构建立仿真模型，并对模型实施各种不同方案，寻求解决问题的正确途径。系统动力学模型在能源领域同样有着广泛的应用，主要涉及能源结构、能源环境、能源供需、能源政策等领域。

1. 模型原理

系统动力学认为，系统的基本结构单元是一条耦合系统的状态、速率与信息的回路，系统的行为模式与特性主要取决于其内部的动态结构与反馈机制，系统在内外动力和制约因素的作用下按一定的规律发展演化。系统动力学从系统的微观结构出发建立系统的结构模型，用回路描述系统的结构框架，用因果关系图和流图描述系统要素之间的逻辑关系，用方程描述系统要素之间的数量关系，用专门的仿真软件进行模拟分析，根据前一时刻系统状态，估算出下一时刻系统状态，一步步展现系统动态演化过程（图4.11）。

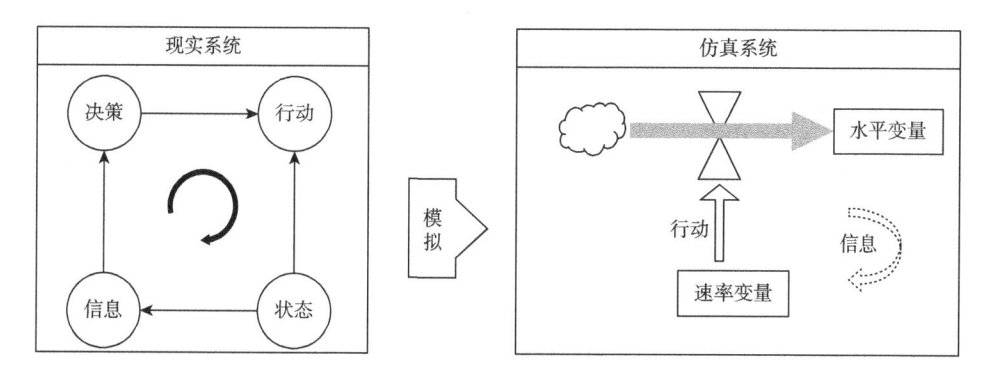

图 4.11　系统动力学模型基本原理

2. 模型及算法流程设计

系统动力学建模包括系统分析、结构分析、模型建立、模型试验和模型使用五大步骤。系统分析的主要工作是明确系统问题，搜集系统问题的有关数据和信息，并划定系统边界；结构分析则需要进行系统的结构分解、确定系统变量和信息反馈机制；模型建立是系统结构的量化过程，需要通过输入各种方程以表征不同变量间的相互作用关系；模型试验通过模型的模拟试验和调试，对各项参数和方程进行修改和完善；模型使用是运用构建模型上的实际问题进行定量的分析研究。简言之，使用者通过对系统的剖析，建立起系统的因果关系反馈图，再转变为存量流量图，建立系统动力学模型，最后通过仿真语言和仿真软件对模型进行计算机模拟，来完成对真实系统的结构进行仿真（图4.12）。

图 4.12　系统动力学建模流程

4.6.2 耗散系统模型

耗散系统模型[281]是基于普利高津耗散系统理论研究资源、能源系统结构和行为的抽象理论模型框架。

耗散系统来自热力学，由普利高津于1969年提出，是远离热力学平衡态的开放系统。耗散系统能够通过从外部环境引入能量、物质和信息等负熵流，继而保持平衡并形成新的有序结构。

城市能源耗散系统能够通过自身的结构演化形成新的有序结构，以适应外部环境。城市能源系统存在的目的在于支持城市发展过程中能源消费需求，不同外部环境和发展进程下城市的不同形态决定了城市能源系统必须不断演化以适应城市发展需求，不仅包括了城市能源系统的要素组成，如能源产品、能源设备、能源技术等；还包括要素自身的性质、不同要素间的供需结构关系及能源产品的代谢路径等。因此，基于城市能源代谢过程和城市能源系统能量流动特征，本书构建了包含多种能源供给和多个部门需求的城市能源耗散系统抽象模型（图4.13）。

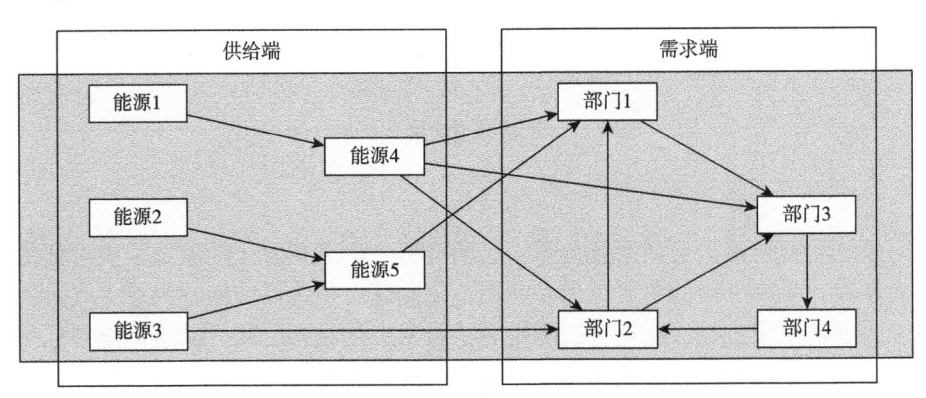

图 4.13 城市能源耗散系统抽象模型

如图4.13所示，该模型可分为供给端和需求端两部分。供给端主要是城市能源代谢的上游部分，包括能源产品的生产、输入（进口）、转化等。由于该模型考虑了能源产品（一级能源和二级能源）的转化过程，在供给端内部也存在由能源流向能源的代谢过程；需求端则主要是城市能源代谢的下游部分，包括各部门的直接能源消费，以及部门间商品交易隐含的能源代谢。

1. 城市能源代谢流与结构解析

针对城市能源代谢流的测算，现有研究基于投入产出的分析思路主要反映部门间基于商品交易所引起的能源消费,即该模型中城市能源代谢下游(需求端)。尽管考虑了能源部门,但这些研究并没有区分能源种类及不同能源间的转化过程,而是将能源部门整体的输入输出进行测算,从而导致城市能源系统代谢的整个上游过程被视为"黑箱"。由此带来的问题是,不能体现城市能源系统结构演化的变化,尤其是主要能源消费流和能源产品的演替。因此,该模型的第一部分是将城市能源代谢的上游也纳入城市能源代谢流的计算,具体过程如图4.14所示。

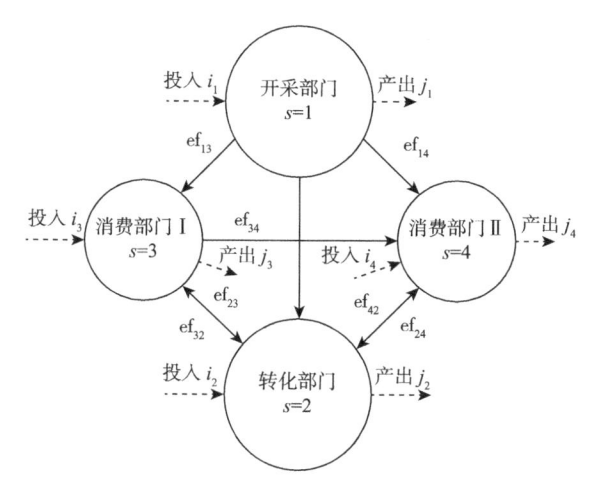

图 4.14 能量流动过程演示

ef_{ij}表示由部门 i 流向部门 j 的能流

在此基础上,对城市能源系统结构及要素进行解析,包括能源供给结构、消费结构及能源产品和部门节点间的供需关系等。通过分析系统结构、能量流动路径及要素影响,解析城市能源系统代谢结构特征。

2. 城市能源代谢结构演化

结合城市能源代谢结构和特征,探究城市能源系统与产业系统的协同演化机理。结合耗散结构微观涨落和自组织行为描述城市能源代谢协同演化机理和驱动机制。本部分尝试将系统节点在城市能源代谢过程中的异质属性进行区分,综合考虑系统要素在代谢演化过程中的异步性与异质性(图4.15)。

在此基础上,运用哈肯模型对城市能源系统协同演化的驱动因素进行分析,通过对城市能源代谢路径结构、关键能流和主导能流的识别,以及城市能源代谢网络的结构演化和驱动机制解析,确定城市能源代谢演化主导因子和序参量。基于重力模型探究节点异质属性对于城市能源代谢过程的影响,以及其在城市能源系统代谢结构演化过程中的作用,为城市能源系统代谢和演化政策制定提供参考。

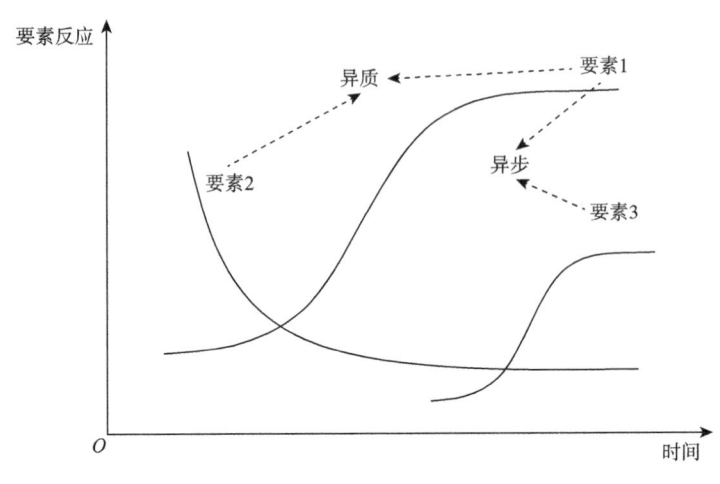

图 4.15 系统要素的异步性和异质性

3. 城市能源耗散系统模型

在了解城市能源系统内部基本特征的基础上，构建城市能源耗散系统。耗散系统是指在外部负熵流作用下，具备形成新的有序结构和功能形态的一类远离平衡态的开放系统。城市作为时刻发展的开放系统，具备了耗散系统的基本前提条件（图 4.16）。能否在外部负熵流作用下形成新的有序结构和功能形态，则需要进一步分析。

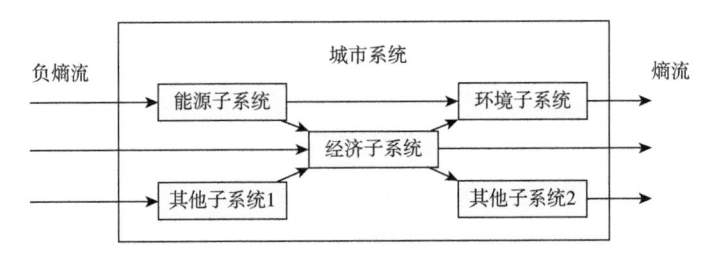

图 4.16 城市能源耗散系统模型框架

根据构建的城市能源代谢系统框架，图 4.16 中各子系统下又可进一步分解为更低一级的子系统和要素。同时，这些要素相互影响，形成复杂非线性关系。因此，城市能源耗散系统可用微分方程组表示为

$$\begin{aligned} \frac{\mathrm{d}Q_1}{\mathrm{d}t} &= f_1(Q_1, Q_2, \cdots, Q_n) \\ \frac{\mathrm{d}Q_2}{\mathrm{d}t} &= f_2(Q_1, Q_2, \cdots, Q_n) \\ &\vdots \\ \frac{\mathrm{d}Q_n}{\mathrm{d}t} &= f_n(Q_1, Q_2, \cdots, Q_n) \end{aligned} \quad (4.17)$$

其中，$Q_1,Q_2,\cdots,Q_n$ 分别表示系统内部要素的相关指标，如能源产品的供给、部门能源需求、部门经济产出、产品或部门排放等。这些要素指标根据自身属性，分别反映了城市能源代谢过程的上游供给端和下游需求端的特征，且供需两端的不同要素组合存在对应的供需曲线面对不同外部负熵流时会产生相应变化。

1）供给控制：要素负熵流引入

图 4.17 描述了在供给控制（要素负熵流引入）下的城市能源代谢演化。增加要素 i 的总供给，即引入要素负熵流，能够提升相应部门对要素 i 的消费。不同部门要素 j 对于要素 i 的敏感程度不同，从而引起城市能源代谢过程中总的要素 j 发生变化，进而导致城市能源系统耗散结构发生变化。

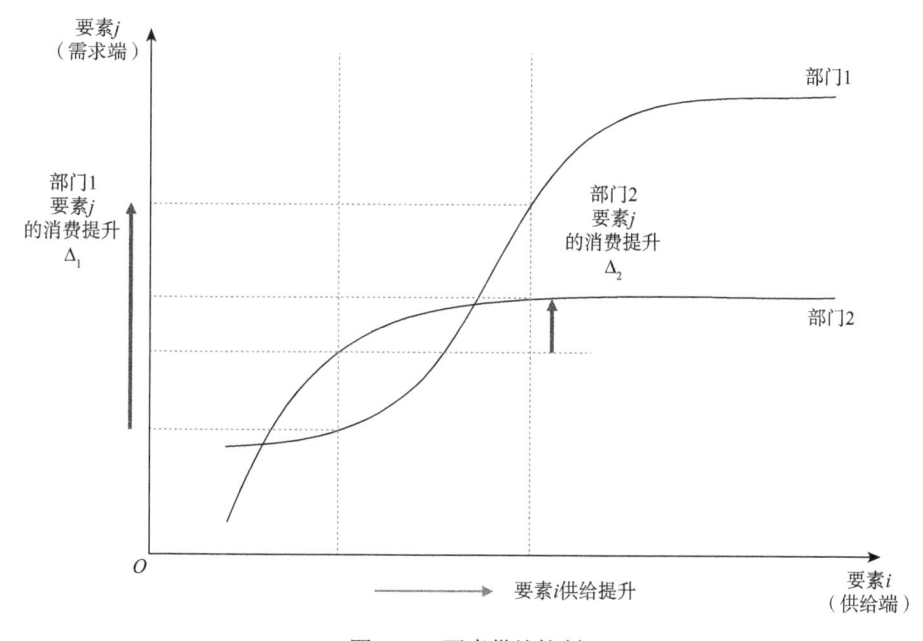

图 4.17 要素供给控制

2）分配控制：政策负熵流引入

图 4.18 描述了在分配控制（政策负熵流引入）下的城市能源代谢演化。在城市中控制要素 i 供给总量不变状况下，降低部门 1 要素 i 对要素 j 的供给 Δ_3，在两部门情景下，部门 3 要素 i 对要素 j 的相对供给则提升 Δ_3（在多部门情景下，该相对供给提升更小），进而引起部门 3 要素 j 的变化，并最终反映到城市能源代谢结构的变化上。

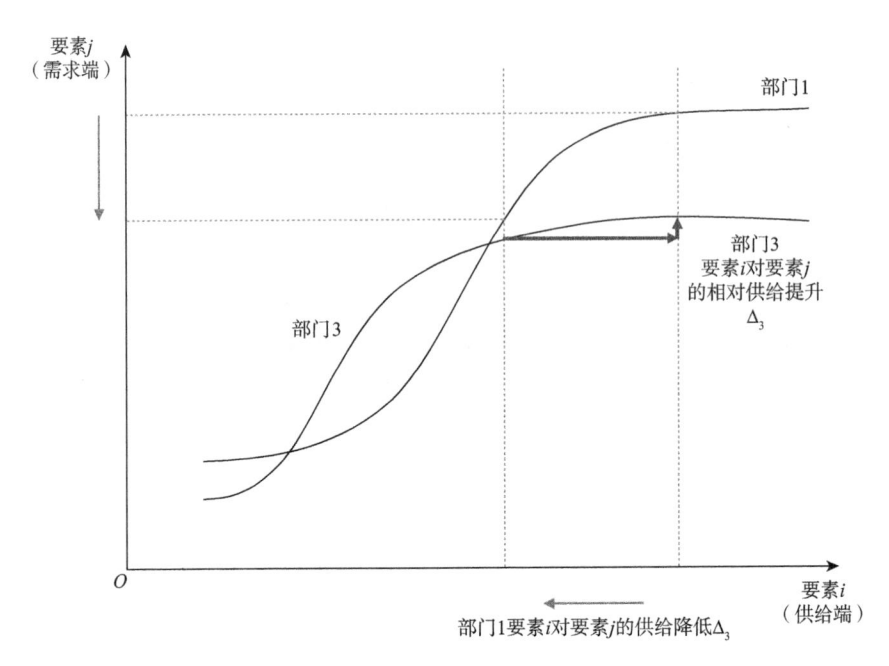

图 4.18　要素分配控制

3）需求控制：政策负熵流引入

图 4.19 描述了需求控制（政策负熵流引入）下的城市能源代谢演化。通过控制部门需求（如扩大部门规模，部门 1 需求要素 j 对要素 i 需求提升 Δ_4），部门 1 需求端要素 j 对供给端要求 i 需求提升 Δ_5，在两部门情景下，部门 2 要素 i 对要素 j 的相对供给降低 Δ_5（在多部门情景下，该相对供给降低小于 Δ_6，因为该降低被其他部门稀释了），进而引起部门 2 要素 j 的变化，并最终反映到城市能源代谢结构的变化上。

通过对比不同负熵流引入状况，能够判断城市能源代谢系统在不同外部负熵流干预下的演化趋势及发展方向。负熵流干预下的城市能源系统代谢演化效果分析依赖于城市能源系统的主导能流及相关要素的敏感性，即城市能源系统代谢演化的序参量和相关代谢单元不同要素对于部门能源代谢的弹性系数。通过设定不同负熵流情景，进而计算负熵流引入对城市能源系统代谢的影响程度。

4.6.3　多主体模型

复杂系统建模的方法，大概分为还原论的方法、多变量的联立方程组描述法、基于演绎逻辑的方法、从定性到定量的综合继承法、基于主体的复杂系统

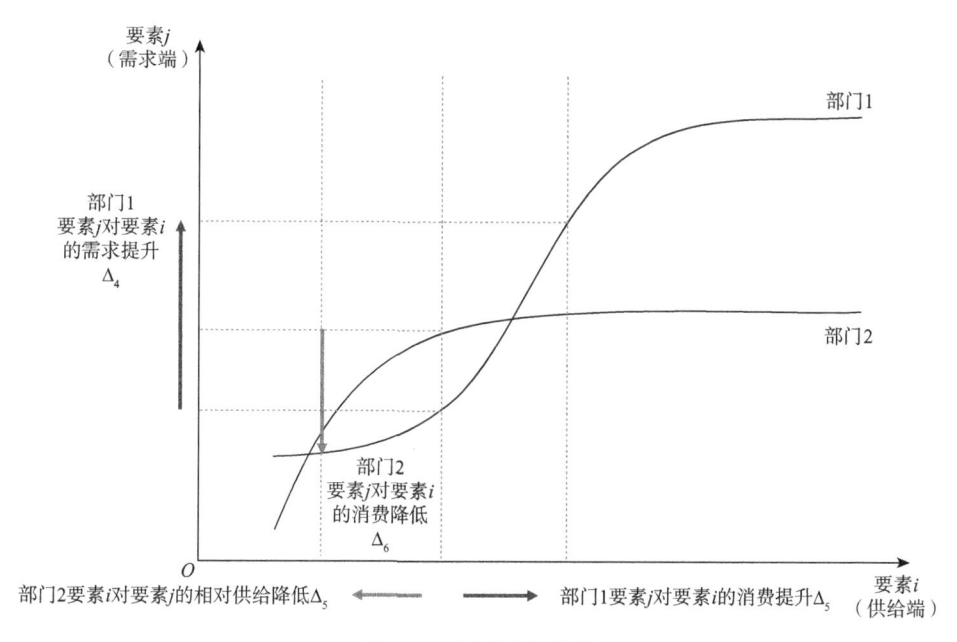

图 4.19 要素需求控制

智能建模法等。由于复杂系统行为特征与组成元素个体行为特征线性叠加无法等价，不宜用传统方法，如回归统计方法或数量方程等建立数学模型、关系模型及知识模型。

基于主体建模方法运用面向主体的思路，对现实系统进行抽象，在计算环境中产生需要研究的人工社会系统，通过人工社会系统内部元素之间的交互行为研究整个系统的动态演化过程。在基于主体模型中，系统被模拟成由许多个可以自主决策的主体组成的集合，模型中主体可以自己判断目前所处的状态，并根据相关规则来决定自己的行为。这种建模仿真技术在建模的灵活性、层次性和直观性方面较传统的建模技术有明显的优势，适合于对诸如生态系统、经济系统及社会系统等复杂系统的建模与仿真。通过从个体到整体、从微观到宏观来研究复杂系统的复杂性，有利于研究复杂系统具有的涌现性、非线性、适应性、异质性等特点。

多主体模型通常包含三个要素，即主体（包括属性和行为）、主体之间的关系和交互方式、主体的环境。图 4.20 为一个典型的主体结构示意图。每个主体都有自己的内部状态，每个主体都有一个感知器来感知环境，以及根据环境的状态来改变自己的结构和状态等。每个主体都有一个效应器作用于环境，即改变环境的状态。

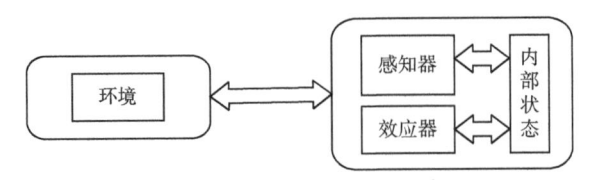

图 4.20　一个典型的主体结构示意图

基于主体建模方法的核心是通过建立单个主体的内部结构和行为模型，通过这些主体与其他主体及环境的交互来研究主体的行为如何凸显系统整体的复杂变化。首先，对研究的现实系统进行梳理，明确系统的边界，厘清现实系统的体系结构、系统功能、系统所处环境及系统要实现的目标，同时划分系统不同类型的个体。其次，将系统的关键属性抽象出来，建立系统成员的主体模型，设定主体属性、行为标准及设定系统的演化机制和相关约束条件。再次，通过一定的协调和交互规则，将已经建立的离散的不同类型的多主体模型集成起来，建立系统的宏观模型。最后，根据系统的特征模型，对系统进行设计和编程，实施仿真实验。复杂系统基于主体建模方法的工作流程如图 4.21 所示。

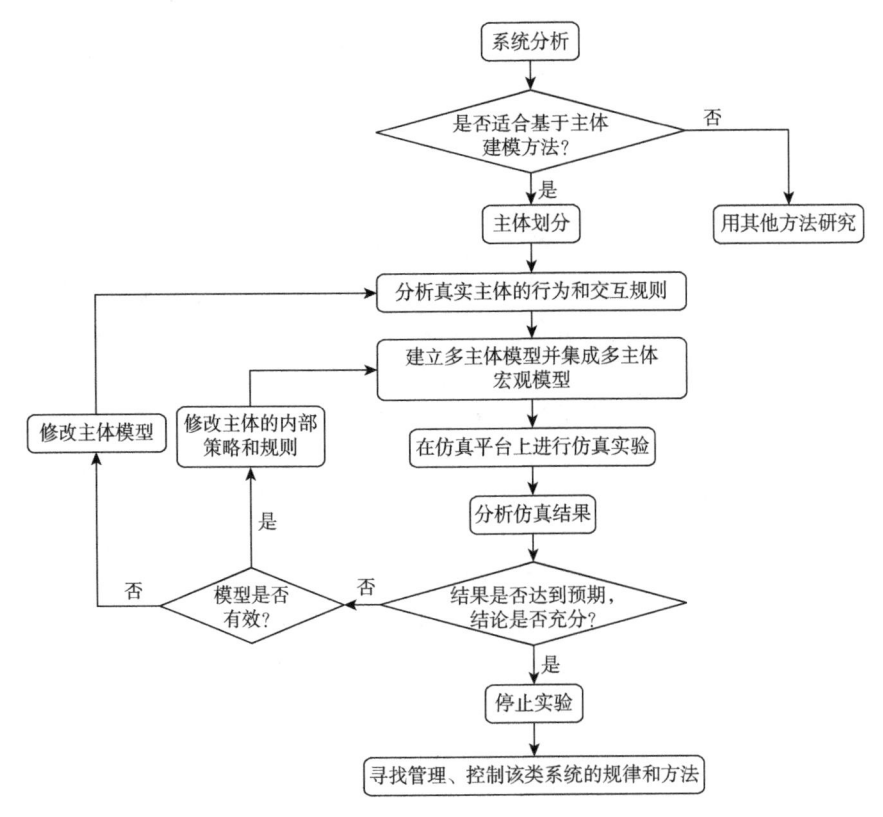

图 4.21　复杂系统基于主体建模方法的工作流程

4.7 本章小结

本章从城市能源生态系统的内涵、运行机理及抽象表征出发，设计构建了城市能源生态系统方法体系，取得的主要结论如下。

（1）城市能源生态系统理论架构包含了目标理论层、核心理论层、基础理论层和学科层四个层面。其中，目标理论层即城市能源生态系统理论；核心理论层包含了城市能源系统理论及城市代谢理论；基础理论层包括的主要理论有城市能源配置理论、城市发展理论及复杂系统自适应理论等；学科层则覆盖了能源经济学、区域经济学、生态学、系统科学等。

（2）城市能源生态系统方法体系按照"识别—评价—优化"的思路，将具体方法模型区分为问题识别、多维评价、系统优化，并按照层级和时间两个维度将城市能源生态系统方法体系分解为要素识别及结构解析、系统评价及优化、预测及行为分析、系统模拟仿真四个模块。

第5章 北京市能源生态系统代谢结构解析

基于城市能源生态系统的结构特征，对城市能源生态系统代谢过程及结构演化进行分析，可以拓展城市能源生态系统理论体系和系统经济学理论应用。结合我国区域协同发展现实背景，定量核算城市能源生态系统代谢流量状态并分析其代谢结构可以揭示城市能源代谢结构演化过程，为城市能源系统转型研究和可持续发展提供理论支撑和方法依据。

本章对北京市能源代谢流和结构进行分析，以揭示北京市能源生态系统代谢和演化特征。同时，通过对北京市能源生态系统近年来基于代谢要素微观涨落的异步性和异质性分析，揭示北京市能源生态系统代谢的协同演化内在机理，为北京市城市转型提供参考。

5.1 北京市能源生态系统概况

北京市是我国首都，也是我国的政治中心、文化中心、国际交往中心、科技创新中心，历史文化悠久，下辖16个区，总面积16 410平方千米，2022年末常住人口2 184.3万人，产业结构以第二、第三产业主导。近年来，北京市产业结构聚焦信息技术、医疗健康、智能制造、绿色能源等支柱产业，不断向高端化、绿色化转型，北京市能源供需状况总体平稳，2010年以来，北京市能源消费总量持续降低。同时，城市能源结构不断优化，清洁能源比重显著上升。

根据《中国能源统计年鉴》，北京市能源消费总量由2010年的最高8 447.54万吨标准煤，降至2018年的最低7 079.95万吨标准煤，最大波动降幅达到16.19%。

第 5 章　北京市能源生态系统代谢结构解析

北京市煤炭消费量显著降低，2005 年以来北京市煤炭消费持续减少，降幅达到 85.7%；天然气消费占比大幅增长，截至 2018 年[①]，天然气已成为北京市能源消费占比最大的能源种类（图 5.1）。

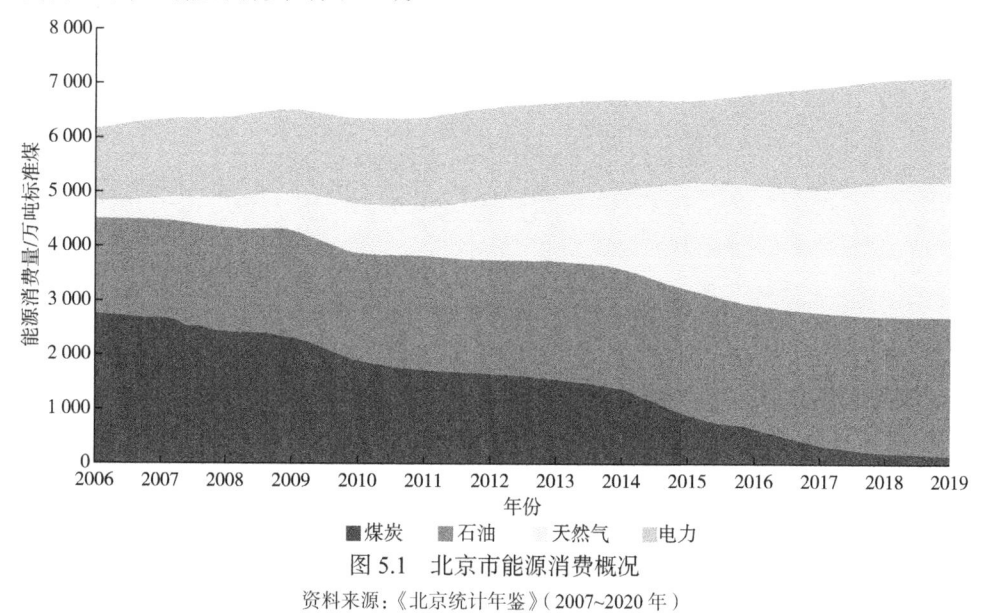

图 5.1　北京市能源消费概况

资料来源：《北京统计年鉴》（2007~2020 年）

1. 北京市能源生态系统供给端分析

图 5.2 描述了 2010 年北京市能源代谢系统上游能源流转情况。可以看出，北京市能源生态系统供给端内部包含了能源产品的初级加工、二级转换及外部输入等代谢过程。例如，2010 年北京市煤炭终端消费主要包括原煤、洗煤、焦炭、其他煤制品（如煤矸石）等产品，其中洗煤、焦炭、煤矸石又由原煤加工而成；北京市石油产品终端消费主要为汽油、煤油、柴油等，这些石油产品主要由原油炼制，但终端消费中并没有原油消费。显然，城市能源代谢系统的上游过程并非简单的"黑箱"式输入输出，伴随了复杂的能源代谢过程，需要对其进行详细的分析和测算。在需求端的终端消费主要包括第一、第二、第三产业及居民消费，可根据实物投入产出分析进行测算。根据图 5.2，2010 年北京市能源生态系统中供给端和需求端间最大的能流是电力→终端消费，达到 2 314 万吨标准煤，石油产品→终端消费次之，为 1 786 万吨标准煤，煤炭产品→终端消费，为 1 154 万吨标准煤。此外，北京市电力内部供给主要来自煤炭和天然气的火力发电，分别为 520 万吨标准煤和 214 万吨标准煤，但主要的电力来源是外部输入，为 1 580 万吨标准煤。

---

① 本章及第 8 章内容来源于本书编写团队博士学位论文，论文成稿于 2019 年。本书成稿跨时 5 年，部分数据及计算结果数据稍有滞后。

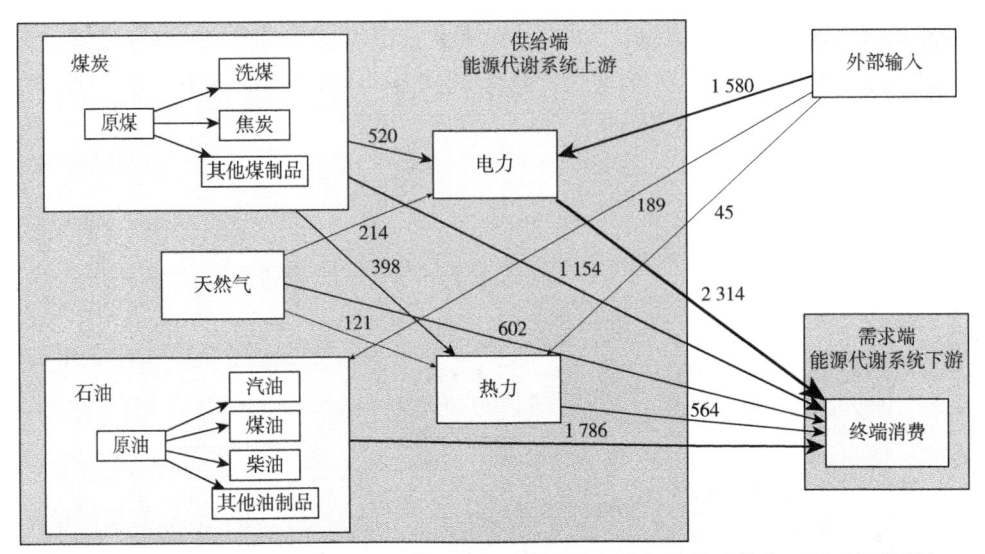

图 5.2　2010 年北京市能源生态系统供给端（代谢系统上游）状况（单位：万吨标准煤）

资料来源：《北京统计年鉴（2011）》

图 5.3 描述了 2018 年北京市能源代谢系统上游能源流转情况。相较于 2010 年的状况，最显著的差别是主要能流由煤炭向天然气转移，煤炭的发电、发热及终端消费有显著下降，并由天然气替代。此外，电力和石油产品的终端消费有明显上升，而热力产品则相对稳定，北京市电力和石油产品外部输入则有明显提高。

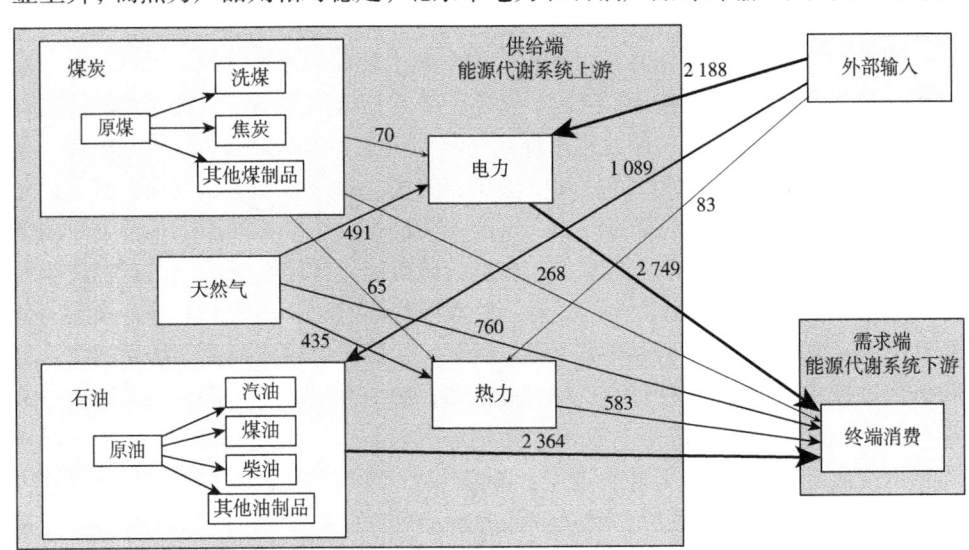

图 5.3　2018 年北京市能源生态系统供给端（代谢系统上游）状况（单位：万吨标准煤）

资料来源：《北京统计年鉴（2019）》

需要指出的是，随着产业结构升级及居民能源消费行为改善，北京市终端消费的能源产品形式主要以能源资源的初级加工品（如洗煤、焦炭、汽油、柴油）和二级能源产品（热力、电力）为主，对粗产品形态的能源资源（原煤、原油等，天然气除外）的消费将逐渐减少，因此对于粗产品形态的能源资源未来将主要由能源部门或能源代谢系统上游部门完成加工后供终端消费。同时，由于资源禀赋、城市定位等，北京市煤炭开采、石油开发、天然气开发等资源开发类产业并不发达。换言之，北京市原煤、原油、天然气资源并非主要来自城市内部，仍以外部输入为主，但这一部分输入并没有通过图5.2和图5.3反映，外部输入的主要记录内容为电力和石油产品等。因此可以判断，2018年与2010年相比，北京市能源开发和加工部门有明显缩减，北京市能源代谢系统上游有明显萎缩，北京市整体的能源代谢重心正在逐渐向下游转移，能源更加依赖外部的可供直接消费的能源形式，而非传统的"加工—消费"自给自足模式，这也与近年来北京市产业规划相关政策相契合。

2. 北京市能源生态系统需求端分析

在需求端方面，图5.4展示了2005~2018年北京市17个部门5种主要能源类型消费状况。总体可以判断12个部门（部门4~8，部门10~12，部门14~17）能源消费呈现上升趋势，呈现下降的主要为部门1（农、林、牧、渔业）、部门2（制造业）、部门13（居民服务和其他服务业），基本维稳的部门为部门3（建筑业）和部门9（房地产业）。其中，能源消费增长部门的增长部分主要来自电力和热力消费的增加[部门4（交通运输、仓储和邮政业）主要来自石油产品消费的增加]，而能源消费减少部门则主要由于煤炭产品的消费下降。同时，天然气消费在大部分部门都相对稳定，主要增长体现在部门2（制造业）和部门3（建筑业）。

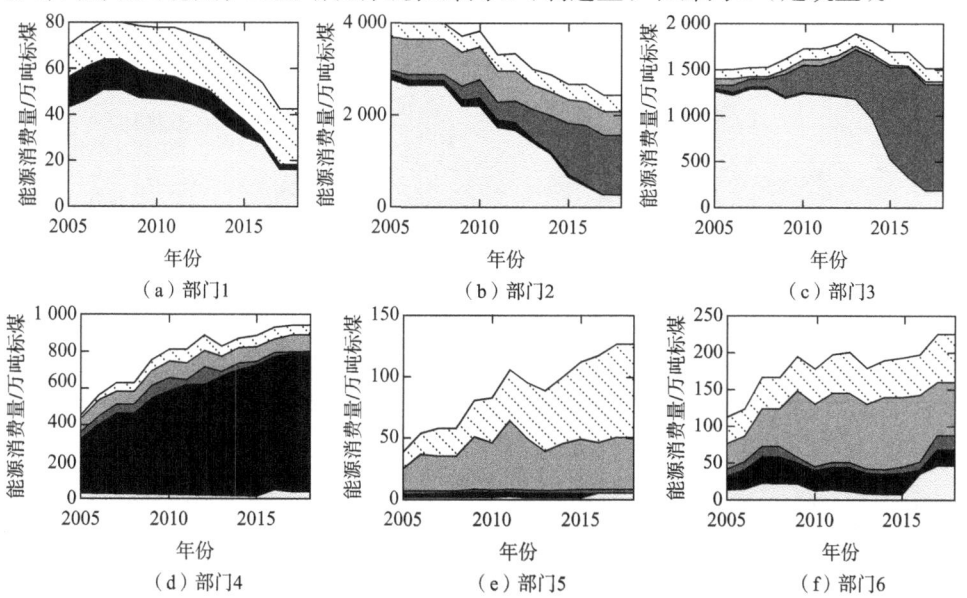

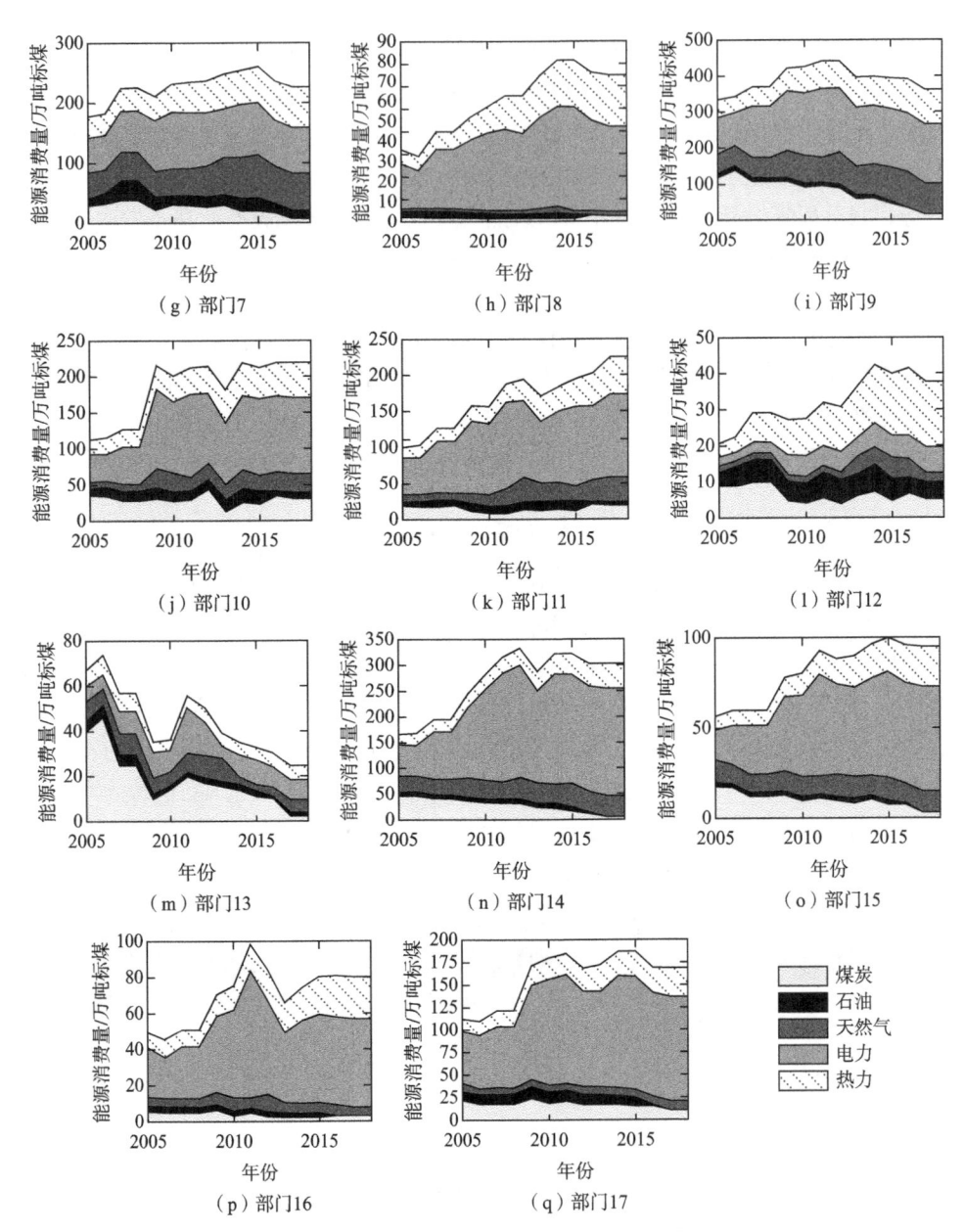

图 5.4 2005~2018 年北京市能源生态系统需求端（代谢系统下游）17 个部门能源消费状况

部门 1：农、林、牧、渔业；部门 2：制造业；部门 3：建筑业；部门 4：交通运输、仓储和邮政业；部门 5：信息传输、计算机服务和软件业；部门 6：批发和零售业；部门 7：住宿和餐饮业；部门 8：金融业；部门 9：房地产业；部门 10：租赁和商务服务业；部门 11：科学研究、技术服务与地质勘查业；部门 12：水利、环境和公共设施管理业；部门 13：居民服务和其他服务业；部门 14：教育业；部门 15：卫生、社会保障和社会福利业；部门 16：文化、体育和娱乐业；部门 17：公共管理与社会组织

资料来源：《北京统计年鉴》(2006~2019 年)

在消费总量上，2005~2018年北京市17个部门消费总量较大的依次为部门2（制造业）、部门3（建筑业）及部门4（交通运输、仓储和邮政业），较小的依次为部门13（居民服务和其他服务业）、部门12（水利、环境和公共设施管理业）、部门8（金融业）及部门16（文化、体育和娱乐业）。

此外，值得注意的是，不同于供应端以天然气为主的能源供给结构，不同产业能源消费结构差异较大。大部分部门（部门5~17）表现出以热力、电力为主的能源消费结构，以天然气为主的消费结构仅在部门2（制造业）和部门3（建筑业）中观察到，且均为由煤炭为主的消费结构转变而来。考虑到部门2和部门3是北京市能源消费系统中消费最大的部门，其结构与北京市总体相适应，存在一定的合理性。

结合城市能源生态系统供给端内部能流变化可以推断，天然气消费在北京市能源生态系统中主要体现在上游的二级能源转化（发热、发电），以及少数部门（制造业和建筑业）中的直接应用，在其他部门中仍占少数。北京市能源生态系统代谢的发展趋势表现出明显向二级形式的能源发展（如热力、电力等）。结合当前北京市产业迁移及非首都功能疏解，北京市未来能源代谢重心将逐渐向下游转移。

5.2 北京市能源代谢系统分析

5.2.1 北京市能源代谢流量计算

1. 北京市能源代谢流量概况

北京市能源代谢流量测算是对北京市能源生态系统整个代谢网络中的流量进行综合测算，反映北京市能源生态系统的流入流出。北京市投入产出表数据一方面更新相对滞后且间隔年限较长，另一方面不能反映北京市能源代谢系统上游的能源代谢情况，因此对北京市能源代谢流量进行转换并计算。根据北京市能源平衡表数据，经处理转化和换算得到包含31个节点的北京市能源代谢网络。通过Leontief方法，可计算该31个节点的能源代谢网络中的累积流量。图5.5选取4个时间点分别描述和反映了北京市能源代谢网络中各节点能源直接和间接输入输出流。为了区分能流方向，将输入流标记为负，将输出流标记为正。

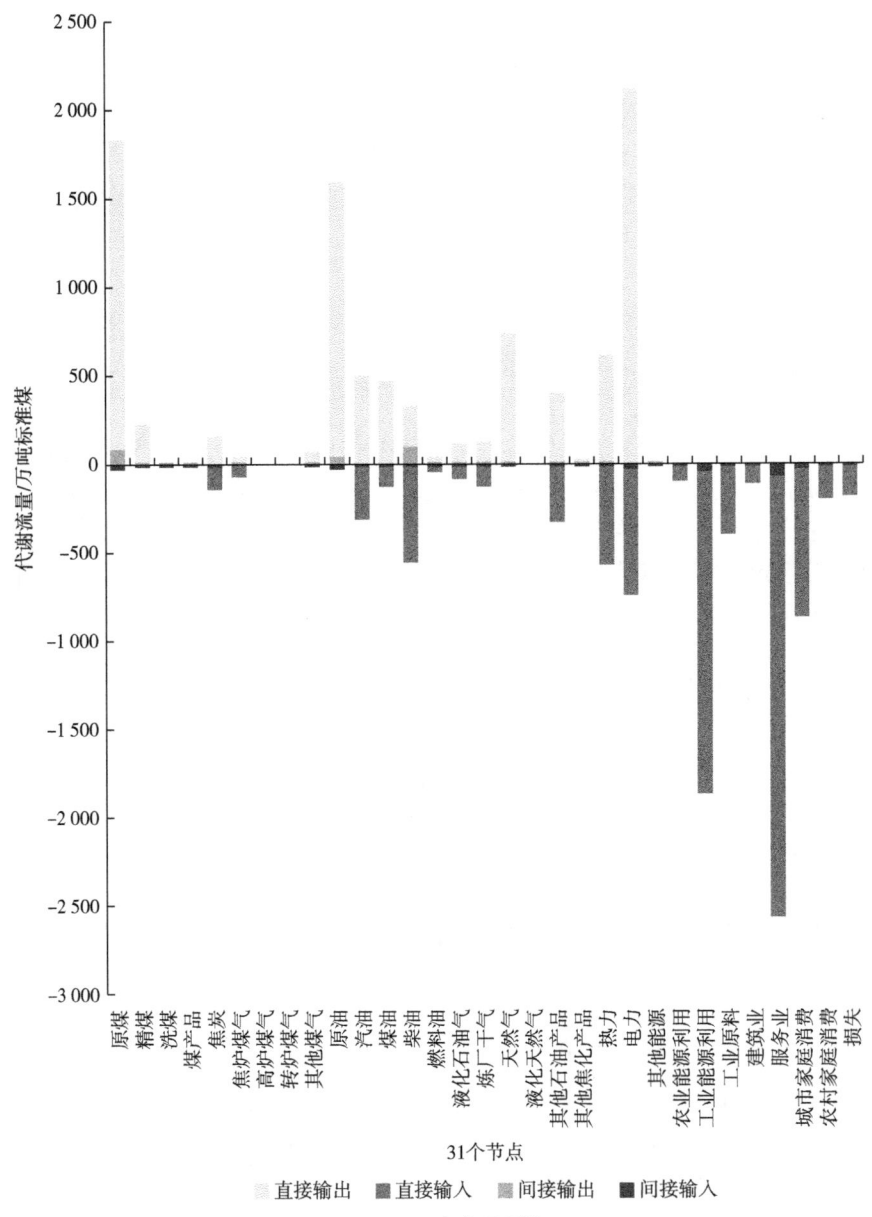

(a) 2008年

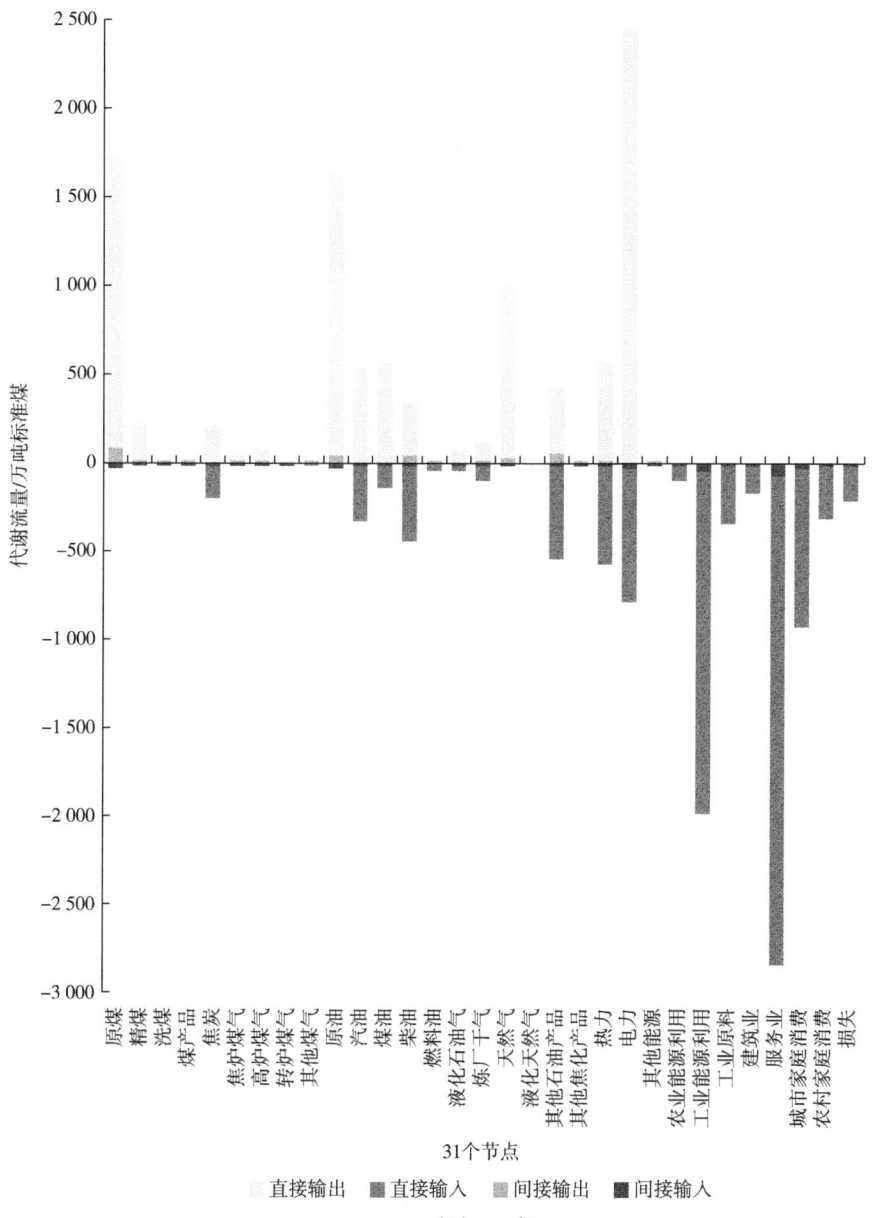

第 5 章　北京市能源生态系统代谢结构解析

(b) 2010年

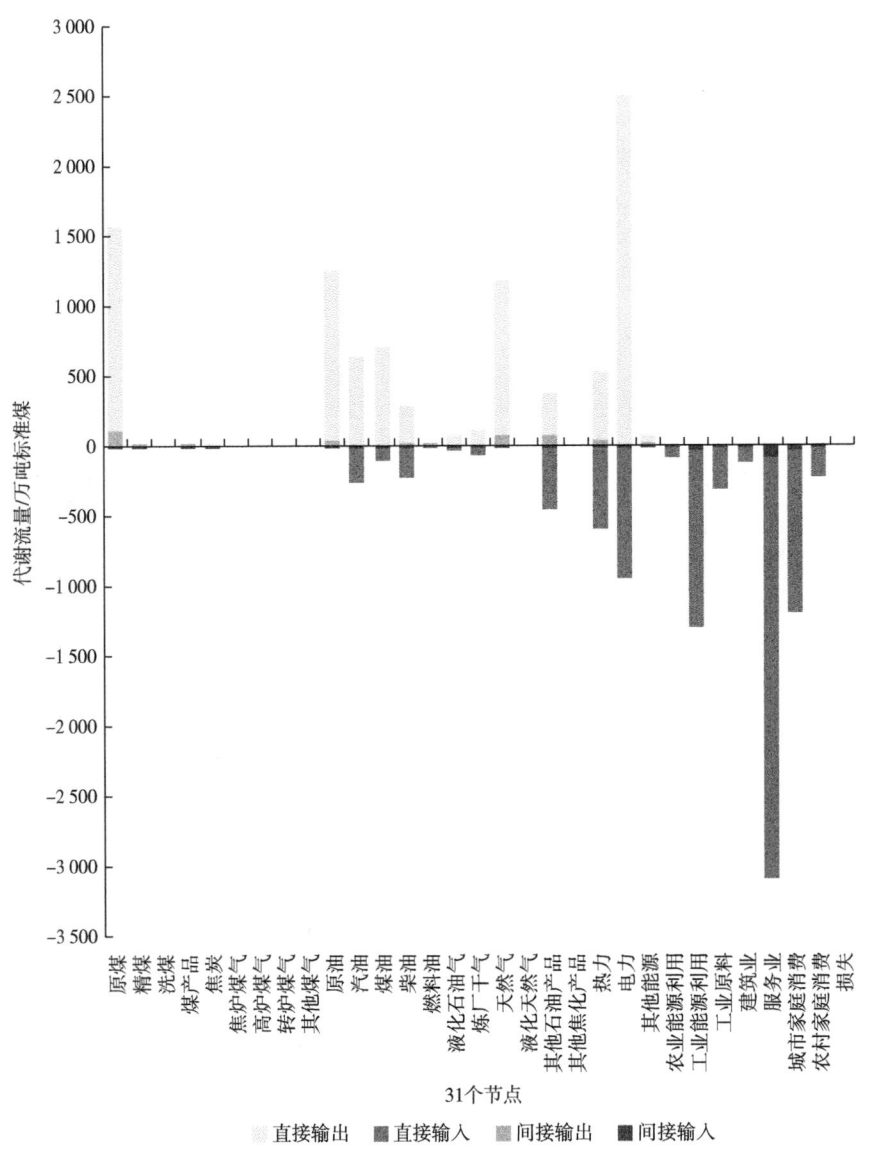

(c) 2014年

第 5 章 北京市能源生态系统代谢结构解析

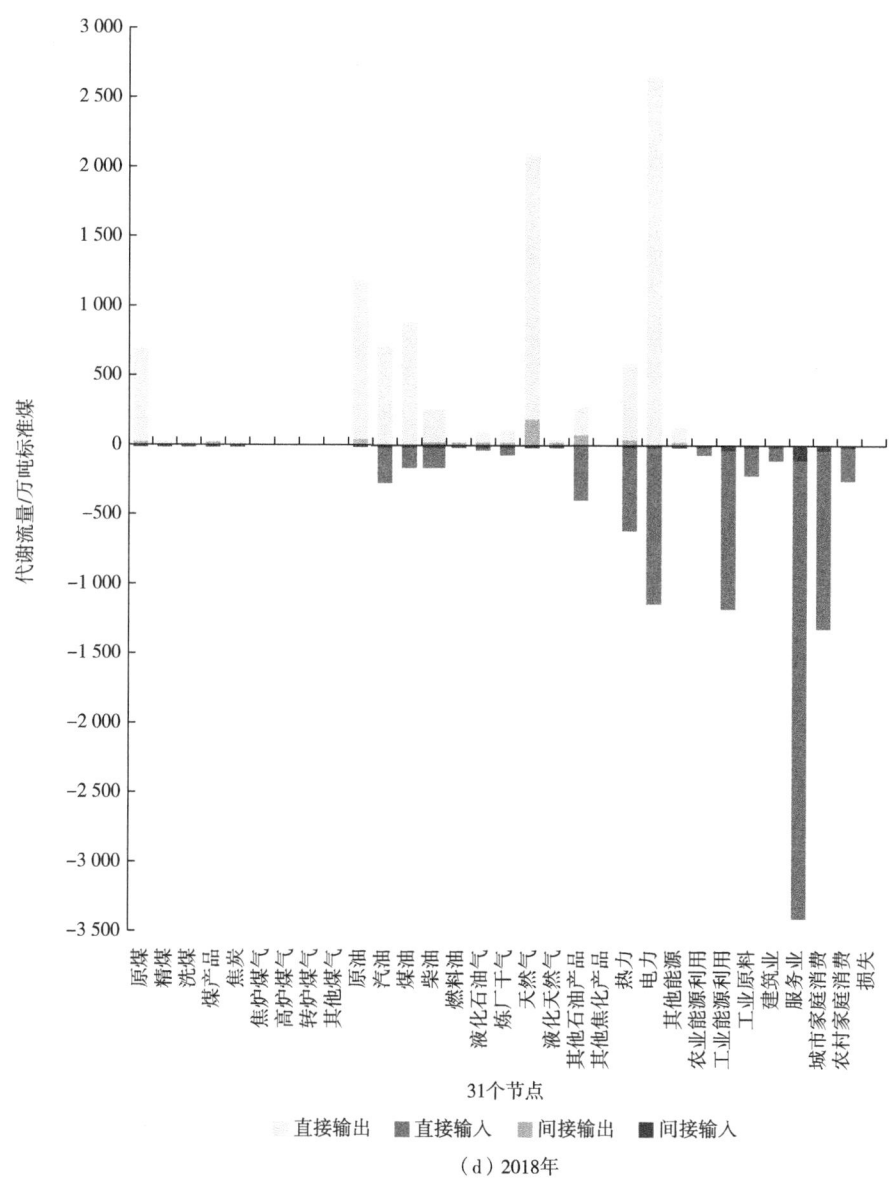

（d）2018年

图 5.5 北京市能源代谢流量

在图 5.5 涉及的 31 个节点中，前 23 个节点主要为一次能源、二次能源及其他加工产品。这些节点主要为城市能源代谢系统上游节点，属于北京市能源生态系统供给端，因此观察到正的流量主要对应这些节点，主要的能源流出分布在原煤、原油、天然气及热力和电力上。在图 5.5 各子图中，右侧节点主要对应能源消费为负值，代表能源输入（消费），其中能源消费较大的主要节点包括工业能源利用、服务业及城市家庭消费等。此外,注意到图 5.5 各子图中,左侧节点主要为输出,几乎不存在输入(负值),因此对应北京市能源代谢网络中的源节点;而右侧节点主要为输入,几乎不存在能源输出(正值),因此对应北京市能源代谢网络中的汇节点;中间节点既存在输入(负值)又存在输出(正值),对应北京市能源代谢网络中的中间节点,该部分主要为二次能源及能源制品。

在图 5.5 反映的 4 个时间点中,观察到同一节点在不同时间点表现出不同的变化态势,其中较为明显的是原煤和天然气节点间能源输入的"此消彼长",原煤的直接和间接产量分别从 1 840 万吨标准煤下降到 689 万吨标准煤,88 万吨标准煤下降到 18 万吨标准煤;而同期天然气的直接和间接产量从 736 万吨标准煤增长到 2 080 万吨标准煤,20 万吨标准煤增长到 177 万吨标准煤。这与近年来北京市煤炭和天然气替代相关政策具有紧密关联。

2. 北京市关键代谢能流分析

此外注意到,尽管近年来北京市原油消费量总体呈缓慢下降趋势,但原油的三种主要产品(汽油、煤油和柴油)保持增长水平。在北京市产业结构中,除能源加工转换部门,其他部门均不涉及原油消费,其主要石油消费形式为汽油、煤油、柴油及其他油制品,因此该态势表明,近年来北京市对于石油相关产品需求总体保持增长趋势,但原油加工活动在北京市范围内显著降低。由此可以推断,北京市石油代谢上游规模持续缩减,石油产品未来将主要依靠成品进口。此外可以看出,尽管北京市能源代谢系统上游结构有变化,但热力和电力等二次能源的输出流量没有受到很大的影响,且从其他能源到热力和电力的输入流量有所增加,一定程度上反映出北京市能源代谢系统上游,尤其是发电部分的结构多元化。结合之前结论,可以推断北京市当前能源代谢重心开始逐渐向下游转移,上游的能源转化和生产活动规模不断缩减(原煤、原油及天然气用于发电的部分)。表 5.1 可以较为直观地反映北京市能源代谢网络中的 4 条主要能流的直接、间接和综合流量变化趋势。

表 5.1 北京市关键代谢能流的直接、间接和综合流量变化　　单位:万吨标准煤

能流	直接/间接/综合	2008 年	2010 年	2014 年	2018 年
煤炭→电力	直接	556.08	515.83	540.02	74.42
	间接	0.51	0	0	0
	综合	556.59	515.83	540.02	74.42
天然气→电力	直接	131.22	213.86	394.05	1 021.46
	间接	0	0	0	0
	综合	131.32	213.86	394.05	1 021.46

续表

能流	直接/间接/综合	2008年	2010年	2014年	2018年
电力→工业	直接	691.39	758.84	697.55	654.87
	间接	0	0	0	0
	综合	691.39	758.84	697.55	654.87
电力→服务业	直接	852.42	1 022.94	1 205.50	1 335.19
	间接	0	0	0	0
	综合	852.42	1 022.94	1 205.50	1 335.19

1）北京市关键代谢能流的间接流量接近于0

根据间接能流流量的含义及计算方式，间接能流的存在反映了能源代谢网络中存在双向能流或能流的闭环回路结构（这一点与投入产出分析有所区别）。换言之，间接能流实际上是由于能源代谢网络中存在能源产品的循环利用。因此，间接流量等于0表明北京市能源代谢网络是非循环型网络。究其原因主要有三点。

（1）闭环回路结构意味着能源的回收利用。在现阶段，我国城市能源生态系统存在能流的回路结构主要存在于能源生产型城市，即在能源生产、加工、转换过程中的余热、余能回收利用，在城市、社会层面形成的余能回收循环利用机制尚未完善和成熟，尤其在当前技术水平和城市发展规划下，北京市不具备也尚未建立该机制。

（2）城市能源代谢网络是非循环型网络，意味着该能源系统高度依赖进口，因为原始能源的开发不需要网络中其他部门的其他能源或产品的输入。北京市由于城市定位和缺乏原始能源资源而长期依赖进口能源来支持自身发展。同时，随着市区的发展和产业结构的优化，能源消费的主要形式集中在电力和热力上。因此，北京市的能源代谢网络已逐渐转变为非循环型网络，这导致北京市能源代谢系统的间接流量较低。

（3）表5.1中表述的4种能流是部门与能源产品间的直接供需关系，因此以直接消费形式为主。对于能源的间接消费部分，尽管根据投入产出表，部门间可能存在基于产品的间接物质关系，但由于能源流与物质流的一个关键区别在于能量形式转化通常是不可逆的（热力学第一定律），能量在代谢过程中是熵增、㶲减的过程，因此在这个过程中能源是耗散的。

2）天然气逐渐取代煤炭成为北京市能源代谢结构主体

近年来，北京市持续推动城市清洁能源转型。由于北京市的能源代谢网络中间接能流流量水平较低，因此直接能源流量一定程度上验证了这些政策的有效性。但是这些结果并未反映出产业转移带来的影响。为更好地展示该分析，图5.6直观展示了北京市近年来能源代谢结构主体的替换过程。

（a）2008年

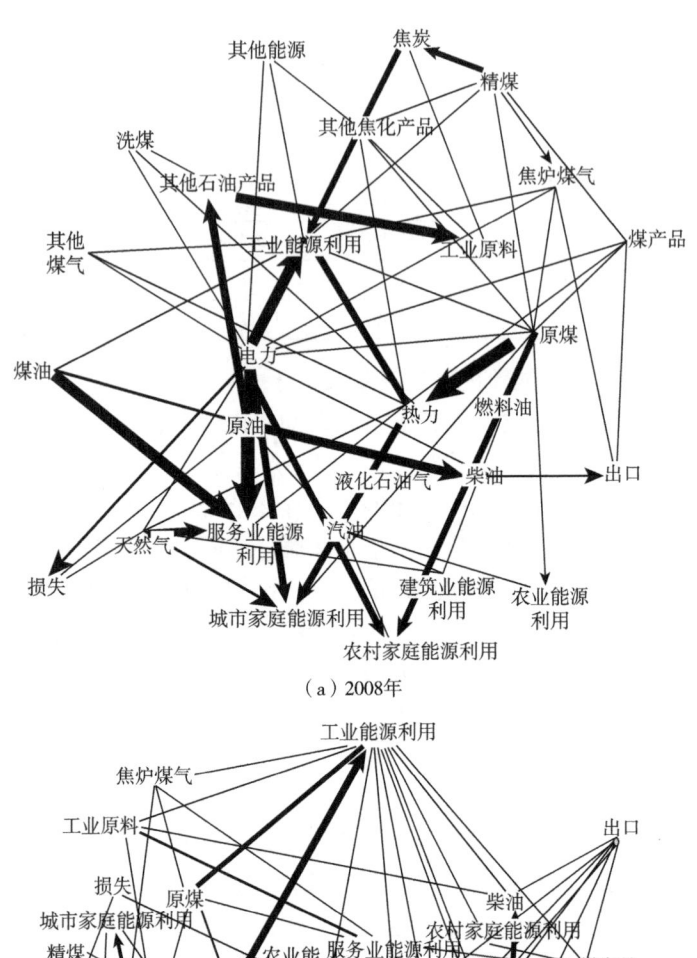

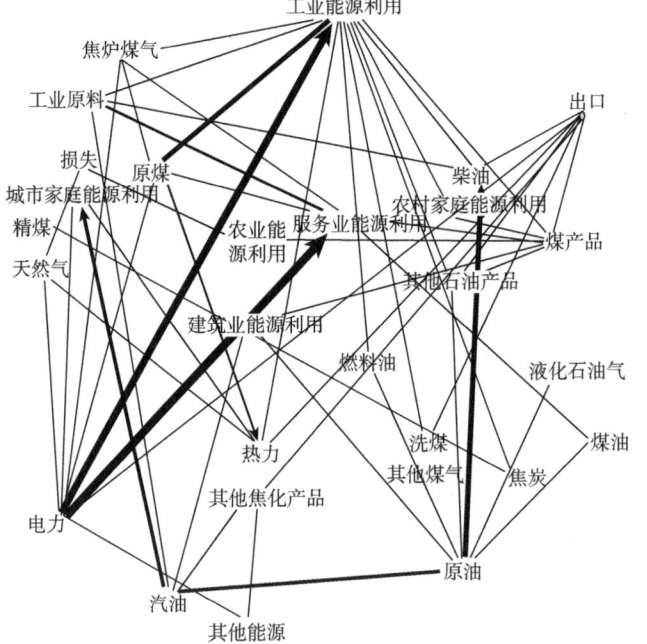

（b）2010年

(c) 2014年

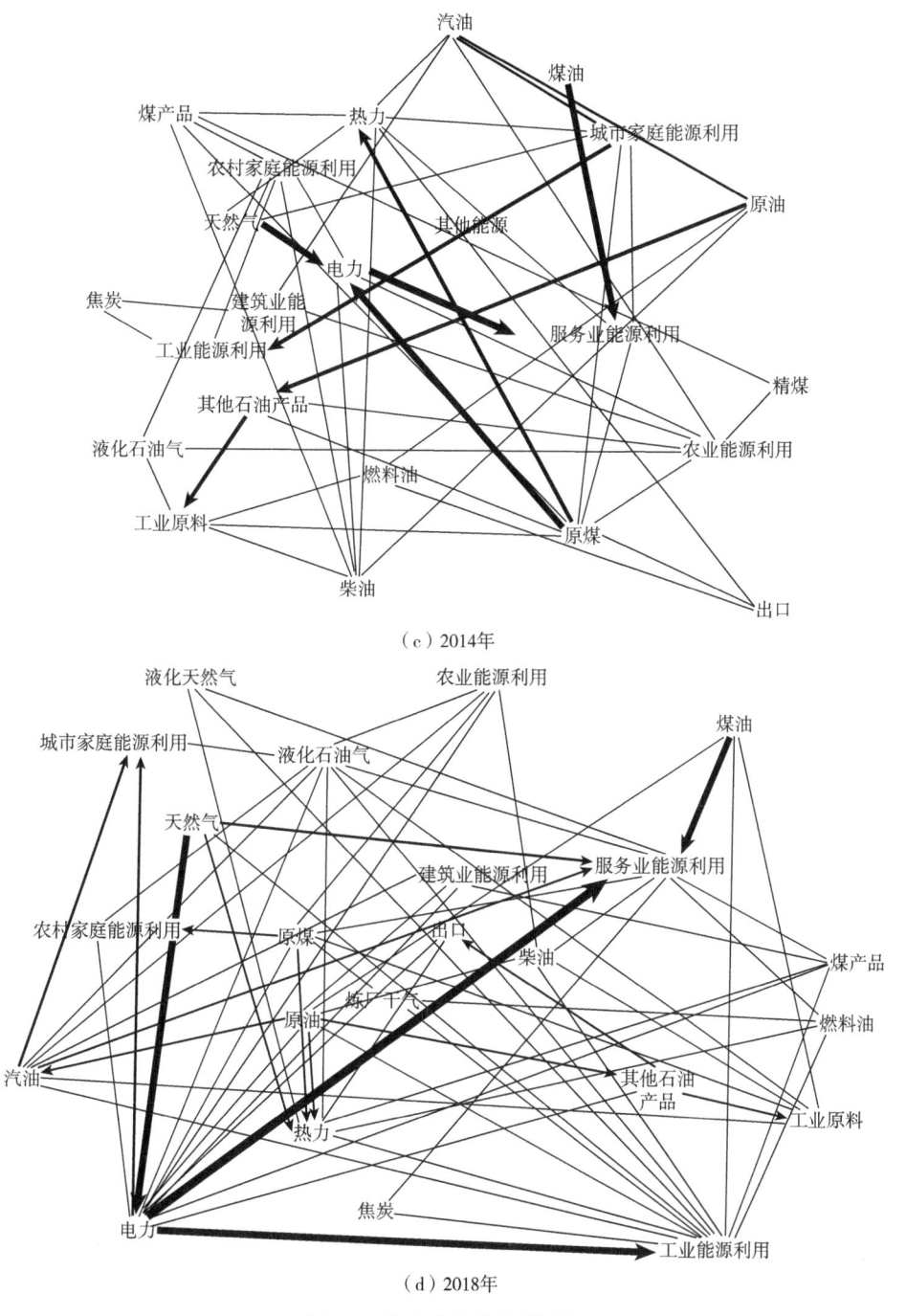

(d) 2018年

图 5.6 北京市能源代谢网络

节点表示北京市能源代谢网络中能源种类（上游供给端）和消费部门（下游需求端），箭头表示能量流动方向，箭头的大小表示代谢流量，箭头越大表示对应的代谢能流越大

图 5.6 展示了 2008 年、2010 年、2014 年和 2018 年北京市 31 个节点有向能源代谢网络。注意到在 2008~2018 年，北京市能源代谢网络中原煤节点的能流输出在 2014~2018 年有明显降低（箭头变细）且连接节点数量有明显降低；同时天然气节点能流输出则有明显升高。其中电力和热力节点的输入能流由早先的原煤逐渐过渡到天然气，表现出较为直观的天然气替代原煤的趋势。

此外能够观察到，北京市能源代谢网络出现较为直观的供需结构简化、能流强度减弱及主要能流转变。其中，主要能流（流量较大）转变逐渐由原煤→电力，原煤→热力，电力→工业能源利用，以及电力→服务业转变为天然气→电力，电力→服务业，代谢能流主干有明显的简化和减弱。

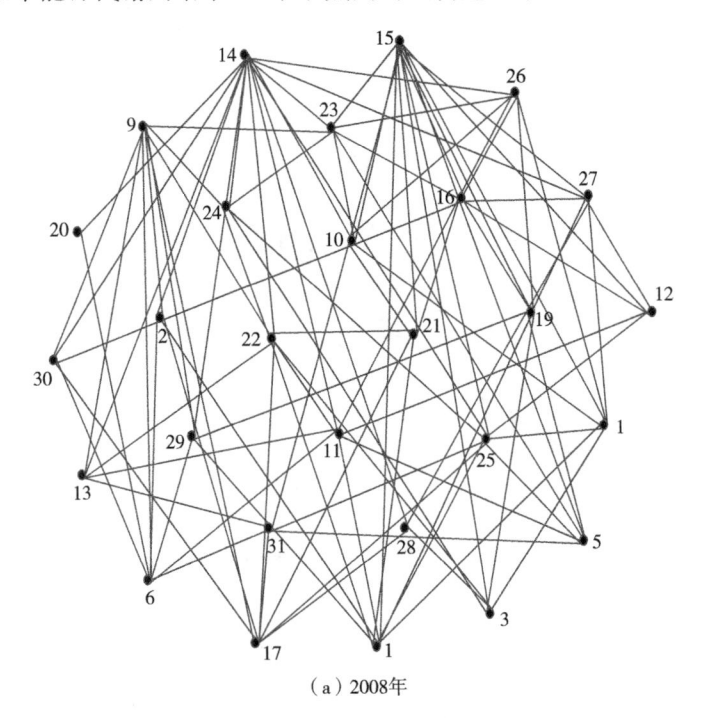

5.2.2 北京市能源代谢网络结构解析

1. 北京市能源代谢网络结构概况

流量的变化还导致了北京市能源代谢网络结构的变化。北京市能源代谢网络在 2008~2018 年反映出直观的结构变化，即该网络的形状正在简化。图 5.7 初步展示了北京市能源代谢网络中 31 个节点间的逻辑连通结构。

（a）2008 年

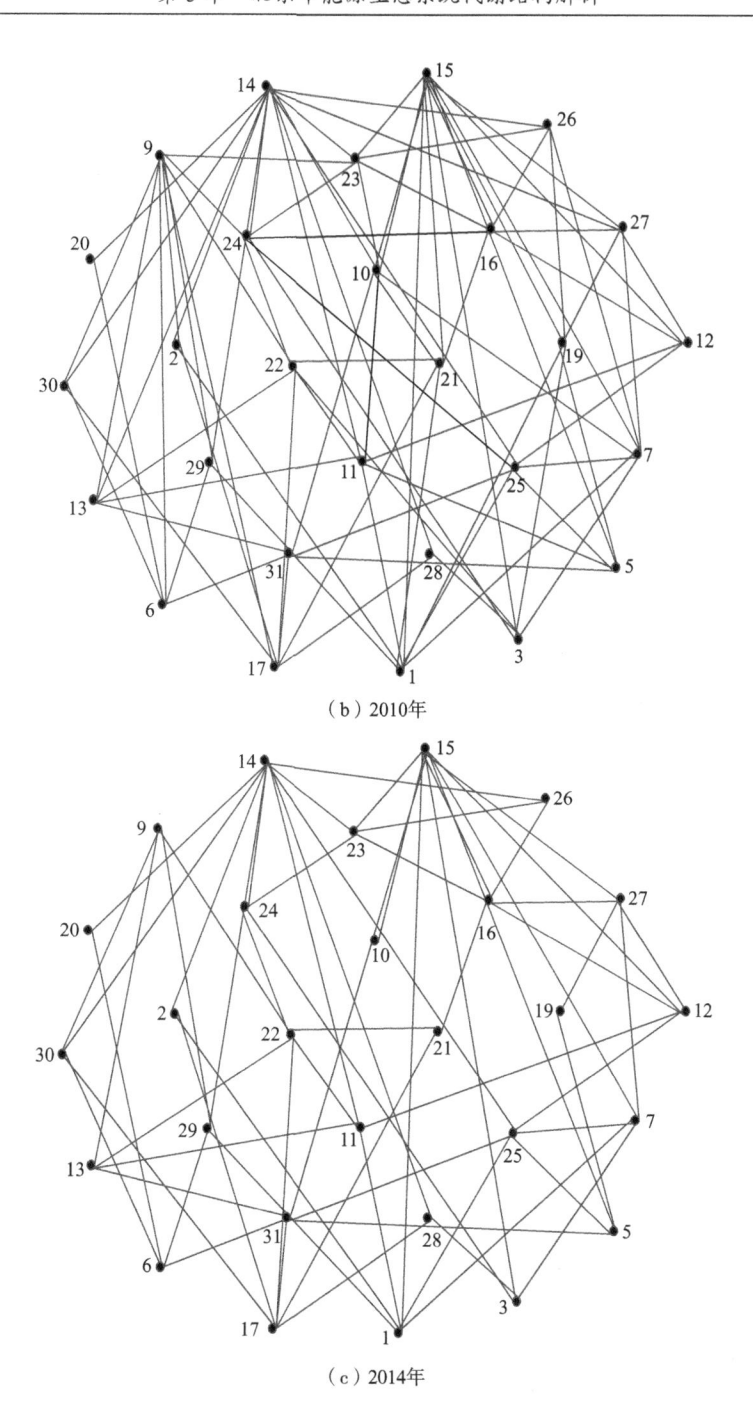

第5章　北京市能源生态系统代谢结构解析

（b）2010年

（c）2014年

(d) 2018年

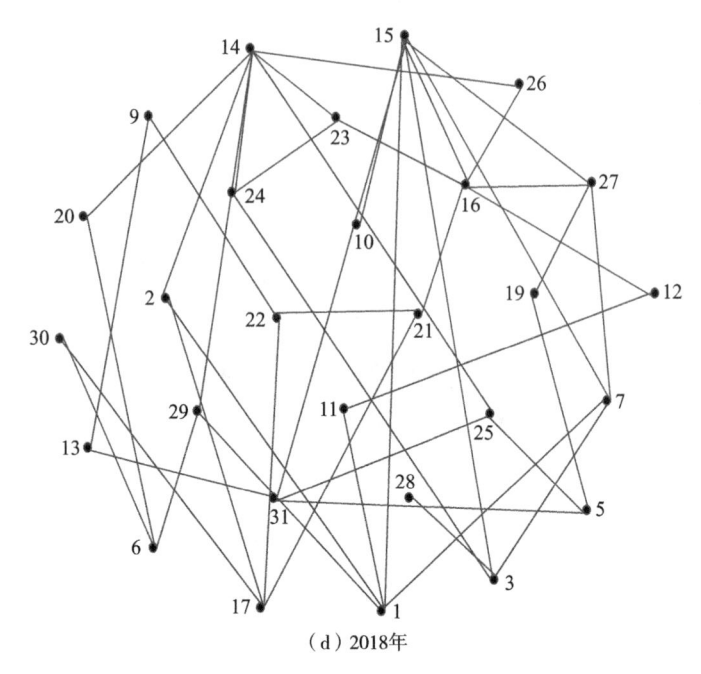

图 5.7 北京市能源代谢网络结构演化

1：原煤；2：精煤；3：洗煤；4：煤产品；5：焦炭；6：焦炉煤气；7：高炉煤气；8：转炉煤气；9：其他煤气；10：原油；11：汽油；12：煤油；13：柴油；14：燃料油；15：液化石油气；16：炼厂干气；17：天然气；18：液化天然气；19：其他石油产品；20：其他焦化产品；21：热力；22：电力；23：其他能源；24：农业能源利用；25：工业能源利用；26：工业原料；27：建筑业能源利用；28：服务业能源利用；29：城市家庭能源利用；30：农村家庭能源利用；31：损失

表 5.2 展示了图 5.7 中各网络运用网络分析软件 Gephi 0.91 进行的网络结构分析结果。

表 5.2 北京市能源代谢网络结构属性

属性	2008 年	2010 年	2014 年	2018 年
平均度	7.586	6.774	7.250	6.923
平均加权度	334.463	333.373	392.970	376.005
网络直径	3	3	3	3
图密度	0.135	0.113	0.158	0.138
模块化	0.295	0.300	0.261	0.241
平均聚类系数	0.170	0.150	0.098	0.147
平均路径长度	1.464	1.503	1.336	1.372

根据 Gephi 软件计算结果，北京市能源代谢网络在不同年份的相关属性出现一定波动和变化。其中，在平均度方面，尽管在 2014 年前后出现一定波动，但总体相较于 2008 年出现一定程度的下降，表明北京市能源代谢网络中，节点连接总

体呈现降低趋势。分析历史数据发现,平均度下降主要是2014年后北京市的相关无煤化政策导致原煤加工、煤电等在北京市范围内活动减弱,高炉煤气、转炉煤气等原煤加工产品相关节点在网络中连通度降低,直至孤立。

与平均度相对应,平均加权度出现一定程度增高,表明尽管北京市能源代谢网络结构出现一定程度的简化(平均度降低),但网络中能流的平均流量增加(平均加权度的增高)。这意味着尽管北京市能源代谢网络中连通节点数量减少,但能流的平均水平出现增长。网络直径没有变化,表明2008~2018年北京市能源产品的代谢长度没有变化,即能源产品从生产到最终消费的环节总体维持稳定。

图密度(即网络密度)方面,注意到北京市能源代谢网络的图密度大致在0.1~0.16范围内波动,表明整体网络连通度较低,且波动幅度不大。需要注意的是,由于2014年后网络结构中存在孤立节点,表明2014年后北京市能源代谢网络中的连通节点数量减少,但在这些剩余且连通节点间相互连接的网络边数相对增加。

2. 北京市能源代谢结构分层

总体而言,北京市能源代谢网络的变化趋势基本可以概括为连通节点数量减少,但连通度提升、流量增大,同时网络中出现孤立节点。孤立节点的数量和网络连通度的变化能够反映出有多少与能源相关的生产活动被转移出北京市能源代谢系统及北京市能源结构如何应对该变化。北京市的孤立节点正在增加,尽管大部分年份变化很小,但这些增加大部分来自煤炭产品(洗煤、焦炉煤气、高炉煤气、转炉煤气、其他煤气、其他焦化产品)。同时,节点31的出现可以理解为运输过程中能量损失的减少。由于北京使用液化天然气,节点18在2016年消失。北京市能源代谢网络的连通性也在发生变化。图5.8中的"■"表示这些连通节点之间的连通度,"●"表示整体网络的连通度,下降趋势描述了北京市能源代谢网络的简单性。

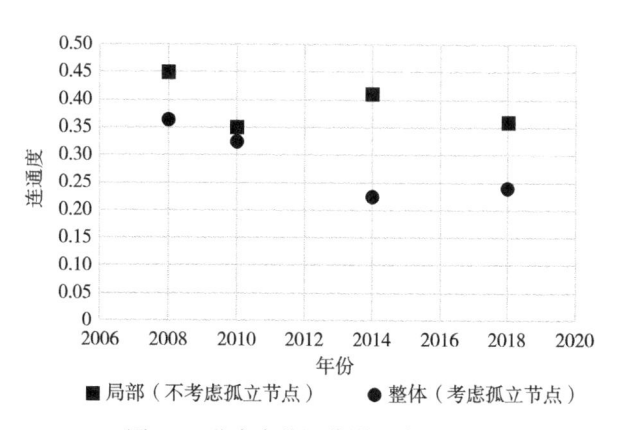

图 5.8 北京市能源代谢网络连通度

计算结果表明，随着北京市能源结构的变化，北京市能源代谢系统在 2008~2018 年发生了结构性演变。在此基础上，计算北京市能源代谢网络中的层级结构。图 5.9 展示了 2008~2018 年北京市能源代谢网络的层级结构。

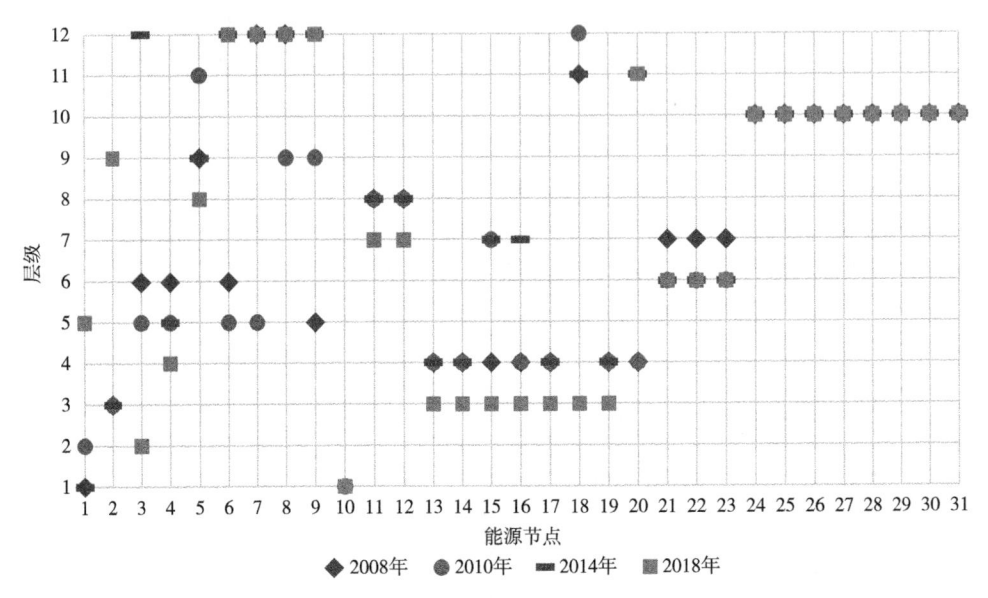

图 5.9 2008~2018 年北京市能源代谢网络的层级结构

1：原煤；2：精煤；3：洗煤；4：煤产品；5：焦炭；6：焦炉煤气；7：高炉煤气；8：转炉煤气；9：其他煤气；10：原油；11：汽油；12：煤油；13：柴油；14：燃料油；15：液化石油气；16：炼厂干气；17：天然气；18：液化天然气；19：其他石油产品；20：其他焦化产品；21：热力；22：电力；23：其他能源；24：农业能源利用；25：工业能源利用；26：工业原料；27：建筑业能源利用；28：服务业能源利用；29：城市家庭能源利用；30：农村家庭能源利用；31：损失

通过图 5.9 可以看出，北京市能源代谢网络结构 2008~2018 年的主要变化体现在能源节点的位置及这些节点之间关系的复杂性上。根据计算结果，网络中的节点分为 12 个层级结构，其中较高的层级结构表示该节点在网络中的支配地位较小。不同年份的节点用不同的符号标记，较新的年份具有较高的覆盖范围。值得注意的是，在研究期间，节点的位置显示出不同的情况。其中一些节点层级分布是相对稳定的，2008~2018 年相对位置没有出现较大波动；但部分节点则表现出不稳定的态势（表 5.3）。同时，对于处于相同态势类别的节点，节点间的变化趋势也存在差异。例如，原煤（节点 1）的层级结构增量为 4，而高炉煤气（节点 7）的层级结构增量为 7；对于原油（节点 10）和汽油（节点 11）层级都下降了 1 度，但原油的层级位置要低得多。

表 5.3 北京市能源代谢网络节点状态

状态	稳定			不稳定
	上升	下降	不变	
节点	1、2、7、8、9、20	3、4、10、11、12、13、14、17、18、19、21、22、23	24、25、26、27、28、29、30、31	5、6、15、16

计算表明,北京市能源代谢网络结构变化主要集中在节点变化。其中,与煤炭有关的大多数节点位置都处于上升或不稳定状态,这通常意味着近年来煤炭及其产品在北京市能源系统代谢过程中的影响已经逐渐减弱。特别是原煤(节点1)从第1层上升到第5层,意味着原煤在北京市能源代谢网络中的主导地位明显降低。同时,石油及其产品显示出轻微的下降趋势,这被认为是对煤炭在系统中的主导地位减弱的被动反应,是一种相对被动的反衬效果。另外,天然气、热力和电力等能源的影响层级都表现出一定程度的下降趋势。其中,天然气在2018年北京市能源代谢网络结构中已下降到第3层,处于相对底部的位置;热力、电力及其他能源则达到第6层,表明它们对北京市能源代谢网络的影响正在上升。天然气在2018年北京市能源代谢系统中的主导地位已超过原煤,这与北京近年来持续推进应用清洁能源和城市能源结构清洁化转型密切相关。然而,这种变化趋势相对于前几年的代谢结构,以天然气、热力、电力等为代表的能源产品目前并没有完全在北京市能源代谢网络结构中占据主导地位,这是未来工作应更加关注的领域。

基于上述分析我们认为,北京市近年来相关高能耗产业迁移及产业结构调整政策导致了城市能源代谢网络结构的简化及北京市能源代谢网络中孤立节点的出现。这在一定程度上表明,北京市能源代谢体系的改善主要是通过这些产业转移政策实现的,与非首都功能疏解和区域协同发展等有关。换言之,北京在城市能源系统优化方面的成就主要依赖于产业结构的变化,如部分或全部高污染产业链的移出。此外,尽管天然气已得到广泛利用,其他清洁能源仍然在北京市能源代谢网络中维持高位层级。

本部分对北京市能源生态系统供给端及需求端代谢状况进行分析;在此基础上,对北京市能源生态系统代谢流量进行测算,并对其代谢结构进行解析,得到主要结论如下。

(1) 2010~2018年北京市宏观能源消费下降16.19%,其中主要表现为天然气消费对煤炭消费的替代。上游供给端,煤炭主导的二次能源供给结构逐渐由天然气替代,同时供给端内部能源转换规模明显缩减,北京市能源供给对外依存度提高;下游需求端,第三产业能源消费总体呈增长趋势,主要增长来自热力、电力等二次能源,第一、第二产业能源消费规模明显下降,煤炭消费明显降低。

（2）北京市原煤的直接和间接产量分别下降至 689 万吨标准煤和 18 万吨标准煤，同期天然气直接和间接产量增长至 2 080 万吨标准煤和 177 万吨标准煤，与近年来北京市煤炭和天然气替代相关政策具有紧密关联。同时，关键能流分析表明，北京市关键代谢能流的间接消费极小，同时天然气逐渐取代煤炭成为北京市能源代谢网络结构主体。

（3）北京市能源生态系统代谢网络结构分析结果表明，近年来北京市能源生态系统代谢网络结构有明显的简化趋势，网络的度分布、网络密度降低，并出现孤立节点，表明北京市能源代谢网络中能源供给与部门需求关系简单化。通过基于解释结构模型的北京市能源生态系统代谢网络结构层级分析，煤炭层级上升，天然气及其他能源层级下降，天然气成为北京市能源代谢网络结构主体。层级结果同时表明，近年来北京市能源生态系统优化主要依赖于需求端的产业迁移导致能源需求降低。

5.3 北京市能源代谢网络结构演化分析

本节通过对北京市能源系统近年来基于代谢要素微观涨落的异步性和异质性分析，揭示北京市能源系统代谢协同演化内在机理，为北京市能源转型提供参考。

5.3.1 北京市能源系统代谢演化的现实依据

根据城市能源系统代谢网络结构演化的系统学阐释，复杂城市系统的演化与自适应行为的形成依赖于系统内部要素组成的复杂化，这种复杂化包含三层含义：要素数量的巨量化、要素性质的差异化及要素结构的复杂化[293~296]。本章主要从要素结构的复杂化视角入手对北京市能源系统代谢结构演化进行分析，本部分则基于要素性质的差异化，对北京市能源系统代谢结构演化进行分析。

北京市能源系统代谢结构演化要素性质的差异化主要体现在两个方面：一是要素对外部刺激的反应时间差异，即异步性；二是要素对外部刺激的反应性质差异，即异质性。对于上述差异化影响，其现实依据如下。

1. 北京市能源系统代谢结构复杂

随着近年来北京市城市功能布局和战略定位不断强化，北京市三次产业结构和能源供给结构持续优化，城市能源消费行为和代谢模式逐渐高效化和规范化。然而，在这一过程中，北京市能源系统代谢演化过程中涉及诸多产业部门和能源产品。这些能源和部门在北京市能源系统的出现、消失和演替反映了北京市能源系统代谢结构复杂多元的演化过程。

图 5.10 反映了 2005~2018 年北京市主要能源产品的供给及部门能源需求。可以看出，无论在需求端还是供给端，北京市能源系统表现出趋势差异较大的变化形态。一方面，在需求端，部门能源需求结构总体维持相对稳定的下降形态，主要变化来自占比较大的制造业和建筑业能源消费量的降低，相应地，居民服务和其他服务业能源消费尽管直观呈现增长趋势，但以制造业和建筑业为代表的第二产业消费总量增加，导致第三产业能源消费比重相对上升；另一方面，供给端能源结构表现出"此消彼长"的变化态势，煤炭类产品供给比重下降，天然气比重上升。同时，石油类产品中，汽油产品增长明显，煤油消费下降。

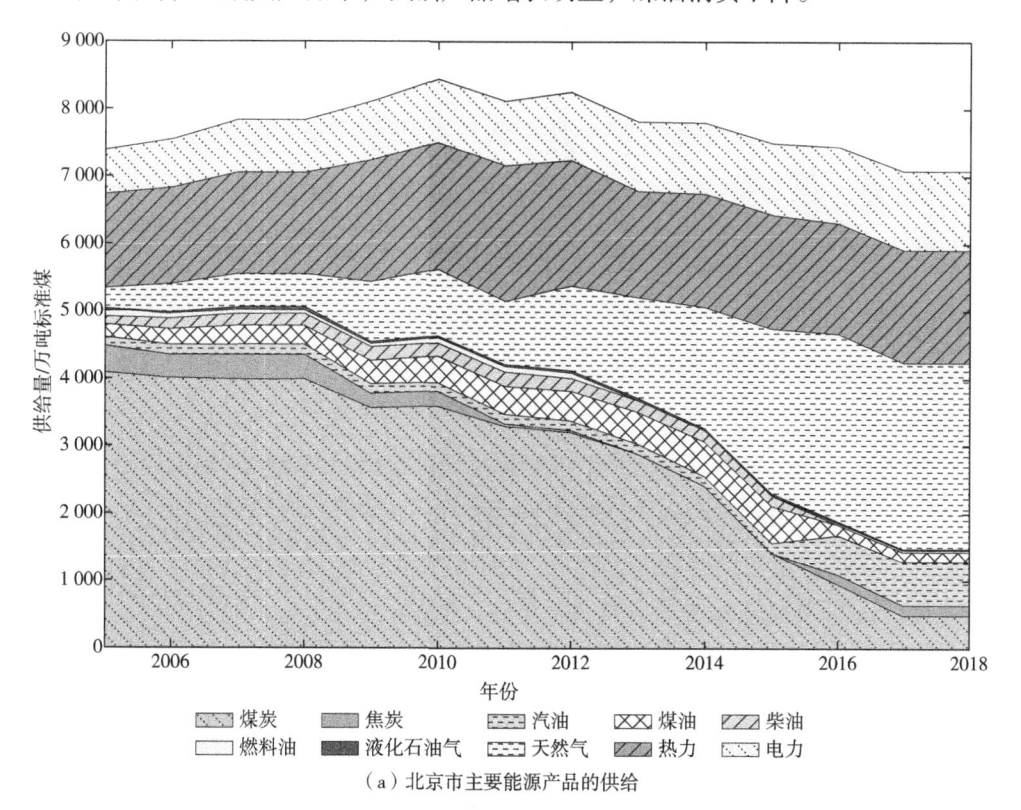

(a) 北京市主要能源产品的供给

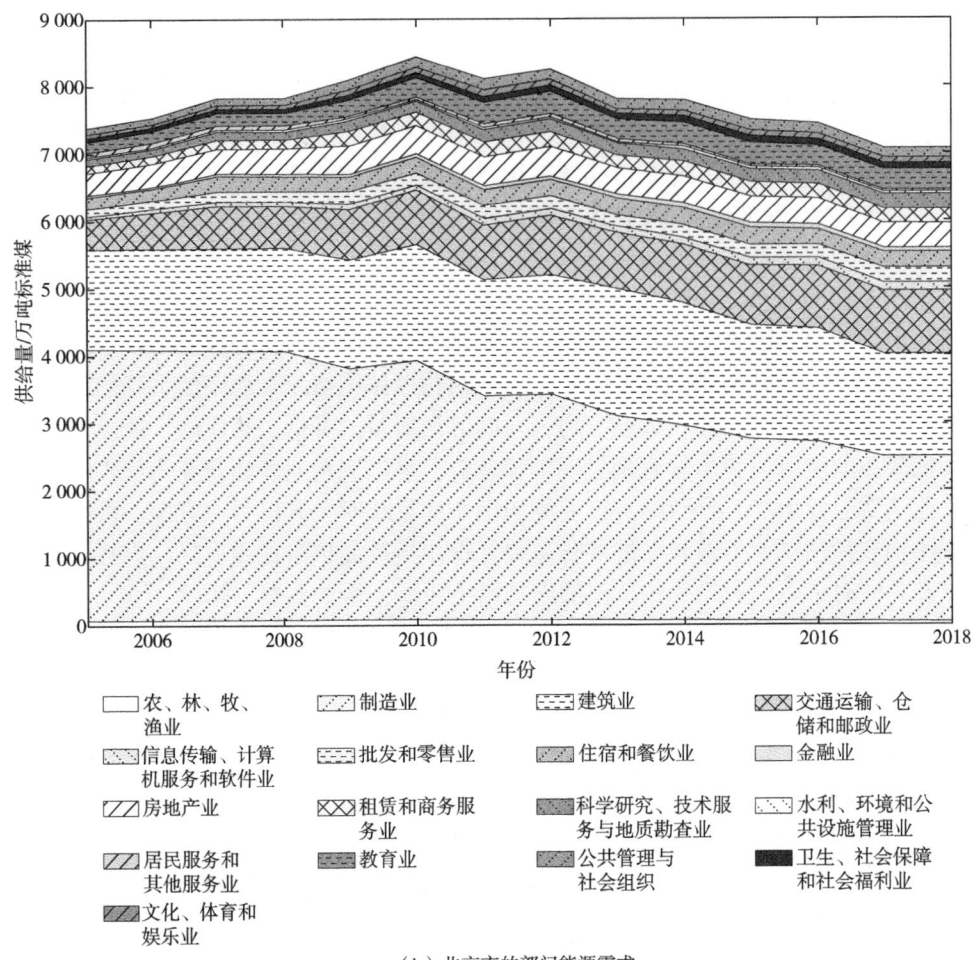

（b）北京市的部门能源需求

图 5.10　2005~2018 年北京市能源供需

以上仅反映出总量层面，北京市能源系统供给端和需求端表现出的不同变化态势，说明北京市能源系统中供需两端存在关系复杂的代谢网络。因此，在相应的外部宏观变化下，其内在结构必然存在更为复杂多元的变化。

2. 北京市能源系统代谢波动是异步的

无论是外部要素干预（如政策、市场等）还是内部要素突变（技术进步、消费行为改变等），干扰引入的时间点通常是不一致的，且产生影响的延时也是不同的，因此对城市能源系统代谢过程的扰动往往是不同的，即异步的。

图 5.11 反映了 2005~2018 年北京市主要能源产品的部门代谢流量状况，可以看出不同能源种类的部门代谢波动存在较大差别。首先，部门能源总体代谢波动

的时间点不同。例如，原煤自 2008 年以来总体代谢流量开始下降，并在 2014 年降幅最大；焦炭自 2005 年起呈阶梯状下降，且主要消费部门集中在制造业，但自 2015 年起其他部门焦炭消费量出现明显上涨；汽油、煤油、柴油跳跃性的波动时点在 2015 年前后，但燃料油则在 2012~2015 年，液化石油气则出现多个时间点；天然气和电力总体自 2008 年起稳步上升；热力则在 2013 年前后震荡剧烈。此外，部分能源总体与部门波动出现较大差异，如液化石油气。

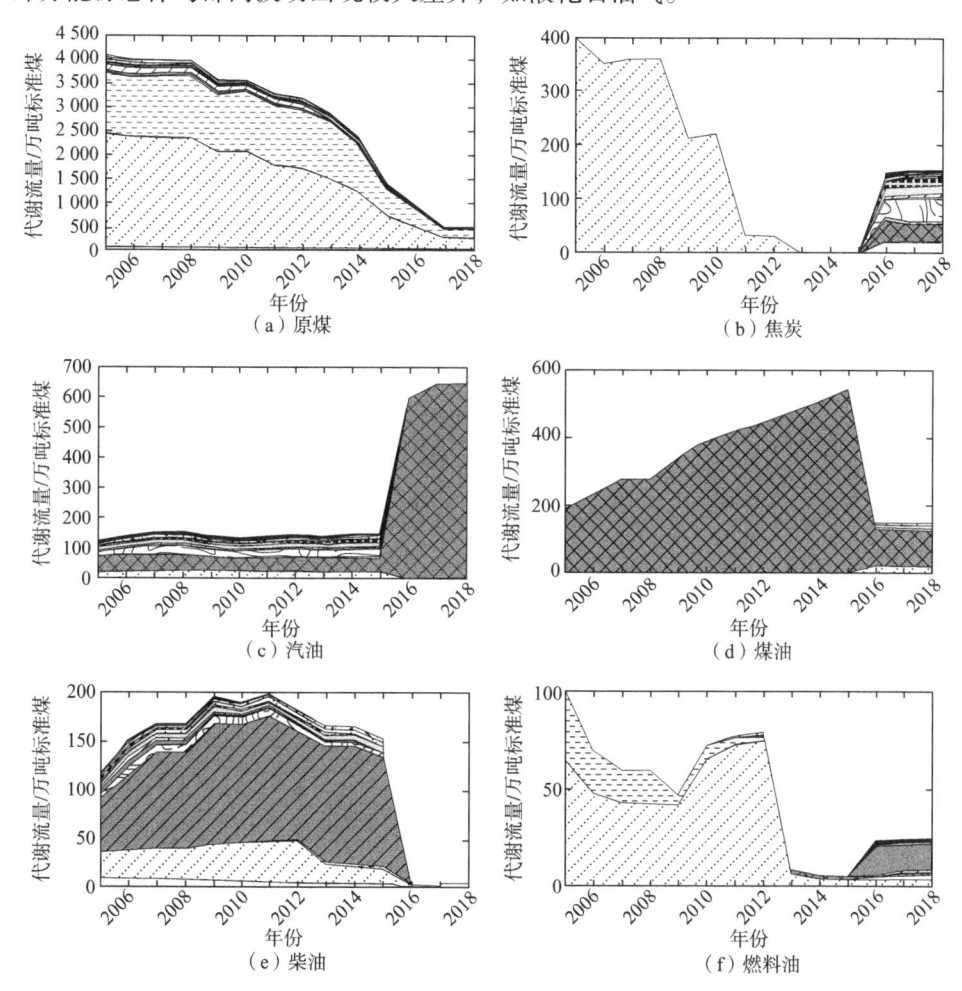

(a) 原煤

(b) 焦炭

(c) 汽油

(d) 煤油

(e) 柴油

(f) 燃料油

(g) 液化石油气　　(h) 天然气

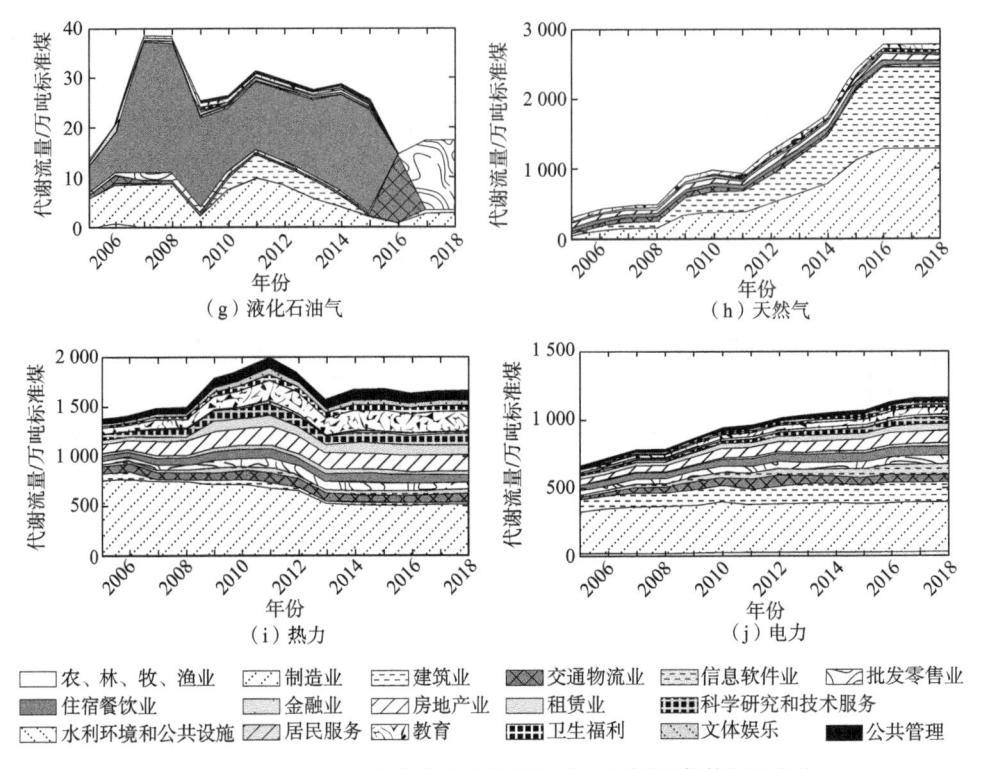

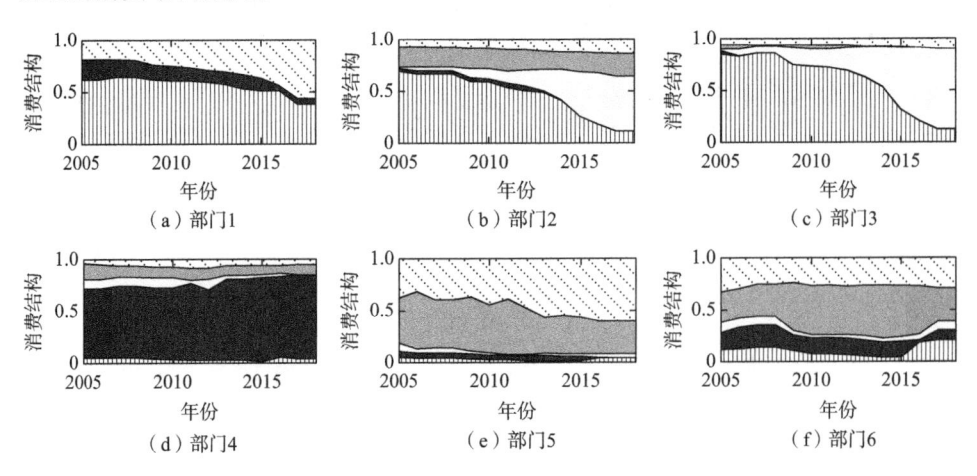

(i) 热力　　(j) 电力

□ 农、林、牧、渔业　▥ 制造业　▤ 建筑业　▨ 交通物流业　▦ 信息软件业　▧ 批发零售业
▩ 住宿餐饮业　▨ 金融业　▨ 房地产业　▤ 租赁业　▦ 科学研究和技术服务
▨ 水利环境和公共设施　▨ 居民服务　▨ 教育　▦ 卫生福利　▨ 文体娱乐　■ 公共管理

图 5.11　2005~2018 年北京市主要能源产品的部门代谢流量波动

3. 北京市能源系统部门能源代谢结构存在差异

部门属性差异导致能源需求结构和消费行为存在差异。本部分重点调查了北京市能源代谢系统下游需求端 17 个部门能源消费结构，通过图 5.12 能够观察出明显的消费结构差异。

(a) 部门1　　(b) 部门2　　(c) 部门3

(d) 部门4　　(e) 部门5　　(f) 部门6

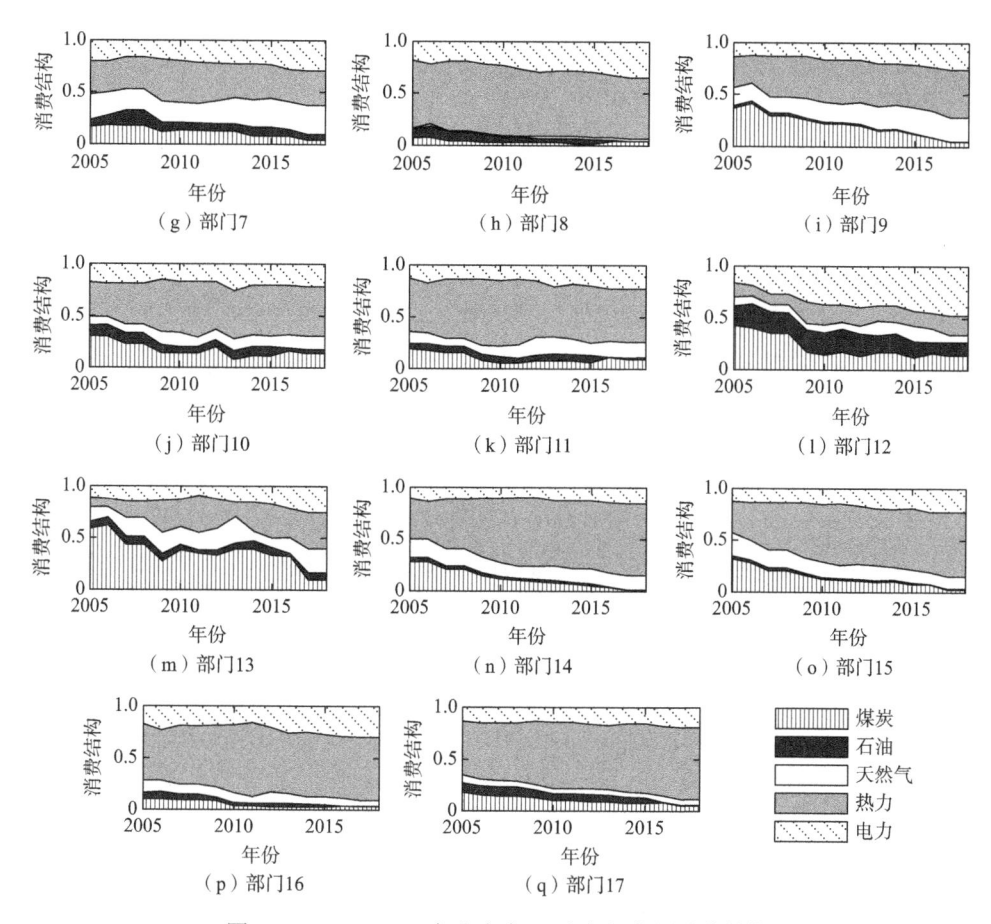

图 5.12　2005~2018 年北京市 17 个部门能源消费结构

部门 1：农、林、牧、渔业；部门 2：制造业；部门 3：建筑业；部门 4：交通运输、仓储及邮政业；部门 5：信息传输、计算机服务和软件业；部门 6：批发和零售业；部门 7：住宿和餐饮业；部门 8：金融业；部门 9：房地产业；部门 10：租赁和商务服务业；部门 11：科学研究、技术服务业与地质勘查业；部门 12：水利、环境和公共设施管理业；部门 13：居民服务和其他服务业；部门 14：教育业；部门 15：卫生、社会保障和社会福利业；部门 16：文化、体育和娱乐业；部门 17：公共管理与社会组织

总体而言，从产业耗能特征来看，服务业（部门 5~部门 17）能源消费以热力、电力等二次能源消费为主，第一、第二产业则以煤炭消费为主，其中第二产业近年来的煤炭消费逐渐由天然气取代，交通运输、仓储及邮政业则以石油类产品消费为主。同时，随着近年来北京市相关政策对部门能源代谢活动、能源供给水平及部门规模的控制，部门对于能源消费代谢结构的占比和波动态势均表现出较为明显的差异，导致北京市能源系统代谢演化的复杂化。

5.3.2 北京市能源系统代谢协同演化分析

1. 北京市能源系统哈肯模型构建

北京市能源系统包含了数量庞大的能源产品和消费部门节点，这些节点通过特定的供需关系形成结构复杂的动态供需网络。网络中节点或流的变化，或是外部扰动，通过复杂的网络路径传导，引发节点间反馈，最终形成城市能源系统的宏观表现。2005年以来，北京市能源系统发生了较大变化，以天然气为代表的清洁能源的推广、城市"无煤化"政策的推行，以及京津冀区域协同发展和非首都功能疏解引发城市能源系统供给端和需求端发生变化，由此牵动北京市能源系统功能和代谢结构的重大调整。

在这一过程中，不同部门节点对于外部环境变化及政策敏感程度不同，以及对网络传导反馈的响应速率不同，因此城市能源系统代谢网络中要素节点对于变化传导的响应往往是异步的[297~299]。这种响应的异步性在北京市能源系统供给端表现为能源产品的供需调配滞后、能源代谢环节的短期缺失等，并通过节点间的反馈机制引发连锁反应。如果缺乏必要的自控机制和及时干预，可能引发系统动荡和失稳。

哈肯模型是根据系统中变量响应速度，将北京市能源系统代谢过程中的流区分为快变量和慢变量。其中，快变量对于外部变化响应和传导速度较快，慢变量则对于外部变化响应较慢。快变量对于外部响应较快，因此北京市能源系统外部环境发生变化时，如清洁化能源推行政策的颁布、清洁能源利用技术的实施、城市能源利用模式和行为发生变化及产业结构调整导致用能结构变化等，快变量往往能够快速做出反应（如决策行为），并将其反应通过城市能源系统代谢网络传导出去。同时，传导出去的影响在其他节点处形成反馈并返回，引起节点做出相应行为［图5.13（a）］。若形成正反馈，则该反应不断放大［图5.13（b）］；若形成负反馈，则该反应逐渐稳定［图5.13（c）］。

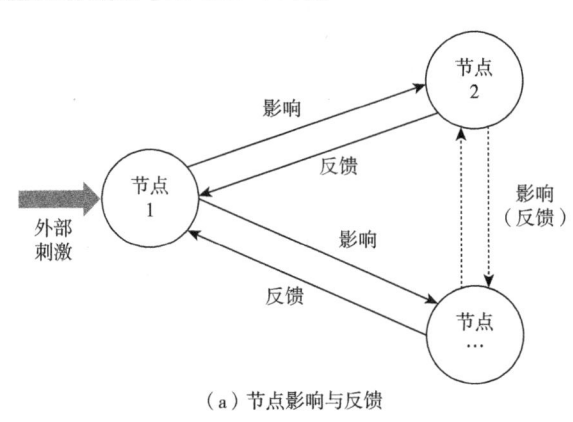

（a）节点影响与反馈

图 5.13 节点反馈类型

然而，相对于快变量，慢变量接受变化做出反应，以及接受反馈相对滞后（图 5.14），且通常敏感程度较低，通常受到的干扰程度相对快变量较小。

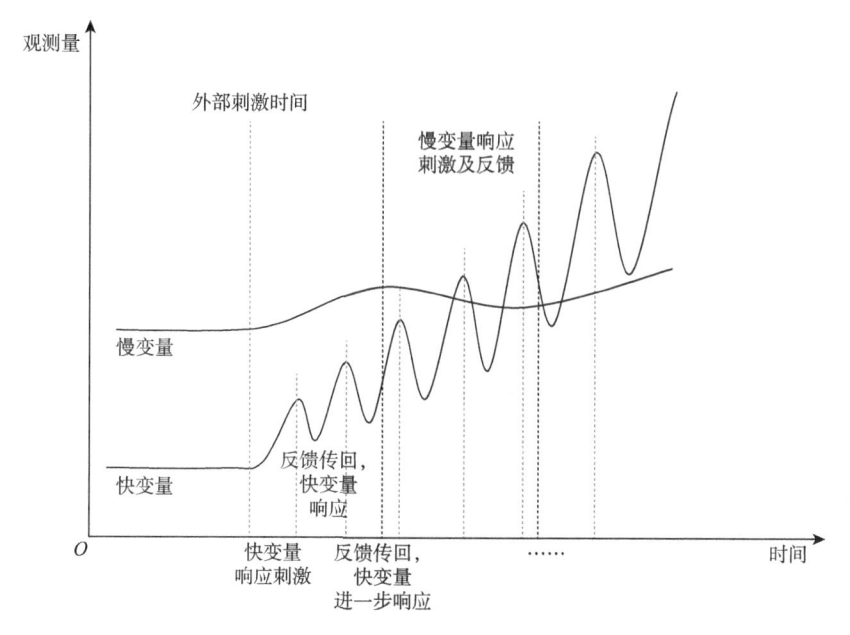

图 5.14 快变量与慢变量反馈

相对而言，慢变量由于接受外部刺激和其他节点反馈反应滞后，其受到的干扰程度通常大于其干扰的其他变量，从而表现为系统演化的主导变量。

2. 北京市哈肯模型的演化异步性分析

考虑数据可获得性及为简化计算过程，本部分将北京市 31×31 能源部门代谢矩阵简化为 9×9 矩阵。其中，s_1、s_2、s_3 为一级能源部门，s_1 为原煤及煤产品，s_2 为石油产品，s_3 为天然气；s_4、s_5 为二级能源部门，s_4 为热力部门，s_5 为电力部门；s_6、s_7、s_8、s_9 终端消费部门，s_6 为第一产业，s_7 为第二产业，s_8 为第三产业，s_9 为消费部门。

计算 2011~2018 年北京市能源代谢矩阵 $N_{2011} \sim N_{2018}$，并通过能流波动检验，选取满足波动一致性≥60%的要素，得到 2011~2018 年北京市能源代谢累积能流波动主要贡献的关键能流为 d_{16} 煤炭→第一产业，d_{17} 煤炭→第二产业，以及 d_{37} 天然气→第二产业，即第一产业和第二产业中原煤及煤产品的累积能源流转，以及第二产业中天然气的累积能源流转是关系北京市能源系统代谢的关键要素。

为检验上述三个关键能流对北京市能源系统代谢演化的序参量，须将累积能源流转矩阵中这三个关键能流的时间序列，两两比较配对抽取代入哈肯模型中，计算其对北京市能源系统代谢的协同演化效应。

1）n_{16} 与 n_{17}

设 n_{17} 为序参量，即 q_1，n_{16} 为 q_2，利用 Matlab 曲线拟合工具拟合得到第一、第二产业中原煤及煤产品的累积能源流转的动态演化方程为

$$n_{17} = -2.009 n_{17} + 37.44 n_{17} n_{16}$$

$$\text{SSE} = 0.085\,3, \quad R^2 = 0.843\,4, \quad \text{Adjusted} \ R^2 = 0.724\,5$$

$$n_{16} = 1.057\,9 n_{16} - 0.002\,4 n_{17}^2$$

$$\text{SSE} = 0, \quad R^2 = 0.801\,0, \quad \text{Adjusted} \ R^2 = 0.798\,6$$

拟合效果良好。

由 n_{16} 和 n_{17} 的分析可知，

$$a = -37.44, \quad b = -0.002\,4, \quad \lambda_1 = 3.009, \quad \lambda_2 = -0.057\,9$$

由于 $a < 0$，$b < 0$，$|a| \gg |b|$，表明 n_{16} 强化 n_{17}，但 n_{17} 抑制 n_{16}，形成负反馈，且强化作用远大于抑制作用。同时，由于 $\lambda_1 > 0$，$\lambda_2 < 0$ 且 $|\lambda_1| \gg |\lambda_2|$，表明 n_{17} 对于北京市能源系统网络结构演化具有正向的促进作用，而 n_{16} 具有逆向的抑制作用，故 n_{17} 是阻尼较小变化缓慢的序参量（慢变量），而 n_{16} 则是快变量。

2）n_{17} 与 n_{37}

设 n_{17} 为序参量 q_1，n_{37} 为 q_2，同样利用 Matlab 曲线拟合工具得到原煤及煤产品和天然气分别在第二产业中的累积能源流转的动态演化方程：

$$n_{17} = 3.499 n_{17} - 3.74 n_{17} n_{37}$$

$$\text{SSE} = 0.071\,7, \quad R^2 = 0.844\,8, \quad \text{Adjusted} \ R^2 = 0.764\,0$$

$$n_{37} = 1.082\,7 n_{37} - 0.041\,6 n_{17}^2$$

$$\text{SSE} = 0.002\,8, \quad R^2 = 0.852\,7, \quad \text{Adjusted} \ R^2 = 0.770\,3$$

拟合效果良好。

由 n_{17} 和 n_{37} 的分析可知，

$$a = 3.74, \quad b = -0.04, \quad \lambda_1 = -2.499, \quad \lambda_2 = -0.002\,8$$

由于 $a > 0$，$b < 0$，$|a| \gg |b|$，表明 n_{17} 和 n_{37} 为相互抑制的关系，但 n_{17} 抑制性较强。此外，$\lambda_1 < 0$，$\lambda_2 < 0$ 且 $|\lambda_1| \gg |\lambda_2|$，表明 n_{17} 与 n_{37} 均对北京市能源系统网络

结构演化具有正向的促进作用，且 n_{17} 作用较强，因此 n_{17} 是阻尼较小变化缓慢的序参量（慢变量），而 n_{37} 则是快变量。

3） n_{16} 与 n_{37}

为进一步在 n_{16} 与 n_{37} 中区分快变量与慢变量，设 n_{37} 为序参量，即 n_{37} 为 q_1，n_{16} 为 q_2，继续利用 Matlab 曲线拟合工具对北京市原煤及煤产品在第一产业中的消费和天然气在第二产业中的消费进行动态演化方程拟合，得

$$n_{37} = 3.07n_{37} - 27.17n_{37}n_{16}$$

SSE $= 0.0017$，$R^2 = 0.7685$，Adjusted $R^2 = 0.7558$

$$n_{16} = 0.962n_{16} - 0.0034n_{37}^2$$

SSE $= 0.0008$，$R^2 = 0.8130$，Adjusted $R^2 = 0.7471$

拟合效果良好。

其中，

$$a = -2.07,\quad b = -0.0034,\quad \lambda_1 = -2.07,\quad \lambda_2 = 0.038$$

由于 $a<0$，$b<0$，$|a|>|b|$，表明 n_{16} 强化 n_{37}，但 n_{37} 抑制 n_{16}，形成负反馈，且强化作用远大于抑制作用。同时，$\lambda_1<0$，$\lambda_2>0$ 且 $|\lambda_1|>|\lambda_2|$，表明 n_{37} 对北京市能源系统网络结构演化具有正向的促进作用，n_{16} 有逆向的抑制作用，且促进作用较强，因此 n_{37} 是阻尼较小变化缓慢的序参量（慢变量），而 n_{16} 则是快变量。

3. 北京市能源系统代谢能流的协同演化分析

在北京市能源系统代谢网络中累积能源流转矩阵关键能流 $\{n_{16}, n_{17}, n_{37}\}$ 的比较分析中，有 $n_{17}>n_{37}>n_{16}$，因此煤炭在第二产业中的累积能源流转 n_{17} 是北京市能源代谢系统的序参量，控制第二产业中煤炭的使用强度是北京市能源代谢协同演化的关键。

在关键能流的协同演化分析中，注意到有以下关系（表 5.4、表 5.5）。

表5.4 三种能流相互作用关系

能流	n_{16}	n_{17}	n_{37}
n_{16}		强化	强化
n_{17}	抑制		抑制
n_{37}	抑制	抑制	

表5.5 三种能流对北京市能源代谢系统演化影响

能流	北京市能源代谢系统演化
n_{16}	抑制

续表

能流	北京市能源代谢系统演化
n_{17}	促进
n_{37}	促进

注意到三种能流对于相互间影响，以及对北京市能源代谢系统演化的整体影响具有明显的区别。其中，煤炭在第一产业中的消费（n_{16}）对于其在第二产业中的消费（n_{17}）具有强化作用，同时又受到其在第二产业消费的抑制，从而形成负反馈结构。这种结构表明，煤炭在北京市第一产业和第二产业的配置结构具有自我调控机制，且存在一定的稳定分配结构，煤炭在第二产业的消费具有主导作用。因此，控制北京市第二产业煤炭消费量能够一定程度上控制北京市第一产业煤炭消费量，并实现煤炭在第一产业和第二产业中资源配置的新结构，从而牵动北京市煤炭消费的整体控制。

对于第二产业的煤炭消费（n_{17}）和天然气消费（n_{37}），相互的抑制影响可以理解为双方的竞争关系，这在一定程度上与北京市近年来煤炭与天然气的能源替代具有一致性。根据计算结果，n_{17}是序参量（慢变量），表明在本章所分析时间段内煤炭在北京市第二产业中的消费仍具有主导作用。由于能源部门（发电）属于第二产业，而天然气在第二产业中替代煤炭的部分主要体现在发电部分，煤炭在北京市第二产业中的其他部分替代并不明显，且近年来北京市第二产业规模持续缩减，因此也具备一定的合理性。

对于煤炭在第一产业中的消费（n_{16}）和天然气在第二产业中的消费，二者本质上属于一种间接影响（通过n_{17}），且影响传递符合逻辑，此处不多做讨论。

此外，根据表5.5，三种能流中只有n_{16}表现出抑制北京市能源代谢系统的演化过程。需要指出的是，根据哈肯模型，这里的抑制与促进并不能定义北京市能源系统在向"好的"方向发展，仅仅表明对应能流（如此处的n_{17}和n_{37}）的变化能够推动北京市能源代谢系统发生变化。

通过哈肯模型的参数分析，λ反映出煤炭在第二产业中的使用强度已经在北京市能源代谢系统有序演化过程中形成了十分稳定的正反馈机制，这意味着发电"无煤"化及新能源替代等措施对于改善北京市能源系统，推动北京市能源代谢系统有序演进具有十分重要的作用。另外，通过关键能流哈肯模型计算结果的间接传递分析，认为天然气在第二产业中的累积流转对于推动北京市能源代谢系统有序演进同样具有正反馈作用。同时，通过分析n_{17}和n_{37}的计算结果，$a>0$，$b<0$，反映出二者间存在抑制关系，与天然气与煤炭在第二产业中的替代竞争关系相符合，$|a|>|b|$的比较结果也表现出改善第二产业中煤炭的使用强度对于推进以天然

气为代表的清洁能源的使用具有促进作用。

通过对北京市能源系统代谢协同演化的哈肯模型分析，北京市能源代谢系统中煤炭在第二产业中的消费是主导北京市能源系统代谢协同演化的序参量，因此控制第二产业中煤炭消费是推动北京市能源代谢系统有序演进的关键。另外，根据三种关键能流的作用分析，尽管煤炭在第一产业中的消费流会抑制北京市能源系统整体的协同演化，但同时会强化煤炭在第二产业中的消费流，进而推动系统的协同演化，且该促进作用要强于第一产业煤炭流的抑制作用。同时，推动天然气在第二产业中的应用有利于保障能源代谢系统的有序演进，但需处理好天然气与煤炭的替代冲突。

5.3.3 北京市能源系统要素异质性分析

本小节通过构建北京市能源生态系统的重力模型，分析北京市能源生态系统中代谢单元的要素异质性，目的在于揭示不同代谢单元中要素的差异性影响，为北京市能源生态系统代谢结构演化和转型升级决策提供参考。

1. 北京市能源生态系统重力模型构建

重力模型框架如下：

$$\ln(E_{ij}) = \lambda_{ij} + \alpha_{1ij}\ln(E_i) + \alpha_{2ij}\ln(E_j) + \beta_{ij}\ln(G_j) + \gamma_{1ij}\ln(d_i) + \gamma_{2ij}\ln(d_j) + \varepsilon_{ij}$$

其中，E_{ij} 表示由能源 i 流向消费部门 j 的能流，即消费部门 j 对于能源 i 的消费量；E_i 表示能源 i 在城市中的供给总量；E_j 表示消费部门 j 对于所有能源的消费量；G_j 表示消费部门 j 的总经济产出；d_i 表示能源 i 消费导致的所有二氧化碳排放；d_j 表示消费部门 j 产生的所有二氧化碳排放；λ_{ij}、α_{1ij}、α_{2ij}、β_{ij}、γ_{1ij}、γ_{2ij} 为相应系数；ε_{ij} 为误差。

上述参数设定依据在于，城市能源消费过程至少需要综合考虑能源、经济、环境三方面因素。基于能源消费及经济生产过程，城市能源资源的供需对于部门能源消费，尤其在资源分配和竞争方面，具有重要影响；经济产出较高的部门在能源资源市场上也相对具有更高的资源利用效率和竞争力；此外，能源产品的二氧化碳排放对于消费部门的能源选择具有重要影响，而消费部门的二氧化碳排放则对于消费部门自身的能源消费行为具有重要影响。

选取北京市能源、经济和环境三方面指标进行代入并拟合。经济和能源指标相关数据从《北京统计年鉴》（2005~2018 年）中获取，碳排放数据根据《北京统计年鉴》能源消费数据与 IPCC[①]换算方法计算获得。其中，根据《北京统计年鉴》，北京市能源产品主要考虑原煤、焦炭、汽油、煤油、柴油、燃料油、液化石油气、天然气、热力及电力，度量单位统一为万吨标准煤；经济数据考虑北京市 17 个部门（表 5.6）。由于缺乏可参考的北京市不同产业和能源产品的碳排放数据，本部分基于 IPCC 的碳排放因子数据库计算获得。

表 5.6 能源产品和部门及其符号表示

能源产品（i）		部门（j）		
1	原煤	1	农、林、牧、渔业	11	科学研究、技术服务与地质勘查业
2	焦炭	2	制造业	12	水利、环境和公共设施管理业
3	汽油	3	建筑业	13	居民服务和其他服务业
4	煤油	4	交通运输、仓储和邮政业	14	教育业
5	柴油	5	信息传输、计算机服务和软件业	15	卫生、社会保障和社会福利业
6	燃料油	6	批发和零售业	16	文化、体育和娱乐业
7	液化石油气	7	住宿和餐饮业	17	公共管理与社会组织
8	天然气	8	金融业		
9	热力	9	房地产业		
10	电力	10	租赁和商务服务业		

北京市能源生态系统协同演化的主导能流与石油和天然气有密切关系，因此本部分主要对这两种能源产品进行针对性分析。

2. 北京市能源生态系统重力模型计算结果

根据北京市能源生态系统重力模型计算结果，对于大部分能源产品和部门消费间的供需关系的重力模型拟合结果是可接受的。其中，北京市 17 个部门的原煤消费拟合结果均符合构建的重力模型；天然气中，除少数部门外，大部分部门的拟合结果也符合重力模型框架。因此，本部分主要围绕这两种能源进行深入分析，揭示北京市能源生态系统代谢单元的异质影响。

1) 原煤

表 5.7 展示了北京市 17 个部门原煤消费对于重力模型拟合的参数估计。

---

① IPCC：Intergovernmental Panel on Climate Change，联合国政府间气候变化专门委员会。

表 5.7 北京市 17 个部门原煤消费对于重力模型拟合的参数估计

j	x_1	x_2	x_3	x_4	x_5	x_6	r^2	F 检验
1	0	1.259	−0.118	0.107	−1.353	1.296	0.999	5.735×10^{-15}
		1.054×10^{-15}	8.541×10^{-5}	1.049×10^{-9}	2.365×10^{-29}	1.592×10^{-29}		
2	0	1.663	−0.176	−0.014	−0.834	0.605	0.999	1.231×10^{-19}
		0.0450	0	0.001	1.117×10^{-23}	6.993×10^{-26}		
3	0	2.273	0.224	0.062	−1.482	0.791	0.999	2.044×10^{-14}
		0.001	0.001	0.005	9.515×10^{-25}	7.388×10^{-28}		
4	0	0.347	0.361	−0.659	0.127	−0.015	0.985	3.308×10^{-8}
		3.138×10^{-16}	5.819×10^{-15}	1.888×10^{-16}	2.001×10^{-28}	9.370×10^{-26}		
5	0	5.184	0.369	−0.148	−3.713	2.185	0.939	1.740×10^{-5}
		6.695×10^{-18}	1.221×10^{-13}	3.709×10^{-18}	3.568×10^{-27}	8.993×10^{-25}		
6	0	1.951	−1.693	0.632	−1.244	0.979	0.927	0
		1.718×10^{-17}	1.057×10^{-12}	6.033×10^{-20}	3.232×10^{-29}	3.064×10^{-24}		
7	0	2.681	−1.259	0.647	−2.007	1.493	0.967	1.118×10^{-6}
		7.492×10^{-16}	2.013×10^{-13}	4.020×10^{-14}	1.237×10^{-28}	2.223×10^{-30}		
8	0	1.276	−0.007	−0.403	−1.130	1.174	0.974	3.981×10^{-7}
		5.292×10^{-22}	1.978×10^{-19}	5.886×10^{-24}	1.888×10^{-31}	2.411×10^{-32}		
9	0	2.673	−0.335	0.149	−2.269	1.679	0.996	1.356×10^{-10}
		5.015×10^{-12}	9.520×10^{-9}	4.541×10^{-12}	1.883×10^{-26}	1.713×10^{-26}		
10	0	2.425	−0.625	0.020	−2.265	2.002	0.949	8.067×10^{-6}
		2.876×10^{-17}	7.560×10^{-16}	4.443×10^{-18}	1.765×10^{-30}	3.910×10^{-37}		
11	0	1.899	−1.487	0.264	−1.407	1.366	0.912	9.033×10^{-5}
		3.306×10^{-18}	2.237×10^{-16}	2.011×10^{-17}	3.238×10^{-30}	1.484×10^{-33}		
12	0	1.664	−0.221	−0.278	−1.676	1.652	0.996	7.426×10^{-11}
		6.817×10^{-20}	2.820×10^{-13}	5.672×10^{-14}	5.071×10^{-31}	5.314×10^{-34}		
13	0	4.363	−2.913	0.674	−3.562	3.047	0.943	1.292×10^{-5}
		2.815×10^{-12}	0.002	2.238×10^{-6}	1.380×10^{-23}	5.160×10^{-20}		
14	0	4.630	−0.456	0.684	−4.045	2.687	0.985	2.931×10^{-8}
		2.113×10^{-13}	1.817×10^{-9}	2.047×10^{-11}	6.612×10^{-26}	9.869×10^{-25}		
15	0	2.691	−0.275	0.281	−2.451	1.913	0.988	1.471×10^{-8}
		1.251×10^{-17}	2.684×10^{-12}	2.561×10^{-14}	3.150×10^{-29}	4.549×10^{-29}		
16	0	2.375	−0.049	−0.222	−2.021	1.653	0.968	9.983×10^{-7}
		1.297×10^{-18}	5.355×10^{-14}	3.065×10^{-17}	8.939×10^{-29}	2.913×10^{-27}		
17	0	2.013	−0.344	0.155	−2.002	1.767	0.996	1.417×10^{-10}
		6.356×10^{-18}	1.671×10^{-15}	5.480×10^{-18}	5.356×10^{-30}	2.272×10^{-31}		

注：(1) 灰色标记为参数估计 t 检验参数；(2) $r^2>0.9$，t 检验、F 检验置信度 >95%

根据拟合结果，北京市原煤供给（x_2）与其在 17 个部门的消费显著相关（95%置信度），弹性系数为 0.347~5.184，波动范围较大。根据重力模型参数说明，北京市原煤供给与 17 个部门原煤消费的弹性系数反映了 17 个部门原煤消费水平对北京市整体原煤供给变化的敏感程度，计算结果表明北京市部门 5（信息传输、计算机服务和软件业）对北京市原煤供给最为敏感，而部门 4（交通运输、仓储和邮政业）最不敏感。除部门 5，结果表明部门 13（居民服务和其他服务业）及部门 14（教育业）的煤炭消费对总体供给较为敏感。其他部门的弹性系数总体分布在 1.25~2.73。总体来说，北京市原煤供给对于 17 个部门原煤消费均表现出正的弹性系数。初步分析，这与煤炭在北京市能源系统代谢结构中较为底层的层级有关（对应 5.2.1 小节结论），此外部门属性差异导致个别部门煤炭消费对煤炭供给不敏感（如部门 4），表明煤炭供给在其能源结构中的重要地位。

同时，北京市大部分部门的能源总消费对于其原煤消费表现出负的弹性关联（x_3），只有部门 3（建筑业）、部门 4（交通运输、仓储和邮政业）及部门 5（信息传输、计算机服务和软件业）为正，但数值较小。17 个部门中，部门 5 的能源总消费对其原煤消费的弹性系数最高，为 0.369；最小为部门 13（居民服务和其他服务业），为−2.913；其他部门能源总消费对部门原煤消费的弹性系数分布在−0.625~0.361。区别于供给端的弹性分布，需求端大部分部门表现出负的弹性相关，表明北京市部门能源需求与部门原煤消费呈现相反的增长态势，本章认为这与其他能源消费有关，即部门内其他能源消费变化间接影响了煤炭消费。

在经济产出方面，x_4 表示北京市 17 个部门经济产出对其原煤消费的弹性系数。总体来说，该弹性系数主要分布在−0.659~0.684，没有表现出明显的分布特征，且主要集中在 0 附近。

在二氧化碳排放方面，x_5 反映了北京市原煤消费导致的二氧化碳排放对部门原煤消费的影响，x_6 则反映了部门二氧化碳排放对其原煤消费的影响。总体来说，x_5 负值较多，而 x_6 则主要为正值，但二者的数值分布比较接近。一定程度上表明，原煤二氧化碳排放的增加可能导致部门对原煤消费降低，而部门原煤消费与部门二氧化碳总排放具有正相关关系。

图 5.15 展示了不同要素对于部门原煤消费的弹性系数分布。其中，与能源供需相关的要素为原煤供给、部门能源消费，与经济产出相关的要素为部门经济产出，与二氧化碳排放相关的要素为原煤碳排放、部门碳排放。

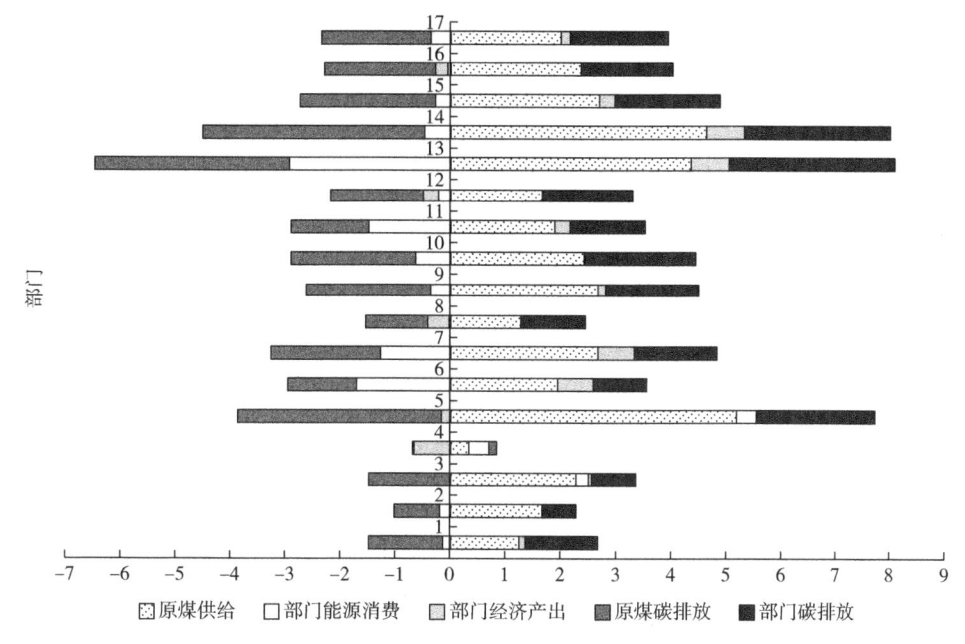

图5.15 北京市17个部门煤炭消费相关弹性系数分布

1：农、林、牧、渔业；2：制造业；3：建筑业；4：交通运输、仓储及邮政业；5：信息传输、计算机服务和软件业；6：批发和零售业；7：住宿和餐饮业；8：金融业；9：房地产业；10：租赁和商务服务业；11：科学研究、技术服务与地质勘查业；12：水利、环境和公共设施管理业；13：居民服务和其他服务业；14：教育业；15：卫生、社会保障和社会福利业；16：文化、体育和娱乐业；17：公共管理和社会组织

其中，能源供需和二氧化碳排放要素分别包含两个要素，代表了北京市能源生态系统中原煤代谢供给端和需求端的状况。在图5.15中容易发现，这两类要素中的两个要素分布均为一正一负，即供给端和需求端的要素对于北京市部门原煤代谢总有一端表现为正向关联，而另一端为负向关联。具体来说，原煤供给和部门二氧化碳排放的对应弹性系数为正值，而部门能源消费和原煤二氧化碳排放的对应弹性系数为负值。此外，弹性系数数值在部门间也存在较大差异，表明部门差异导致的要素异质性影响在北京市原煤代谢中的确存在。在本章后续部分将对这一现象详细阐述。

2）天然气

北京市部门天然气消费重力模型拟合结果如表5.8所示。根据拟合结果，大部分部门拟合结果通过统计检验（除部门5、部门13、部门15、部门16和部门17）。此外，根据《北京统计年鉴》，部门1（农、林、牧、渔业）并没有完整的天然气消费记录，故表5.8中也没有部门1的拟合结果。

表 5.8　北京市 16 个部门天然气消费重力模型拟合参数估计

j	x_1	x_2	x_3	x_4	x_5	x_6	r^2	F 检验
2	0	3.806	1.527	0.592	−2.309	0.047	0.989	$8.269×10^{-9}$
		0.007	$7.892×10^{-8}$	$3.336×10^{-7}$	$3.717×10^{-22}$	$6.959×10^{-25}$		
3	0	5.467	−6.218	0.323	−3.146	3.671	0.987	$1.753×10^{-8}$
		0.002	$3.014×10^{-5}$	0.028	$4.983×10^{-21}$	$2.971×10^{-23}$		
4	0	−3.941	7.938	−2.568	3.880	−4.135	0.916	$7.287×10^{-5}$
		$1.681×10^{-12}$	$3.667×10^{-12}$	$1.184×10^{-13}$	$1.135×10^{-26}$	$7.228×10^{-25}$		
5	0	1.616	−2.212	0.910	−1.297	1.185	0.651	0.035
		$2.001×10^{-21}$	$9.820×10^{-22}$	$1.955×10^{-24}$	$7.311×10^{-32}$	$9.407×10^{-40}$		
6	0	2.253	−3.247	0.136	−1.621	2.095	0.934	$2.482×10^{-5}$
		$1.747×10^{-17}$	$3.636×10^{-14}$	$2.390×10^{-22}$	$9.203×10^{-30}$	$4.198×10^{-25}$		
7	0	1.021	−0.534	−0.306	−0.563	0.752	0.850	0.001
		$4.128×10^{-14}$	$3.353×10^{-19}$	$1.898×10^{-17}$	$1.203×10^{-29}$	$6.543×10^{-40}$		
8	0	3.356	−0.383	0.681	−2.883	1.799	0.978	$1.938×10^{-7}$
		$1.297×10^{-21}$	$1.565×10^{-20}$	$1.350×10^{-24}$	$2.814×10^{-31}$	$1.088×10^{-33}$		
9	0	0.685	0.532	−0.383	−0.214	0.173	0.966	$1.371×10^{-6}$
		$7.629×10^{-13}$	$6.122×10^{-21}$	$4.212×10^{-19}$	$2.515×10^{-29}$	$1.586×10^{-35}$		
10	0	0.197	1.882	−0.351	0.019	−0.430	0.955	$4.518×10^{-6}$
		$8.008×10^{-16}$	$5.860×10^{-15}$	$9.128×10^{-18}$	$4.070×10^{-29}$	$1.050×10^{-33}$		
11	0	2.188	1.348	−0.214	−2.026	1.171	0.907	0
		$1.607×10^{-15}$	$8.374×10^{-14}$	$4.709×10^{-16}$	$6.749×10^{-29}$	$1.602×10^{-32}$		
12	0	5.587	−2.382	−0.747	−3.654	2.702	0.871	0.001
		$5.736×10^{-20}$	$2.766×10^{-16}$	$4.427×10^{-16}$	$1.304×10^{-30}$	$7.430×10^{-34}$		
13	0	−1.192	1.610	0.014	0.900	−0.818	0.519	0.123
		$1.769×10^{-18}$	$1.606×10^{-12}$	$2.034×10^{-17}$	$3.081×10^{-30}$	$1.652×10^{-28}$		
14	0	0.497	0.054	0.009	−0.257	0.286	0.905	0
		$2.474×10^{-15}$	$1.160×10^{-19}$	$8.799×10^{-17}$	$4.028×10^{-29}$	$5.462×10^{-37}$		
15	0	0.244	−0.018	0.040	−0.163	0.253	0.300	0.472
		$1.360×10^{-18}$	$2.300×10^{-22}$	$3.461×10^{-17}$	$3.216×10^{-31}$	$4.044×10^{-38}$		
16	0	1.694	0.120	0.299	−1.549	1.091	0.672	0.027
		$8.453×10^{-20}$	$2.294×10^{-21}$	$3.561×10^{-22}$	$2.104×10^{-31}$	$1.001×10^{-36}$		
17	0	−0.047	0.245	−0.243	0.236	−0.098	0.658	0.032
		$1.543×10^{-19}$	$1.699×10^{-26}$	$1.319×10^{-23}$	$1.765×10^{-31}$	$1.678×10^{-38}$		

注：（1）灰色标记为参数估计 t 检验参数；（2）r^2>0.85，t 检验、F 检验置信度>95%；（3）部门 5、部门 13、部门 15、部门 16 和部门 17 未通过检验

对于天然气供给对部门天然气消费的弹性系数（x_2）的拟合，结果表明几乎所有部门弹性系数均为正值且数值处于较高水平。其中，弹性系数高的部门为部门 12（水利、环境和公共设施管理业）的 5.587 和部门 3（建筑业）的 5.467。唯一的例外为部门 4（交通运输、仓储和邮政业），弹性系数为-3.941。在需求端，

部门能源总消费与部门天然气消费的弹性系数分布跨越较大，从部门 3（建筑业）的最低 -6.218 到部门 4 的最高 7.938。此外，区别于北京市部门原煤代谢中供给端弹性系数为负值而需求端弹性系数多为正值，天然气消费的相关弹性系数并没有表现出明显的分布特性。

在经济产出方面，部门经济产出与部门天然气消费的弹性系数总体分布在 0 附近，为 -0.747~0.910，唯一例外的为部门 4 的 -2.568。尽管相较于其他要素的弹性系数分布这个数值并不显著，但一定程度上反映出部门 4 的天然气消费对部门经济产出较为敏感。

在二氧化碳排放方面，天然气二氧化碳总排放对绝大部分部门的天然气消费表现出负的弹性系数（除部门 4 和部门 10）。其中，最高为部门 4 的 3.880，最低为部门 3 的 -3.146。同时，部门二氧化碳排放水平对部门天然气消费的弹性系数最小为部门 3 的 -4.135，最大为部门 4 的 3.671。

图 5.16 展示了北京市 11 个部门天然气消费相关弹性系数分布。根据图 5.16，尽管部分部门能源相关要素对应弹性系数分布与原煤情况类似，即两类要素的弹性系数分布为异号一正一负，但少数部门（如部门 2、部门 9、部门 10、部门 11 和部门 14）出现两类要素弹性系数均为正值的情况，表明北京市部门天然气代谢的供给和需求两端均表现出正的关联性。在碳排放方面，天然气消费的弹性系数分布与原煤情况类似，即一正一负，但部门 4 和部门 10 的正负分布与其他部门相反。

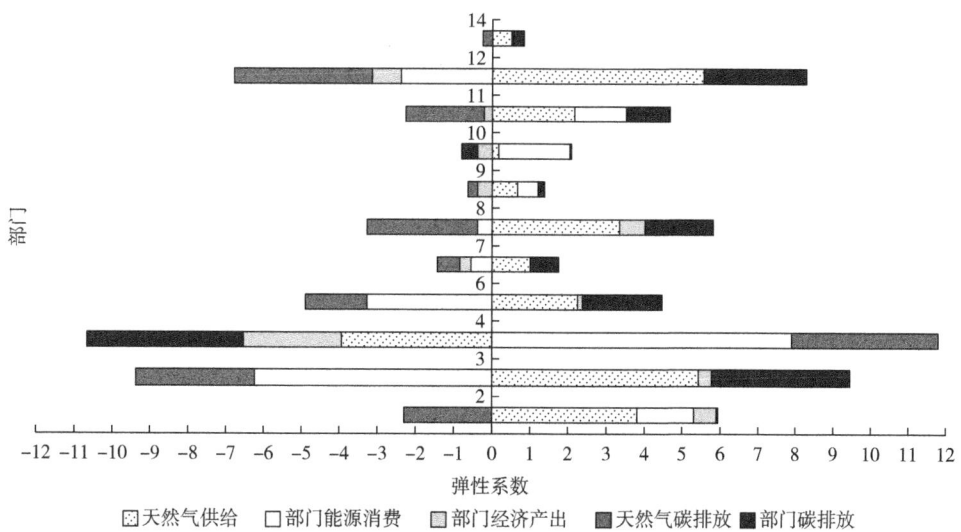

图 5.16　北京市 11 个部门天然气消费相关弹性系数分布

2：制造业；3：建筑业；4：交通运输、仓储及邮政业；6：批发和零售业；7：住宿和餐饮业；8：金融业；9：房地产业；10：租赁和商务服务业；11：科学研究、技术服务与地质勘查业；12：水利、环境和公共设施管理业；14：教育业

3. 北京市能源系统代谢要素异质性分析

根据重力模型计算结果，不同部门在原煤和天然气代谢过程中均表现出不同的敏感性和影响差异性，而且这种异质性存在于能源代谢从供给端到需求端的全过程。在本小节的前部分，这种差异性主要体现在弹性系数的数值上，本部分结合北京市能源代谢的实际情况，探讨北京市能源系统代谢要素异质性的具体意义。

根据 5.2.1 小节和 5.3.1 小节的分析结果，北京市能源系统代谢结构演化的主导能流在于煤炭和天然气在工业部门的消费流。因此，在 5.3.2 小节的分析中，主要针对原煤和天然气两种主要能源种类，基于重力模型从部门消费的角度初步计算和比较了从供给端到需求端的能源、经济、环境三个方面要素在北京市部门能源代谢过程中的差异性。

由于重力模型主要反映了对于某一特定能流供给端和需求端要素的属性差异对能流形成的影响，显然无论是供给端还是需求端，其要素的异质性影响都能够通过计算结果体现。在本部分的分析过程中，主要考虑了能源、经济和环境三个方面的要素影响，其中能源和环境要素又区分为供给端和需求端两部分。具体要素选择说明如下。

1）能源方面

（1）供给端：北京市具体能源产品（原煤或天然气）的总供给。

该要素反映了能源产品总供给与对应部门该能源产品消费的数量关系和部门产品消费对供给的敏感程度，即能源产品供给端对于部门消费的影响。

（2）需求端：部门能源总需求（所有能源产品）。

该要素反映了部门能源总需求与部门具体能源产品（原煤或天然气）需求的影响，即部门能源消费对特定能源产品的依赖程度。

2）经济方面

在本部分分析中，经济方面仅包含了部门经济产出要素，该要素主要体现在经济产出对特定能源消费的影响。一般地，该要素的意义主要体现在两个方面：一是基于经济产出贡献对能源产品市场分配的优先权；二是基于能源利用效率或能源强度对能源产品资源分配的优先权。

3）环境方面

（1）供给端：具体能源产品（原煤或天然气）的二氧化碳排放水平。

该要素反映了具体能源产品的二氧化碳排放对于部门对该能源产品消费的影响，即部门基于减排视角的能源产品选择。

（2）需求端：部门二氧化碳排放水平。

该要素反映了部门二氧化碳排放水平对特定能源产品消费的影响。

将原煤和天然气的部门代谢影响因素进行横向比较，讨论要素异质性在北京

第 5 章 北京市能源生态系统代谢结构解析

市能源系统代谢过程中的影响。

通过对计算结果进行梳理，将北京市原煤代谢及天然气代谢的共同部门进行要素异质性对比分析，如图 5.17 所示。

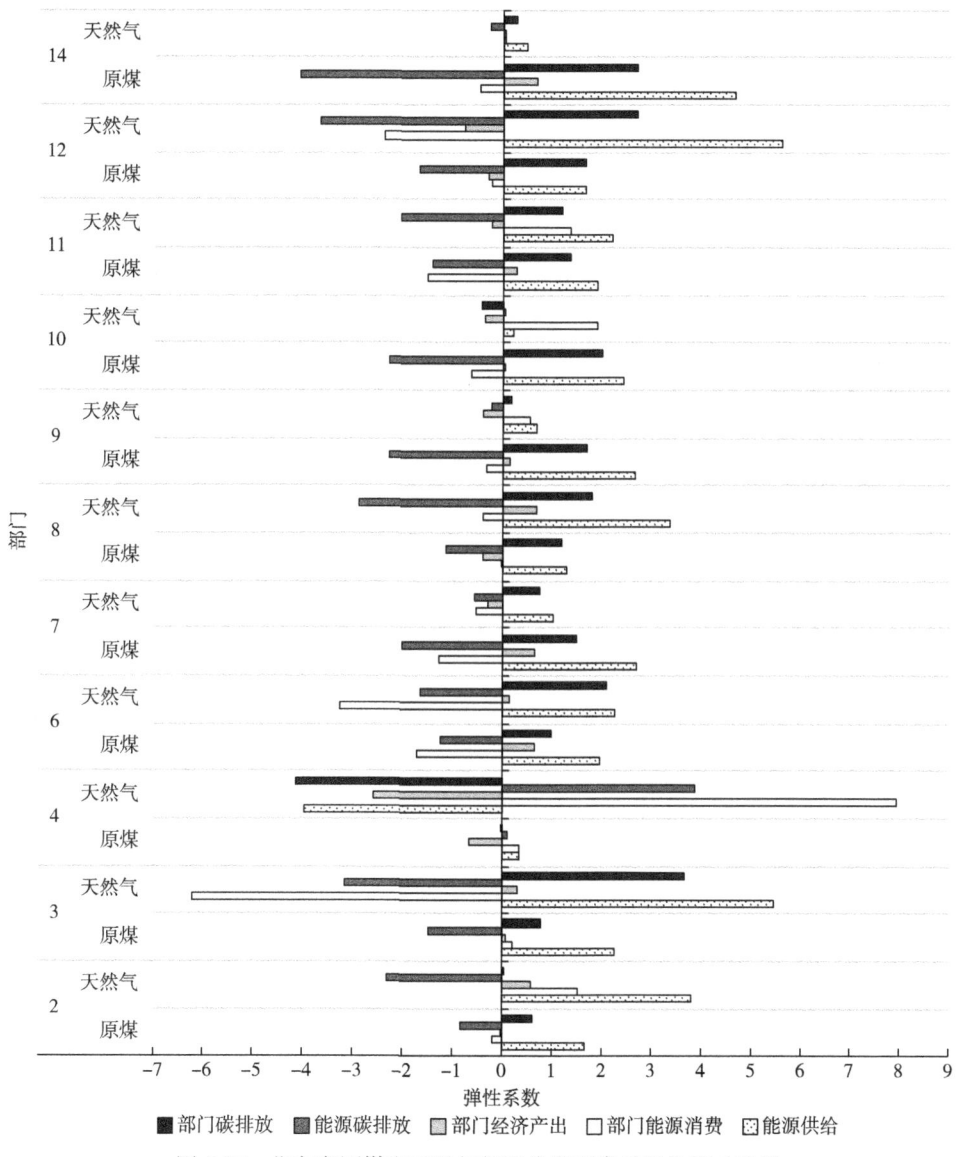

图 5.17 北京市原煤和天然气部门代谢要素异质性影响比较

2：制造业；3：建筑业；4：交通运输、仓储及邮政业；6：批发和零售业；7：住宿和餐饮业；8：金融业；9：房地产业；10：租赁和商务服务业；11：科学研究、技术服务与地质勘查业；12：水利、环境和公共设施管理业；14：教育业

（1）能源供需。在能源供给方面，图 5.17 中绝大部分部门（除部门 4）中能源（原煤或天然气）供给对部门能源产品消费均表现出正的弹性关联。同时，部门 7、部门 9、部门 10 和部门 14 的原煤的弹性系数大于天然气，意味着增加北京市原煤供给比增加天然气供给更容易推动这些部门对应能源产品的消费。在其他部门，情况则完全相反。这在一定程度上能够反映不同部门对于原煤和天然气产品的偏好程度，因此可以通过供给端的供给控制，能够更容易撬动或抑制不同部门对于不同能源产品的消费。

在能源需求方面，部门 2、部门 9、部门 10、部门 11 和部门 14 的部门能源消费对部门原煤消费的弹性系数为负值，而对部门天然气消费的弹性系数为正值。这意味着增加这些部门能源使用规模能够有效推动北京市煤炭和天然气替代过程。与之相对应，在部门 3、部门 8 则需要缩减部门规模。此外，对于部门 6 和部门 12，由于部门能源需求对部门原煤和天然气消费的弹性系数同为负值，且原煤（的弹性系数）大于天然气，缩减这些部门规模有利于北京市煤炭与天然气的替代。

（2）经济产出。部门 2、部门 3 和部门 8 的经济产出对天然气消费的弹性系数大于原煤，表明对这些部门提高经济产出有利于天然气的部门代谢。在部门 4 和部门 12 中，部门经济产出对原煤和天然气消费的弹性系数表现为负值，表明提高经济产出可能降低部门原煤和天然气消费。主要是因为这两个部门的能源通常为主要生产投入，所以在部门规模一定的前提下，提高经济产出的主要途径是提高能源效率。此外，注意到部门 7、部门 9、部门 10、部门 11 和部门 14 中原煤的弹性系数为正值而天然气的弹性系数为负值，因此缩减部门规模有利于北京市原煤和天然气的替代。

（3）二氧化碳排放。根据计算结果，对于北京市能源系统代谢结构中供给端和需求端的二氧化碳排放，部门能源产品代谢均表现出显著影响。在供给端，除部门 4，其他部门原煤和天然气二氧化碳排放量对于部门原煤或天然气消费的弹性系数均为负值。因此这些部门与原煤和天然气节点间存在一种二氧化碳排放的内控机制，当北京市原煤和天然气消费导致整体二氧化碳排放增加，这些部门倾向降低原煤和天然气的消费，从而减少二氧化碳排放。在需求端，绝大多数部门二氧化碳排放与部门原煤或天然气消费的弹性系数为正值（除部门 4），表明这些部门内部存在一种二氧化碳排放的放大机制，导致自身二氧化碳排放与自身原煤或天然气消费间存在互相加强的正反馈。

此外，注意到部门 3、部门 6、部门 8 和部门 12 的天然气消费对北京市天然气二氧化碳排放比原煤敏感，表明这些部门更倾向选择二氧化碳排放水平较低的能源产品，因此在这些部门中清洁能源的推广使用更为有利或已取得显著成效。

4. 北京市能源系统代谢部门异质性分析

在 5.3.2 小节的分析中，主要通过探讨和对比不同要素对部门能源代谢的正负反馈机制反映要素异质性的影响，但对于不同能源间的敏感性，以及部门属性导致的对不同能源的偏好程度并没有深入分析。因此，需要对不同敏感性组合进行讨论。

表 5.9 梳理了北京市主要部门要素异质性对原煤和天然气代谢影响的判定关系。

表 5.9 北京市主要部门要素异质性判定关系

要素	部门	供给端 原煤	关系	天然气	需求端 原煤	关系	天然气
能源 （供给/需求）	2	+	<	+	−	<	+
	3	+	<	+	+	>	−
	4	+	>	−	+		+
	6	+	<	+	−	>	−
	7	+		+	−	<	−
	8	+	<	+	−		−
	9	+	>	+	+	<	+
	10	+		+	−		+
	11	+	<	+	−		+
	12	+		+	−	>	−
	14	+	>	+	−	<	−
经济 （经济产值）	2				−		+
	3				+	<	+
	4					>	
	6				+	>	+
	7				+	>	+
	8				+	>	+
	9				+	>	+
	10				+	>	+
	11				+	>	+
	12				−	>	−
	14				+	>	+

续表

要素	部门	供给端 原煤	供给端 关系	供给端 天然气	需求端 原煤	需求端 关系	需求端 天然气
环境（二氧化碳排放）	2	−	>	−	+	>	+
	3	−	>	−	+	<	+
	4	+	<	+	+	>	−
	6	−	>	−	+	>	+
	7	−	<	−	+	>	+
	8	−	>	−	+	>	+
	9	−	<	−	+	>	+
	10	−	<	+	+	>	−
	11	−	>	−	+	>	+
	12	−	>	−	+	>	+
	14	−	<	−	+	>	+

注：（1）色块■、色块▨、色块▓及色块□分别表示对应要素对部门原煤或天然气代谢的反馈关系；其中，色块■表示部门能源代谢对能源要素变化的反馈为负反馈；色块▨表示部门能源代谢对经济要素变化的反馈为负反馈；色块▓表示部门能源代谢对环境要素变化的反馈为负反馈；色块□表示部门能源代谢对对应要素变化的反馈为正反馈。

（2）色块▨和色块▤分别表示部门对于天然气和原煤的内生敏感程度。其中，色块▨表示该部门天然气代谢敏感性在对应要素下更高；色块▤表示该部门原煤代谢敏感性在对应要素下更高

不同色块组合表明部门能源代谢对不同外部要素变化的反馈机制类型，具体说明如下。

1）□□□

该组合表明，原煤和天然气的部门代谢对于外部相关要素变化均为正反馈，即当对应要素增加时，部门原煤和天然气消费均会出现一定程度的增长，且天然气的增长程度要大于原煤。因此，具备该组合的部门在扩张情景下对于北京市原煤和天然气替代具有促进作用，而在紧缩情景下则不利于北京市清洁能源替代，但有利于降低部门能源消费。

2）□□□

该组合表明，原煤和天然气的部门代谢对于外部相关要素变化均为正反馈，即当对应要素增加时，部门原煤和天然气消费均会出现一定程度的增长，且天然气的增长程度要小于原煤。因此，具备该组合的部门在扩张情景下不利于北京市原煤和天然气的替代，而在紧缩情景下则能够促进北京市清洁能源替代，但有利于降低部门能源消费。

3）■□■，□■□，以及■□□

该组合表明原煤和天然气的部门代谢对于外部相关要素变化均为负反馈，即当对应要素增加时，部门原煤和天然气消费均会出现一定程度的降低，且天然气的变化程度要大于原煤。因此，具备该组合的部门在紧缩情景下对于北京市原煤和天然气替代具有促进作用，而在扩张情景下则有利于降低部门能源消费，但不利于北京市清洁能源替代。

4）■□■，□■□，以及■□□

该组合表明原煤和天然气的部门代谢对于外部相关要素变化均为负反馈，即当对应要素增加时，部门原煤和天然气消费均会出现一定程度的降低，且天然气的变化程度要小于原煤。因此，具备该组合的部门在紧缩情景下不利于北京市原煤和天然气的替代，而在扩张情景下则有利于北京市清洁能源替代，但不利于降低部门能源消费。

5）■■□，□■□，以及■■□

该组合表明原煤的部门代谢对于外部相关要素变化为负反馈，而天然气的部门代谢对于外部相关要素变化为正反馈，且天然气的变化幅度大于原煤。因此该状况在扩张背景下有利于北京市原煤与天然气的替代，但在紧缩背景下则不利于替代。

6）□□■，□□■，以及□□■

该组合表明原煤的部门代谢对于外部相关要素变化为正反馈，而天然气的部门代谢对于外部相关要素变化为负反馈，且天然气的变化幅度小于原煤。因此该状况在扩张背景下不利于北京市原煤和天然气的替代，但在紧缩背景下则有利于替代。

本节主要对北京市能源生态系统协同演化进行分析。首先，结合北京市能源系统特征对其系统演化异步性和异质性的现实依据进行了探讨；其次，分别构建北京市能源系统协同演化的哈肯模型和重力模型对其演化异步性和异质性进行实证分析。得到的主要结论如下。

（1）北京市能源生态系统协同演化的异步性和异质性表现在三个方面：城市能源供需结构演化的复杂性；城市与部门，以及部门与部门间能源代谢波动的异步性；部门能源代谢结构和代谢单元影响的异质性。

（2）基于哈肯模型的北京市能源系统代谢演化主导能流分析结果表明，代谢能流煤炭→第二产业是主导北京市能源系统代谢演化的序参量，并促进系统整体演化；能流天然气→第二产业也对北京市能源系统整体代谢演化有促进作用，但能流煤炭→第二产业与天然气→第二产业间表现出相互抑制的关系，因此在北京市煤炭与天然气替代过程中存在竞争关系。

（3）基于重力模型的北京市能源系统代谢演化异质性分析表明，北京市主要部门煤炭和天然气代谢在相同影响因素下表现出不同的偏好属性和敏感程度。同时，相同部门在能源、经济、环境方面，供需两端也表现出不同的反应性质。因此，北京市不同部门能源代谢在不同外部干扰下会表现出不同的反应状态和影响。

5.4 本章小结

本章对北京市能源代谢能流和结构进行分析，揭示北京市近年来城市能源生态系统代谢和演化特征，得到的主要结论如下。

（1）在上游供给端，煤炭主导的二次能源供给结构逐渐由天然气替代，同时供给端内部能源转换规模明显缩减，北京市能源供给对外依存度提高；在下游需求端，第三产业能源消费总体呈增长趋势，主要增长来自热力、电力等二次能源，第一、第二产业能源消费规模明显下降，煤炭消费明显降低。同时，关键能流分析表明，北京市关键代谢能流的间接消费极小，同时天然气逐渐取代煤炭成为北京市能源代谢主体。

（2）北京市能源生态系统代谢结构分析结果表明，近年来北京市能源生态系统代谢结构有明显的简化趋势，网络的度分布、网络密度降低，并出现孤立节点，表明北京市能源代谢网络中能源供给与部门需求关系简单化。通过基于解释结构模型的北京市能源生态系统代谢网络结构层级分析，煤炭层级上升，天然气及其他能源层级下降，天然气成为北京市能源代谢主体。层级结果同时表明，近年来北京市能源生态系统优化主要依赖于需求端的产业迁移导致能源需求降低。

（3）北京市能源生态系统代谢演化主导能流分析结果表明，煤炭→第二产业主导北京市能源生态系统代谢演化，并对系统整体演化起促进作用；天然气→第二产业也对北京市能源系统整体代谢演化有促进作用，但煤炭→第二产业与天然气→第二产业间相互抑制，因此二者存在竞争关系。

（4）北京市能源系统代谢演化异质性分析表明，北京市主要部门煤炭和天然气代谢在相同影响因素下表现出不同的偏好性和敏感性，且相同部门在能源、经济、环境方面，供需两端也表现出不同的性质。因此，北京市不同部门能源代谢存在较强异质性。

第 6 章　毕节市能源生态系统解析

毕节市拥有丰富的煤炭资源,是中国西南部地区重要的煤炭生产基地之一。2021 年,贵州省煤炭产量在全国各省(区、市)中位居第五[①],而毕节市煤炭产量在贵州省所有城市中居首位。因此,可以将毕节市能源生态系统作为煤炭资源富集型和能源输出型城市能源生态系统的代表。在当前我国资源富集型和能源输出型城市能源生态系统亟须进行生态化转型的背景下,解析毕节市能源生态系统具有重要意义。本章先介绍毕节市能源产业概况,然后基于对城市能源生态系统的内涵及运行机理,运用第 4 章所提到的生命周期评价模型和解释结构模型探寻毕节市能源生态系统的动态演化过程、结构特征和驱动机制。在此基础上,阐释毕节市能源系统生态化转型路径及对策建议。

6.1　毕节市能源产业及生命周期分析

6.1.1　能源产业发展概况

毕节市地处贵州西北部,位于乌蒙山腹地,是贵州经济金三角之一,矿产资源丰富,有煤、铁、铅锌、硫、黏土等 40 种矿产资源,尤以煤炭优势突出。

截至 2022 年,毕节市已探明煤炭资源储量达 313.7 亿吨,其中可采煤炭储量 247.3 亿吨,海拔 2 000 米以上储量则多达 700 亿吨,占贵州省煤炭资源储量 42% 以上。毕节地区煤炭品位优良,多为优质无烟煤,可就地开采使用,开采成本低、

---

① 中国煤炭工业协会:2021 年全国原煤产量分省完成情况分析. http://www.ccoalnews.com/news/202201/24/c152635.html,2022-01-24.

环境保护效果显著。毕节地区探明煤炭资源遍布所辖七县一区，其中黔西县（现为黔西市）、金沙县、织金县、赫章县、纳雍县、威宁彝族回族苗族自治县煤炭储量较为丰富且易于开采。此外，毕节市煤层气资源丰富，约占贵州省煤层气总量的 35%，埋深 2 000 米以浅的煤层气资源量约 1.5 万亿立方米，其中较适合煤层气工业开采的深度范围（−200 米~−1 500 米）内的资源量约 1.1 万亿立方米。

6.1.2 毕节市煤炭产业发展历程

毕节市煤炭产业发展历程可大致分为三个阶段：第一个阶段为 2001 年之前的起步阶段；第二个阶段为 2001~2014 年的快速发展阶段；第三个阶段为 2015 年至今的转型升级阶段，如图 6.1 所示。

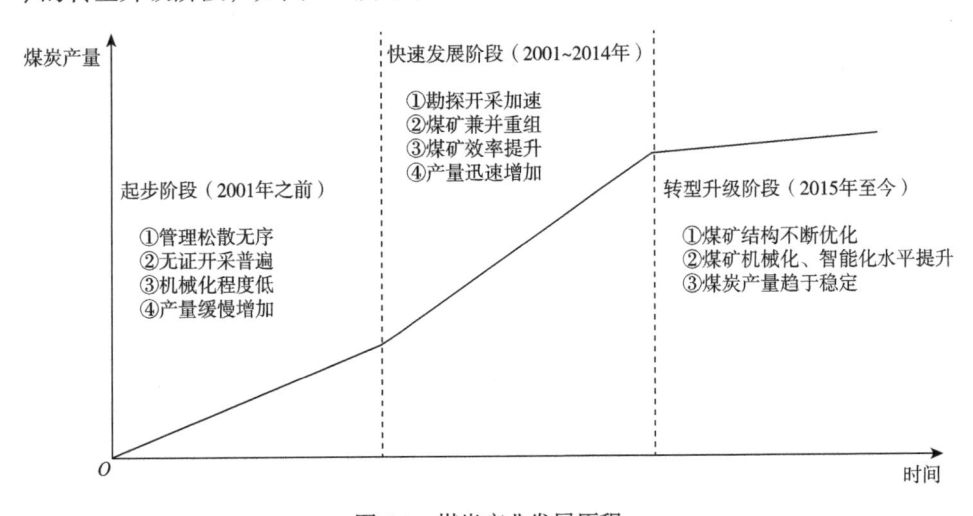

图 6.1　煤炭产业发展历程

1. 起步阶段：2001 年之前[①]

在 2001 年以前，毕节市煤炭产业发展经历了三个阶段：一是 1980 年以前的原始生产阶段，这一阶段的特色是以手工生产、个体为主，没有专门的管理部门，对小煤窑没有准确的数据统计；二是 1980~1998 年的初步发展阶段，在这个阶段毕节市煤炭产业发展形成一定规模，逐步使用机械，实现了由社队企业管理、乡镇企业管理和成立煤炭专门部门的管理，至 1995 年底，毕节市共有在册乡镇煤矿 5 000 多处，无证开采普遍；三是 1998~2000 年以关井压产为特征的建设机械化矿

---

① 腾飞. 资源型经济的深度解析——以贵州省毕节地区为例[M]. 北京：商务印书馆，2014.

井阶段，通过关井压产，至1999年底，毕节市共有在册乡镇煤矿1360处，至2000年底，进一步执行关井压产政策，毕节市乡镇煤矿数量只保留了940处。

2. 快速发展阶段：2001~2014年[①]

"十五"时期，通过实施体制改革、实行结构调整、加大资源勘探、积极招商引资、坚决关井压产、深化安全专项整治、抓紧电煤基地建设等工作，毕节市煤炭产业快速、稳步、健康发展，煤炭产量逐年大幅度增长，迅速发展成为毕节市重要的支柱产业，有力地支撑了毕节市经济社会快速发展。"十五"时期毕节市煤炭产量迅速增加，由2001年的518.86万吨增至2005年的2600万吨，年均增长约520万吨。

"十一五"时期，毕节市进行煤炭资源整合工作，对煤矿进行兼并重组。毕节市本着"业主自愿、技术可行、政府推动、政策鼓励"的原则，打破地域、行业和所有制界限，支持已进入毕节地区的大型企业加快规划矿区的重点项目建设，支持大型煤炭企业采取收购、兼并、控股等多种形式整合小煤矿，引导和培育小型煤炭企业按照现代企业制度进行资产重组，实行联合改造，积极推进大型企业兼并重组小煤矿工作。经过一系列大规模的兼并重组，毕节市的煤矿数量大幅减少，煤矿生产效率大幅提升，使得煤炭产量保持快速增长。2006年，毕节市煤炭产量为2900万吨，到2010年煤炭产量增至4628万吨，年均增长432万吨。

2010~2014年，毕节市煤炭产量年均增长500万吨，2014年实现煤炭产量6650万吨，实现规模工业增加值148亿元，占毕节市规模工业增加值的49%；毕节市建成五轮山、文家坝一矿、小屯、高山、龙凤等大中型煤矿及小型矿井共288个，新增煤炭产能5859万吨/年。此外，2011~2014年累计完成煤矿投资712亿元。通过资源整合和煤矿兼并重组，煤矿产能结构明显优化，煤矿平均单井规模从2010年的8.49万吨提升到2014年的13万吨。

3. 转型升级阶段：2015年至今

2015年以来，毕节市煤炭产业发展迈入转型升级阶段，主要具有以下三个特点。

（1）煤矿结构不断优化。2015~2018年，毕节市累计关闭煤矿181个，淘汰落后产能2478万吨/年，煤矿数量从560个减至379个，煤矿单井规模从2015年的13万吨提升到2018年的28.7万吨。从生产煤矿组成情况来看，大中型煤矿数量占比由2015年的12.7%提升到32.4%，产能占比由39.7%提升到61.9%，煤矿结构不断优化。

（2）煤矿机械化、智能化水平提升。随着2015年贵州省开始对采掘机械化示范

[①] 孔维军. 奋力打造试验区工业改革发展升级版——毕节市工业发展综述[EB/OL]. http://www.bjsyq.cn/article/201703/2/7288.htm，2017-04-13.

煤矿进行奖励和 2017 年《贵州省人民政府关于煤炭工业淘汰落后产能加快转型升级的意见》正式出台，毕节市出台了《毕节市推进煤矿机械化智能化改造建设三年攻坚行动方案（2018—2020年）》，利用省级预拨煤矿智能化机械化升级改造项目奖补资金，全力推进煤矿综合机械化和生产辅助系统智能化改造工作，提升企业生产机械化和智能化水平。依托"省能源云"信息平台和"毕节市煤矿安全综合监控平台"，对煤矿安全生产和经营管理过程中的瓦斯浓度、人员定位、销量等数据进行采集、分析和处理，为煤矿安全生产和精准决策提供数据支撑。2017 年，毕节市 28 个煤矿完成综合机械化改造。2018 年底，毕节市每年生产 30 万吨及以上煤矿的机械化率达到 81%；综采率达到 64.6%，同比增加 21.5 个百分点；智能化矿井数占 21%，净增 21 个百分点[300]。毕节市正常生产煤矿机械化率和生产辅助系统智能化率已达 100%。

（3）煤炭产量趋于稳定。根据《贵州省人民政府关于煤炭工业淘汰落后产能加快转型升级的意见》，贵州省于 2017 年全部淘汰退出 9 万吨/年煤矿，2019 年底全部淘汰退出 15 万吨/年和 21 万吨/年煤矿。尽管小煤矿数量大幅度减少，但由于中型煤矿的数量逐渐增加和煤矿机械化、智能化改造的推进，毕节市煤炭产量并未下降，而是趋于平稳状态。

6.1.3 毕节市煤炭产业生命周期阶段判定

根据产业生命周期理论，传统能源产业在发展过程中一般要经历形成期、成长期、成熟期和衰退期四个阶段。由于缺乏翔实的数据，下面采用经验判断法从定性角度判定毕节市煤炭产业所处的生命周期阶段。

经验判断法认为传统能源产业产出增长率小于 8%为形成期，大于等于 8%为成长期，而到了成熟期，其产出增长率又会下降，保持在 0.1%~8%，到衰退期则会呈现负增长。煤炭产量是毕节市煤炭产业最重要的经济产出，因此可根据煤炭产量增长率来判断毕节市煤炭产业所处的生命周期阶段。表 6.1 显示了毕节市 2001~2021 年各代表性时期的煤炭产量年平均增长率数据。由表 6.2 可知，2001~2021 年毕节市煤炭产量年平均增长率呈下降趋势，并且在 2001~2014 年煤炭产量年平均增长率始终大于 8%，说明这一时期毕节市煤炭产业处于产业生命周期的成长期，而在 2015~2021 年煤炭产量年平均增长率则小于 8%，说明这一时期毕节市煤炭产业处于产业生命周期的成熟期。

表 6.1 毕节市煤炭产量增长率

时期	2001~2005 年	2006~2010 年	2011~2014 年	2015~2021 年
年平均增长率	100.22%	14.90%	10.80%	7.78%

资料来源：《毕节市国民经济和社会发展统计公报》及《毕节市政府工作报告》

总体而言,毕节市煤炭产业发展历程与产业生命周期理论完全契合,可初步判断毕节市煤炭产业已步入成熟期。因此,为了实现经济可持续发展,毕节市需要未雨绸缪,在煤炭产业步入衰退期之前进行产业生态化转型。

6.2 毕节市能源生态系统特征分析

6.2.1 能源生产消费概况

基于矿产能源资源禀赋优势,毕节市在经济发展中优先选择以能源为依托的产业进行发展规划,特别是西部大开发以来,毕节市更是加大了能源资源开发力度。毕节市的一次能源生产以煤炭为主,以煤炭开采和洗选业为代表的能源产业在毕节市社会经济发展中起着举足轻重的作用(表6.2)。

表 6.2 毕节地区各煤矿区基本状况

矿区	工业分析					煤的可选性
	Mad[1]	Ad[2]	Std[3]	Vdaf[4]	Qb.daf[5]/(MJ/kg)	精煤回收率一般在50%~66%
毕节矿区	2.00%	24.50%	5.02%	8.00%	25.80	
大方矿区	2.58%	23.57%	1.82%	6.26%	34.92	经洗选后,灰分较高,高硫煤硫分降低幅度大
黔西矿区	3.32%	17.97%	1.81%	7.55%	29.07	分选密度为1.563、1.527时,难选
金沙矿区	3.32%	25.67%	2.26%	7.75%	34.66	分选密度为1.7、1.8时,难选或中选
织金矿区	2.66%	22.70%	3.39%	8.31%	33.93	分选密度为1.7时,极易选
纳雍矿区	3.32%	23.55%	1.56%	10.66%	31.50	分选密度为1.7、1.8时,极易选
威宁矿区	0.81%	19.20%	1.67%	18.20%	30.87	出低灰精煤,难度较大
赫章矿区	2.98%	24.59%	2.45%	10.53%	24.36	出低灰精煤,难度较大

1)Mad 为一般分析试验煤样水分的质量分数;2)Ad 为空气干燥基灰分的质量分数;3)Std 为干燥基硫的质量分数;4)Vdaf 为干燥无灰基中挥发分的比例;5)Qb.daf 为干燥基弹筒发热量
资料来源:《贵州省毕节地区煤炭资源考察报告》

毕节市是我国重要的无烟煤产区,并且煤炭资源分布广、储量大、质量优、易开采。同时,毕节市也是全国南方"西电东送"的主要能源基地,煤炭覆盖面积占总行政区域面积的45%以上,行政区域内有8个县区产煤,其中国家确定的重点产煤县有4个(纳雍县、金沙县、织金县、大方县)[301]。"十三五"以来,毕节市大量淘汰煤炭落后产能,截至2020年9月,已关闭煤矿153个,淘汰落后产能 1 866 万吨/年。同时，加快培育释放优质产能，至 2020 年底，毕节市煤矿产能规模已达到 1.2 亿吨/年，其中中型矿井占比达到 60%以上，平均单井规模达到 40 万吨/年。2019 年毕节市煤炭产量 4 555 万吨，同比增长 7.8%，发电用煤供应占贵州省供煤量的 41.7%。2021 年毕节市生产煤炭 4 880 万吨，发电 500 亿千瓦时，供应电煤 2 530 万吨，居贵州省第一[①]。

"十三五"以来，毕节市坚持水、火、风、光"四电"并举发展，进一步优化发展火电，大力发展清洁能源发电。2020 年，毕节市威宁彝族回族苗族自治县新能源装机容量达到 300 万千瓦，已形成贵州省最大的光伏风能发电基地。2020 年毕节市电力装机容量为 1 472.95 万千瓦，其中，清洁能源装机占比为 34.8%，与 2015 年相比提升了 8.6 个百分点。2020 年，毕节市规模以上工业电力生产总量为 4 426 824.04 万千瓦时，同比下降 7.62%。2020 年毕节市规模以上工业发电结构如图 6.2 所示，可以看出，在发电结构中，占比最大的是火力发电量，为 84.79%；风力发电量、太阳能发电量和水力发电量，占比分别为 7.78%、4.26%和 3.16%。在火力发电量组成中，生物质发电量占比最小，仅为 0.04%；燃气发电量、垃圾焚烧发电量，以及余热、余压、余气发电量的占比均低于 1%。进一步，与 2019 年相比，燃煤发电量下降 9.86%，发电量占比下降 2.11 个百分点；太阳能发电量和垃圾焚烧发电量增幅最大，分别为 249.6%和 104.7%，发电量占比分别上升 3.14 个百分点和 0.15 个百分点；生物质发电量和水力发电量则有较大降幅，分别为 73.6%和 33.6%，发电占比分别下降 0.09 个百分点和 1.24 个百分点。2021 年，毕节市新建成新能源发电项目 13 个，装机容量 84.05 万千瓦。其中，风电项目 4 个，装机容量 19.05 万千瓦；光伏发电项目 9 个，装机容量 65 万千瓦。2021 年，毕节市发电量为 2 479.2 亿千瓦时，清洁能源发电量占比达到 17.4%[②]。

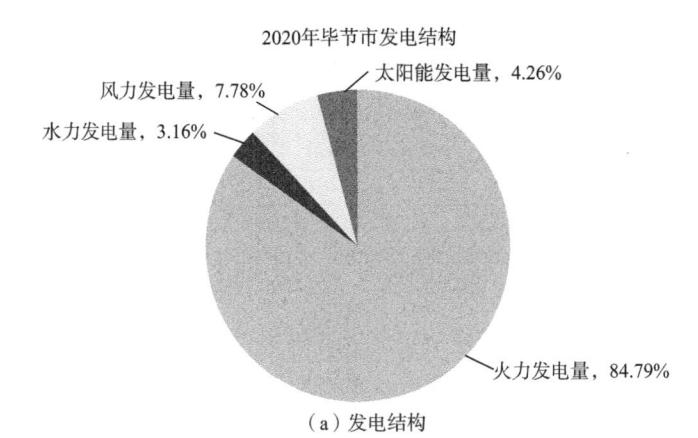

2020年毕节市发电结构

风力发电量，7.78%
太阳能发电量，4.26%
水力发电量，3.16%
火力发电量，84.79%

（a）发电结构

---

① 相关数据来自《毕节统计年鉴》。
② 相关数据来自《毕节统计年鉴》。

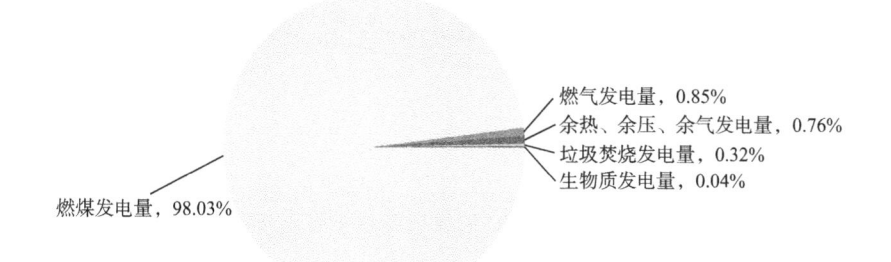

燃气发电量，0.85%
余热、余压、余气发电量，0.76%
垃圾焚烧发电量，0.32%
生物质发电量，0.04%
燃煤发电量，98.03%

（b）火力发电量组成

图 6.2 2020 年毕节市规模以上工业发电结构

由于舍入修约，数据有偏差
资料来源：《毕节统计年鉴（2021）》

"十二五"期间，按照环境保护部《"十二五"主要污染物总量控制规划编制指南》要求，毕节市逐步调整产业结构，努力提升能源利用效率，并取得良好效果。从图 6.3 中可以看出，2011~2015 年毕节市能源强度持续下降，2015 年能源强度相比 2011 年下降了 51.48%，得益于此，毕节市 2015 年能源消费总量相较 2011 年下降 3.84%。然而，"十三五"期间毕节市能源强度呈现波动态势，能源消费总量以年均 4.80%的速度缓慢增加。分部门来看，工业是毕节市主要的能耗部门，2020 年规模以上工业能源消费占毕节市能源消费的 77.38%。由图 6.4 可知，毕节市规模以上工业能源消费总量在 2015~2019 年平稳增加，年均增长率为 7.10%。2020 年受新冠疫情影响，毕节市工业生产活动减少，导致工业能源消费总量下降 7.76%。从终端能源消费种类来看，电力是主要的终端使用能源。如图 6.5 所示，2011~2018 年毕节市用电强度持续下降，由 1 367.2 千瓦时/万元下降至 451.0 千瓦时/万元，降幅为 67.01%，用电强度大幅下降使得全社会电力消费总量减少 14.05%。然而，2018 年后用电强度大幅反弹，全社会电力消费总量也迅速回升。

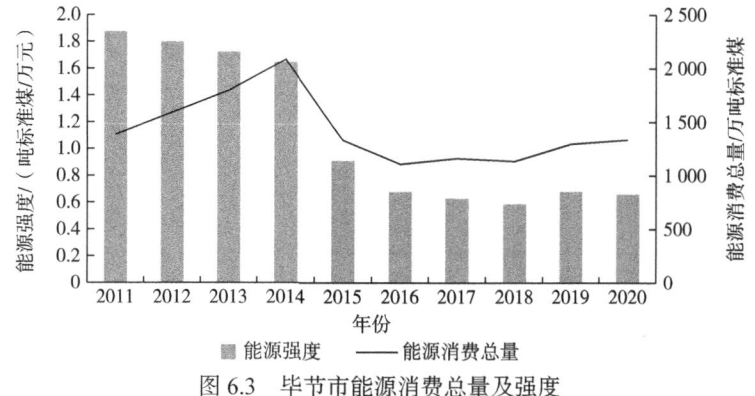

图 6.3 毕节市能源消费总量及强度

资料来源：《贵州统计年鉴》（2012~2021 年）

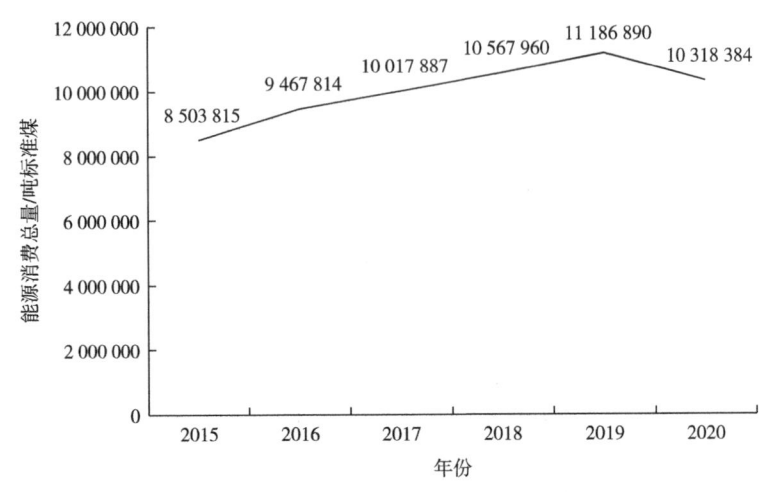

图 6.4 毕节市规模以上工业能源消费总量

资料来源：《贵州统计年鉴》（2016~2021 年）

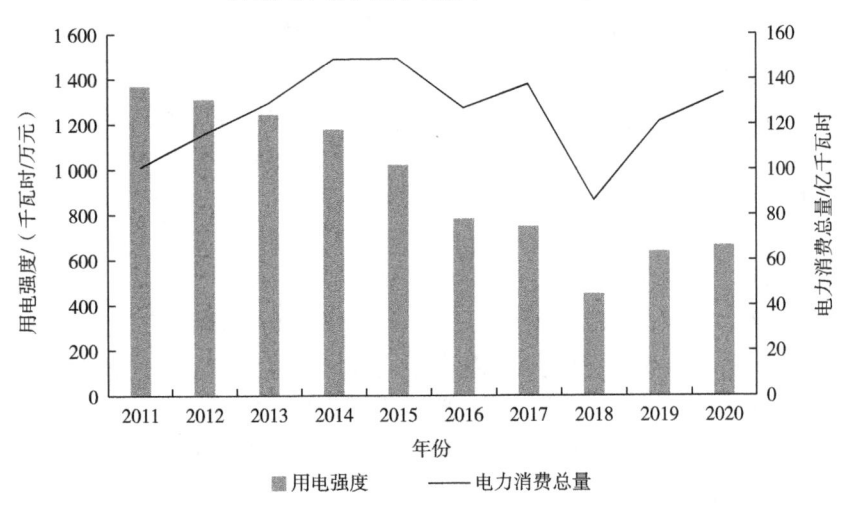

图 6.5 毕节市电力消费总量及用电强度

资料来源：《贵州统计年鉴》（2012~2021 年）

6.2.2 能源产业特征分析

  毕节市能源产业的发展在很大程度上支撑着毕节市社会经济发展。特别是区域内煤炭资源高度富集，更是有力地推动了毕节市各项事业发展，形成了以能源矿产业为主的发展格局。对于矿产资源的开发利用，毕节市已经积累了丰富经验，传统能源产业发展已经从产业经济快速增长的成长期进入成熟期，产业发展趋于稳定，同时有下降趋势。

毕节市能源产业特征具体包括以下几个方面。

1. 能源利用效率相对较低

毕节市工业发展起步较晚，总体发展水平相对滞后，受制于区域技术资金水平，以及产业基础设施和环境管理制度等因素，在能源开发利用模式上以传统采掘利用模式为主。此外，毕节市矿区分散、产业集中度不高，以及在矿产资源管理上前期存在科学规划和规制监管不到位、高水平专业管理人才缺失等因素，导致毕节市能源产业发展以生产要素的投入与扩张来拉动经济增长，产业多集中于产业链前端，产品附加值低、资源开采粗放，能源利用效率亟待提升[302]。

2. 环境外部性问题突出

由于能源开采活动的环境管理相对滞后，毕节市面临严峻的水土面积流失、土地沙漠化及境内自然地质地貌景观破坏等问题，加之毕节市典型的喀斯特地貌，境内平均海拔高、山区与丘陵面积比例大，容易发生滑坡、泥石流等自然灾害，区域生态环境脆弱[303]。此外，能源开发过程中导致的大量侵蚀耕地、污染水源和空气，也对毕节市生态环境造成了威胁。其中，煤炭产业产生的主要污染物，如二氧化硫、二氧化碳、烟尘废气、工业固体废物等的排放量呈递增趋势，环境外部性问题突出。

随着近年来毕节市政府对绿色发展重视程度的不断提升，积极引入高水平专业人才和技术装备，推动先进成果转化应用，加强清洁生产和循环经济发展和环境规制管理，毕节市能源产业的发展已出现明显好转，但产业发展历史遗留问题、区域经济-环境发展困境及未来绿色发展新需求仍然是短期内需亟待解决的关键问题。

6.2.3 产业结构耗散状况分析

1. 第一产业基础设施薄弱，能源利用效率有待提升

毕节市第一产业以农业为主，2021年农业所占比重为71.15%。毕节市农田水利、机耕道、喷滴灌设备不足，农业生产十分依赖气候条件，抵御自然风险的能力薄弱，产业内部信息熵增加的风险较高[304]。而且，毕节市农村地区的交通基础设施不足，对农产品运销距离和产品市场形成限制，一定程度上阻碍了农村地区与外界的交流，不利于第一产业系统引入外部负熵流以维持系统稳定。毕节市在

农业快速发展的同时，也消耗了大量柴油等化石能源，造成第一产业内部管理熵增加。如图 6.6 所示，尽管毕节市柴油使用强度有较大程度下降（2020 年相比 2015 年下降了 44.62%），但仍然较高。

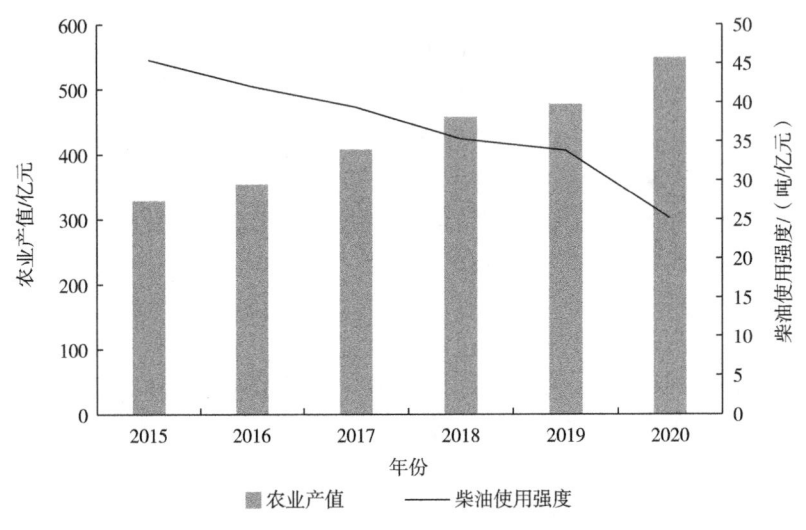

图 6.6 毕节市农业产值及柴油使用强度

资料来源：《毕节统计年鉴》（2016~2021 年）

2. 第二产业发展陷入瓶颈，生产和节能矛盾突出

毕节市得益于自身丰富的煤炭等矿产资源，过去几十年工业和制造业发展迅速，对毕节市的经济社会发展起到了巨大推动作用。然而，毕节市的工业和制造业长期以来遵循粗放型发展模式，能源使用效率低下，造成了严重的环境污染。2019 年毕节市工业能源强度为 2.80 万吨标准煤/亿元，是全国平均工业能源强度（1.03 万吨标准煤/亿元）的近 3 倍。大量化石能源燃烧产生的污染物质不断累积，导致城市内部管理熵不断增加，成为城市可持续发展的重大障碍。毕节市第二产业发展对生态环境造成较严重破坏，使城市发展面临如下环境问题：①雾霾污染和气温升高。毕节市工业和制造业生产使用大量化石燃料，尤其是煤炭，这些化石燃料燃烧产生大量硫化物（二氧化硫等）、PM2.5 和以二氧化碳为代表的温室气体排放，造成城市雾霾加剧和气温升高。②水资源耗损污染严重。毕节市工业用水效率低下，2020 年万元工业增加值用水量为 44.9 立方米，高于控制目标 33%，造成大量水资源损耗。大量工业废水排入河流也带来严重的水资源污染，2020 年毕节市工业废水排放量为 2 159.93 万吨，较 2019 年增加 1.45%。③固体废物污染。毕节市工业生产产生大量固体废弃物，由于毕节市工业固体废弃物综合利用率较低（2020 年仅为 70.95%），有大量固体废弃物以传统的填埋方式处理，严重污染

土壤，造成土地资源紧张。

由于毕节市第二产业的能源使用效率低下，能源结构清洁化程度很低，且仍有大量废弃物无法实现循环利用，给第二产业系统造成沉重负担，第二产业系统内部管理熵不断增大，系统趋向无序化，无法稳定运行，表现为第二产业增速持续下降，无法维持稳定增长（图6.7）。

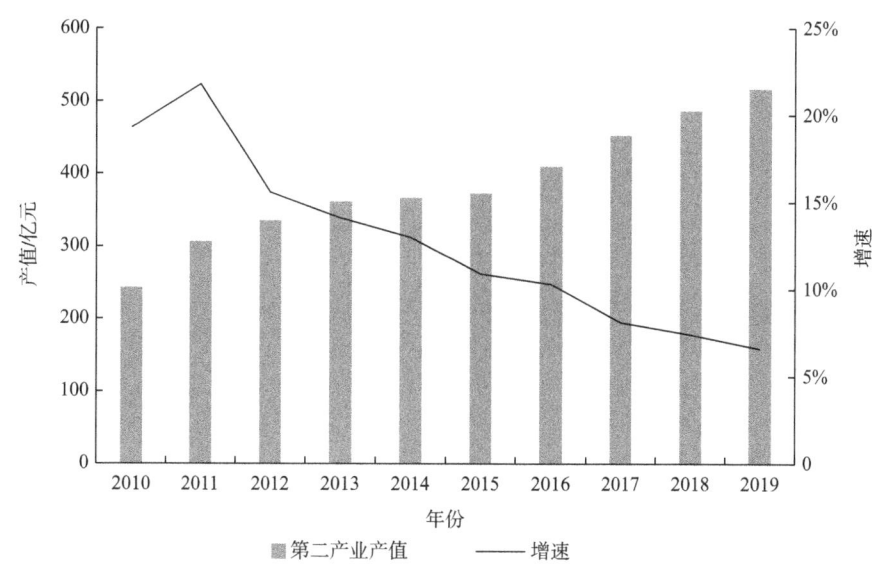

图 6.7　毕节市第二产业产值和增速

资料来源：《毕节统计年鉴》（2011~2020年）

3. 第三产业发展乏力，结构失衡问题突出

随着毕节市大力调整产业结构，毕节市第三产业得以迅速发展，2022年占地区生产总值的比重已接近50%，比第二产业占比高出21.7个百分点。然而，由于存在结构失衡问题，毕节市第三产业增速波动较大，且有下降趋势（图6.8）。第三产业发展均衡性不足主要表现在：①各行业发展速度差异较大。如图6.8所示，2010~2019年，毕节市其他服务业和金融业增长较快，年均增速分别为19.75%和16.89%，而交通运输、仓储和邮政业增速仅为9.69%。②低端服务业占比较高。2019年，批发和零售业占第三产业比重为15.12%，远高于交通运输、仓储和邮政业（8.04%）、住宿餐饮业（6.37%）、金融业（7.56%）、房地产业（5.92%）。毕节市整体劳动力水平受到教育等因素制约，在产业结构调整过程中大量劳动力从第二产业转移到低端服务业，导致第三产业系统能源利用效率降低，系统管理熵增加。

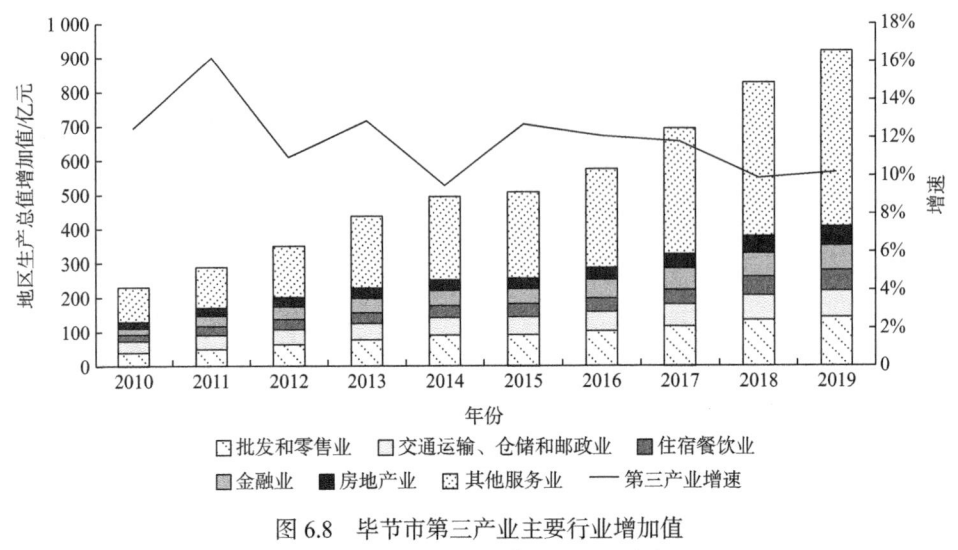

图 6.8　毕节市第三产业主要行业增加值

资料来源：《毕节统计年鉴》（2011~2020 年）

6.3　毕节市能源生态系统子系统相互作用机制及动态演化

本节先对毕节市能源生态系统子系统的相互作用机制进行分析，然后进一步阐释毕节市能源生态系统动态演化过程的特征和驱动机制。

6.3.1　毕节市能源生态系统子系统的相互作用机制

城市能源生态系统是一个典型的复杂系统，由多个子系统构成，该复杂系统所具有的一般性和特殊性共同决定了其运动发展和演化规律，正是各子系统间的相互作用导致了系统内部自我调节机制的出现。某一子系统的内部变化通过因果关系网络反馈传导到其他子系统，进而引发整个能源生态系统的涨落波动，导致新的系统结构和特征涌现（即能源生态系统发生演化）。

图 6.9 揭示了城市能源生态系统子系统的相互作用机制。

第 6 章 毕节市能源生态系统解析

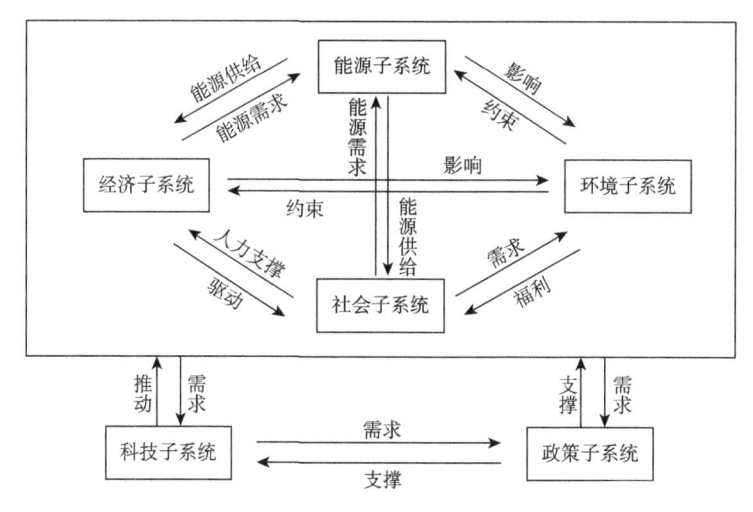

图 6.9 城市能源生态系统子系统的相互作用机制

城市能源生态系统的演化发展受到多重因素的影响，可将城市能源生态系统分为能源、经济、环境、社会、科技、政策六个子系统。其中，科技子系统和政策子系统是整个城市能源生态系统的支撑，它们相互作用并影响着其他子系统的发展。具体表现为科技子系统为其他子系统（能源、经济、环境、社会）的发展提供技术支持，而其本身的发展又需得到相关政策的支持；政策子系统为其他子系统（能源、经济、环境、社会、科技）提供了政策环境，起到引导、激励、约束等作用。

对于能源、经济、环境、社会子系统而言，它们相互作用、相互影响。具体而言，能源子系统为经济和社会提供必需的能源投入，同时经济和社会的发展拉动了对能源的需求；能源的开发利用和经济活动会造成环境恶化，同时环境恶化会约束能源的开发利用和经济发展；社会为经济发展提供了劳动力，同时经济发展也驱动了社会进步，而健康舒适的生活环境是社会的福利需求。

图 6.10 揭示了毕节市能源生态系统子系统的相互作用机制。

具体解释如下。

（1）能源子系统对其他子系统的作用机制。毕节市能源子系统为经济系统提供必需的能源投入（主要是煤炭等化石能源和水、风、光等可再生能源），直接影响经济系统的生产运行。能源子系统中煤炭等化石能源消耗产生大量废弃物，对环境子系统造成负面影响。在环境容量的约束下，产业结构向更高级的方向演进，经济子系统发生变化，进而引发社会子系统变化。

（2）经济子系统对其他子系统的作用机制。经济子系统中企业生产和居民生活行为对能源子系统提出能源需求，导致能源子系统的能源消耗，进而影响到环

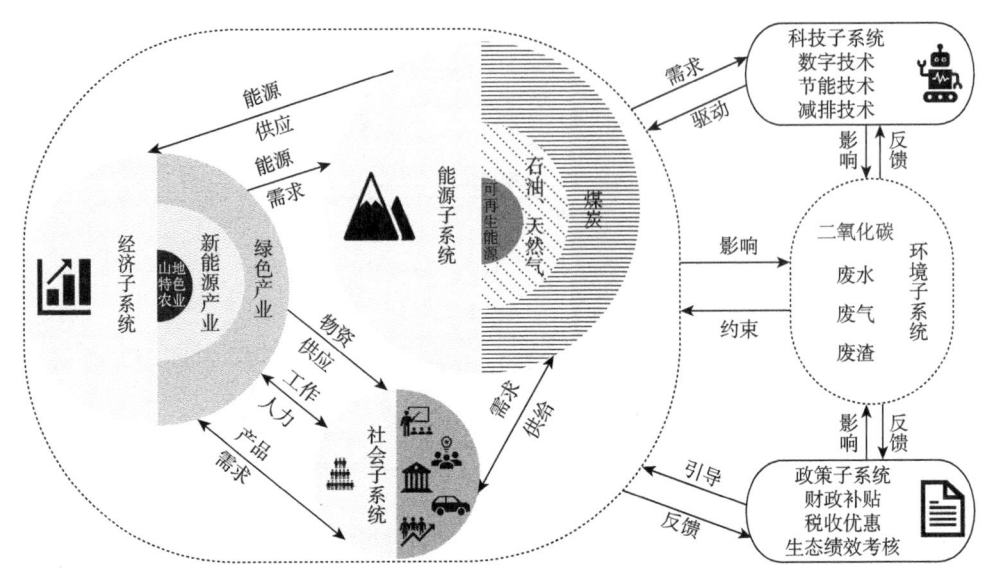

图 6.10 毕节市能源生态系统子系统的相互作用机制

境子系统。此外，经济子系统演化推动了社会子系统演化，随着经济增长，人均收入水平、城镇化和数字化程度等社会发展指标提升，反过来又影响经济子系统的能源需求。

（3）环境子系统对其他子系统的作用机制。随着资源损耗和污染物积累，环境子系统的压力逐渐逼近阈值，粗放的经济发展模式将难以为继。因此环境压力通过倒逼产业结构升级影响经济子系统，进而影响社会子系统和能源子系统。

（4）社会子系统对其他子系统的作用机制。随着社会的发展，人口从农村迁移到城市，人口集聚产生的规模效应有助于提升能源利用效率，降低能源需求。此外，人均生活水平提升创造了新的产品需求，对产业结构升级起到促进作用。最后，社会发展改变了人们的生活方式和用能习惯，对能源需求造成影响。因此，社会子系统可以直接影响经济子系统和能源子系统，并通过能源子系统间接影响环境子系统。

（5）科技子系统对其他子系统的作用机制。技术进步（数字技术、新能源发电技术等、煤炭精加工技术）为新兴高端产业发展提供技术基础，促进产业结构升级。而且，节能技术的应用能有效减少能源需求和废弃物排放。因此，科技子系统可以直接影响能源子系统、经济子系统和环境子系统，间接影响社会子系统。

（6）政策子系统对其他子系统的作用机制。毕节市出台财政补贴和税收优惠政策为绿色产业（生态旅游业、新能源产业和山地特色农业）的发展提供激励，而生态绩效考核体系则对传统高污染产业（煤炭产业）的转型起引导作用，二者合力对产业结构升级起到促进作用。此外,在生态绩效考核压力下,企业将通过引入新设备、新技术,提高管理水平等手段提高能源利用效率,减少能源需求和废弃物排放。因此,政策子系统可以直接影响能源子系统、经济子系统和环境子系统,并间接影响社会子系统。

6.3.2 毕节市能源生态系统的动态演化过程

毕节市能源生态系统的动态演化过程如图 6.11 所示,大致可分为三个阶段,在不同的发展阶段表现出不同的特点和驱动机制。

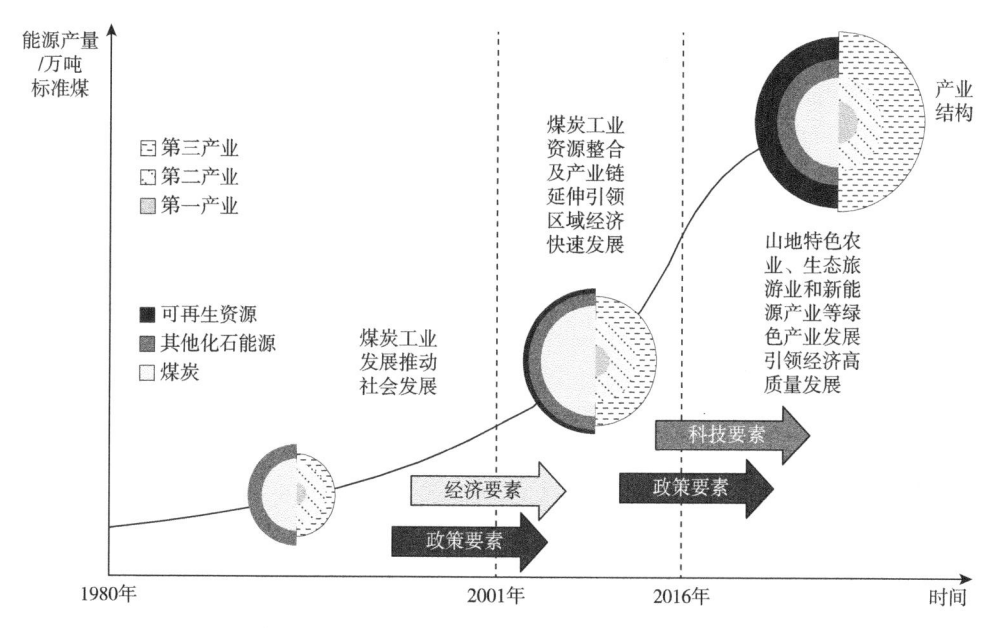

图 6.11 毕节市能源生态系统的动态演化过程

第一阶段是 1980~2000 年。这一阶段的产业结构以第二产业为主,第一产业和第三产业占比很小。能源结构则以煤炭、石油等化石能源为主,可再生能源在能源结构中的比重可忽略不计。低级的产业结构和高污染的能源结构使得这一阶段能源生态系统的运行效率低下,经济增速明显慢于环境污染增速,环境污染与经济发展之间处于扩张负脱钩状态。这一阶段毕节市勘探获得一定数量的煤炭资源,煤炭产业兴起并迅速成长为毕节市的支柱产业,对经济社会的发展起到强有力的推动作用,经济子系统的内部变化是整个能源生态系统演化的动因。由于缺乏外部负熵流的引入,毕节市能源生态系统的无序度提升,运行效率下降。

第二阶段是 2001~2015 年。这一阶段主要是经济子系统和政策子系统的内部变化驱动整个能源生态系统向有序高效的状态演化。随着对煤炭勘探开发的投资不断增加，毕节市煤炭探明储量和产量迅速上升。在政策支持下，毕节市煤炭企业走上兼并重组的快车道，实现了煤炭产业资源的有效整合和煤炭产业生产效率的提升。此外，毕节市积极延伸煤炭产业链条，打造煤电产业集群区和煤化工基地，带动了区域经济的快速发展。这一阶段，毕节市产业结构得到较大优化，第三产业和第一产业的比重明显上升，清洁能源开始在整个能源生态系统中发挥作用。经济增速略微低于环境污染增速，环境污染与经济发展之间处于扩张连接状态。由于外部政策负熵流的引入，毕节市能源生态系统的运行效率提升，并向更有序的状态演化。

第三阶段是 2016 年至今。政策子系统和科技子系统的内部变化成为毕节市能源生态系统的主要驱动力量。这一阶段的特征是山地特色农业、生态旅游业和新能源产业等绿色产业发展引领经济高质量发展。在这一阶段，一次能源消费结构迅速改善，可再生能源占比明显增加。第三产业已成为毕节市的主导产业，而第一产业占比接近第二产业，产业结构的高级化与合理化程度增强。煤炭工业发展进入平稳阶段，实现了由以数量为主到以质量为主的转变。毕节市已成为国家"西电东送"重要能源基地、国家新型能源化工基地、国家新能源汽车高新技术产业化基地、国家生物医药产业基地[305]。经济增速高于环境污染增速，环境污染与经济发展之间处于弱脱钩状态。科技负熵流和政策负熵流的持续流入有力推动了毕节市能源生态系统的生态化转型。

6.4　毕节市能源生态系统演化驱动机制分析

6.3 节分析了毕节市能源生态系统的动态演化过程及其子系统的相互作用机制，但未能对能源生态系统层级结构进行深入剖析，无法从系统要素视角揭示能源生态系统的驱动机制。解释结构模型可以将一个复杂的系统分解为若干个子系统（部分），利用人们的实践经验与知识及电子计算机编程技术，把系统构建成一个多级递阶结构模型，因而适用于对城市能源生态系统的结构进行解析。MICMAC 能够识别复杂系统中各要素的驱动性和路径依赖程度，进而对要素驱动属性进行区分，最终得到关键的驱动要素。基于此，本节运用解释结构模型分析方法对毕节市当前的能源生态系统（即第三阶段的能源生态系统）进行结构解析，以识别毕节市能源生态系统的层级关联，然后在此基础上应用 MICMAC 探究毕节市能源生态系统的内生驱动机制。

6.4.1 毕节市能源生态系统构成要素识别

在对毕节市能源生态系统进行结构解析和驱动机制分析前，需要识别出能源生态系统的构成要素。结合毕节市自身特点和发展要求，本小节对毕节市能源生态系统的能源、经济、环境、社会、科技、政策六个子系统内部构成要素进行识别。

1. 能源子系统构成要素

（1）能源生产指标。毕节市作为以煤炭工业为支柱产业的资源型城市，煤炭等能源资源的产量是衡量毕节市能源生态系统运行情况的重要指标，因此选择煤炭产量和可再生能源发电量作为能源生产指标。

（2）能源消费指标。能源消费与资源环境密切相关，伴随生产和生活过程自然产生，本小节选择能源消费总量作为能源消费指标。

（3）能源利用效率指标。这里主要考虑宏观层面的能源使用效率，故使用能源消费强度作为能源利用效率指标。

（4）能源消费结构指标。毕节市正逐步降低煤炭消费在总能源消费中的比重以抑制碳排放增长，因此选择煤炭消费占比作为能源消费结构指标。

2. 经济子系统构成要素

（1）经济增长指标。选取地区生产总值作为经济增长指标。

（2）经济结构指标。使用绿色产业（包括生态旅游业、可再生能源发电产业、山地特色农业和可再生能源汽车产业）产值占地区生产总值比重（绿色产业占比）表征经济结构指标。

3. 环境子系统构成要素

（1）环境质量指标。其包括工业三废（废气、废水、废渣）排放量和二氧化碳排放量。

（2）环境治理指标。其包括工业三废综合利用率和环境规制强度，使用环境污染治理投资占地区生产总值比重衡量环境规制强度。

4. 社会子系统构成要素

从人口、生活水平、生活方式和个人认知等方面选取人口数量、城镇化率、人均可支配收入、互联网普及率、新能源汽车占比和环保意识指标。

5. 科技子系统构成要素

（1）投入指标。对于毕节市而言，投入指标主要是科研人才和技术资金，这里的技术资金包括研发支出资金和引进先进技术的资金。

（2）技术水平指标。结合毕节市发展需要，重点考虑数字技术、新能源发电技术和清洁生产技术三个指标。

6. 政策子系统构成要素

政策指标主要是财政补贴政策和生态绩效考核体系。

在识别出整个能源生态系统的构成要素后，对每个要素进行编码以进行后续计算（表6.3）。

表 6.3 毕节市能源生态系统构成要素

代码	构成要素	代码	构成要素	代码	构成要素
S_1	煤炭产量	S_9	二氧化碳排放量	S_{17}	环保意识
S_2	可再生能源发电量	S_{10}	工业三废综合利用率	S_{18}	科研人才
S_3	能源消费总量	S_{11}	环境规制强度	S_{19}	技术资金
S_4	能源消费强度	S_{12}	人口数量	S_{20}	数字技术
S_5	煤炭消费占比	S_{13}	城镇化率	S_{21}	新能源发电技术
S_6	地区生产总值	S_{14}	人均可支配收入	S_{22}	清洁生产技术
S_7	绿色产业占比	S_{15}	互联网普及率	S_{23}	财政补贴政策
S_8	工业三废排放量	S_{16}	新能源汽车占比	S_{24}	生态绩效考核体系

6.4.2 毕节市能源生态系统结构解析

1. 邻接矩阵及可达矩阵建立

建立毕节市能源生态系统解释结构模型的邻接矩阵，用来描述系统中各个构成要素两两之间的关系。邻接矩阵 A 的元素 a_{ij} 定义如下：

$$a_{ij} = \begin{cases} 0, & S_i \text{对} S_j \text{无显著影响} \\ 1, & S_i \text{对} S_j \text{有显著影响} \end{cases}$$

其中，S_i、S_j分别表示第 i 个、第 j 个能源生态系统构成要素。若在邻接矩阵 A 中第 i 行和第 j 列的元素 $a_{ij}=1$，则表明要素 i 可以直接影响要素 j。通过广泛征询专家意见可以确定能源生态系统构成要素两两之间的关系，从而得到邻接矩阵 A。进一步，将邻接矩阵 A 与单位矩阵 I 相加得到矩阵 $(A+I)$，并根据布尔法则进行运算即可得到可达矩阵 M。本书运用 Matlab 软件编程求得可达矩阵 M，如表 6.4 所示。

表 6.4　毕节市能源生态系统构成要素的可达矩阵

要素	S_1	S_2	S_3	S_4	S_5	S_6	S_7	S_8	S_9	S_{10}	S_{11}	S_{12}	S_{13}	S_{14}	S_{15}	S_{16}	S_{17}	S_{18}	S_{19}	S_{20}	S_{21}	S_{22}	S_{23}	S_{24}
S_1	1	0	0	0	0	0	0	0	0	0	0	0	0	0	0	0	0	0	0	0	0	0	0	0
S_2	0	1	1	1	1	1	1	1	1	0	0	0	0	1	1	1	1	1	0	0	0	0	0	0
S_3	0	0	1	1	1	1	1	1	1	0	0	0	0	1	1	1	1	1	0	0	0	0	0	0
S_4	0	0	1	1	1	1	1	1	1	0	0	0	0	1	1	1	1	1	0	0	0	0	0	0
S_5	0	0	0	0	1	0	0	0	0	0	0	0	0	0	0	0	0	0	0	0	0	0	0	0
S_6	0	0	1	1	1	1	1	1	1	0	0	0	0	1	1	1	1	1	0	0	0	0	0	0
S_7	0	0	1	1	1	1	1	1	1	0	0	0	0	1	1	1	1	1	0	0	0	0	0	0
S_8	0	0	0	0	0	0	0	1	0	0	0	0	0	0	0	0	0	0	0	0	0	0	0	0
S_9	0	0	0	0	0	0	0	1	1	0	0	0	0	0	0	0	0	0	0	0	0	0	0	0
S_{10}	0	0	0	0	0	0	0	1	0	1	0	0	0	0	0	0	0	0	0	0	0	0	0	0
S_{11}	1	0	1	1	1	1	1	1	1	0	1	0	1	1	1	1	1	1	0	0	0	0	0	0
S_{12}	0	0	1	1	1	1	1	1	1	0	0	1	0	1	1	1	1	1	0	0	0	0	0	0
S_{13}	0	0	1	1	1	1	1	1	1	0	0	0	1	1	1	1	1	1	0	0	0	0	0	0
S_{14}	0	0	1	1	1	1	1	1	1	0	0	0	0	1	1	1	1	1	0	0	0	0	0	0
S_{15}	0	0	1	1	1	1	1	1	1	0	0	0	0	1	1	1	1	1	0	0	0	0	0	0
S_{16}	0	0	1	1	1	1	1	1	1	0	0	0	0	1	1	1	1	1	0	0	0	0	0	0
S_{17}	0	0	1	1	1	1	1	1	1	0	0	0	0	1	1	1	1	1	0	0	0	0	0	0
S_{18}	1	1	1	1	1	1	1	1	1	0	0	0	0	1	1	1	1	1	0	1	1	1	1	0
S_{19}	1	1	1	1	1	1	1	1	1	0	0	0	0	1	1	1	1	1	1	1	1	1	1	0
S_{20}	1	0	1	1	1	1	1	1	1	0	0	0	0	1	1	1	1	1	0	1	0	0	0	0
S_{21}	0	1	1	1	1	1	1	1	1	0	0	0	0	1	1	1	1	1	0	0	1	0	0	0
S_{22}	0	0	1	1	1	1	1	1	1	0	0	0	0	1	1	1	1	1	0	0	0	1	0	0

续表

要素	S_1	S_2	S_3	S_4	S_5	S_6	S_7	S_8	S_9	S_{10}	S_{11}	S_{12}	S_{13}	S_{14}	S_{15}	S_{16}	S_{17}	S_{18}	S_{19}	S_{20}	S_{21}	S_{22}	S_{23}	S_{24}
S_{23}	0	1	1	1	1	1	1	1	1	0	0	0	1	1	1	1	1	0	0	0	0	0	0	1
S_{24}	1	0	1	1	1	1	1	1	1	0	1	1	0	1	1	1	1	1	0	0	0	0	0	0

2. 可达矩阵分解及重新排列

对可达矩阵进行分解，先要求出其上位集合，即可达集 $R(S_i)$，以及下位集合，即前因集 $A(S_i)$，其中 $R(S_i) = \{S_j \in N \mid a_{ij} = 1\}$，$A(S_i) = \{S_j \in N \mid a_{ji} = 1\}$，$N$ 为所有节点的集合，之后求得两者的交集 $R(S_i) \cap A(S_i)$，如表 6.5 所示。

表 6.5 毕节市能源生态系统构成要素关系

要素	可达集 $R(S_i)$	前因集 $A(S_i)$	交集 $R(S_i) \cap A(S_i)$
S_1	1	1, 11, 18, 19, 20, 24	1
S_2	2, 3, 4, 5, 6, 7, 8, 9, 13, 14, 15, 16, 17	2, 18, 19, 21, 23	2
S_3	3, 4, 5, 6, 7, 8, 9, 13, 14, 15, 16, 17	2, 3, 4, 6, 7, 11, 12, 13, 14, 15, 16, 17, 18, 19, 20, 21, 22, 23, 24	3, 4, 6, 7, 13, 14, 15, 16, 17
S_4	3, 4, 5, 6, 7, 8, 9, 13, 14, 15, 16, 17	2, 3, 4, 6, 7, 11, 12, 13, 14, 15, 16, 17, 18, 19, 20, 21, 22, 23, 24	3, 4, 6, 7, 13, 14, 15, 16, 17
S_5	5, 8, 9	2, 3, 4, 5, 6, 7, 11, 12, 13, 14, 15, 16, 17, 18, 19, 20, 21, 22, 23, 24	5
S_6	3, 4, 5, 6, 7, 8, 9, 13, 14, 15, 16, 17	2, 3, 4, 6, 7, 11, 12, 13, 14, 15, 16, 17, 18, 19, 20, 21, 22, 23, 24	3, 4, 6, 7, 13, 14, 15, 16, 17
S_7	3, 4, 5, 6, 7, 8, 9, 13, 14, 15, 16, 17	2, 3, 4, 6, 7, 11, 12, 13, 14, 15, 16, 17, 18, 19, 20, 21, 22, 23, 24	3, 4, 6, 7, 13, 14, 15, 16, 17
S_8	8	2, 3, 4, 5, 6, 7, 8, 10, 11, 12, 13, 14, 15, 16, 17, 18, 19, 20, 21, 22, 23, 24	8
S_9	9	2, 3, 4, 5, 6, 7, 9, 11, 12, 13, 14, 15, 16, 17, 18, 19, 20, 21, 22, 23, 24	9
S_{10}	8, 10	10, 18, 19, 22	10
S_{11}	1, 3, 4, 5, 6, 7, 8, 9, 11, 13, 14, 15, 16, 17	11, 24	11
S_{12}	3, 4, 5, 6, 7, 8, 9, 12, 13, 14, 15, 16, 17	12	12
S_{13}	3, 4, 5, 6, 7, 8, 9, 13, 14, 15, 16, 17	2, 3, 4, 6, 7, 11, 12, 13, 14, 15, 16, 17, 18, 19, 20, 21, 22, 23, 24	3, 4, 6, 7, 13, 14, 15, 16, 17
S_{14}	3, 4, 5, 6, 7, 8, 9, 13, 14, 15, 16, 17	2, 3, 4, 6, 7, 11, 12, 13, 14, 15, 16, 17, 18, 19, 20, 21, 22, 23, 24	3, 4, 6, 7, 13, 14, 15, 16, 17
S_{15}	3, 4, 5, 6, 7, 8, 9, 13, 14, 15, 16, 17	2, 3, 4, 6, 7, 11, 12, 13, 14, 15, 16, 17, 18, 19, 20, 21, 22, 23, 24	3, 4, 6, 7, 13, 14, 15, 16, 17
S_{16}	3, 4, 5, 6, 7, 8, 9, 13, 14, 15, 16, 17	2, 3, 4, 6, 7, 11, 12, 13, 14, 15, 16, 17, 18, 19, 20, 21, 22, 23, 24	3, 4, 6, 7, 13, 14, 15, 16, 17

续表

要素	可达集 $R(S_i)$	前因集 $A(S_i)$	交集 $R(S_i) \cap A(S_i)$
S_{17}	3, 4, 5, 6, 7, 8, 9, 13, 14, 15, 16, 17	2, 3, 4, 6, 7, 11, 12, 13, 14, 15, 16, 17, 18, 19, 20, 21, 22, 23, 24	3, 4, 6, 7, 13, 14, 15, 16, 17
S_{18}	1, 2, 3, 4, 5, 6, 7, 8, 9, 10, 13, 14, 15, 16, 17, 18, 20, 21, 22	18	18
S_{19}	1, 2, 3, 4, 5, 6, 7, 8, 9, 10, 13, 14, 15, 16, 17, 19, 20, 21, 22	19	19
S_{20}	1, 3, 4, 5, 6, 7, 8, 9, 13, 14, 15, 16, 17, 20	18, 19, 20	20
S_{21}	2, 3, 4, 5, 6, 7, 8, 9, 13, 14, 15, 16, 17, 21	18, 19, 21	21
S_{22}	3, 4, 5, 6, 7, 8, 9, 10, 13, 14, 15, 16, 17, 22	18, 19, 22	22
S_{23}	2, 3, 4, 5, 6, 7, 8, 9, 13, 14, 15, 16, 17, 23	23	23
S_{24}	1, 3, 4, 5, 6, 7, 8, 9, 11, 13, 14, 15, 16, 17, 24	24	24

注：表中数字表示要素编号

依据表 6.5，筛选出满足 $R(S_i) \cap A(S_i) = R(S_i)$ 这一条件的构成要素，筛选出多级结构的最高级因素。找出后，将其在可达矩阵中所对应的行和列删除。然后，再从剩余的可达矩阵中筛选新的最高级要素。以此类推，就可以将所有的影响因素划分到不同的层级中去，层级划分结果如表 6.6 所示。

表 6.6　毕节市能源生态系统构成要素层级

层级	要素
第一层（顶层）	S_1、S_8、S_9
第二层	S_5、S_{10}
第三层	S_3、S_4、S_6、S_7、S_{13}、S_{14}、S_{15}、S_{16}、S_{17}
第四层	S_2、S_{11}、S_{12}、S_{20}、S_{22}
第五层	S_{21}、S_{23}、S_{24}
第六层（底层）	S_{18}、S_{19}

3. 能源生态系统层级结构分析

根据层级划分结果和各个构成要素间的直接关系即可画出毕节市能源生态系统的层级关系示意图（图 6.12），其中箭头表示一个要素对另一个要素具有直接影响。

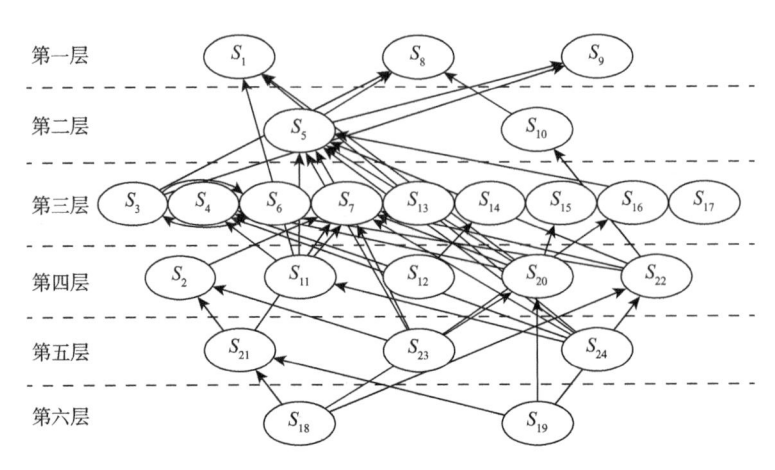

图 6.12 毕节市能源生态系统的层级关系示意图

由图 6.12 可知，毕节市能源生态系统是一个具有六层的多层级递阶结构，其主要特征如下。

（1）科研人才和技术资金是毕节市能源生态系统的最根本驱动因素。

（2）煤炭产量、工业三废排放量和二氧化碳排放量是毕节市能源生态系统的表层构成要素，反映了毕节市能源生态系统的外在基本特征。

（3）煤炭消费占比和工业三废综合利用率是毕节市能源生态系统的外在基本特征的直接影响要素。

（4）能源消费总量、能源消费强度、地区生产总值、绿色产业占比、城镇化率、人均可支配收入、互联网普及率、新能源汽车占比和环保意识是毕节市能源生态系统的外在基本特征的间接影响要素。

（5）可再生能源发电量、环境规制强度、人口数量、数字技术、清洁生产技术、新能源发电技术、财政补贴政策和生态绩效考核体系等要素在毕节市能源生态系统运行过程中起到基础性作用。

从各子系统作用来看，科技子系统的构成要素位于第四、第五和第六层，故科技子系统在整个能源生态系统中起到驱动和基础支撑作用。政策子系统的构成要素均位于第五层，说明政策子系统是维持能源生态系统运行的基础性系统。经济子系统和社会子系统构成要素主要位于第三层，因此这两个子系统主要起到间接影响毕节市能源生态系统的外在基本特征的作用。能源子系统和环境子系统构成要素则分布于第一至第四层级，在整个毕节市能源生态系统中的作用是多重的。

6.4.3 毕节市能源生态系统驱动机制分析

MICMAC 本质上是利用要素间的直接影响关联矩阵,计算要素间的间接影响关联矩阵,在此基础上构造要素影响矩阵。要素影响矩阵的计算思想和计算方法与解释结构模型可达矩阵一致。因此,可以基于前文计算出的可达矩阵进一步进行 MICMAC 分析。根据要素驱动力值和依赖度值,可以将能源生态系统构成要素划分为四个簇,即自治簇、依赖簇、联系簇和驱动簇。驱动力是指某一要素对其他要素产生的影响,即可达矩阵中该要素所在行之和;依赖性是指其他要素对该要素产生的影响,即可达矩阵中该要素所在列之和。毕节市能源生态系统的 MICMAC 分析结果如图 6.13 所示。

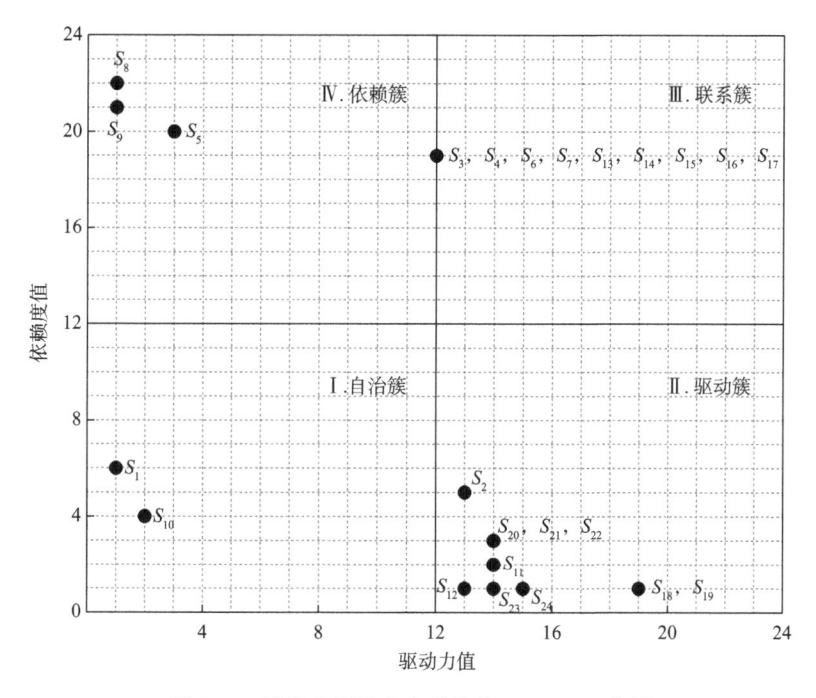

图 6.13 毕节市能源生态系统的 MICMAC 分析

根据 MICMAC 分析的原理,S_2、S_{11}、S_{12}、S_{18}、S_{19}、S_{20}、S_{21}、S_{22}、S_{23}、S_{24} 属于驱动簇,对应解释结构模型的第四、第五、第六层,具备强驱动性、弱依赖性的特点,它们是毕节市能源生态系统演化的核心驱动要素。S_5、S_8、S_9 均属于依赖簇,对应解释结构模型中的第一、第二层,具备弱依赖性、弱驱动性的特点,它们反映了能源生态系统的表层特征,容易受到其他因素的影响。S_3、S_4、S_6、S_7、S_{13}、S_{14}、S_{15}、S_{16}、S_{17} 属于联系簇,对应解释结构模型的第三层,具备一定程度的驱动性和依赖性，在整个能源生态系统中起到"承上启下"的桥梁作用。S_1和S_{10}属于自治簇，它们的驱动力和依赖度都较弱。

具体来说，驱动簇的要素包括可再生能源发电量、环境规制强度、人口数量、科研人才、技术资金、数字技术、新能源发电技术、清洁生产技术、财政补贴政策和生态绩效考核体系。尤其是科研人才和技术资金对其他要素具有绝对的驱动作用[驱动力值19，依赖性值1（自依赖性）]。因此，实现毕节市能源生态系统向生态化方向转变的关键举措是制定人才引进政策并为技术的引进和研发提供资金支持。

依赖簇的要素包括煤炭消费占比、工业三废排放量和二氧化碳排放量，这三个要素受其他要素影响较大，表现出高度的依赖性，而对其他要素影响很小（驱动力值小于5，依赖性值大于19）。该类要素指标处于整个能源生态系统传导驱动路径的末端，是系统的输出指标。对这三个要素进行观测评估可以直观地判断系统运行情况的好坏，进而采取适当措施干预引导系统演化。

此外，联系簇的要素包括能源消费总量、能源消费强度、地区生产总值、绿色产业占比、城镇化率、人均可支配收入、互联网普及率、新能源汽车占比和环保意识，对要素之间的间接影响起传导作用。这类要素的驱动力值和依赖度值均较高（驱动力值12，依赖性值19）。应注意发挥该类要素变化的"承上启下"作用，加强该类要素与底层要素和顶层要素之间的联系，保证传导渠道畅通。

6.5 毕节市能源生态系统优化路径

在绿色低碳发展背景下，推动城市能源系统生态转型对于实现经济增长和碳排放下降的双赢尤为关键。毕节市是典型的成熟期能源资源城市，面临经济发展和环境保护的双重挑战，迫切需要进行能源生态系统优化。结合前文分析，提出以下四条毕节市能源系统生态化转型路径。

1. 立足自身经济基础，推动传统产业升级

毕节市煤炭等矿产资源丰富，使得煤炭工业成为毕节市的传统支柱产业。然而，毕节市的煤炭产业链较短，仍以煤炭开采和销售为主，产品低端，附加值不高，能源利用效率低下，环境污染严重。虽然煤炭工业给毕节市带来大量的经济

效益，但长远看对煤炭工业的过度依赖可能导致毕节市陷入"资源诅咒"，阻碍可持续发展。因此，毕节市需要延展煤炭产业链，推动煤炭工业由简单开采出售和初加工向中间加工和精细加工转变，提高煤炭产品附加值。

此外，以延长煤炭产业链为主攻方向，发展热电联产，热能梯级利用，实现能量的集约化利用，实施煤—电—化循环经济产业发展战略，积极探索煤电化上下游产业链的延伸，形成封闭式的循环经济产业链，把毕节市试验区打造成为特色突出、资源集聚、运营高效、完整配套的国家级煤电化一体化产业基地。

毕节市应对传统装备制造产业进行升级换代，推动新能源汽车产业、节能环保装备产业、铸造产业、农业机械制造产业及数控磨床等高端装备制造业发展。以传统产业升级促进能源生态系统的结构优化和效率提升，助力可持续发展。

2. 依托自然资源优势，发展新兴绿色产业

毕节市拥有丰富的风能、光能和水力资源，这为发展风、光等可再生能源发电产业提供了先天优势。毕节市应加大对清洁能源发电产业的投资，打造清洁能源产业集群，规划水、风、光互补项目，提高清洁能源利用效率；优化电源点布局，建立适应新能源接入和能源布局需要的现代化电网。

毕节市地处高原山区，适合发展现代化山地特色高效农业。依据当地的市场经济情况和自然资源条件，毕节市可以发展具有市场潜力和地区特色的农产品，打造马铃薯种薯及商品薯、商品蔬菜、特色经果林、生态畜牧业、中药材、高山生态茶六大农业产业。

此外，毕节市自然风光秀美，非物质文化遗产丰富，发展特色旅游业优势明显。毕节市需要大力发展交通等基础设施，加大网络宣传，引进专业的旅游人才推动旅游产业发展。

毕节市应注重新兴绿色产业的融合发展。例如，发展乡村生态旅游，实现农业和旅游业的结合；推进无补贴光伏设施农业基地建设，实现清洁能源发电产业与农业的结合。发展绿色新兴产业，可以促进能源系统用能结构清洁化，减少化石能源使用，利于能源系统与经济、社会和环境系统协调发展。

3. 构建制度保障体系，发挥政策驱动作用

毕节市已经形成了具有强烈路径依赖的固化产业结构，系统自发的涨落不足以使系统整体自发地走向有序状态。因此，在能源系统生态化转型的初期阶段，政府需要进行引导促进涨落形成，新的平衡态形成后系统自发地跃迁才能走向自组织状态。政府通过制度保障与财政支持让新兴产业度过利润薄弱的初期阶段，促进企业规模与数量增加，当新兴产业企业的利润与风险持平时政府再逐步退出市场，使产业进入成熟发展的新阶段。

当然，政府在制定政策时要注重各项政策间的协调，实现 1+1>2 的效果，并且让市场发挥主体作用。合适的做法包括建立新的产业绩效考核体系，扬弃唯地区生产总值论，突出生态文明建设目标，实行生态环境问责制度，为市场经济活动划定生态边界；对新兴绿色产业给予财政补贴或税收优惠，以利益驱动其发展；为传统企业提供信息、技术与资金等方面的支持，帮助企业实现绿色转型。

4. 引进绿色数字技术，促进技术深度应用

传统产业的转型升级和新兴产业的发展离不开技术支持，毕节市应加大对绿色数字技术引进力度，购买先进设备。更重要的是促进先进技术在产业中的深度应用，如将数字技术和清洁生产技术应用于采矿业和装备制造业，提高作业智能化、机械化水平，减少资源损耗，降低环境污染；应用新能源发电功率预测系统、分布式电源"即插即用"并网设备、分布式多能源互补及"源网荷储"协调控制等技术，提高分布式电源与配电网的协调能力，提升新能源及多元化负荷广泛接入能力；应用互联网平台宣传生态农业和特色旅游业，开设电子交易平台推动毕节市农产品产销衔接。

6.6 本章小结

本章针对毕节市能源生态系统的动态演化过程和内在驱动机制进行分析，基于产业生命周期理论、耗散结构理论、解释结构模型和 MICMAC，梳理毕节市能源产业发展历程、能源生态系统特征及动态演化过程，探究毕节市能源生态系统的层级结构及驱动机制，并提出毕节市能源生态系统优化路径。主要研究内容及结论要点如下。

（1）选取煤炭产业作为毕节市能源产业的代表，基于产业生命周期理论分析毕节市煤炭产业的发展历程。分析结果表明，毕节市煤炭产业发展历程可大致分为三个阶段：2001 年之前的起步阶段、2001~2014 年的快速发展阶段、2015 年至今的转型升级阶段，这三个阶段分别对应产业生命周期中的形成期、成长期和成熟期。

（2）从能源生产消费概况、能源产业特征和产业结构耗散状况三个方面全面分析毕节市能源生态系统特征。结果表明：毕节市能源生产和消费结构中清洁能源占比上升，能源利用效率提高；毕节市能源产业存在资源开采粗放，能源利用

效率低下及外部性问题突出，生态破坏严重的问题；毕节市三次产业耗散状况有所差别，但各产业内部均存在管理熵增加的现象。

（3）基于复杂系统理论，将毕节市能源生态系统分解为多个子系统，并阐述毕节市能源生态系统子系统的相互作用机制及动态演化过程。结果表明：毕节市能源生态系统各子系统之间存在相互关联，正是子系统间的相互作用推动整个能源生态系统演化；毕节市能源生态系统的动态演化过程大致可分为三个阶段，分别是 1980~2000 年，2001~2015 年，2016 年至今；经济子系统的内部变化、政策子系统和科技子系统的内部变化是毕节市能源生态系统演化的主要驱动力。

（4）基于解释结构模型对毕节市能源生态系统构成要素的层级结构进行分析，并构建 MICMAC 模型识别关键驱动因素。结果表明：科研人才和技术资金是毕节市能源生态系统演化的强驱动要素；煤炭消费占比和工业三废综合利用率对毕节市能源生态系统的外在基本特征具有直接影响；可再生能源发电量、环境规制强度、人口数量、数字技术、清洁生产技术、新能源发电技术、财政补贴政策和生态绩效考核体系要素对毕节市能源生态系统运行起到基础性作用。

第 7 章 榆林市能源生态系统解析

榆林市矿产资源丰富，属于陕北能源开发区的核心，以能源富集为主要特征，是全国 14 个亿吨煤炭基地之一、9 大火力发电基地之一、4 大煤化工发展示范基地之一，是全国"西煤东运"的腹地、"西电东送"的枢纽，也是国家重要的清洁能源生产基地。随着黄河流域生态环境治理及区域高质量发展需求，榆林市能源生态系统面临生态化转型升级需求。作为能源矿业型城市能源生态系统的代表性研究对象，本章围绕榆林市开展能源生态系统分析研究。

7.1 榆林市能源产业及生命周期分析

7.1.1 榆林市能源系统概况[①]

榆林市位于陕西省最北部，是黄土高原与内蒙古高原的过渡区，东临黄河与山西省隔河相望，西连宁夏回族自治区、甘肃省，南接陕西省延安市，北邻内蒙古自治区，系陕西、甘肃、宁夏、内蒙古、山西 5 省（区）交界地。

榆林市拥有丰富的矿产资源，已发现 8 大类 48 种矿产资源，尤其是煤炭、石油、天然气等能源资源富集一地，分别占陕西省总量的 86.2%、43.4% 和 99.9%。平均每平方千米地下蕴藏着 622 万吨煤、1.4 万吨石油、1 亿立方米天然气。其中煤炭预测储量 2 800 亿吨，探明资源储量 1 490 亿吨。榆林市有 54% 的地下含煤，约占全国储量的五分之一。侏罗纪煤田是榆林市主要煤田，这种煤田生产的煤是

---

① 榆林市人民政府网站。

国内最优质的环保动力煤和化工用煤，主要分布在榆林市榆阳区、神木市、府谷县、靖边县、定边县、横山区 6 区县（市）。此外，在府谷和吴堡两县还蕴藏着丰富的石炭一、二叠系煤田。已探明天然气地质储量为 1.18 万亿立方米，预测地质储量为 6 万亿立方米。

榆林市作为"西煤东运"的重要源头，煤炭探明资源储量高达 1 490 亿吨。榆林市煤炭资源主要分布在神木市、府谷县、榆阳区和横山区，这 4 区县（市）煤炭探明储量约占榆林市总探明储量的 89%。榆林市共有煤矿 268 座，大型煤化工厂共计 28 家[306]。2012~2015 年全国原煤价格普遍降低，导致产值有所下降，但在此期间榆林市原煤产量基本保持平稳。之后，随着原煤价格回升，2015 年后榆林市原煤产量以 10%的速度保持增长。

在石油方面，榆林市石油探明储量 3.6 亿吨，定边县和靖边县是榆林市石油资源的主要富集地，约占榆林市总探明储量的 81.4%。境内油井共计 33 428 口，年产量占陕西省 80%左右。为避免过度的石油开采对环境造成进一步破坏，当地政府对石油年开采量进行规划。2009~2017 年原油产量总体呈倒"V"形，2009~2013 年原油年产量增速逐渐减缓，虽然 2014 年后原油产量逐年减少，但是总体产量仍处于全国领先地位。

在天然气方面，榆林市天然气探明储量达 1.18 万亿立方米，承担着向北京、西安、上海等全国 20 多个大中城市供气的重任，是"西气东输"的重要枢纽。榆林市天然气主要分布在榆阳区、靖边县、定边县和米脂县，产量占陕西省产出量的 40%以上，尤其是 2009 年和 2010 年产出量占比接近 50%。2016~2018 年来，榆林市天然气产出量基本维持在 160 亿立方米左右。

除煤炭、石油、天然气 3 种主要能源外，榆林市境内还蕴藏着岩盐 8 857 亿吨、高岭土 3.6 亿吨、石英砂 436 万吨、膨润土 1.2 亿吨、石灰岩 5 亿吨、铁矿 1 亿吨等，每年为国家贡献的能源价值超 600 亿元。在"一带一路"倡议引领下，榆林市将成为新丝绸之路上最具影响力的能源城市之一。

自陕北能源化工基地建设和西部大开发战略实施以来，榆林市依靠丰富的能源矿产资源，逐渐形成了以煤炭、石油、天然气为主的能源产业引领区域经济发展模式。

7.1.2 榆林市能源产业发展史

纵观榆林市能源产业几十年的发展历程，可将其分为煤炭采选期（1980~2002 年）、煤炭"黄金十年"期（2003~2012 年）、转型发展/创新发展期（2013~2020

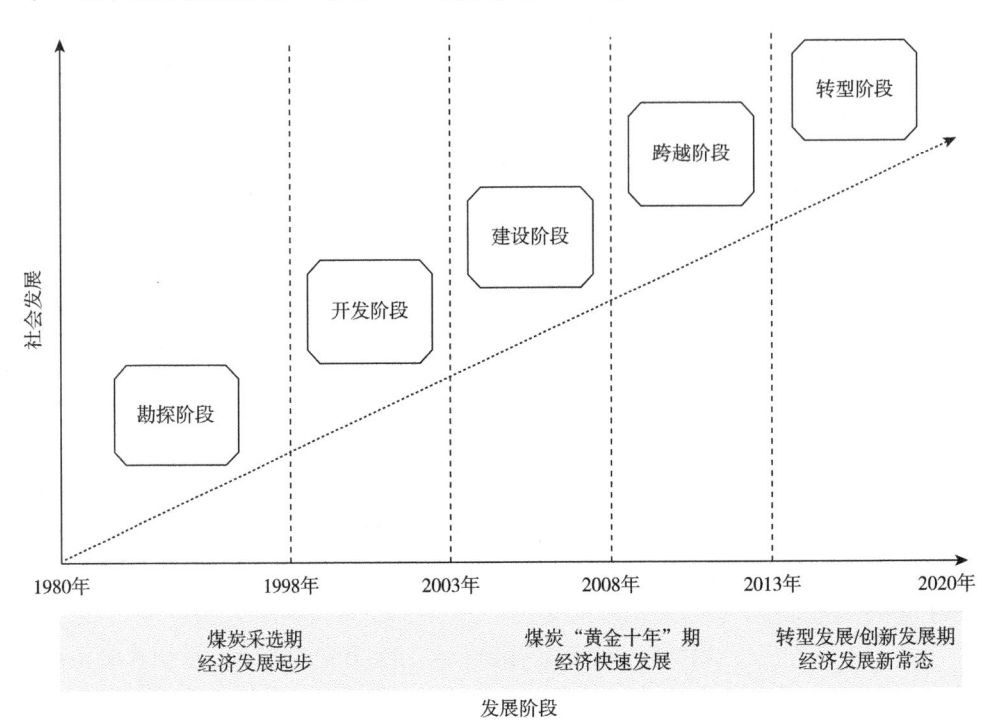

年)三个主要发展阶段[307]及五个小发展阶段[308](图 7.1)。

图 7.1　榆林市能源产业发展史

1. 煤炭采选期

1)勘探阶段：1980~1997 年

党的十一届三中全会以来，经济建设成为国家的工作重心。能源是一个国家经济建设的基础，面对国家老煤炭基地资源日渐枯竭、亟须寻找能源接续地的困境，1980 年，当时的煤炭工业部把陕北的鄂尔多斯盆地作为全国三大找煤区之一，并要求在两三年之内有所突破。根据这一号召，陕西省调动全省煤田地质勘探力量，对榆神府地区展开全面的地质勘探。

1986 年，国务院召开会议决定，神府煤田开发建设由前期准备转为立即上马，并出台了《关于加速神府煤田开发的决定》，标志着神府煤田大规模开发正式启动。

1992 年，"榆林国家能源基地建设战略研讨会"在北京举行，50 多名国内知名学者和专家就如何将榆林市建成国家能源化工基地建言献策。1995 年 7 月，《晋陕蒙接壤地区资源开发和环境保护综合规划》获批。至此，榆林国家能源基地建设有了来自国家级规划的支持。1996 年 5 月，陕 141 井试气获得 76.78 万立方米高产气流，标志着榆林气田大规模天然气勘探的开始。

1997年10月，陕西省在北京市召开榆林能源重化工基地建设规划汇报会，向国家有关部委做了情况汇报。1998年7月，原国家计划委员会批复了《陕西省榆林能源重化工基地建设规划的报告》，该基地是全国唯一的国家级能源化工基地。该规划的批复和实施具有里程碑意义，奠定了陕北能源化工基地的雏形。

2）开发阶段：1998~2002年

1998~2002年是榆林国家级能源化工基地建设的起步阶段，也是载体建设阶段。在这个阶段，设立了榆林、神府两个省级经济开发区，开展了规划编制、资源勘探详查、基础设施建设等工作。

2002年与1998年相比，榆林市11种主要工业产品产量，仅有兰炭、合成氨、氮肥产量出现下降，其余工业产品产量均表现出较大幅度增长。其中，增幅最为明显的是电石（440%），原油加工量、发电量、精甲醇均超过100%，显示出强劲的增长趋势。一次能源（原煤、原油、天然气）产量实现了较大幅度增长，其中天然气产量实现了零的突破。

2002年与1998年相比，榆林市国内生产总值、工业总产值、全社会固定资产投资、财政收入社会消费品零售总额实现了较大幅度提升，经济发展能力得到较大增强。按照产业分析，第二产业对榆林地区经济贡献最大，从占地区生产总值的37.54%增长到51.20%，且增长率达到249.7%。榆林市城镇居民可支配收入、农民人均纯收入得到了明显提升，但城镇居民可支配收入增长倍数超过了农民人均纯收入。

2. 煤炭"黄金十年"期

1）建设阶段：2003~2007年

自1998年国家批准建设陕北能源化工基地以来，陕西省不断探索陕北能源化工基地建设的科学思路，在全面分析陕北能源矿产资源独特优势和深刻总结国内外能源化工产业发展经验的基础上，做出了进一步加快陕北能源化工基地建设，变资源优势为经济优势，推动革命老区经济快速发展的重大决策部署。2003~2007年共召开五次陕北能源化工基地建设座谈会，会议多次就加快建设陕北能源化工基地、加快建设西部经济强省做出重要指示。

2003~2007年是榆林国家级能源化工基地发展的黄金期，也是榆林市发展最快的阶段。从2003年第一次陕北能源化工基地建设座谈会召开到2007年第五次陕北能源化工基地建设座谈会召开，榆林市坚持以"三个转化"战略为指导方针，以改革创新为主线，以项目建设为依托，以煤化工产业为主攻方向，扩大对内对外开放途径，经济社会协调发展。榆林市真正意义上步入了跨越式发展的轨道，榆林国家级能源化工基地建设初具形态。

2）跨越阶段：2008~2012年

2008~2012年是榆林国家级能源化工基地发展的另一个黄金期。基地围绕建设"国内一流、世界知名"的目标，始终坚持"三个转化"延伸产业链提升附加值，走出了一条经济快速崛起之路、城乡协调发展之路、生态民生和谐发展之路，将资源优势转化为经济优势的持续发展之路，使榆林市这片黄土地焕发出新的活力，实现了五大历史性转变：一是实现了产业发展由工业化程度较低区域到全国现代能源化工基地的转变；二是实现了资源利用从无序开发管理到有序科学管理的转变；三是实现了经济社会发展从陕西省落后地区到增长最快、持续性最长板块的转变；四是实现了生态环境由局部好转向总体好转的历史性转变；五是实现了民营经济从低水平粗放扩张到高端化抱团发展的转变。

2012年与2008年相比，榆林市16种主要工业产品产量，仅有合成氨、氮肥产量出现下降，其余工业产品产量均表现出较大幅度增长。其中，增幅最为明显的是金属镁（282.5%），原煤、原盐、兰炭、氢氧化钠、聚氯乙烯增幅均超过100%，显示出强劲的增长趋势，乙酸产量实现了零的突破。

2012年与2008年相比，榆林国民生产总值、工业总产值、全社会固定资产投资、财政收入指标实现了较大幅度提升，均实现了增长翻一番的目标，经济发展能力不断增强。其中，地区财政收入增长最快，增长率达到了255.7%。榆林市城镇居民可支配收入、农民人均纯收入得到了大幅度提升，增长率分别达到97.9%和125.8%，尤其是农民人均纯收入实现了翻一番的目标。

3. 转型发展/创新发展期

2013年至今是榆林国家级能源化工基地转型阶段。我国经济发展进入新常态，榆林市全面加快转型升级步伐，加快打造高端能源化工基地，推动能源化工产业由量的扩张向质的提升跨越、由初级化工产品生产向产业链中高端跨越、由依靠资源开采拉动向创新驱动发展跨越，瞄准高端化方向扩投资、上项目，依靠项目升级带动产业升级。如今，榆林市产业结构进一步优化，正由"资源型榆林"向"创新型榆林"转变。

截至2020年，榆林市21种主要工业产品产量与2013年相比，仅有原油、白酒、食用植物油产量出现下降，其余工业产品产量不同程度实现了增长。其中，增幅最为明显的是氮肥（增长了6.18倍），原煤、天然气、精甲醇、合成氨、发电量、兰炭、洗煤、电石、铁合金、金属镁、氢氧化钠、中成药、乙酸、聚氯乙烯均超过40%，显示出较强的增长趋势。

2013~2020年，榆林市国内生产总值、工业总产值、财政收入、社会消费品零售总额指标有一定提升，是榆林能源化工基地建设以来速度最缓的阶段。其中，全社会固定资产投资增长了4.1%，增长幅度较小。榆林产业结构持续优化，第三产业占地区生产总值的比重从26.25%增长到30.85%，且实现了72.94%的增长率，对地区经济贡献越来越大。城镇居民可支配收入、农民人均纯收入略有增长，相比基地开发、建设、跨越阶段，增长速度大幅下滑。

7.1.3 榆林市能源产业生命周期分析

根据产业生命周期理论，产业在发展过程中要经历形成期、成长期、成熟期和衰退期四个阶段。下面采用经验判断法和龚伯兹曲线法从定性和定量两个角度综合判断榆林市能源产业所处的生命周期阶段。

1. 经验判断法

经验判断法认为产出增长率小于8%为形成期，大于8%为成长期，而到了成熟期，其产出增长率又会下降，保持在0.1%~8%，到衰退期则会呈现负增长。由于缺乏能源产业产出相关数据，这里采用原煤产出数据进行计算。根据榆林市1980~2020年的原煤产出增长率数据（图7.2），1980~1982年原煤产出增长率均低于8%，1983~2012年原煤产出增长率大于8%，2013~2020年原煤产出增长率多数低于8%。由此，可以初步判断榆林市能源产业在1980~1982年处于形成期，在1983~2012年处于成长期，在2013~2020年处于成熟期。

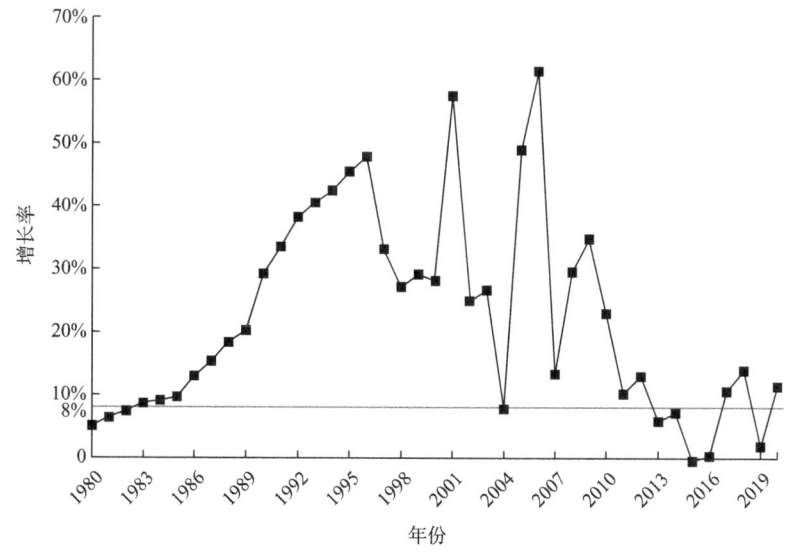

图7.2 1980~2020年榆林市原煤产出增长率

资料来源：《榆林统计年鉴》（1981~2021年）

2. 龚伯兹曲线法

为了进一步科学判断产业生命周期阶段，需在经验判断的基础上进行定量判断。龚伯兹曲线模型是当前使用较多的用以描述生命规律的生长曲线模型，它是美国统计学家和数学家龚伯兹首先提出用作控制人口增长率的一种数学模型，其形式为

$$y_t = ka^{b^t} \tag{7.1}$$

其中，y_t 为第 t 期指标值；t 为时间变量；k、a、b 为模型的参数。为了便于确定模型中的参数，对模型两边同时取对数，得到

$$\ln y_t = \ln k + b^t \ln a \tag{7.2}$$

为了确定模型中的参数，可以将历年 $\ln y_t$ 等分为三组，每组有 n 个观察值，每组观测值对数求和记为 $\sum_1 \ln y_t$、$\sum_2 \ln y_t$、$\sum_3 \ln y_t$，参数的计算公式如下：

$$\ln a = \frac{b-1}{\left(b^n - 1\right)^2}\left(\sum_2 \ln y_t - \sum_1 \ln y_t\right) \tag{7.3}$$

$$b = \left[\frac{\sum_3 \ln y_t - \sum_2 \ln y_t}{\sum_2 \ln y_t - \sum_1 \ln y_t}\right]^{\frac{1}{n}} \tag{7.4}$$

$$\ln k = \frac{\left[\sum_1 \ln y_t - \ln a \times \dfrac{(b^n - 1)}{(b - 1)}\right]}{n} \tag{7.5}$$

根据经验判断法得到的结论，将榆林市能源产业发展历程分为三个阶段（1980~1982 年、1983~2012 年、2013~2020 年），分别采用龚伯兹曲线法对其所处生命周期阶段进行定量判断。根据式（7.1）~式（7.5）对龚伯兹曲线模型进行估计，所得结果如表 7.1 所示。

表 7.1　龚伯兹曲线模型计算结果

时期	$\ln a$	b	k
1980~1982 年	0.863 4	1.134 5	162.558 7
1983~2012 年	−1.033 5	0.882 5	32 351.325 1
2013~2020 年	0.645 4	1.210 3	64 358.215 9

根据表 7.2 各参数的取值范围，可以判断榆林市能源产业在 1980~1982 年、1983~2012 年和 2013~2020 年分别处于形成期、成长期和成熟期，这与经验判断法得出的结论基本一致。以上结论表明榆林市能源产业已经迈入成熟期阶段，

能源产业相关政策应当与时俱进地进行调整以适配能源产业在成熟期得到长足发展。

表 7.2 能源产业生命周期各阶段参数范围及主要特征

能源产业生命周期阶段	龚伯兹曲线参数范围	产业特点
形成期	ln$a$>0，b>1，k 为增长下线	产业增长缓慢，产品逐渐多样化
成长期	ln$a$<0，0<b<1，k 为增长上线	产业增长迅速，产品多样化
成熟期	ln$a$<0，b>1，k 为增长上线	产业趋于稳定
衰退期	ln$a$>0，0<b<1，k 为衰退下线	产业出现负增长

7.2 榆林市能源生态系统特征分析

7.2.1 能源生产消费概况

图 7.3 给出了 2010~2020 年榆林市天然气、原煤及原油的生产概况。可以发现，原煤和天然气的生产量平稳增长，2020 年榆林市原煤生产量 51 708.88 万吨，比 2010 年增加 25 976.88 万吨；天然气生产量 210.19 亿立方米，比 2010 年增加 100.36 亿立方米；2010~2020 年榆林市原油产量呈现倒"U"形趋势，即 2010~2014 年榆林市原油生产量不断增加，2015~2020 年原油产量逐渐减少。总体来看，除 2010 年外榆林市原油生产量始终保持在 1 000 万吨以上，2020 年达 1 048.34 万吨。在电力生产方面（图 7.4），2020 年榆林市发电量为 1 230.31 亿千瓦时，比 2010 年增加 870.04 亿千瓦时。其中，火力发电量占比最大，但由于风力发电、光伏发电清洁能源的快速发展，近年来火力发电量占比不断减少，相比 2015 年，2020 年火力发电量下降了 6.56%。风力发电与光伏发电规模不断扩大，榆林市清洁能源发展快速，方兴未艾，2020 年风力发电量为 65.87 亿千瓦时，是 2015 年的 4.4 倍；光伏发电量为 48.02 亿千瓦时，是 2015 年的 24 倍。

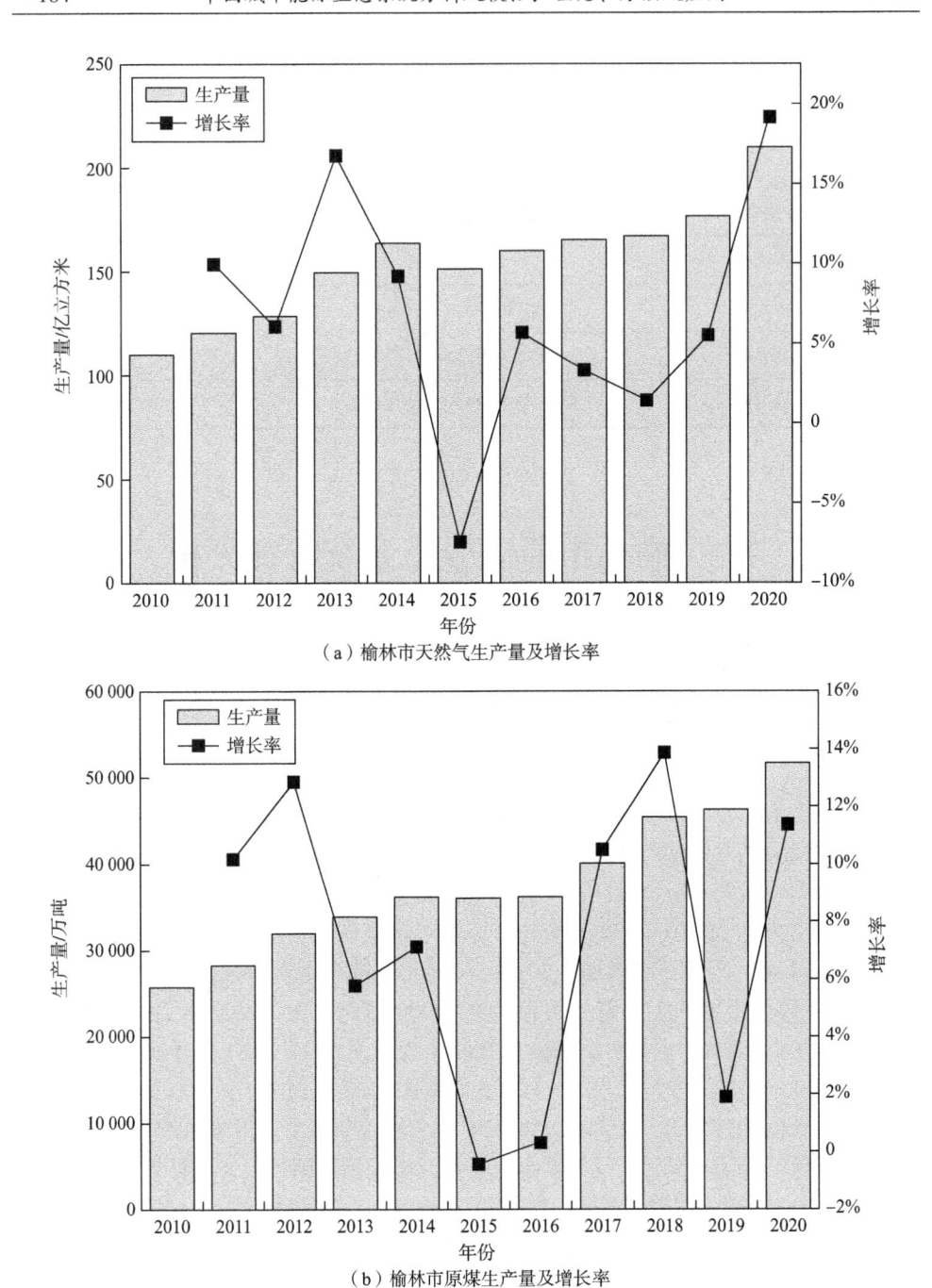

（a）榆林市天然气生产量及增长率

（b）榆林市原煤生产量及增长率

第 7 章　榆林市能源生态系统解析

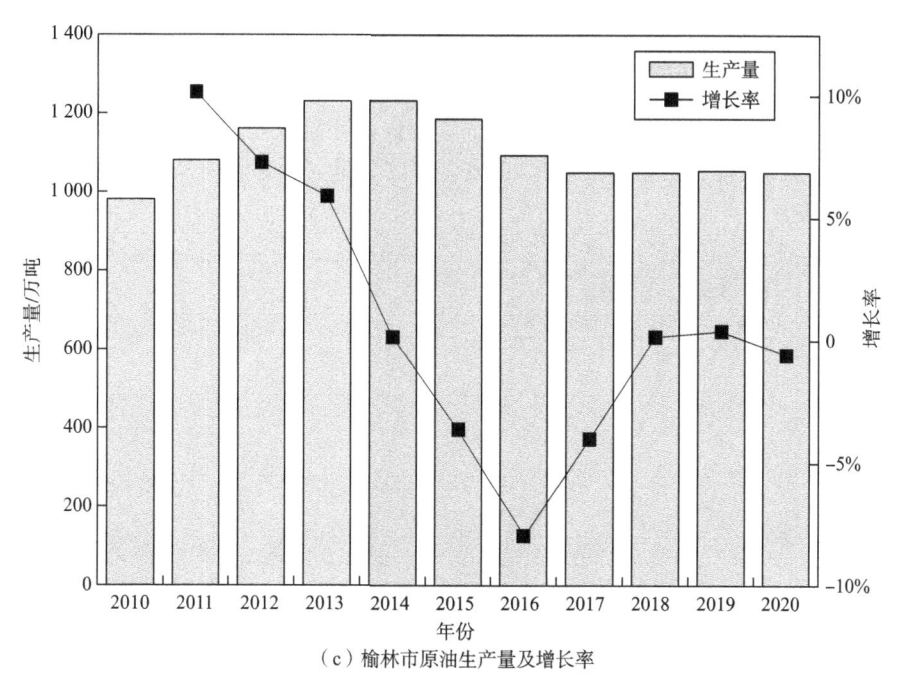

（c）榆林市原油生产量及增长率

图 7.3　2010~2020 年榆林市传统能源生产概况

资料来源：《榆林统计年鉴》（2011~2021 年）

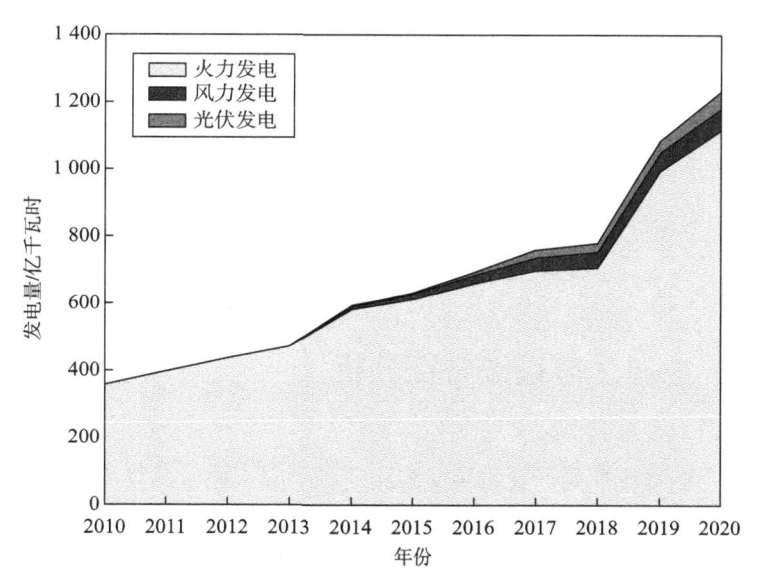

图 7.4　2010~2020 年榆林市发电量

资料来源：《榆林统计年鉴》（2011~2021 年）

在能源消费方面（图 7.5），2020 年规模以上工业能源综合消费量为 2015 年的 1.5 倍，占榆林市能源综合消费量的 97.0%，"十三五"时期年均增长 8.1%，比榆林市规模以上工业年均增速低 0.5 个百分点，能源消费增长速度明显低于规模以上工业增长速度，以能源低消费有力支撑了工业经济的增长，进而推动了榆林市经济的发展。

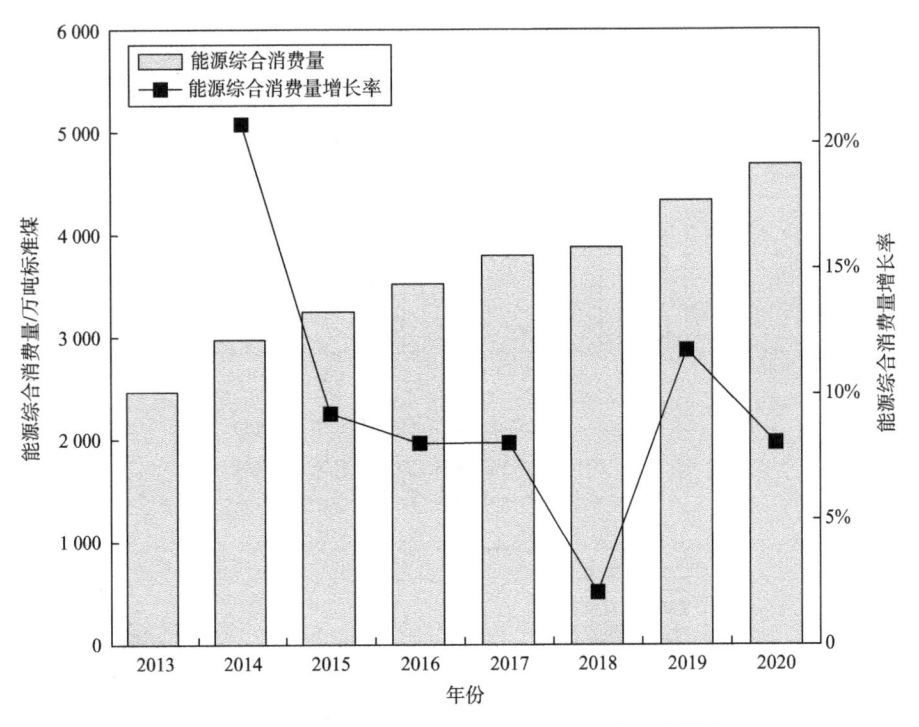

图 7.5　2013~2020 年榆林市规模以上工业能源综合消费量
资料来源：《榆林统计年鉴》（2011~2021 年）

7.2.2　能源生态系统特征分析

近年来，榆林市能源产业发展呈现出一种"投入高、污染大、能耗高、产出低、效率低"的粗放型发展模式，直接导致了环境污染严重、能源过度浪费等现象，具体特征如下。

1. 能源利用效率较低，单位地区生产总值能耗较高

能源利用效率是指在能量输入相等或能量输入减少的条件下获得更多的经济

产出，该效率是反映能源利用情况的关键指标。单位地区生产总值能耗是衡量能源利用效率的主要指标，能反映各项经济活动对能源资源的利用程度。

2010~2015年榆林市单位地区生产总值能耗总体下降较大，由2010年的1.02降到2015年的0.85，其下降幅度高达16.67%，意味着榆林市能源利用效率有所提高，但在2016年，榆林市单位地区生产总值能耗有所上升。

就陕西省区域对比来看，西安和杨凌示范区的单位地区生产总值能耗一直保持下降趋势，并且远远低于榆林市，说明与其他城市相比，榆林地区存在能耗较高的问题，能源资源利用不充分，能源利用效率低。

2. 资源综合利用难度大、区域环境保护形势严峻

榆林市长期从事能源开采开发活动，导致煤矸石、粉煤灰等大宗工业固体废物产量大，历史堆存量高，工业"三废"处置问题突出。加之当地地处毛乌素沙漠边缘及黄河流域生态环境保护重要区域，区域环境保护形势严峻。具体来说，榆林市煤电化冶产业长期发展带来的大量煤基固废，其综合利用产品区域市场消纳能力差、产品附加值低，导致综合利用形势严峻。此外，由于当地生态环境脆弱，且固废堆存、"三废"处置压力大，进一步加剧了当地生态环境问题。

3. 能源资源生产技术落后，开发效率低下

陕西省特殊的区域经济、自然地理环境及历史遗留问题，使得榆林市煤炭、石油、天然气等传统能源开采企业掠夺式开采严重，其结果是直接导致大量宝贵矿产无法合理开采，造成了大量能源矿产资源被破坏。

（1）煤炭开采业。《生产矿井煤炭资源回采率暂行管理办法》对矿井开采区回采率的要求是不低于75%，然而榆林市煤炭回采率平均值还未到30%的世界较低水平，其中有些小煤矿的回采率甚至只有10%左右。这种煤炭产业回采率低、监管体制不完善的局面，加上部分煤矿企业只看重短期利益、追求盈利、无序开采，导致榆林市能源浪费问题比较严重。

（2）石油开采业。技术水平较低的无序开采造成了榆林市的石油采收率与其他地方相比差距明显。例如，新疆的油井采收率一般在40%左右，榆林市大多低于10%。能源资源的过度浪费对榆林地区的能源优势造成不利影响，也对该地区能源产业发展形成一定阻碍。

4. 能源科学研发投入制约，绿色发展转型困难

能源技术水平影响能源利用效率，提高能源技术水平十分重要，这就需要加大能源产业科学研究与试验发展（R&D）人员和经费投入，榆林地区在这一方面

还有待提升。2019 年，榆林市在科学研究与试验发展的全行业人员中，能源科技人员总共 775 人，占比为 51.16%，和其他行业相比处于较低水平；2019 年，榆林市能源产业的科研经费支出总共 21 221.5 万元，占榆林规模以上工业企业科研经费支出总额的 39.85%，处于偏低的水平[309]。

7.3 榆林市能源生态系统子系统相互作用机制分析

本节先对榆林市能源生态系统子系统的相互作用机制进行分析，然后进一步阐释榆林市能源生态系统的动态演化过程。

7.3.1 榆林市能源生态系统子系统的相互作用机制

城市能源生态系统是包含多个子系统的复杂系统，各子系统间的相互作用共同决定了整个城市能源生态系统演化的规律和方向。

结合榆林市自身经济社会发展及资源禀赋特点，其能源生态系统子系统的相互作用机制如图 7.6 所示。榆林市能源生态系统中占主导地位的是能源子系统和经济子系统，其中煤炭是榆林市能源子系统中的主导能源，经济社会的发展依赖于以煤炭为主的第二产业的发展。对于经济子系统和社会子系统而言，以煤化工为主的第二产业带动经济发展的同时提供了众多就业岗位，驱动了社会子系统的发展。环境子系统与能源、经济、社会子系统构成的小系统相互作用，具体而言，煤炭等能源的开发利用及经济社会的发展伴随大量的环境污染，同时，榆林市本属生态脆弱区，面临着种种生态环境问题，约束了能源、经济、社会子系统的融合发展。科学技术是城市能源生态系统发展的催化剂，对科技子系统而言，其为环境子系统和由能源、经济、社会子系统构成的小系统提供基础支撑，加快了整个能源生态系统的演化发展。同时，科学技术的发展为减少环境污染、改善生态环境质量做出了必要贡献；相反，生态环境的恶化又推动科学技术的进一步发展。因此，科技子系统支撑环境子系统的发展，环境子系统反作用于科技子系统进而推动科技变革。

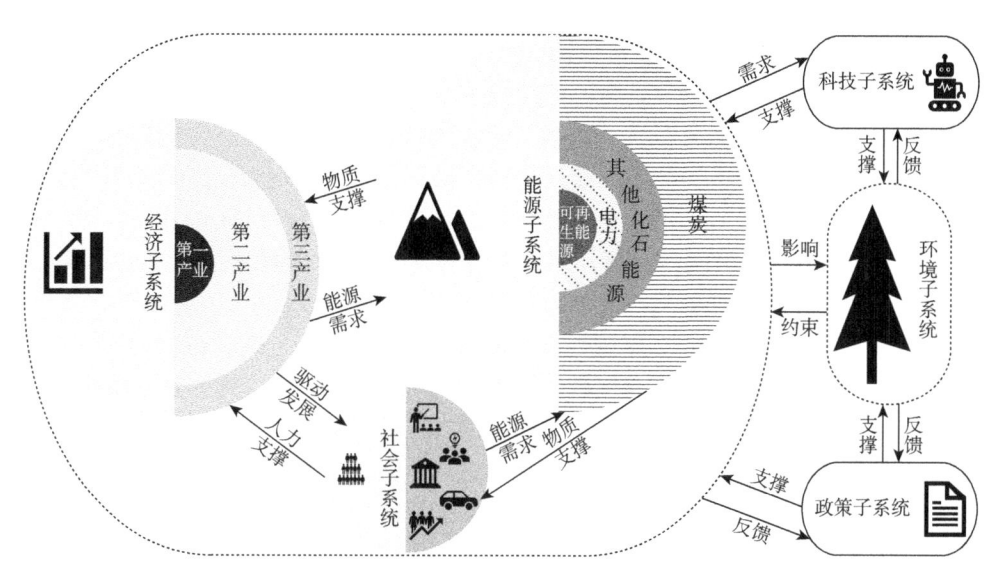

图 7.6 榆林市能源生态系统子系统的相互作用机制

7.3.2 榆林市能源生态系统的动态演化过程

榆林市能源生态系统的动态演化过程如图 7.7 所示，主要分为三个阶段。

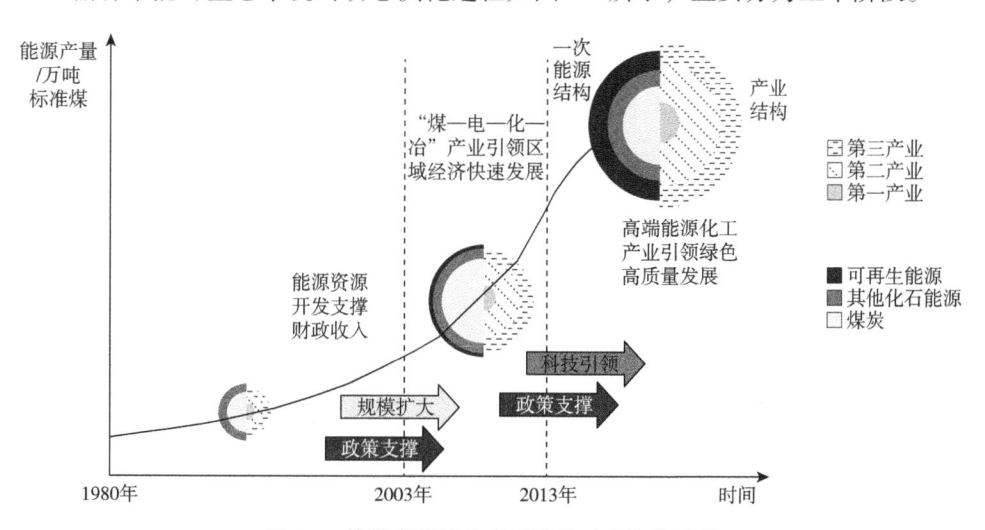

图 7.7 榆林市能源生态系统的动态演化过程

第一阶段是 1980~2002 年，为榆林市煤炭的勘探和开发阶段。这一阶段榆林市经济因煤炭工业的兴起而得到初步发展，煤炭工业逐步成为榆林市经济发展的支柱产业。这一时期的产业结构以第二产业为主，第一产业和第三产业占比较小。一次能源结构则以煤炭和其他化石能源为主，可再生能源的生产及消费在总能源生产及消费中的占比微乎其微。以第二产业主导的产业结构和高污染的能源结构使得这一时期榆林市能源生态系统运行效率低下，主要表现为较高的能源强度及较低的经济增速。此外，由于这一时期是榆林市能源生态系统演化发展的初级阶段，缺乏政府政策及科学技术等外部负熵流的流入，城市能源生态系统熵值攀升，系统无序程度不断增加，运行效率逐步降低。

第二阶段是 2003~2012 年，为榆林市煤炭"黄金十年"期。在上一阶段的基础上，伴随着榆林市煤炭工业规模的扩大及政府政策的大力支撑，这一阶段榆林市煤炭产业向"煤—电—化—冶"方面延伸，区域经济增长势头强劲。这一时期的产业结构仍以第二产业为主，第一、第三产业占比有所下降。同时，一次能源结构仍以煤炭和其他化石能源为主，可再生能源在城市能源生态系统中开始发挥作用。此外，由于产业规模扩大及政府政策等负熵流的流入，城市能源生态系统不断向有序高效的状态演化，但这一阶段依旧过度依赖于煤炭产业，经济快速增长的同时伴随着大量煤炭资源的消耗，城市能源强度居高不下。

第三阶段是 2013 年至今，为榆林市能源生态系统转型发展/创新发展时期。榆林市开启了高端能化产业引领绿色高质量发展之路，科技引领和政策支撑成为这一时期城市能源生态系统演化发展的主导力量。在这一阶段，三次产业结构有明显调整，具体表现为第二产业占比下降及第三产业占比上升，产业结构向着合理化和高级化的方向演进。一次能源结构中，煤炭和其他化石能源仍占相当比例，可再生能源比例得到迅速提升，一次能源结构有一定改善。由于科技负熵流及政策负熵流的引入，这一时期榆林市能源生态系统熵值减小，系统无序程度降低，运行效率获得较大提升。城市能源强度相比前两个阶段有明显下降趋势，经济增长与能源消费、环境污染之间开始出现脱钩趋势，榆林市能源生态系统不断向着绿色高质量的方向演化。

7.4 榆林市能源生态系统解析

7.3 节分析了榆林市能源生态系统的动态演化过程及其子系统的相互作用机制，但并未剖析榆林市能源生态系统的发展困境及其子系统中要素的层级结构，无法揭示城市能源生态系统的内在驱动机制，本节内容在 7.3 节内容基础上对榆林市能源生态系统发展困境及其子系统中要素的层级结构进行分析,进而揭示其内在驱动机制。

7.4.1 榆林市能源生态系统发展环境分析

榆林市作为传统的资源型城市,丰富的煤炭、天然气等自然资源是能源产业发展的重要推动力量,其发展对西部大开发、黄河流域高质量发展、构建西部生态屏障及创新西部能源工业有着重要的战略意义。新时期,榆林市能源生态系统面临着一定的发展"瓶颈"问题,具体包括以下几方面。

1. 能源优势显著,但产业结构单一

境内以煤炭为主的能源资源是榆林市最为突出的优势,但也造成了榆林市产业结构单一的状况。境内的神府煤田与鄂尔多斯境内的东胜煤田共同组成的"神府—东胜煤田"是中国已探明的最大煤田,是世界七大煤田之一,探明煤炭储量高达2 300亿吨,同时陕北煤炭基地是我国最重要的煤炭基地之一。丰富的煤炭资源使得煤炭"黄金十年"期榆林市经济快速发展,成为陕西省第二大经济体,与西安市共同组成陕西"双核"。除煤炭资源外,榆林市的石油、天然气、太阳能、风能等能源资源也较为丰富。

突出的能源优势是榆林市经济快速发展的基础,但同时也造成了榆林市产业结构单一等问题,面临陷入"资源诅咒"的发展困境。工业总产值占榆林市产业总产值的比例超过50%,而煤炭开采及洗选产业产值则占工业总产值将近50%。2010年以来,尽管对资源依赖性相对较弱的制造业发展相对较快,与工业总产值的比例提高20%以上,但其在工业产业结构中仍处于非主导地位,采掘业总产值在2013~2016年有所降低,但降低不明显,工业产业发展对于能源、矿产的依赖性虽有所减弱,但仍较为明显。榆林市高新技术和高附加值产业发育不足、产业链较短,粗加工产品多、深加工产品少,低技术含量和低档次产品多、高技术含量和高附加值产品少。此外,榆林市周边部分地区和城市以煤炭开采为支柱产业,产业同质化问题突出。

2. 能源加工创新需求大,但科研基础匮乏

榆林市境内丰富的能源资源短期内可获得明显的经济效益,但从长远来看,能源精细加工及关联研发服务将是榆林市能源利用的必然趋势,榆林市相对薄弱的科研基础是这种趋势的主要阻碍。以煤炭资源为例,发达国家的煤炭利用

已经从初级加工向精细加工、研发服务和全球贸易转变，占据"微笑曲线"的顶端，而国内与榆林类似的煤炭生产基地仍以初级加工为主，不利于参与未来的能源竞争。

从城市发展战略上看，《陕西省人民政府关于支持榆林高质量发展的意见》（陕政发〔2018〕9号）中提出榆林市未来成为"世界一流高端能源化工基地"，同时榆林市最新版总体规划确定榆林市"能源科技创新城市"的城市性质。目前，榆林市能源创新的最大阻碍仍然是科研基础设施的匮乏。第一，高层次人才基础较为薄弱，研究生学历人口占总人口比重较全国平均值有较大差距，缺乏研究型高校；第二，科研基础设施匮乏，缺少必要的能源研发实验室，同时未与国内外重点能源研发机构建立战略联系，重大化工项目的核心工艺包与技艺仍以外部引进为主；第三，榆林市研发经费支出低于全国平均水平，科研投入不足。

3. 生态环境压力大，能源产业绿色发展困难

榆林市地处陕北区域黄河中上游的黄土高原，北部接壤毛乌素沙漠，是黄河流域生态修复及西北地区生态屏障关键要地，但在发展过程中，为实现经济增长，对煤炭等高污染能源的高频率开发使当地生态环境遭到一定程度的破坏。其一，随着人民群众环保意识的不断提高，国家对绿色发展理念的提倡使得以环境换发展的方式已经难以持续，但对榆林市来说，由于长期依赖工业提振经济，工业三废总量持续上升，矿井疏干水等可重复利用的工业废水缺乏合理利用手段；煤矸石等工业固体废弃物处理方式单一、管理粗放；二氧化硫等大气污染物产生量居高不下。其二，自然资源的过度损耗制约工业绿色可持续发展。榆林市地处缺水地区，工业发展不得不面临水资源需求量的上升和总体水资源相对紧缺的矛盾挑战。在采矿过程中，由于缺少合理规划和后续治理，部分矿区土地塌陷和地下水位下降等自然地质灾害对土地资源开发利用造成掣肘。部分企业对防尘污染不够重视，生产期内企业周边生态环境恶劣，污染大气环境，一些企业不及时完成环保装备更新换代，存在设备老旧的安全隐患和排放不达标乃至违法排放和超标排放的问题，对已经修复的自然区域造成二次破坏。

7.4.2 榆林市能源生态系统的结构解析

7.4.1小节分析了榆林市能源产业发展面临的三大困境，但仅从表面分析了榆林市能源生态系统状况，并未识别出影响榆林市能源生态系统发展的深层次驱动机制。城市能源生态系统是包含若干子系统的复杂系统，其演化发展的方向及规

律由系统中的多重因素决定。解释结构模型是现代系统工程中广泛运用的一种分析方法,它将复杂的系统分解为若干子系统,利用已有的知识、经验及计算机技术的帮助,把复杂的系统构建成一个多级阶梯的结构模型,适用于城市能源生态系统的结构解析[310]。基于此,本部分综合运用解释结构模型分析方法对榆林市能源生态系统进行结构解析,从而识别出榆林市能源生态系统的层级关联及内生驱动机制。

1. 能源生态系统构成要素识别

前文将榆林市能源生态系统分为能源、经济、环境、社会、科技、政策六个子系统,在此对各子系统内部构成要素进行识别,如表 7.3 所示。

表 7.3 榆林市能源生态系统构成要素

	影响因素	编号	影响因素说明
能源子系统构成要素	能源生产结构	S_1	榆林市能源生产以煤炭为主,石油、天然气次之。近年来,清洁能源生产占比不断上升,影响着城市能源生态系统的发展
	能源消费结构	S_2	煤炭在榆林市能源消费结构中所占比例缓慢下降,石油、天然气、电力及清洁能源所占比例逐渐上升,能源消费向多元化、合理化方向发展,但是能源消费结构单一仍然是榆林市面临的主要问题
	能源价格	S_3	一般来说价格是影响供给量、消费量的直接因素。能源价格的提高将直接影响到用能企业的生产成本,因而会影响能源需求。此外,能源价格的变动可能会影响能源相关企业的效益,进而影响能源产业的发展
	能源利用效率改进	S_4	能源利用效率的改进直接影响能源的供给与需求
	能源输送能力	S_5	能源输送能力直接影响能源的供给与需求
经济子系统构成要素	全球经济形势	S_6	中国经济与世界经济息息相关,国际经济形势对中国经济影响较大,榆林市能源产业发展也会受到一定影响
	产业结构	S_7	榆林市推进产业结构优化升级,能源产业结构的调整优化影响经济增长方式和区域经济发展,也会影响到能源消费结构
	经济发展水平	S_8	经济发展水平是能源消费重要的决定因素,经济增长是促进能源需求增长的主要动力
	工业化水平	S_9	榆林正处于工业化中后期阶段,工业能耗比较高
环境子系统构成要素	气温及大气环境质量	S_{10}	极端高温和低温天气都会造成能源需求剧增;能源消费与大气环境质量目标密切相关
	降水量	S_{11}	降水量过多会造成洪涝,降水量过少会造成干旱,这种极端天气都会对能源需求产生影响
	环境规制	S_{12}	环境规制强度的大小会影响企业产能用能状况
社会子系统构成要素	人口	S_{13}	人口数量会影响能源需求,人口结构也会对能源需求产生影响
	城市化水平	S_{14}	榆林市正在进行城市化建设,相关生活配套设施的完善及工业发展都会影响能源需求
	居民收入水平	S_{15}	居民收入水平的提高,使生活质量得到不断改善,必然会增加对能源的消费
	互联网普及水平	S_{16}	互联网普及状况关乎信息流通水平,对能源供给、消费产生重要影响
	居民节能环保意识	S_{17}	居民节能环保意识对能源消费产生直接影响

续表

	影响因素	编号	影响因素说明
科技子系统构成要素	技术进步	S_{18}	能源技术进步有利于能源的生产和运输,提高能源生态系统的安全性和稳定性,有助于降低能源服务成本
政策子系统构成要素	产业政策	S_{19}	产业政策对经济发展、产业结构、城市化和工业化,以及能源生产和能源消费结构产生影响
	宏观经济政策	S_{20}	财政政策、货币政策直接影响宏观经济

2. 能源生态系统结构解析

1) 邻接矩阵及可达矩阵建立

建立榆林市能源生态系统解释结构模型的邻接矩阵,用来描述系统中各个构成要素两两之间的关系。邻接矩阵 A 的元素 a_{ij} 定义如下:

$$a_{ij} = \begin{cases} 0, & S_i \text{对} S_j \text{无显著影响} \\ 1, & S_i \text{对} S_j \text{有显著影响} \end{cases}$$

其中,S_i、S_j 分别表示第 i 个、第 j 个能源生态系统构成要素。若在邻接矩阵 A 中第 i 行和第 j 列的元素 $a_{ij} = 1$,则表明要素 i 可以直接影响要素 j。通过广泛征询专家意见可以确定能源生态系统构成要素两两之间的关系,从而得到邻接矩阵 A,如表 7.4 所示。

表 7.4 榆林市能源生态系统构成要素邻接矩阵

要素	S_1	S_2	S_3	S_4	S_5	S_6	S_7	S_8	S_9	S_{10}	S_{11}	S_{12}	S_{13}	S_{14}	S_{15}	S_{16}	S_{17}	S_{18}	S_{19}	S_{20}
S_1	0	0	1	0	0	0	0	0	0	0	0	0	0	0	0	0	0	0	0	0
S_2	0	0	1	1	0	0	0	0	0	0	0	0	0	0	0	0	0	0	0	0
S_3	1	1	0	1	0	0	0	0	0	0	0	0	0	0	0	0	0	0	0	0
S_4	1	1	0	0	0	0	0	0	0	0	0	0	0	0	0	0	0	0	0	0
S_5	0	0	1	0	0	0	0	0	0	0	0	0	0	0	0	0	0	0	0	0
S_6	0	0	1	0	0	0	1	0	0	0	0	0	0	1	1	0	1	0	0	0
S_7	0	1	0	0	0	0	0	0	0	0	0	0	0	0	0	0	0	0	0	0
S_8	0	0	0	0	1	1	1	0	1	0	0	0	0	1	1	1	0	0	0	0
S_9	0	0	0	0	0	0	1	0	0	0	0	0	0	0	0	0	0	0	0	0
S_{10}	0	1	0	0	0	0	0	0	0	0	0	0	0	0	0	0	0	0	0	0
S_{11}	0	1	0	0	1	0	0	0	0	0	0	0	0	0	0	0	0	0	0	0
S_{12}	0	1	1	0	0	0	0	0	0	0	0	0	0	0	0	0	0	0	0	0
S_{13}	0	1	0	0	0	0	0	0	0	0	0	0	0	0	0	0	0	0	0	0
S_{14}	0	1	0	0	0	1	0	0	0	0	0	0	0	0	0	0	0	0	0	0
S_{15}	0	1	0	0	0	0	0	0	0	0	0	0	0	0	0	1	0	0	0	0

续表

要素	S_1	S_2	S_3	S_4	S_5	S_6	S_7	S_8	S_9	S_{10}	S_{11}	S_{12}	S_{13}	S_{14}	S_{15}	S_{16}	S_{17}	S_{18}	S_{19}	S_{20}
S_{16}	0	0	0	0	1	0	0	0	0	0	0	0	0	0	0	0	0	0	0	0
S_{17}	0	1	0	0	0	0	0	0	0	0	0	0	0	0	0	0	0	0	0	0
S_{18}	0	0	0	1	1	0	0	0	0	0	0	0	0	0	0	0	0	0	0	0
S_{19}	1	1	0	0	0	1	1	1	0	0	0	0	0	0	0	0	0	0	0	0
S_{20}	0	0	0	0	0	0	0	1	0	0	0	0	0	0	0	0	0	0	0	0

进一步，将邻接矩阵 A 与单位矩阵 I 相加得到矩阵 ($A+I$)，并根据布尔法则进行运算即可得到可达矩阵 M。本书运用 Matlab 软件编程求得可达矩阵 M，如表 7.5 所示。

表 7.5 榆林市能源生态系统构成要素的可达矩阵

要素	S_1	S_2	S_3	S_4	S_5	S_6	S_7	S_8	S_9	S_{10}	S_{11}	S_{12}	S_{13}	S_{14}	S_{15}	S_{16}	S_{17}	S_{18}	S_{19}	S_{20}
S_1	1	1	1	1	0	0	0	0	0	0	0	0	0	0	0	0	0	0	0	0
S_2	1	1	1	0	0	0	0	0	0	0	0	0	0	0	0	0	0	0	0	0
S_3	1	1	1	1	0	0	0	0	0	0	0	0	0	0	0	0	0	0	0	0
S_4	1	1	1	1	0	0	0	0	0	0	0	0	0	0	0	0	0	0	0	0
S_5	1	1	1	1	1	0	0	0	0	0	0	0	0	0	0	0	0	0	0	0
S_6	1	1	1	1	1	1	1	1	1	0	0	0	0	1	1	1	1	1	0	0
S_7	1	1	1	1	1	1	1	1	1	0	0	0	0	1	1	1	1	1	0	0
S_8	1	1	1	1	1	1	1	1	1	0	0	0	0	1	1	1	1	1	0	0
S_9	1	1	1	1	1	1	1	1	1	0	0	0	0	1	1	1	1	1	0	0
S_{10}	1	1	1	1	0	0	0	0	0	1	0	0	0	0	0	0	0	0	0	0
S_{11}	1	1	1	1	1	0	0	0	0	0	1	0	0	0	0	0	0	0	0	0
S_{12}	1	1	1	1	0	0	0	0	0	0	0	1	0	0	0	0	0	0	0	0
S_{13}	1	1	1	1	0	0	0	0	0	0	0	0	1	0	0	0	0	0	0	0
S_{14}	1	1	1	1	1	0	0	0	0	0	0	0	0	1	1	1	0	0	0	0
S_{15}	1	1	1	1	1	0	0	0	0	0	0	0	0	0	1	1	0	0	0	0
S_{16}	1	1	1	1	1	0	0	0	0	0	0	0	0	0	0	1	0	0	0	0
S_{17}	1	1	1	1	0	0	0	0	0	0	0	0	0	0	0	0	1	0	0	0
S_{18}	1	1	1	1	1	0	0	0	0	0	0	0	0	0	0	0	0	1	0	0
S_{19}	1	1	1	1	1	1	1	1	1	0	0	0	0	1	1	1	1	1	1	0
S_{20}	1	1	1	1	1	1	1	1	0	0	0	0	0	1	1	1	1	1	0	1

2）可达矩阵分解及重新排列

对可达矩阵进行分解，先求出其上位集合，即可达集 $R(S_i)$，以及下位集合，即前因集 $A(S_i)$，其中 $R(S_i) = \{S_j \in N \mid a_{ij}=1\}$，$A(S_i) = \{S_j \in N \mid a_{ji}=1\}$，$N$ 为所有

节点的集合，之后求得两者的交集 $R(S_i) \cap A(S_i)$，如表 7.6 所示。

表 7.6　榆林市能源生态系统构成要素关系

要素	可达集 $R(S_i)$	前因集 $A(S_i)$	交集 $R(S_i) \cap A(S_i)$
S_1	1, 2, 3, 4	1, 2, 3, 4, 5, 6, 7, 8, 9, 10, 11, 12, 13, 14, 15, 16, 17, 18, 19, 20	1, 2, 3, 4
S_2	1, 2, 3, 4	1, 2, 3, 4, 5, 6, 7, 8, 9, 10, 11, 12, 13, 14, 15, 16, 17, 18, 19, 20	1, 2, 3, 4
S_3	1, 2, 3, 4	1, 2, 3, 4, 5, 6, 7, 8, 9, 10, 11, 12, 13, 14, 15, 16, 17, 18, 19, 20	1, 2, 3, 4
S_4	1, 2, 3, 4	1, 2, 3, 4, 5, 6, 7, 8, 9, 10, 11, 12, 13, 14, 15, 16, 17, 18, 19, 20	1, 2, 3, 4
S_5	1, 2, 3, 4, 5	5, 6, 7, 8, 9, 11, 14, 16, 18, 19, 20	5
S_6	1, 2, 3, 4, 5, 6, 7, 8, 9, 14, 15, 16, 17, 18	6, 7, 8, 9, 14, 19, 20	6, 7, 8, 9, 14
S_7	1, 2, 3, 4, 5, 6, 7, 8, 9, 14, 15, 16, 17, 18	6, 7, 8, 9, 14, 19, 20	6, 7, 8, 9, 14
S_8	1, 2, 3, 4, 5, 6, 7, 8, 9, 14, 15, 16, 17, 18	6, 7, 8, 9, 14, 19, 20	6, 7, 8, 9, 14
S_9	1, 2, 3, 4, 5, 6, 7, 8, 9, 14, 15, 16, 17, 18	6, 7, 8, 9, 14, 19, 20	6, 7, 8, 9, 14
S_{10}	1, 2, 3, 4, 10	10	10
S_{11}	1, 2, 3, 4, 5, 11	11	11
S_{12}	1, 2, 3, 4, 12	12	12
S_{13}	1, 2, 3, 4, 13	13	13
S_{14}	1, 2, 3, 4, 5, 6, 7, 8, 9, 14, 15, 16, 17, 18	6, 7, 8, 9, 14, 19, 20	6, 7, 8, 9, 14
S_{15}	1, 2, 3, 4, 15, 17	6, 7, 8, 9, 14, 15, 19, 20	15
S_{16}	1, 2, 3, 4, 5, 16	6, 7, 8, 9, 14, 16, 19, 20	16
S_{17}	1, 2, 3, 4, 17	6, 7, 8, 9, 14, 15, 17, 19, 20	17
S_{18}	1, 2, 3, 4, 5, 18	6, 7, 8, 9, 14, 18, 19, 20	18
S_{19}	1, 2, 3, 4, 5, 6, 7, 8, 9, 14, 15, 16, 17, 18, 19	19	19
S_{20}	1, 2, 3, 4, 5, 6, 7, 8, 9, 14, 15, 16, 17, 18, 20	20	20

注：表中数字表示要素编号

依据表 7.6，筛选出满足 $R(S_i) \cap A(S_i) = R(S_i)$ 这一条件的构成要素，筛选出多级结构的最高级因素。找出后，即可将其在可达矩阵中所对应的行和列删除。然后，再从剩余的可达矩阵中筛选新的最高级要素。以此类推，将所有的影响因素划分到不同的层级中去，层级划分结果如表 7.7 所示。

表 7.7　榆林市能源生态系统构成要素层级

层级	要素
第一层（顶层）	S_1、S_2、S_3、S_4
第二层	S_5、S_{10}、S_{12}、S_{13}、S_{17}
第三层	S_{11}、S_{15}、S_{16}、S_{18}
第四层	S_6、S_7、S_8、S_9、S_{14}
第五层（底层）	S_{19}、S_{20}

3）能源生态系统层级结构分析

根据上文层级划分结果和各个构成要素间的直接关系即可画出榆林市能源生态系统构成要素的层级关系示意图（图 7.8），其中箭头表示一个要素对另一个要素具有直接影响。

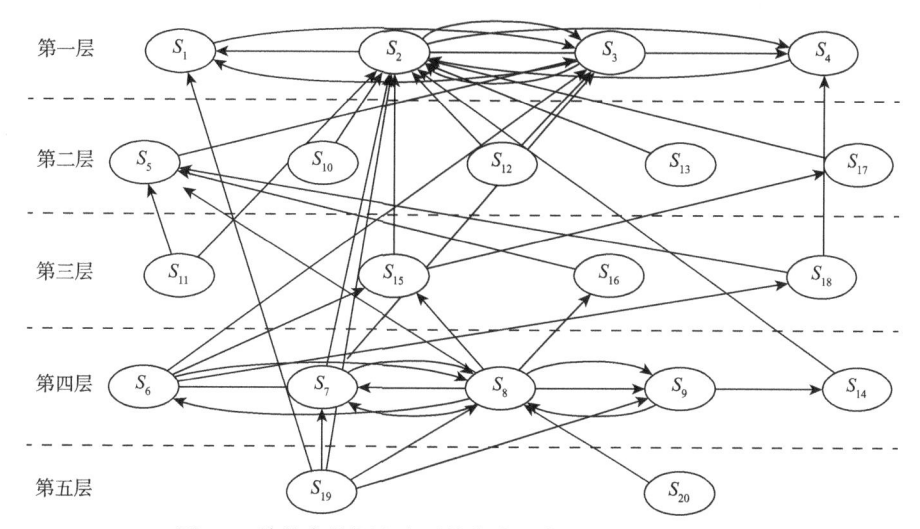

图 7.8　榆林市能源生态系统构成要素的层级关系示意图

由图 7.8 可看出，榆林市能源生态系统构成要素大致可以分为五个层级，层级之间由有向因素链连接，根据构成要素在城市能源生态系统中的不同层级，将其分为三类，分别为表层构成要素、中间层构成要素和深层构成要素。

表层构成要素包括能源生产结构、能源消费结构、能源价格和能源利用效率改进 4 个要素。表层构成要素是最容易观察到的，也是最直接影响城市能源生态系统演化发展的因素。因此，合理的能源生产结构、能源消费结构和能源价格，以及较高的能源利用效率是推进城市能源生态系统演化发展最有效、最直接的措施。

中间层构成要素包括能源输送能力、气温及大气环境质量、环境规制、人口、居民节能环保意识、降水量、居民收入水平、互联网普及水平、技术进步、全球经济形势、产业结构、经济发展水平、工业化水平、城市化水平 14 个要素。中间层构成要素由深层构成要素引起，形成不同的要素传递链，并最终影响表层构成要素，是整个能源生态系统演化发展的软支撑。

深层构成要素包括产业政策和宏观经济政策两个要素。深层构成要素是影响城市能源生态系统演化发展最基础的客观因素，它通过中间层构成要素影响到表层构成要素，最终对城市能源生态系统演化发展产生影响。

从各子系统的作用来看，政策子系统构成要素均位于第五层，表明政策子系统在整个城市能源生态系统中起到基础支撑作用。经济子系统、社会子系统、环境子系统、科技子系统的构成要素位于第二、第三、第四层，表明这四个子系统起到表征榆林市能源生态系统外在特征的中枢传导功能。能源子系统 5 个构成要素中的 4 个要素位于第一层，直接表明能源子系统是整个城市能源生态系统的外在表征，对城市能源生态系统产生最直接的影响。

7.4.3 榆林市能源生态系统驱动机制分析

榆林市能源生态系统驱动机制分析是研究各子系统内部要素间的相互关系，识别和判断能源生态系统中各要素的驱动性和路径依赖程度，进而对要素驱动属性进行区分，探究榆林市能源生态系统要素作用传导路径和驱动机制。根据本章前文能源生态系统影响要素分析结果，初步对榆林市能源生态系统影响要素及其互动关系进行整理。在此基础上，运用 MICMAC 对榆林市能源生态系统的要素驱动机制进行分析，计算要素驱动性和依赖性，为榆林市能源生态系统发展的政策设计及综合评价提供参考。

MICMAC 的计算思想和计算方法与解释结构模型可达矩阵一致。因此，可以基于本节构造的可达矩阵 M 进一步进行 MICMAC 分析。由表 7.6 所构建的指标体系可达矩阵 M 可计算本书构建的针对榆林市能源生态系统驱动指标体系的要素驱动向量 D 和依赖向量 R：

D=(4,4,4,4,5,14,14,14,14,5,6,5,5,14,6,6,5,6,15,15)

R=(20,20,20,20,11,7,7,7,7,1,1,1,1,7,8,8,9,8,1,1)

其中，D_i 与 R_i 分别对应要素 i 对其他要素的驱动性，以及对其他要素的依赖性。因此，基于这一性质，可根据要素驱动向量 D 和依赖向量 R 绘制榆林市能源生态系统的 MICMAC 分析矩阵，如图 7.9 所示。

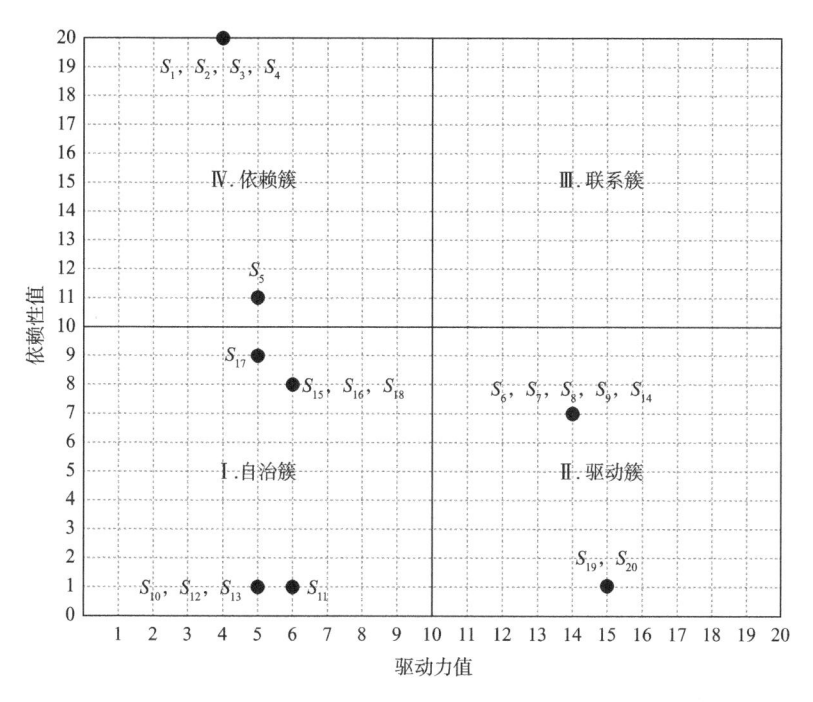

图 7.9 榆林市能源生态系统的 MICMAC 分析

根据 MICMAC 分析原理，S_6、S_7、S_8、S_9、S_{14}、S_{19}、S_{20} 属于驱动簇，对应解释结构模型的第四、第五层，具备强驱动性、弱依赖性的特点，它们是榆林市能源生态系统演化发展的重点。S_1、S_2、S_3、S_4 均位于代表依赖性程度最高的横坐标线上，对应解释结构模型中的第一层，具备强依赖性、弱驱动性的特点，它们对能源生态系统的发展产生直接影响，同时较容易受到其他因素的影响。S_5、S_{15}、S_{16}、S_{17}、S_{18} 主要分布于 MICMAC 分析图的中间位置，对应解释结构模型的第二、第三层，具备一定程度的驱动性和依赖性。S_{10}、S_{11}、S_{12}、S_{13} 均位于依赖性值次低的横坐标线上，具备弱依赖性、弱驱动性特点。

具体来说，驱动簇的要素主要包括全球经济形势、产业结构、经济发展水平、工业化水平、城市化水平、产业政策和宏观经济政策，表明这 7 个要素在榆林市能源生态系统发展过程中驱动性较强，在整个能源生态系统中处于主导地位。尤其在产业政策和宏观经济政策方面，对于其他要素具有绝对的驱动作用[驱动力值 15，依赖性值 1（自依赖性）]。因此，该类要素是驱动榆林市能源生态系统发展的主要"抓手"，通过制定、明确相关产业政策和宏观经济政策，引导和规范能源产业的发展。

在依赖簇的要素方面，主要包括能源生产结构、能源消费结构、能源价格、能源利用效率改进、能源输送能力，这 5 个要素受其他要素影响较大，对其他要素的建设水平表现出较高的依赖程度,而对其他要素影响程度相对较低。对于该类要素指标,由于处于传导驱动路径的末端,应将其作为系统输出指标进行观测、评估,进而作为反馈信息反向引导驱动榆林市能源生态系统的优化。

此外,其他要素在驱动性和依赖性方面均表现出一定的影响和被影响程度,具体表现在要素间接影响的传导作用。对于该类指标应处理好要素变化"承上启下"的关联影响和交叉影响,应尽可能避免驱动路径上下游不一致、不匹配、路径交叉影响等导致的能源生态系统运行效率的降低。

7.5 榆林市能源生态系统优化路径

绿色低碳发展对生态文明建设提出了更高的要求,成长型资源城市能源生态系统转型尤为重要。前文在分析榆林市能源产业发展困境的基础上利用解释结构模型剖析了其能源生态系统演化发展的内在驱动机制,结果表明政策子系统构成要素是榆林市能源生态系统演化发展的原动力,经济、环境、科技、社会等子系统构成要素是关键支撑力,而能源子系统构成要素则是外在表现。因此,榆林市在能源系统生态转型中需锚定深层驱动力、紧抓中间支撑力,进而实现城市能源生态系统由内到外全方面生态转型的目标。

榆林市能源产业发展粗放,造成能源、环境、经济之间矛盾日益突出,针对目前存在的问题,从城市能源系统生态转型趋势来看,夯实政策支撑基础、加强科技引领作用、寻找新的经济增长点,是实现城市能源产业绿色、高质量发展的关键。传统能源产业在利用资源禀赋优势的同时顺势推进产业结构升级,通过发展链条产业和替代产业,在提升能源产品的附加值和竞争力的同时减弱对能源资源的绝对依赖,向低能耗、低污染、低排放的产业发展。其中,技术接力创新是地区传统能源产业转型的关键,虽然榆林市境内丰富的能源资源短期内带来了明显的经济效益,但从长期来看,能源精细加工及研发服务将是榆林市能源产业发展的必然趋势。

目前,榆林市传统能源产业匮乏的科技条件是这种趋势的主要阻碍,"硬科技"短板与"软科技"发展亟须得到补充和深拓。政府引导是传统能源产业转型的重要支撑力,对城市能源生态系统的优化起着关键作用。传统能源产业在生态转型过程中往往会涉及现有利益格局的变动,传统能源产业对既得利益的保护可能会阻碍创新型企业进入市场,同时,传统能源产业长期发展所积累的规模优势使得新型能源企业难以与之抗衡。因此，在城市能源生态系统优化过程中，政府必须发挥一定的调控作用，通过制定合理的政策和营造良好的投资环境保护新型能源企业的发展。

新兴产业的发展对城市能源生态系统的形成和稳定起着重要作用，在推动传统能源产业生态转型的同时需加快新兴产业发展的推进力度。成长型资源城市产业转型更适宜多种新兴产业协调发展的路径，榆林市新兴产业主要包括高端能源化工及清洁能源发电产业，各产业的融合发展是形成以清洁能源、合成材料、特色化学品为核心的能源—化工—材料一体化产业布局的必要基础。榆林市当前能源化工技术主要集中在煤炭初加工、煤炭中间加工及煤炭精细加工的初步阶段，还需进一步发展铝镁冶炼深加工、高分子晶体材料及装备制造服务业。清洁能源发电是改善城市一次能源结构、助力实现绿色低碳发展的必要手段，大力发展光伏、风电等新能源产业有助于榆林市建成"高端、清洁、环保、安全"的世界一流的能源化工基地。

榆林市作为能源大市，矿产资源丰富，其经济在近年来"因煤而兴"，同时又"因煤而废"，城市能源系统亟须生态转型。把握时代经济环境、抓住创新机遇，未来城市能源系统转型有着较好的发展前景。在转型过程中，应把握自身的能源资源优势，积极进行能源方面创新，做好能源服务，成为世界能源城市的重要节点。

7.6 本章小结

本章以榆林市为例，在深入分析能源生态系统状况、特征及演化过程的基础上通过解释结构模型对能源生态系统进行结构解析，最后根据研究结果提出榆林市能源生态系统优化路径。主要内容及结论如下。

（1）榆林市煤炭等矿产资源丰富，其能源发展经历了煤炭采选期、煤炭"黄金十年"期及转型发展/创新发展期三个阶段。生命周期评估结果表明榆林市能源产业在1980~1982年、1983~2012年和2013~2020年分别处于形成期、成长期和成熟期。

（2）榆林市能源生态系统有四个主要特征：①能源利用效率较低，单位地区生产总值能耗较高；②缺乏资源综合利用、有效开采理念，造成环境污染；③能源资源生产技术落后，开发效率低下；④能源科学研发投入制约，绿色发展转型困难。

（3）榆林市能源生态系统结构解析的结果表明：全球经济形势、产业结构、经济发展水平、工业化水平、城市化水平、产业政策和宏观经济政策 7 个要素在榆林市能源生态系统发展过程中驱动性较强，在整个能源生态系统中处于主导地位；能源生产结构、能源消费结构、能源价格、能源利用效率改进和能源输送能力 5 个要素受其他要素影响较大，而对其他要素影响程度相对较低。

第 8 章 北京市能源系统代谢演化的自组织行为模拟

基于本书第 5 章北京市能源生态系统代谢结构解析结果,本章从系统自组织视角对北京市能源系统代谢演化过程进行模拟。首先,构建北京市能源系统的耗散结构模型,对代谢演化的自组织行为机理进行探讨和分析,进一步提出北京市能源耗散系统自组行为的潜在形成路径及演化趋势;其次,通过外部负熵流的引入,干预系统内部能源代谢单元要素反馈,研究这种干预对北京市能源系统代谢结构和演化的影响;最后,通过设立不同情景对北京市能源生态系统代谢演化的自组织行为进行模拟,为北京市能源系统转型升级提供参考[281]。

8.1 北京市能源耗散系统自组织行为架构

本节对北京市能源系统代谢演化的耗散结构形成前提和自组织行为基础进行探讨和分析,提出北京市能源耗散系统自组织行为的潜在形成路径及演化趋势。

北京市作为一个独立城市系统①,自然也无法脱离外部环境而独立存在。这里的外部环境是抽象的复合概念,不仅包含自然环境,还包括经济环境、社会环境、政治环境等[311~316]。这个复合的外部环境为北京市的现实存在提供了必要的物质、能量、信息及客观实体空间和定位,如北京市地处华北区域、京津冀城市群,作为国际化都市与世界范围的产品、信息、能源产品进行交换和贸易,以及作为首都的功能定位等(图 8.1)。

---

① 这里所说的城市系统是一个学术概念,是对现实城市体系的抽象理论诠释。

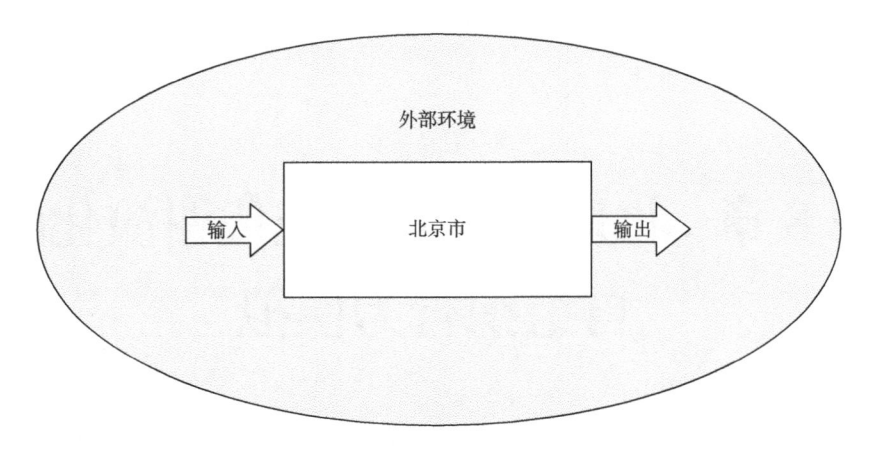

图 8.1 北京市能源耗散系统抽象示意图

北京市的发展本质上可以理解为不断更好地适应这个"复合环境"。然而，发展进程、城市定位、国际关系、市场贸易、技术进步、环境变化、文化冲击等多种因素导致北京市外部复合环境不断变化。因此，为更好地适应不断变化的新环境，北京市必须根据外部环境变化不断优化调整自身结构。城市能源系统作为北京市城市系统中的重要子系统，其地位随着北京市产业结构转型升级和居民生活水平不断提高而愈加重要。通过何种手段优化和改善北京市能源系统功能结构、形成新的有序结构，以更好地支持北京市城市系统发展正是本节基于耗散系统理论分析北京市能源系统代谢结构演化的主要出发点。

北京市能源系统是不断发展的开放动态大系统，属于典型的耗散系统。根据普利高津的耗散理论，远离平衡态的开放系统通过负熵流的输入能够形成新的有序结构，因此推动北京市能源系统代谢结构演化的主要手段为有效负熵流的引入。

8.1.1 引入负熵流的必要性

负熵流主要包括物质/能量流、信息流等。具体来说，物质/能量流主要包括实物产品或原材料的输入，如原煤或电力等；信息流则主要包括资源开发或利用技术、相关管理（技术）政策等（图 8.2）。

根据图 8.2, 能源耗散系统作为北京市能源系统的子系统，其目标在于适配北京市城市（经济、环境、社会等）发展需求，即适应北京市的发展"环境"。在系统输入端，由于资源禀赋、产业结构等因素限制，北京市能源耗散系统主要依赖于外部能源资源（如原煤、天然气等）及能源产品（如电力等）的输入；在系统输出端，主要包括（具有经济价值的，或具备社会福利效用的）产品和排放（如

第 8 章 北京市能源系统代谢演化的自组织行为模拟

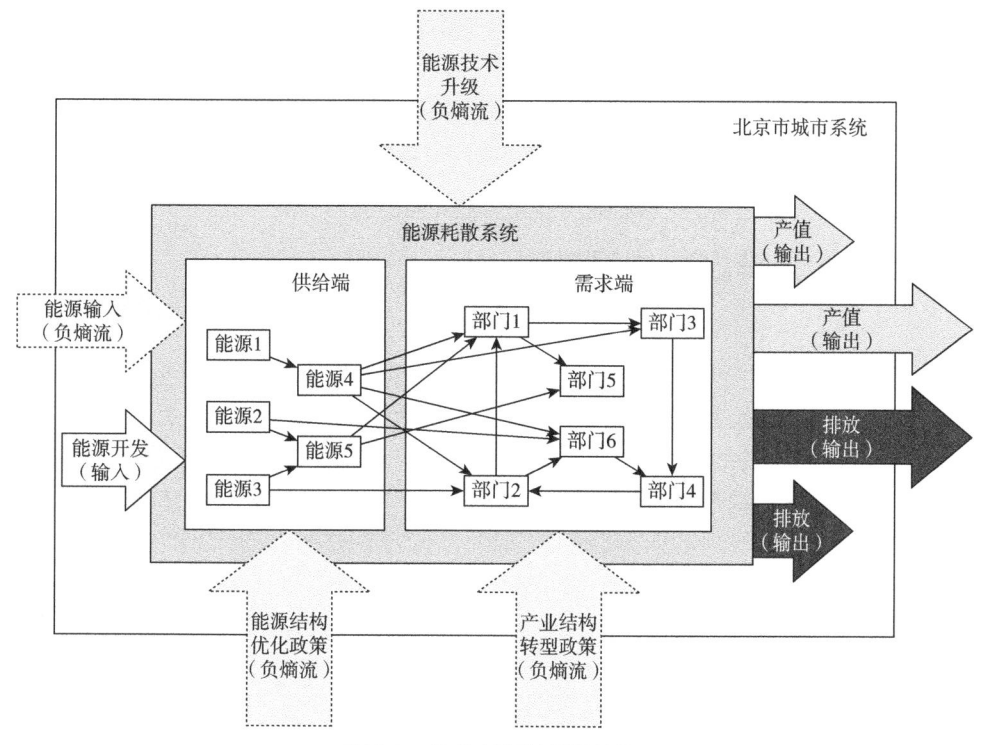

图 8.2 北京市能源耗散结构

二氧化碳、其他气体、废水等）。以上条件是北京市能源耗散系统自组织行为产生的先决条件。

在第 5 章，对北京市能源代谢系统的能源代谢流量根据北京市能源系统代谢结构进行了测算，并分析了能源流在北京市能源系统供给端和需求端的代谢路径和供需结构网络。从代谢流量中反映出，北京市能源代谢网络中间接代谢能流流量近年来有一定程度下降，同时天然气正逐渐替代煤炭成为北京市能源系统中的主要能源代谢结构主体，主要消费部门和能源利用形式也逐渐由传统工业向现代服务业、一次能源向二次能源转移。同时，北京市能源系统代谢上游供给端近年来有明显缩减。在这种发展趋势下，北京市能源系统更加依赖于外部能源输入。换言之，能源输入的负熵流在未来北京市能源耗散系统中愈加重要，也是北京市能源耗散系统自组织行为产生的重要保障。

此外，根据第 5 章中北京市能源系统代谢结构的分析，北京市近年来节能减排和结构优化调整取得的成绩主要来源于消费部门的规模缩减和产业转移，导致代谢结构中孤立节点和拐点的产生。在北京市能源代谢系统的层级结构分析中，北京市能源结构的清洁化更多是依靠政策手段将煤炭、煤制品等相对"底层"的能源产品提升层级、干扰供需关系，从而实现清洁能源层级地位的"相对"降低。换言之，对于真正实现北京市能源系统代谢结构的根源性转变，仍需要进一步推动清洁能源在北京市能源系统代谢结构中的"底层"化。显然，这不仅依赖于产业结构和能源结构相关调整政策负熵流的持续引入，还依赖于供给端和需求端的能源生产、利用、配置技术的创新和进步（技术负熵流），通过市场机制实现部门的自发性调整。

8.1.2 负熵流的作用机理

根据第 5 章的分析，北京市能源系统代谢结构演化的内在原因在于不同代谢单元应对外部变化做出反应的异步性差异，以及代谢单元不同要素影响的异质性差异，并结合近年来北京市相关政策对供给端（无煤化、清洁能源推广）、消费端（产业结构调整）及供需配置等对北京市能源系统代谢结构演化的影响，通过构建北京市能源系统代谢能流协同演化的哈肯模型，对北京市近年来城市能源代谢变化最大的三种代谢能流进行了协同检验。分析结果表明北京市煤炭→工业能流是主导北京市近年来能源系统代谢结构演化的序参量，即北京市能源系统代谢结构协同演化的慢变量是煤炭→第二产业能流，而煤炭→第二产业能流，以及天然气→第二产业能流则是快变量。这是由于一直以来北京市工业部门的煤炭消费是北京市能源系统中的主体，体量大、关联多且结构复杂，尤其 2014 年之前以煤电为主的上游代谢结构在北京市能源系统供给端占有主导地位，导致其他能流的反馈影响对煤炭→第二产业能流的相对较小，往往需要多轮累加的强化机制才能对煤炭→第二产业能流产生影响，因而也相对滞后。相反地，煤炭→工业能流对其他能流影响则较为显著，且反应迅速。

此外，在哈肯模型分析结果中注意到煤炭→第二产业能流与天然气→工业能流表现出相互抑制的互动关系。这表明二者在反馈机制上属于竞争关系，一定程度上反映出近年来北京市能源替代的主要趋势，且二者均对北京市能源系统代谢演化起到促进作用。然而，从二者哈肯模型序参量分析来看，单纯依赖于天然气→第二产业能流自身并不足以影响煤炭→第二产业能流对北京市能源系统代谢演化的主导地位，显然这与近年来北京市能源结构、产业结构调整的政策负熵流，以及能源利用相关技术负熵流的输入有密切关系。

第 5 章分析了部门要素异质性对于北京市能源系统代谢过程的影响。通过构建基于能源、经济、环境三方面要素对部门能源代谢影响的重力模型，从供给端和需求端测算和分析了北京市相关部门能源代谢过程对不同要素的敏感程度。结果表明不同部门在不同方面（能源、经济、环境），对于北京市能源代谢过程具有不同的敏感程度和反馈机制。结合北京市能源代谢单元反馈的异步性分析结果，重点对比和探讨了北京市近年来原煤和天然气替代过程中部门要素异质性的表现和反应。通过分析发现，大部分部门原煤和天然气消费对北京市原煤和天然气总供给表现出正相关性，但对于部门总能源消费表现出负相关性；而对原煤和天然气二氧化碳排放表现出负相关性，但对部门二氧化碳排放水平表现出正相关性。这表明北京市能源代谢在能源供需和环境影响方面存在较为一致的相关性。

然而，部门间对于不同能源产品的偏好差异导致不同部门在北京市能源代谢过程中产生差异性影响。根据重力模型计算结果，以传统第二产业为代表的部门对于特定能源形式具有较强的依赖性和黏滞性。以制造业为例，尽管原煤消费相较于天然气消费具有较低的敏感性，但当部门规模缩减或其他要素导致制造业生产活动受到影响，制造业的天然气消费波动也更加显著，相反原煤消费则受到较小影响。这一定程度上验证了第4章中关于煤炭→第二产业主导能流的结论。在环境影响方面，更加清洁的天然气相较于原煤在部门选择偏好上具有较高的倾向程度，尤其在对于能源形式要求较低的服务业。因此，北京市能源代谢过程中要素异质性反映了在外部环境突变状态下（如引入负熵流），不同部门的能源代谢过程和系统整体状态的潜在变化。

8.2 北京市能源耗散系统负熵流控制模拟

根据前文分析，北京市能源耗散系统的自组织行为主要依赖于外部负熵流的引入，通过干预系统内部能源代谢单元要素反馈，进而影响北京市能源生态系统代谢结构和演化[317]。在北京市能源耗散系统架构下，负熵流的主要形式为能源负熵流和技术负熵流。其中，能源负熵流的依据为5.2.1小节的研究结论，即北京市能源生态系统上游代谢过程的缩减导致系统内部能源产能下降，对外部能源产品的输入依赖性提升。技术负熵流分为两部分，一是针对北京市能源生态系统供给端的政策负熵流，主要依据为5.2.2小节和5.3.3小节相关结论，即无煤化能源结构清洁化转型相关政策引发北京市能源供给结构调整；二是针对北京市能源生态系统需求端的政策和技术负熵流，主要依据为5.2.2小节和5.3.3小节，即非首都功能疏解和京津冀一体化等政策推动北京市产业结构调整和转型，引发北京市能源生态系统需求端代谢结构演化。

在对北京市能源耗散系统自组织行为模拟分析前，需要先对北京市能源生态系统中部门能源代谢敏感性进行梳理。以5.3.3小节中部门要素异质属性分析结果为基础，结合北京市当前能源结构清洁化转型现实背景，对北京市主要部门原煤和天然气代谢的敏感性进行对比和总结，为下文情景设定和系统自组织行为模拟奠定基础。

随着近年来北京市绿色发展、区域协同一体化及功能疏解等相关政策出台和实施，北京市能源生态系统代谢演化稳步推进。能源结构清洁化转型、产业结构升级，以及城市功能再定位等对北京市传统能源代谢结构产生冲击，一定程度上打破了一直以来北京市内部能源生态系统的结构稳态。为更好地适应这种外部突变，支持北京市的继续发展，北京市能源生态系统亟待对内在结构进行适应性调整和优化升级。根据《京津冀协同发展规划纲要》中北京市旧城区和中心城区的疏解任务，北京市非首都功能疏解主要针对制造业、物流、零售业、教育卫生行政相关部门。从耗散系统理论视角解释，这主要是通过政策负熵流对北京市能源耗散系统供需端进行干预，促进北京市能源生态系统代谢结构演化的自组织行为产生。

因此，本部分结合北京市相关政策负熵流初步设定三种负熵流干预情景，并进行分析。

8.2.1 干预情景1：能源负熵流控制能源供给

干预情景1主要对应近年来北京市无煤化等相关政策，通过在城市能源代谢上游控制原煤供应、增加天然气供应，推动北京市能源结构清洁化转型。因此，该情景主要为在保障其他因素（如技术因素、产业结构、其他能源供给、消费习惯等）不变下，降低北京市1%原煤供应及增加1%天然气供应，检验不同部门能源代谢变化状态。

根据计算结果，通过对北京市能源输入负熵流进行控制，对部门能源代谢产生相应影响。通过降低北京市1%的原煤总供给，部门2（制造业）、部门3（建筑业）、部门4（交通运输、仓储和邮政业）、部门6（批发和零售业）、部门7（住宿和餐饮业）、部门8（金融业）、部门9（房地产业）、部门10（租赁和商务服务业）、部门11（科学研究、技术服务与地质勘查业）、部门12（水利、环境和公共设施管理业）原煤消费降低约0.73%；而增加北京市1%的天然气总供给，部门2、部门3、部门4、部门6、部门7、部门8、部门9、部门10、部门11、部门12天然气消费增加约1.71%。在能源供给负熵流干预下，部门2和部门3原煤和天然气代谢受到较为显著的影响。其中，在降低原煤供给1%背景下，部门2原煤消费降低0.39%，部门3原煤消费降低0.22%，其他部门原煤消费降低合计不足0.03%，表明无煤化相关政策主要对部门2和部门3产生较为明显的影响，而对其他部门影响较小，这与部门2和部门3的部门属性具有较大关联（制造业及建筑业）。在增加天然气1%背景下，观察到部门2和部门3天然气代谢增加同样最为显著，部门2天然气消费增加约 0.65%，部门 3 天然气消费增加约 1.00%，其他部门天然气消费增加合计约 0.06%，表明清洁能源推广对于部门 2 和部门 3 同样具有较为明显的影响。

上述计算结果是在北京市 2018 年能源代谢结构基础上计算的。同时，降低原煤供应及增加天然气供应均会导致原煤和天然气的供给端二氧化碳排放同比例变化，在该结果计算过程中也充分考虑了这一变化。

8.2.2 干预情景 2：政策负熵流调整产业结构

干预情景 2 主要对应京津冀协同发展及非首都功能疏解背景下产业迁移和功能结构调整导致北京市能源生态系统代谢需求端变化。由于政策负熵流的干预，北京市能源代谢下游受到影响，制造业、物流、零售业、教育卫生公共事业等相关部门规模缩减，进而对能源代谢产生影响。具体来说，该情景主要结合《京津冀协同发展规划纲要》，通过缩减部门 2（制造业）、部门 4（交通运输、仓储和邮政业）、部门 6（批发和零售业）和部门 14（教育业）规模的 1%，同时保证其他因素（技术、其他部门规模、能源供给水平及能源结构）不变，探究相关部门能源代谢变化。

需要指出的是，在该情景计算中缩减部门规模会同时造成部门能源消费、经济产出和二氧化碳排放产生相应变化，从而对部门能源产品代谢产生综合影响。

根据计算结果，缩减上述 4 个部门规模的 1%，部门原煤及天然气消费变化分别如下：部门 2 原煤消费下降 0.42%，天然气消费增加 2.17%；部门 4 原煤消费增加 0.31%，天然气消费下降 1.23%；部门 6 原煤消费增加 0.08%，天然气消费增加 1.02%；部门 14 原煤降低 2.92%，天然气消费下降 0.35%。

图 8.3 展示了政策负熵流调整产业结构情景下，北京市制造业（部门 2）、交通运输、仓储和邮政业（部门 4）、批发和零售业（部门 6）、教育业（部门 14）规模缩减导致部门能源代谢变化中，分别来自能源消费、经济产出及二氧化碳排放的贡献分布。其中，能源消费对原煤部门代谢变化贡献在部门 2、部门 4、部门 6、部门 14 中分别为 0.18%、-0.36%、1.69%、0.46%；对天然气部门代谢变化贡献在部门 2、部门 4、部门 6、部门 14 中分别为-1.52%、-7.94%、3.25%、-0.05%。经济产出对原煤部门代谢变化贡献在部门 2、部门 4、部门 6、部门 14 中分别为 0.01%、0.66%、-0.63%、-0.68%；对天然气部门代谢变化贡献在部门 2、部门 4、部门 6、部门 14 中分别为-0.59%、2.56%、-0.14%、-0.01%。二氧化碳排放对原煤部门代谢变化贡献在部门 2、部门 4、部门 6、部门 14 中分别为-0.61%、0.01%、-0.98%、-2.69%；对天然气部门代谢变化贡献在部门 2、部门 4、部门 6、部门 14 中分别为-0.05%、4.13%、-2.09%、-0.28%。

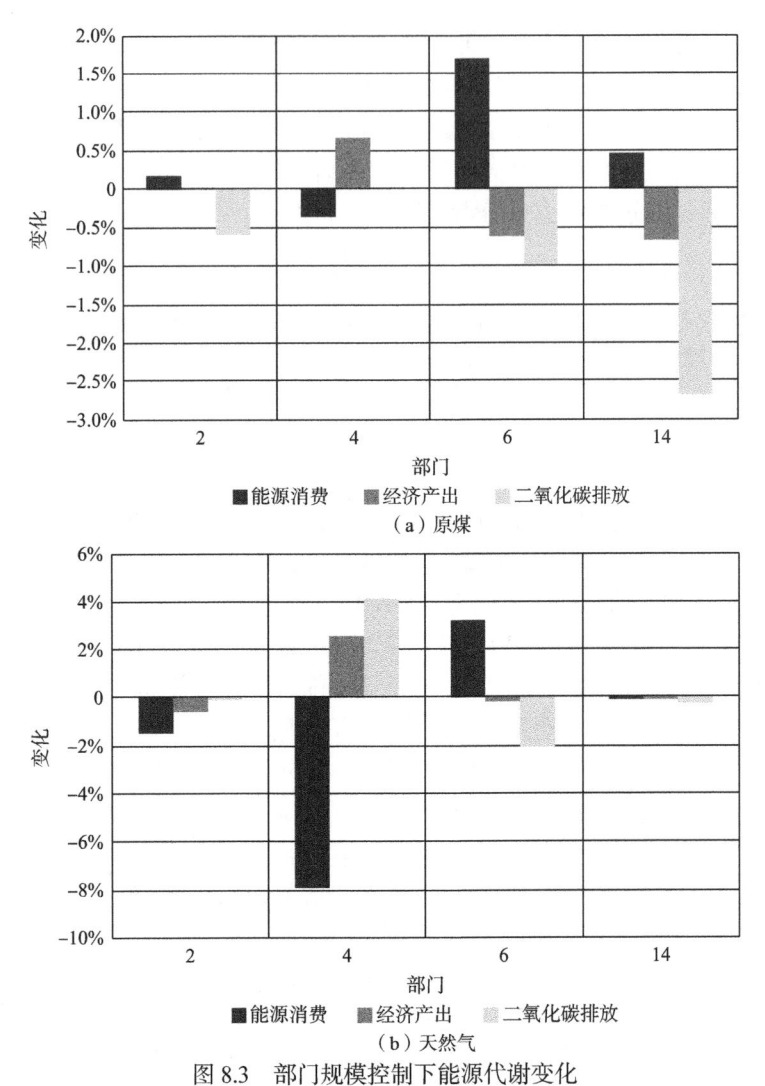

图 8.3　部门规模控制下能源代谢变化

部门 2：制造业；部门 4：交通运输、仓储和邮政业；部门 6：批发和零售业；部门 14：教育业

注意到，缩减部门规模后，尽管部门总能源消费会相应减少，但并不一定导致部门特定能源产品的消费减少。例如，在该情景计算中，部门 2 和部门 6 出现了天然气消费增加，部门 4 和部门 6 则出现了原煤消费增加。

8.2.3　干预情景 3：综合负熵流情景

干预情景 3 对应当前北京市能源生态系统代谢演化的现实背景，将北京市能源生态系统供给端和需求端相关政策调控负熵流进行综合分析。通过综合干预情景 1 和干预情景 2，将其中负熵流同时引入北京市能源生态系统，分析其对北京市能源生态系统代谢演化的影响。

图 8.4 展示了北京市功能疏解的 4 个主要部门在北京市能源生态系统供给端降低 1%的原煤供给，提高 1%的天然气供给，在需求端缩小部门规模 1%情况下的部门能源代谢变化。其中，在代谢上游供给端，供给控制导致原煤和天然气供给和相应二氧化碳排放同比减增，进而影响部门原煤和天然气代谢过程。在代谢下游需求端，部门规模缩减导致部门相应能源消费、经济产出及二氧化碳排放同比降低，进而影响部门原煤和天然气代谢过程。

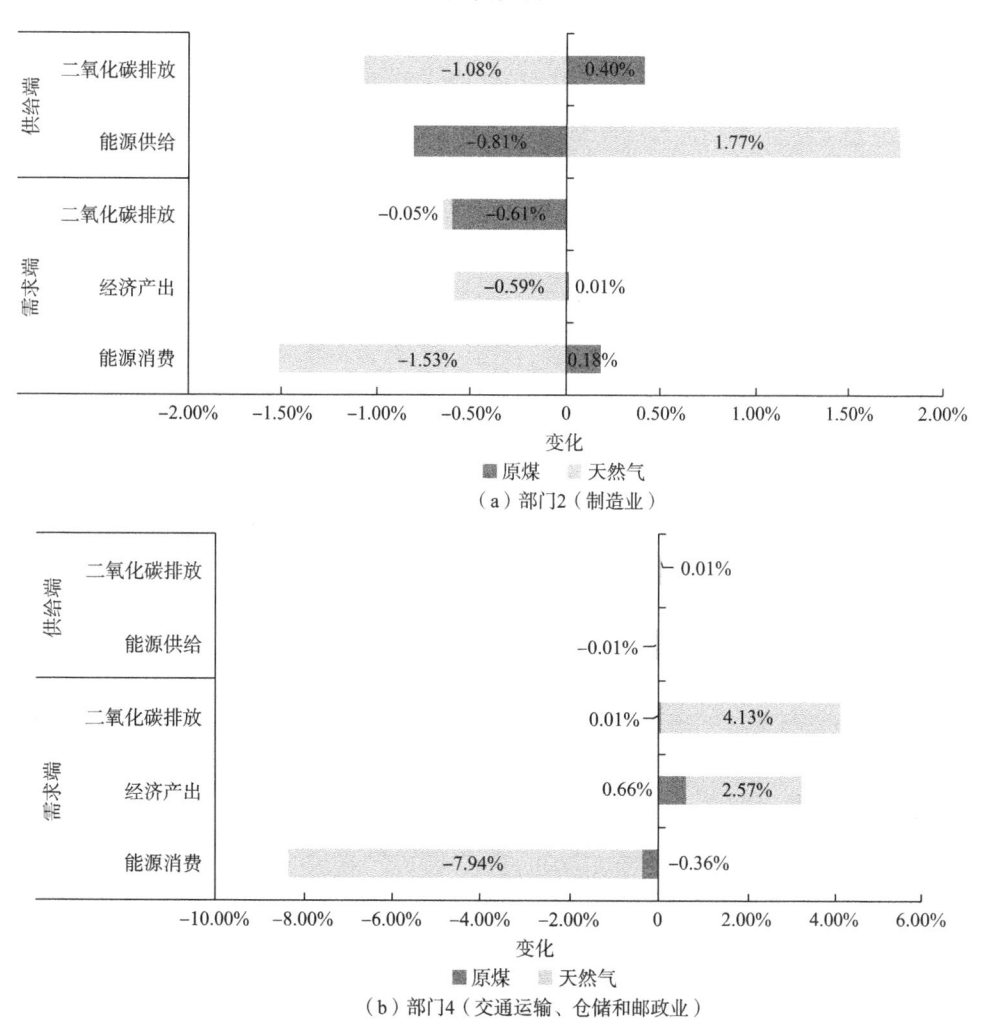

(a) 部门2（制造业）

(b) 部门4（交通运输、仓储和邮政业）

(c) 部门6（批发和零售业）

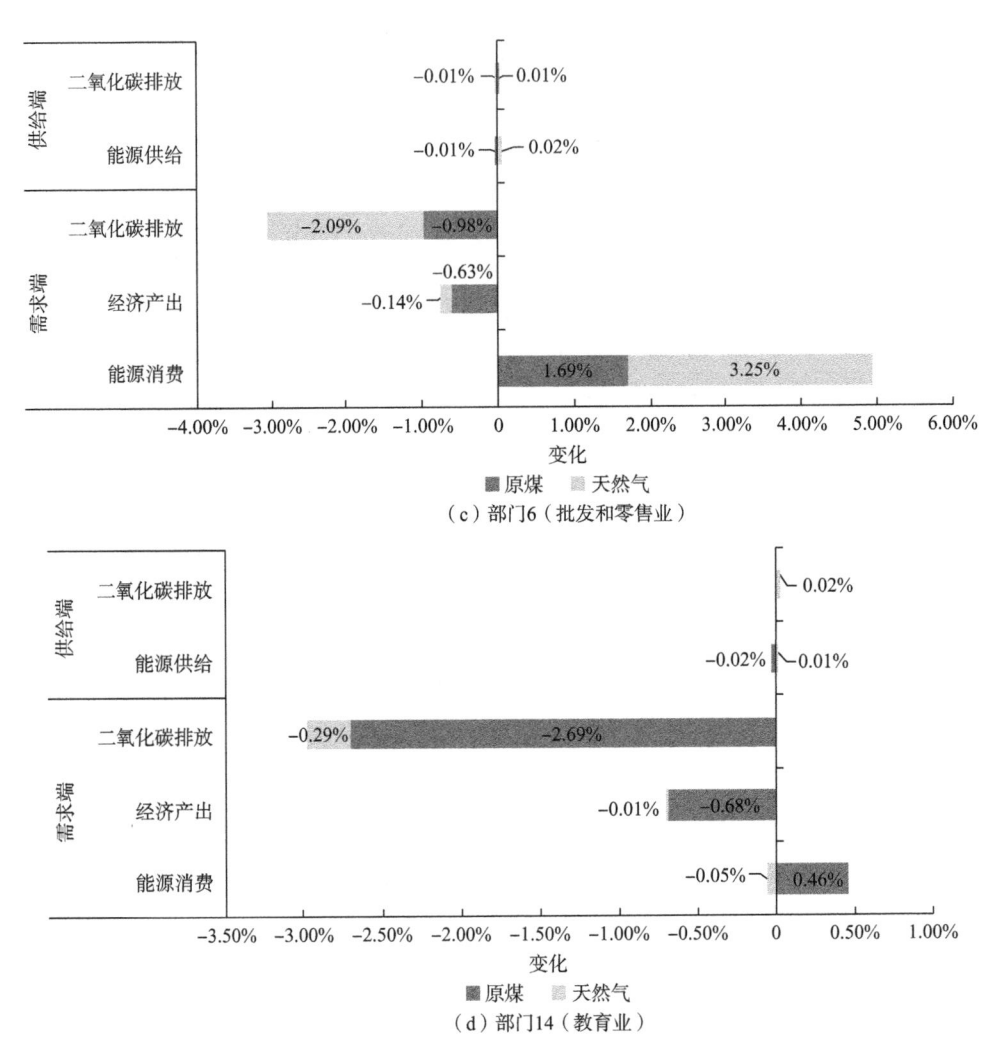

(d) 部门14（教育业）

图 8.4　综合控制下部门能源代谢变化

根据计算结果，干预情景 3 下部门 2 原煤消费上升 0.18%，天然气消费降低 1.53%；部门 4 原煤消费降低 0.36%，天然气消费降低 7.94%；部门 6 原煤消费上升 1.69%，天然气消费上升 3.25%；部门 14 原煤消费上升 0.46%，天然气消费降低 0.05%。

可以看出，对于部门 4、部门 6 和部门 14，需求端控制手段效果显著，政策负熵流对于该部门能源代谢干预程度较大，其中对于部门 14 效果最为明显，能源代谢流显著降低，但对于部门 4 和部门 6 有效程度较低，均导致部门原煤消费一定程度的微幅上涨。同时，部门 4 和部门 6 均表现出对天然气消费较高的敏感性和增减幅度。对于部门 2，可以看出供给端和需求端的负熵流干扰均表现出较为显著的效果，且对部门原煤和天然气代谢均表现出较为明显的影响。

8.3 北京市能源生态系统代谢演化自组织模拟

本节尝试设立不同情景对北京市能源生态系统代谢演化自组织行为进行模拟。基于北京市 2018 年部门能源代谢状况，通过设立三种负熵流不同干扰强度情景组合，展示北京市能源生态系统代谢结构变化趋势和状态。考虑到北京市现有政策体系对城市能源生态系统供给端和需求端已产生影响，先设定基于现有状态和影响程度下无外部其他干扰的基础情景；然后分别对应供给端控制、需求端控制及综合控制情景，其中控制强度结合近年来北京市非首都功能疏解工作报告及工作目标，设定供给干扰强度为 10%，需求干扰强度为 5%。

8.3.1 基准情景

考虑到北京市现有相关政策自 2014 年以来已对城市能源生态系统代谢结构产生一定影响，因此基准情景并非完全无干扰情景。

2018 年北京市能源代谢主要供给端能源来自天然气，达 1 770.68 万吨标准煤，其中用于二次能源转化（发热、发电）达到 1 283.66 万吨标准煤，在代谢下游需求端消费最大部门为制造业，为 135.14 万吨。同时，煤炭供给为 309.53 万吨，不足天然气的 1/5。在需求端，主要能源消费部门集中在制造业、建筑业、交通运输、仓储和邮政业，分别达到 1 189.76 万吨、122.34 万吨及 216.9 万吨。

基准情景下北京市 17 个生产部门能源代谢流量合计 5 425.62 万吨标准煤。

8.3.2 供给控制负熵流情景

供给控制负熵流情景取基准情景下北京市 17 个生产部门煤炭供给降低 10%（30.95 万吨，生活煤炭消费补给），等量能源缺口由天然气补齐（即增加 17 个生产部门天然气供给 30.95 万吨标准煤，约 1.75%）。

北京市能源代谢整体变化不大。该情景下，尽管北京市能源供给水平总体不变，其中天然气供给增长 30.95 万吨标准煤，煤炭供给降低 30.95 万吨，但供给端控制导致消费端能源代谢水平改变。

根据计算结果，该情景下北京市天然气代谢总量达到 1 790.13 万吨标准煤，总体增长 1.10%，超出供给 10.45 万吨标准煤。煤炭需求总量总体下降 2.41%，达到 302.06 万吨标准煤，超出煤炭限定供给（278.58 万吨，下降 10%）23.48 万吨。

在供给端控制负熵流干扰下，2018 年北京市生产部门总体能源代谢流量 5 435.11 万吨标准煤，相较于基准情景增长 9.49 万吨标准煤。

8.3.3　需求控制负熵流情景

需求控制负熵流情景取基准情景下北京市制造业，交通运输、仓储和邮政业，批发和零售业及教育业部门规模缩减 5%，相应的能源需求缩减 5%，同时保持能源供给端基准情景水平。

北京市能源代谢需求控制负熵流情景下北京市制造业及教育业部门能源消费分别降低 21.28 万吨标准煤和 35.38 万吨标准煤，同时交通运输、仓储和邮政业，批发和零售业则出现 11.85 万吨标准煤和 0.74 万吨标准煤的增长。北京市能源代谢总量下降 44.06 万吨标准煤，约 0.81%，达到 5 381.56 万吨标准煤。

8.3.4　综合控制负熵流情景

综合控制负熵流情景取基准情景下结合供给控制负熵流情景与需求控制负熵流情景，降低北京市煤炭供给 10%（30.95 万吨，生活煤炭消费补给），等量能源缺口由天然气补齐（即增加 17 个生产部门天然气供给 30.95 万吨标准煤，约 1.75%）。同时，北京市制造业，交通运输、仓储和邮政业，批发和零售业及教育业部门规模缩减 5%，相应的能源需求缩减 5%，同时保持能源供给端基准情景水平。

北京市能源代谢综合控制负熵流情景下北京市制造业及教育业部门能源消费分别降低 16.69 万吨标准煤和 27.78 万吨标准煤，同时交通运输、仓储和邮政业，批发和零售业则出现 9.30 万吨标准煤和 0.58 万吨标准煤的增长。北京市能源代谢总量下降 34.57 万吨标准煤，约 0.64%，达到 5 391.05 万吨标准煤。

8.4 北京市能源生态系统代谢演化自组织分析

根据 8.3 节情景模拟结果，本节主要结合耗散系统视角对北京市能源生态系统代谢演化及自组织行为进行分析，阐述其内在机理和现实含义，从负熵流角度为北京市能源生态系统代谢演化的政策设计提供建议。

8.4.1 负熵流干扰情景比较

结合 8.3 节中基准情景、供给控制负熵流情景、需求控制负熵流情景及综合控制负熵流情景下北京市能源生态系统代谢演化趋势，对四种情景、干扰手段进行对比，初步得出几种负熵流输入对 2018 年北京市能源耗散系统代谢结构演化的作用效果。

通过表 8.1 可以看出，在 2018 年北京市能源生态系统代谢状态下，需求端控制的负熵流引入效果要好于供给端控制。在北京市 2018 年产业结构和产业特征下，供给端控制下的煤炭和天然气替代并不能很好地降低北京市能源代谢流量，反而会刺激需求量增加，因此需求控制负熵流情景下的干扰效果要优于综合控制负熵流情景。

表 8.1 北京市能源耗散系统负熵流干扰情景对比

干扰手段		基准情景	供给控制负熵流情景	需求控制负熵流情景	综合控制负熵流情景
控制手段		无	能源负熵流 政策负熵流	政策负熵流	能源负熵流 政策负熵流
控制对象		无	煤炭供给 天然气供给	制造业，交通运输、仓储和邮政业，批发和零售业，教育业部门规模	煤炭供给 天然气供给 制造业，交通运输、仓储和邮政业，批发和零售业，教育业部门规模
控制效果/ 万吨标准煤	供给总量	5 425.62	5 425.62	5 425.62	5 425.62
	需求总量	5 425.62	5 435.11	5 381.56	5 391.05
	供需盈亏	0	−9.49	44.06	34.57
	影响效果	0	+0.17%	−0.81%	−0.64%

同时需要注意的是，在上述情景下供给总量不变的设定，在负熵流引入下导致北京市能源代谢过程出现供需失衡，会导致能源生态系统代谢结构的进一步调整。其中，供给控制负熵流情景下由于出现供给不足，天然气和煤炭需求分别超出供给 10.45 万吨标准煤和 23.48 万吨标准煤，导致部分天然气和煤炭需求由其他能源替代，进而影响其他能源的代谢过程。由于该过程涉及能源价格因素的影响，没有在本节做详细讨论。同理，在需求控制负熵流情景和综合控制负熵流情景下，由于出现能源供大于求，部分部门的能源代谢会由于价格或技术要素引发城市能源代谢结构的进一步调配。

8.4.2 负熵流干预下的北京市能源耗散系统自组织作用机理

能源作为生产活动必需的基本元素之一，根据生产理论，其宏观投入产出数量关系基本遵循 Cobb-Douglas 生产函数描述。因此，在一般理性范围内，其投入既满足与产出的正相关性，也由于技术、价格等其他要素限制而呈现一定的非线性。

同时，北京市能源生态系统内部部门代谢单元无论在部门层面还是企业层面，都是"非同质"的。这种"非同质"体现在城市内部门与部门是不同的，同一部门内企业间也是不同的，导致技术水平、生产成本、经济规模等均是有差异的，进而对不同能源产品、能源价格等的敏感程度是不同的。因此，当外部负熵流引入时，不同企业的反应程度和响应速度都是不同的。例如，煤炭利用效率高（废弃率低）的企业对煤炭供给限制敏感程度较低，天然气转化效率高（经济利润高）的企业对市场天然气价格波动反应速度较慢等。这些反应行为通过供需网络形成一种局部动态平衡，并反映为城市能源代谢结构的相对稳定，并且这种相对稳定在一定范围内通过自身调整恢复。然而，一旦出现突破阈值的干扰，这种平衡就会被打破。

根据耗散系统理论，城市能源耗散系统的自组织行为依赖于外部负熵流的引入。通过影响系统内部既有的代谢结构和代谢过程，负熵流能够转变系统当前的演化驱动方式和发展方向。

特定类型负熵流的持续引入会由于投入产出非线性收益机制而逐渐减弱，甚至会打破系统内部既有机制而导致系统崩溃。具体来说，2014 年以来北京市逐步推行城市能源结构的清洁化转型，通过一系列无煤化相关政策推动北京市能源系统绿色演化。根据第 5 章的分析结论，2014~2018 年北京市基本实现从煤炭主导的能源结构向天然气主导的能源结构过渡,这与供给端控制的能源负熵流输入具有直接关系。

然而,供给控制负熵流的引入对于北京市能源生态系统代谢结构演化推动效果已逼近临界阈值,供给控制负熵流已无法有效驱动北京市能源生态系统的优化演进,继续引入可能会打破北京市能源生态系统供需结构,引发北京市城市系统整体失稳。同时,分析结果表明需求控制负熵流的引入对于北京市能源生态系统代谢结构演化具有较为明显的驱动作用,这不仅与北京市近年来非首都功能疏解、区域协同发展等相关政策相呼应,也进一步为未来北京市城市能源生态系统进行优化决策提供了参考。

8.4.3 北京市能源生态系统代谢演化政策设计建议

本部分基于前文分析结论,对北京市能源生态系统代谢演化相关政策设计提出建议,为决策提供参考。

1. 减少通过供给控制手段影响北京市能源生态系统代谢演化过程

尽管 2014 年以来北京市无煤化相关政策对北京市能源结构优化转型发挥了重要的促进作用,但通过 8.3.2 小节及 8.3.3 小节的分析发现,供给端负熵流引入的控制手段对北京市现有能源生态系统代谢结构演化的驱动程度已显著降低。其中,等量替代控制(8.3.3 小节等量原煤和天然气替代)已无法有效促进北京市整体能源生态系统代谢改善,且加剧了北京市部门能源短缺;而等比替代控制(8.3.2 小节等比原煤和天然气替代)对北京市制造业和建筑业部门仍有一定的有效性,但随着北京市功能结构调整和产业结构升级,传统第二产业部门规模缩减,等比替代的供给端负熵流控制有效性也逐渐降低。

2. 强化需求端手段影响北京市能源生态系统代谢演化过程

根据 8.3.2 小节和 8.3.3 小节的分析结果,需求端控制的政策负熵流能够通过干预相关部门规模推动北京市能源生态系统代谢演化。结合《京津冀协同发展规划纲要》对相关部门规划,通过缩减制造业、教育业等部门规模对部门及北京市整体能源生态系统代谢演化都具有一定的驱动作用,但对于个别部门(如交通运输、仓储和邮政业,批发和零售业)可能起到轻微反弹作用。此外,由于本节没有考虑部门替代及能源价格影响,需求端控制的负熵流引入的期望效果与实际效果可能存在偏差,但结合第 4 章,需求端控制的政策负熵流引入整体对北京市能源生态系统代谢演化具有较为显著的促进作用。

3. 研发技术控制、市场控制等负熵流工具

北京市能源生态系统代谢演化的驱动控制负熵流主要依赖于供给端控制的能源、政策负熵流引入，以及需求端控制的政策负熵流引入。本节分析表明，北京市能源生态系统代谢演化状态对于供给端控制的负熵流手段有效性已显著降低，需求端控制的负熵流手段尽管依旧有效，但可以预见的是，随着北京市能源生态系统代谢结构的进一步演化，其有效程度将逐渐降低。因此，有必要对其他负熵流控制手段加大研发力度，如技术控制、市场控制等负熵流工具等。尤其在北京市"四个中心"功能定位和产业结构逐渐明确的发展趋势下，这些负熵流工具对于推动北京市能源生态系统代谢演化的有效性将逐步提高。

本部分首先基于北京市能源生态系统耗散结构模型，探讨了外部负熵流驱动系统代谢结构演化的必要性，以及北京市能源耗散系统自组织行为架构；其次，结合北京市发展现实需求，通过外部负熵流干扰手段和多情景设计，对北京市能源生态系统代谢演化进行模拟；最后，对北京市能源生态系统代谢演化的自组织行为进行分析，为北京市能源生态系统代谢演化的政策设计提出建议。

8.5 本章小结

本章解析了北京市能源生态系统代谢演化耗散结构，提出北京市能源耗散系统自组织行为的潜在形成路径及演化趋势，并设立多种情景对北京市能源生态系统代谢演化自组织行为进行模拟，得到的主要结论如下。

（1）通过引入外部负熵流，推动北京市能源生态系统代谢演化是适应当前北京市发展需求的主要手段。外部负熵流能够对北京市当前主要能流代谢过程进行干扰，并通过代谢结构内部反馈机制引发北京市能源生态系统的适应性调整，从而实现北京市能源生态系统的转型升级。

（2）负熵流控制分析表明，供给控制负熵流对北京市部门能源代谢均有效果，但主要对制造业和建筑业效果显著；需求控制负熵流对北京市4个主要疏解部门均表现出一定的有效性，但对批发和零售业能源代谢起反向作用。在综合负熵流干扰下，北京市4个部门能源代谢均受到正面影响。

（3）多情景自组织分析表明，等量控制的供给端负熵流引入并不能有效推动

北京市能源生态系统代谢演化，反而会加剧能源短缺；需求控制负熵流情景和综合控制负熵流情景能够有效推动北京市能源生态系统代谢演化，且需求控制负熵流情景驱动效果优于综合控制负熵流情景。

（4）供给控制负熵流对北京市能源生态系统代谢演化的驱动作用已显著降低，等量控制的供给端负熵流引入已不能有效驱动系统代谢演化。北京市能源生态系统代谢演化的自组织行为主要依赖需求控制的负熵流引入。此外，加强市场控制负熵流、技术控制负熵流等其他负熵流控制工具对于驱动北京市能源生态系统代谢演化具有重要意义。

第 9 章　唐山市能源生态系统模拟

唐山市工业历史悠久，拥有煤炭、石油、钢铁、化工等功能全产业链体系，是我国重要的重工业基地之一，作为区域中心城市，唐山市又是京津冀地区协同发展的能源供应中心及产业承接地，将唐山市作为模拟城市对统筹推动能源设施布局及安全运行具有重要意义。能源消费主体作为城市能源生态系统中的重要组成部分，对于其概况和行为的分析不容忽视，因此本章基于城市多主体能源消费行为，依托 4.6.3 小节多主体模型，选取唐山市进行城市能源生态系统模拟，预测未来不确定发展情景下主体行为变化对唐山市能源生态系统的影响，进而为设计未来城市能源发展方案提供参考[317]。

9.1　唐山市能源系统概况

唐山市坐落于河北省东部、华北平原东北部，地处东经 117°31′~119°19′，北纬 38°55′~40°28′，南临渤海，北依燕山，毗邻京津，总面积 1.347 2 万平方千米。它是京津唐工业基地中心城市、环渤海地区港口城市、京津冀城市群东北部副中心城市。唐山市下辖 7 个市辖区（路南区、路北区、古冶区、开平区、丰南区、丰润区、曹妃甸区）、3 个县级市（遵化市、迁安市、滦州市）、4 个县（滦南县、乐亭县、迁西县、玉田县）及 4 个开发区（芦台经济技术开发区、高新技术产业开发区、海港经济开发区、汉沽管理区）。

唐山市 2022 年地区生产总值达到 8 900.7 亿元，比 2021 年增长 4.7%。其中，第一产业增加值 638.4 亿元，增长 4.2%；第二产业增加值 4 927.7 亿元，增长 5.1%；

第三产业增加值 3 334.6 亿元，增长 4.1%[①]。2017~2022 年唐山市地区生产总值及其增长速度如图 9.1 所示。

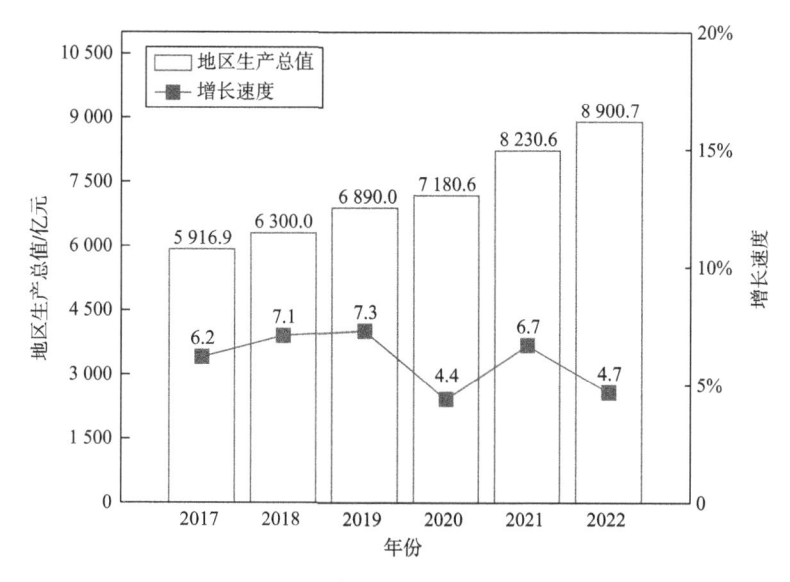

图 9.1 2017~2021 年唐山市地区生产总值及其增长速度

唐山市能源资源储量大，拥有煤炭、石油、天然气等化石能源。大规模煤炭开采已有 100 多年历史，唐山市煤炭保有量 53.5 亿吨，是国内焦煤的重要产区。唐山市从 1956 年开始普查石油、天然气，1964 年开展石油地质勘查，已发现 5 个油气田，2007 年新探明储量 10 亿吨油田。已发现的油气资源不仅有常规油，而且有凝析油、稠油和天然气。

唐山市还拥有风能、太阳能、地热能等可再生能源。唐山市属暖温带半湿润季风气候，全年日照 2 600~2 900 小时，年平均气温 12.5℃。唐山市年均太阳能总辐射量 1 443.59 千瓦时/米^2，有效利用小时数为 1 140.4 小时，太阳能资源丰富，属于太阳能资源的Ⅱ类开发区域。表 9.1 展示了唐山市年均太阳能总辐射量的月度变化。

表 9.1 唐山市年均太阳能总辐射量的月度变化

月份	太阳能总辐射量/（千瓦时/米^2）
1月	70.50
2月	85.69
3月	133.52

---

① 唐山市统计局。

续表

月份	太阳能总辐射量/（千瓦时/米²）
4月	160.46
5月	177.60
6月	173.03
7月	157.01
8月	141.32
9月	117.63
10月	98.52
11月	67.62
12月	60.69
全年	1 443.59

资料来源：太阳能发电网、中国新能源网

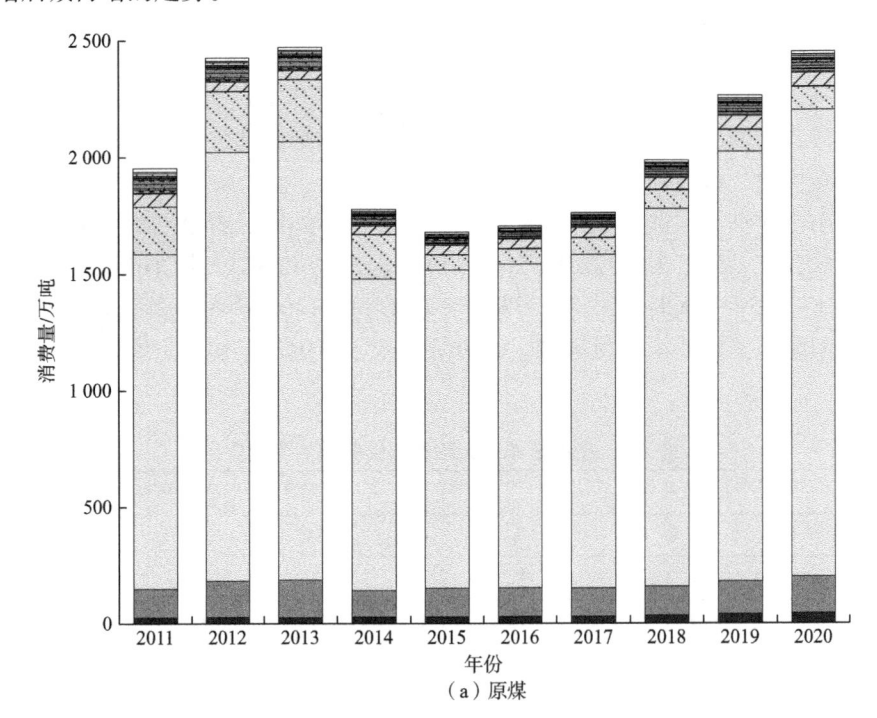

唐山市作为中国近代工业的摇篮，各部门能源消耗巨大。图9.2展示了2011~2020年唐山市19个部门原煤、电力、油品及天然气消费概况。总体来看，2011~2020年唐山市4种能源消费量均呈现N形变化态势，即四种类型的能源消费量均呈现先增后减再增的趋势。

（a）原煤

（b）电力

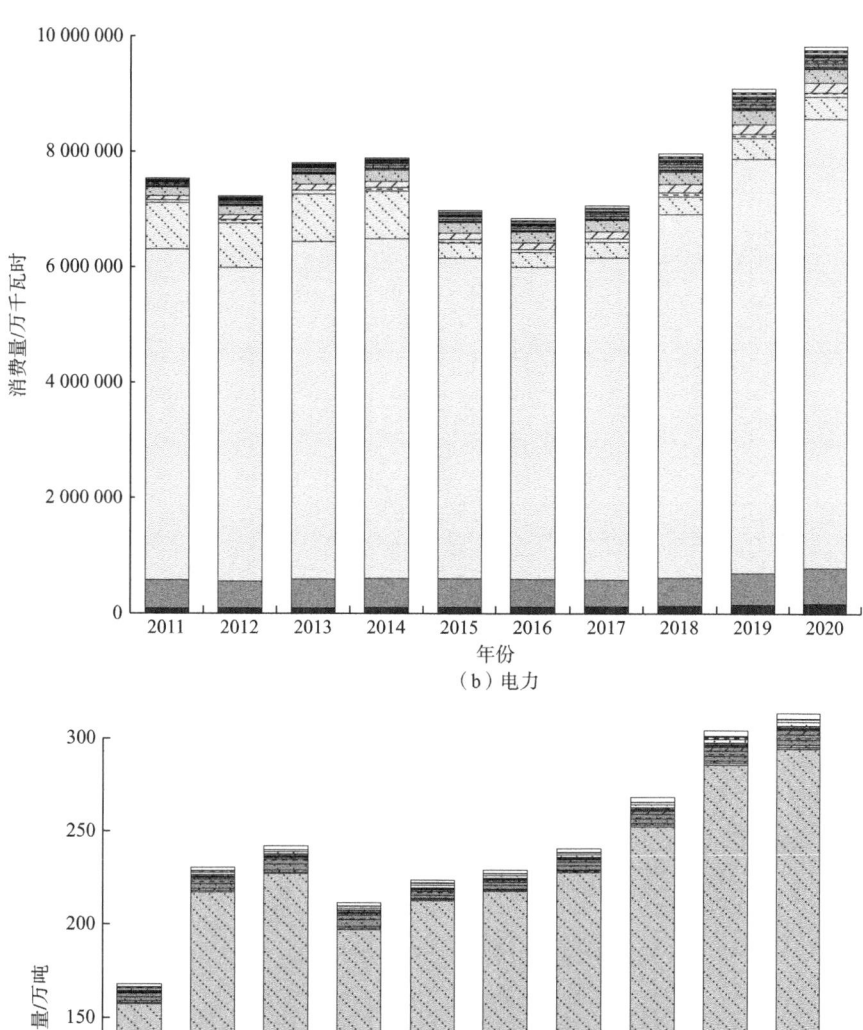

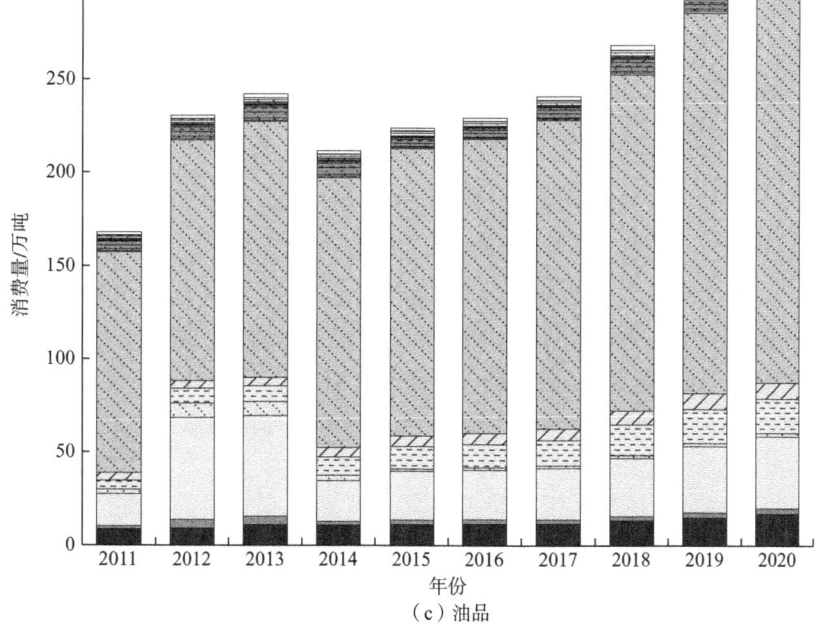

（c）油品

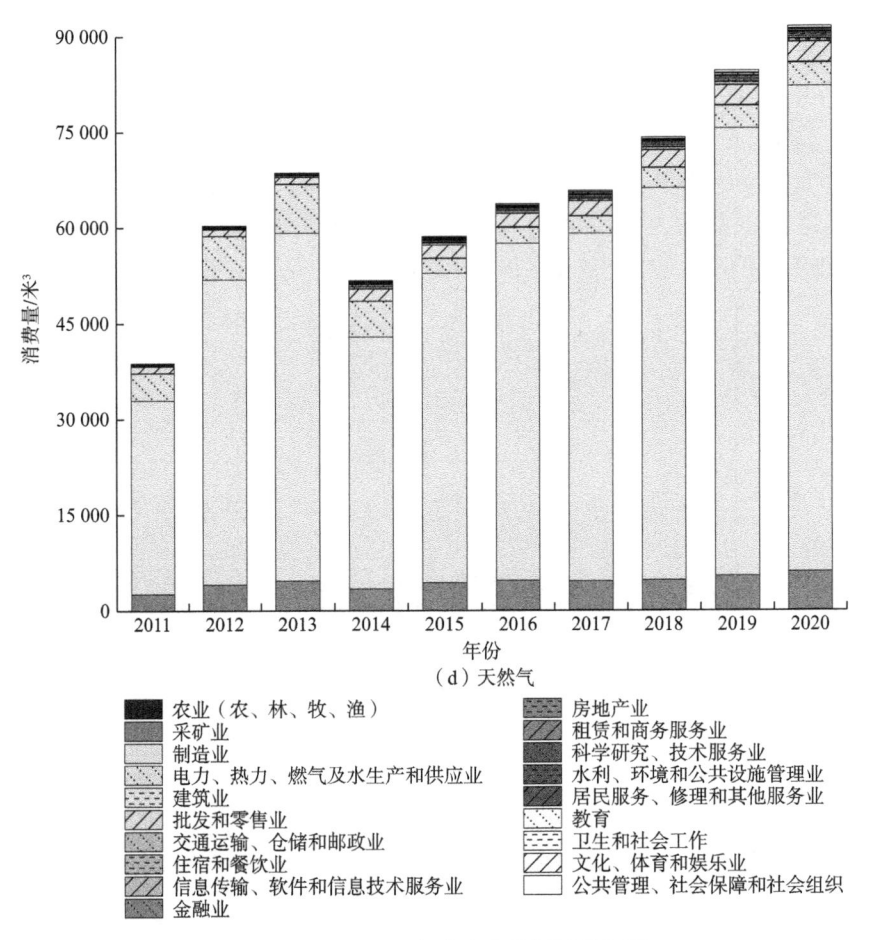

图 9.2　2011~2020 年唐山市能源消费概况
资料来源：《唐山统计年鉴》（2012~2021 年）

分别从 4 种能源的消费状况来看，由图 9.2（a），2011~2020 年唐山市原煤消费量占比最大的部门为制造业。电力、热力、燃气及水生产和供应业在 2011~2020 年的原煤消费量波动较大。采矿业及其他部门在 2011~2020 年的原煤消费量基本维持稳定。图 9.2（b）中，2011~2020 年唐山市电力消费量占比最大的部门为制造业，其电力消费量呈现由平稳到递增的趋势。电力、热力、燃气及水生产和供应业在 2011~2020 年的电力消费量呈递减趋势，而采矿业及其他部门在 2011~2020 年的电力消费量基本保持不变。由图 9.2（c），2011~2020 年唐山市油品消费量占比最大的部门为交通运输、仓储和邮政业，油品消费量呈现上升趋势。油品消费量波动较大的部门主要包括制造业和建筑业，其他部门油品消费量无较大波动。图 9.2（d）中，2011~2020 年唐山市天然气消费量占比最大的部门为制造业，批发和零售业天然气消费量在 2011~2020 年呈现递增趋势，其他部门天然气消费量基本维持稳定。

在消费总量上，综合4种能源的消费状况，2011~2020年唐山市能源消费量最大的部门为制造业，较大的部门包括电力、热力、燃气及水生产和供应业，交通运输、仓储和邮政业，采矿业，较小的部门包括农、林、牧、渔业，批发和零售业。建筑业，住宿和餐饮业，信息传输、软件和信息技术服务业，金融业，房地产业，租赁和商务服务业，科学研究和技术服务业，水利、环境和公共设施管理业，居民服务、修理和其他服务业，教育，卫生和社会工作，文化、体育和娱乐业，公共管理、社会保障和社会组织在2011~2020年能源消费总量均非常小。

9.2 唐山市能源消费主体分析

9.2.1 能源消费主体类型

城市能源消费系统作为一个复杂系统，包含多个利益相关主体。城市能源消费主体主要由家庭和生产部门组成。居民和企业分别代表家庭和生产部门作为整个城市能源消费的主要参与者，两者的行为受到外部环境的能源政策、经济政策、市场环境等要素影响。同样，外部环境也随着居民、企业的能源消费行为变化而发生改变。因此，居民、企业和外部环境间存在着信息流、资金流和物质流的交互。可将外部环境抽象为一类主体，即居民、企业和外部环境三类主体及其交互关系构成了城市能源消费系统。

1. 家庭主体

居民作为最终商品和服务的消费者，其消费支出直接决定着生产部门的生产行为。居民直接能源消费主要包括家庭生活用电、私家车油耗、家庭炊事用气等能源消费，均以一个家庭为一个消费单位。对于间接能源消费，特别是耐消品，如汽车、家具、房屋装潢、家电等也是以家庭为消费单位的。因此，本书的研究以一个家庭作为一个家庭主体，即一个家庭是居民主体类别的最小单元，且处于城市能源消费系统的微观层面。

2. 生产部门主体

每一家生产企业都是生产部门的一个微观个体，同行业类别的企业组成了某个行业类别的生产部门。因为企业的产品或服务最终供给所有居民，而该城市所有居民的某类商品的消费是影响企业生产行为的关键，即居民总消费行为变动才能引发企业主体行为改变，所以企业主体处于城市能源消费系统的中观层面。同时，考虑到企业微观数据的可得性，本书的研究将一个行业视为一个生产部门主体。

3. 外部环境主体

外部环境主体是指家庭主体、生产部门主体生存的政策、经济环境的虚拟化主体，既可反映出政府政策调节行为，也可以反映出宏观经济、人口等变动。为能方便构建模型并能较好表征出政府政策、经济环境变动对家庭和生产部门的行为影响，以及两类主体的行为反向对外部环境的影响，本书将外部环境虚拟为一个主体，且一个城市只有一个外部环境主体。外部环境主体在城市能源生态系统中的微观、中观和宏观层面均起到调节作用。

9.2.2 能源消费主体异质性

能源消费主体由于具有各自的特征，从而表现出主体异质性。例如，家庭主体因收入水平、规模大小等因素而存在异质性；生产部门主体因部门不同而具有异质性；外部环境主体因政策差异而表现出异质性特征。

1. 家庭主体

本书将家庭视为城市最小消费单元，家庭消费行为受到家庭消费习惯、家庭特征、类型、家庭生命周期、外部环境等一系列因素影响。家庭和家庭之间的消费行为之间存在一定的联系。家庭消费行为也随着这些影响因素的时间和外部环境变化而发生演化。将家庭消费行为视为一个系统，基于系统演化、涨落理论，融合消费习惯理论和家庭生命周期理论对家庭消费行为的演化进行分析。

1）家庭消费习惯分析

消费习惯是一种模式化的消费行为，是消费者在长期消费和外部影响下累积形成的消费经验。定型的消费习惯对家庭消费行为有着较大的影响。不仅是商品消费，对于能源消费来说，习惯也是影响能源消费的主要因素之一[318]。对于消费者而言，改变自身的消费习惯与消费效用具有较强的关联关系[319]。消费习惯实则是消费者行为黏性、消费观念的一种体现。由于消费观念和消费习惯的影响，即使家庭收入水平上升但大多数家庭还会沿用过去的消费习惯。社会互动强调，在个体间相互依存的影响下，社会经济行为者的偏好、信念和预算约束将直接受到其他行为者的特征和选择的影响。社会互动对于个体行为和决策的影响变得越来越重要。随着炫耀性消费理论、社会经济学和社会互动理论的发展，社交对个人消费行为的影响机制得到了进一步的完善[320]。因此，本书将社交因素作为影响家庭消费习惯的主要变量。综上分析可知，家庭消费习惯受到自身财富、社交和习惯黏性三个要素影响。

本书将家庭消费习惯按照梁静[321]等研究进行分类，将家庭消费习惯划分为经济型、社会型、炫耀型和内享型4个类型。基于此，本章绘制了家庭消费习惯层级图，如图9.3所示。将消费习惯划分为4个层级并逐级递增。

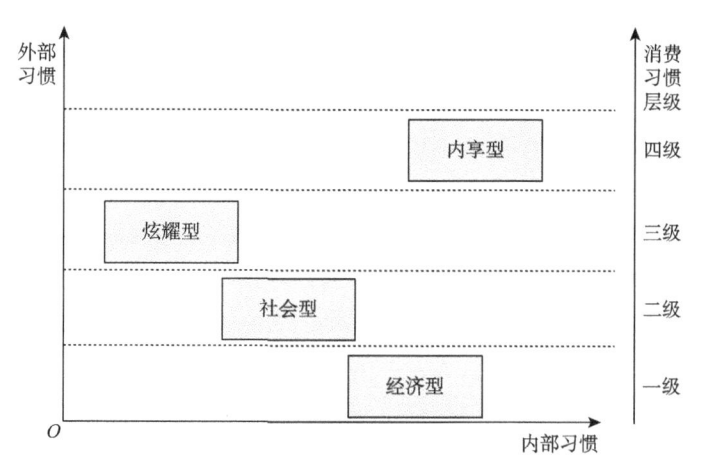

图9.3 家庭消费习惯层级图

（1）经济型。经济型家庭消费习惯以家庭切身需求为出发点，以实用性为主，主要是满足家庭生活的吃、穿、住、行。该类家庭往往有较高的储蓄意识，不太容易受外部信息影响，也不乐于接纳社会中出现的新型产品或消费潮流。

（2）社会型。社会型家庭消费习惯易受到外部环境影响，并关注消费潮流的变化，会主动调整与周边消费群体不符的消费方式。但是该类消费家庭具有理性消费观念，对于新型产品会考虑投入产出比，当物有所值时，才会去尝试购买新型产品或服务。该类家庭消费习惯的特征是对于私人空间的商品采取节俭策略，而对于可在外部显露的商品往往会迎合社会潮流。

（3）炫耀型。炫耀型家庭消费习惯是指以显示自己身份、地位和财富为目的的消费观念。通过对访谈家庭的调查发现，有些家庭即使收入偏低，但是在消费观念上追求潮流，不会考虑价格。本书定义炫耀型家庭消费习惯是指除了注重外部展示消费观外,还包括个体偏好导致消费支出水平远超出收入水平的消费习惯模式。该类家庭消费习惯往往缺乏主观条件,受外部环境影响较大。

(4)内享型。内享型家庭消费习惯主要追求消费中的个性化和品位,往往不关注商品价格,主要考虑能彰显自己生活品位与个性的产品。内享型家庭消费习惯的特征是既重视内在的质量要求又追求高品质的流行产品。

2)家庭生命周期分析

家庭生命周期理论最早由 Rowntree 于 1903 年提出[322],描述了家庭的产生(结婚)—扩展(生子)—稳定(人口固定)—收缩(孩子离家独立生活)—解散(老年人去世)的一个有序过程[323]。其中最为典型的是 William 和 Wells[324] 提出的 9 阶段家庭生命周期模型。此后 Gilly 和 Enis 以家庭中主要劳动力的年龄阶段为基础提出了 12 阶段的典型家庭生命周期模型(GE 模型)[325],完整地描述了家庭的动态演化。家庭生命周期对家庭消费行为具有较大的影响,许多国内外学者都证实了家庭生命周期对家庭消费行为产生较大影响[323, 326]。例如,在家庭产生阶段,若该家庭没有房产,往往购置房屋的概率就会较大;在家庭扩展阶段,消费中心往往在孩子成长和教育方面,在文娱方面支出较多。本书的研究以 GE 模型为基础参考罗永明和陈秋红[327]的研究,考虑了家庭中的子女性别异质性,将家庭生命周期划分为 16 阶段(表 9.2)。综上,家庭生命周期对家庭消费支出结构、家庭消费行为影响较大,即家庭生命周期对家庭消费决策产生影响。

表 9.2 家庭生命周期模型及解释

符号	家庭生命周期阶段	解释说明
LHT_1	青年独居(男 1)	50 岁以下的男性独居家庭
LHT_2	青年独居(女 1)	50 岁以下的女性独居家庭
LHT_3	青年两口之家	50 岁以下无孩的新婚家庭
LHT_4	青年三口之家(男)	50 岁以下有一个男孩的已婚家庭
LHT_5	青年三口之家(女)	50 岁以下有一个女孩的已婚家庭
LHT_6	青年多孩家庭 1(男孩多于或等于女孩)	50 岁以下有多孩的家庭,且男孩的数量大于等于女孩的数量
LHT_7	青年多孩家庭 2(男孩少于女孩)	50 岁以下有多孩的家庭,且女孩的数量大于男孩的数量
LHT_8	中年独居家庭(男)	年龄大于 50 岁小于 65 岁的男性独居家庭
LHT_9	中年独居家庭(女)	年龄大于 50 岁小于 65 岁的女性独居家庭
LHT_{10}	中年两代同堂家庭	年龄大于 50 岁小于 65 与子女同住的家庭
LHT_{11}	中年两人家庭	年龄大于 50 岁的家庭,孩子离家

续表

符号	家庭生命周期阶段	解释说明
LHT$_{12}$	三代同堂家庭	与子女、老人同住的三代家庭
LHT$_{13}$	中-老年家庭（两位老人）	中年家庭，孩子离家，与父母同住
LHT$_{14}$	中-老年家庭（一位老人）	中年家庭，孩子离家，与父/母同住
LHT$_{15}$	老年两人家庭	年龄超过65岁的老年家庭
LHT$_{16}$	老年独居家庭	年龄超过65岁的独居老年家庭

家庭是城市间接能源消费的最终消费者，也是直接能源消费的第二大消费主体，其消费行为直接影响着生产部门的生产行为，进而影响到生产部门的能源消费量。此外，家庭还为生产部门提供劳动力输出，并从生产部门获得劳动报酬。因此，家庭是整个城市能源消费系统最关键的主体。下文的研究内容在前述家庭能源消费行为研究的基础上，基于家庭主体自身特征、消费行为影响要素等方面设置关键属性，如表9.3所示。

表9.3　家庭主体的关键属性

属性名称		变量名	解释说明
家庭特征	家庭规模	HS	家庭中总人数，取值为1~5（均取整数值，余同），分别表示1~5人及以上家庭
	住宅产权	HT	为家庭当前住所的产权，取值为1、2、3，分别表示短期租住、长期租住和自有产权三类房屋类型
	住房面积	LS	家庭当前住所的住房面积（单位：平方米）
	家庭储蓄	HSA	该家庭当前储蓄额度（单位：万元）
	家庭收入	HIN	家庭的年总收入（单位：万元/年）
	户主职业	HW	家庭中收入最高成员工作所属行业，取值为1~19，分别表示表9.4中19类生产部门
	教育程度	HED	家庭中收入最高成员的受教育水平，取值为1~5，分别表示小学及以下、初中、高中或中专、大学、研究生5种学历
	家庭住址	HL	居民住址所在城市的行政区域，取值为1,2,…,n，分别表示该城市的n个区域
家庭所处生命周期		LHT	家庭当前所处的家庭生命周期类型，取值为1~16，分别表示表9.2中不同类别的家庭生命周期类型
家庭消费行为	消费习惯	HCH	家庭当前的消费习惯，取值为1~4，分别表示经济型、社会型、炫耀型和内享型
	习惯黏性	HSS	受外界影响保留原有消费习惯的能力，分为5个等级，取值为1~5，数值越大表示习惯黏性越强
	外部影响力	EID	改变周围人消费习惯的能力，分为5个等级，取值为1~5，数值越大表示影响力越强

续表

属性名称		变量名	解释说明
家庭节能行为意愿[293]	主观规范	SN	家庭在用能时感受到的外部压力，取值为 1~5，数值越大表示越能提升自己的节能行为
	利己价值观	SEV	个人利益的重视程度，取值为 1~5，数值越大表示利己意识越强
	利他价值观	AEV	对社会或他人利益的重视程度，取值为 1~5，数值越大表示越注重他人利益
	生态价值观	BEV	对生态环境重视程度，取值为 1~5，数值越大表示越重视生态环境保护
	节能知识	ECK	家庭对节能知识的掌握程度，取值为 1~5，数值越大表示节能知识越强
	自我效能感	SE	实施节能行为的期望，取值为 1~5，数值越大表示采取节能措施的可能性越大
	行为感知控制	PBC	家庭采取节能行为的难易程度，取值为 1~5，数值越大表示自身采取节能行为的意愿越强烈
间接能源消费支出		HIE	家庭每年各类商品或服务的总支出（单位：万元/年）
直接能源消费支出		HDE	家庭各类能源总支出，通过总支出和能源单价即可计算出该家庭各类能源消费总量（单位：万元/年）

表 9.4 生产部门主体分类

符号	部门名称
S_1	农业（农、林、牧、渔业）
S_2	采矿业
S_3	制造业
S_4	电力、热力、燃气及水生产和供应业
S_5	建筑业
S_6	批发和零售业
S_7	交通运输、仓储和邮政业
S_8	住宿和餐饮业
S_9	信息传输、软件和信息技术服务业
S_{10}	金融业
S_{11}	房地产业
S_{12}	租赁和商务服务业
S_{13}	科学研究和技术服务业
S_{14}	水利、环境和公共设施管理业
S_{15}	居民服务、修理和其他服务业
S_{16}	教育

续表

符号	部门名称
S_{17}	卫生和社会工作
S_{18}	文化、体育和娱乐业
S_{19}	公共管理、社会保障和社会组织

对于本书的研究而言，家庭主体还有一些附加属性也影响着居民的能源消费行为。例如，是否拥有汽车，这直接决定了该家庭是否产生汽油消费。因此，需对家庭主体的附加属性做进一步梳理，见表 9.5。

表 9.5　家庭主体的附加属性

属性名称	变量名	解释说明
是否拥有汽车	isHasCar	是否拥有汽车，1 为拥有，0 为未拥有
是否购置新房	buyNewHouse	是否购置新房，1 为购置新房，0 为未购置新房
是否购买新汽车	buyNewCar	是否购置新车，1 为购置新车，0 为未购置新车
汽车类型	isElectricCar	已拥有或购置新车类型，1 为电动汽车，0 为燃油汽车
是否有房贷	isHasHouseLoan	是否有房贷，1 为有，0 为没有
是否有车贷	isHasCarLoan	是否有车贷，1 为有，0 为没有
家庭成员最大年龄	olderAge	家庭主体中所有成员中年龄最大成员的年龄
配偶	spouse	配偶信息，数据类型为家庭主体类
保留本地率	$r_{stayLocal}$	青年独居（男 1、女 1）类型家庭主体留在本市生活的概率
出生率	r_{birth}	青年两口之家生孩子的概率
是否有过孩子	isHasChildren	表示该家庭主体是否有过孩子，1 为有，0 为没有，即使孩子成年离开父母该属性值也为 1，表示该家庭有过孩子
孩子年龄矩阵	children_age	为一行多列的矩阵，每一行表示一个孩子，矩阵元素为整数值表示该孩子的年龄
孩子性别矩阵	children_gender	为一行多列的矩阵，每一行表示一个孩子，矩阵元素值为 1 或 2，1 表示该孩子为男孩，2 表示该孩子为女孩
多孩家庭概率	$r_{manyChildren}$	一孩家庭变为多孩家庭的概率（多孩家庭数量与有孩家庭的比值）
孩子离家独自生活的概率	$r_{childrenLeaveHome}$	孩子成年后，离开父母选择独自生活的概率（孩子离家独自生活总数与有孩家庭总数的比值）
原有父类家庭	fatherHouse	孩子离家后记录其父母家庭的指标，数据类型为家庭主体类

2. 生产部门主体

对于生产部门，每一个企业应被视为一个生产部门主体。但是，考虑到数据的可得性，本书的研究基于《国民经济行业分类》将生产部门分为 19 个类别

(表 9.4），即将每一个部门视为一个主体。与家庭主体的设定差异在于，生产部门主体的设定是处于城市能源消费系统中观层面的，而家庭主体是处于微观层面的。因为，居民以一个家庭为一个消费主体，当其购买产品或服务时是某个特定企业为其提供的。本书的研究是将所有同质企业的集合设定为一个生产部门主体，进而可知每一个生产部门主体是为该城市所有家庭提供某类别的产品或服务。

生产部门为家庭和其他生产部门提供产品或服务供给，并为家庭提供就业机会和劳动报酬。能够满足居民各类需求的企业在整个经济发展中起到了关键作用，也是当前城市能源消费量最大的主体。在生产部门能源消费行为分析的基础上，根据多主体建模的规则要求和生产部门能源消费行为特征，对生产部门主体的关键属性做进一步细分，如表 9.6 所示。

表 9.6　生产部门主体的关键属性

属性名称	变量名	解释说明
所属行业	j	表示生产部门主体所属行业，取值为 1~19，分别表示表 9.4 中的 19 类行业
部门产值	ps	生产部门每年的产业增加值（单位：万元）
固定资产投资	fi	生产部门每年的固定资产投资（单位：万元）
从业人数	ne	生产部门的从业人员数量（单位：万元）
从业人员工资	wage	该生产部门从业人员的人均年收入（单位：万元/年）
煤炭消费量	coal	原煤年消费量（单位：万吨）
成品油消费量	oil	汽油、柴油之和的年消费量（单位：万吨）
天然气消费量	gas	液化石油气、天然气消费量（按照能值转换法，将液化石油气转换为天然气，1 吨液化石油气 = 1 000 立方米天然气）（单位：亿立方米）
电力消费量	eletic	电力消费量（单位：亿千瓦时）
煤炭能源消费强度	coal_EI	生产部门煤炭消费量与总产值的比值
油品能源消费强度	oil_EI	生产部门成品油（汽油、柴油）消费量与总产值的比值
天然气能源消费强度	gas_EI	生产部门天然气（涵盖液化石油气能值转换计算过来的消费量）消费量与总产值的比值
电力消费能源强度	electric_EI	生产部门电力消费量与总产值的比值

3. 外部环境主体

为了直观表征家庭、生产部门两类主体所处的外部经济环境、节能环保政策、人口变动等外部环境指标变化，本书的研究将外部环境视为一个独立主体。外部环境主体的功能在于通过其各类属性表征外部经济、政策等要素。外部环境主体行为变化用以反映家庭主体和生产部门主体行为变化对外部环境产生的影响。因此，针对外部环境主体的功能定位，并在家庭和生产部门主体能源消费行为外部环境影响要素分析的基础上，梳理外部环境主体的关键属性，如表9.7所示。

表9.7 外部环境主体的关键属性

属性名称	变量名	解释说明
国内总GDP增长率	GDP_country	表示中国GDP增长率
煤炭价格	EP_coal	原煤价格，中国煤炭综合平均售价（出厂价）（单位：万元/万吨）
成品油价格	EP_oil	成品油价格，以中国汽油(92#)和(95#)价格的均值作为汽油单价，然后按照汽油和柴油的消费量占比作为权重，计算成品油价格。用于衡量成品油价格（单位：万元/万吨）
天然气价格	EP_gas	天然气价格，天然气价格因城市不同价格差异较大，因此，以所在城市液化天然气价格进行换算，即将液化天然气价格单位的元/千克，换算成万元/亿立方米（1千克液化天然气约等于1.3立方米气态天然气）
电力价格	EP_electric	以该城市居民平段用电价格为标准（单位：万元/亿千瓦时）
贷款利率	IR	以中国中长期贷款利率为标准
城市地区生产总值增长率	GDP_city	该城市的地区生产总值增长率
居民各项能源消费价格指数	P_i	以该城市各类商品零售价格指数为标准
第三产业增加值占比	r_{gdp}	城市第三产业增加值占比
房价	HP_r	该城市各个区域的房价均值（单位：万元/平方米）
节能政策	ESP	该城市的政府节能环保支出（单位：万元）
能源技术情况	EST	该城市总体能源消费强度（单位：万吨标准煤/万元）
人口出生率（一孩家庭）	birthRate_one	只要一个孩子的概率
人口出生率（多孩家庭）	birthRate_many	要多个孩子的概率
迁入人口数量	num_out	城市每年迁入人口的数量（单位：人）
人口迁出率	Rout	城市单身青年迁出该城市的概率
生命周期各阶段各类家庭数量比	$PLHT_T$	生命周期各阶段各类家庭的家庭数量与城市总家庭数量之比
各区域家庭数量比	PNH_L	该城市各县（区）家庭总户数与该城市家庭总户数之比
家庭主体各类间接能源消费总支出	$THIE_j$	该城市所有家庭各类能源消费支出的总和（单位：万元）
家庭主体直接能源消费总量	$THEC_e$	该城市所有家庭油、气和电三类能源消费总量
生产部门各类能源消费总量	$TSEC_e$	该城市所有生产部门煤、油、气、电四类能源消费总量

9.3 唐山市能源消费主体交互关系分析

上文对城市能源消费系统中家庭、生产部门和外部环境主体的属性等进行了分析。各主体间交互关系变动对整个能源消费系统和各类主体的行为决策产生重要的影响。故此，需对各类主体间交互关系做进一步讨论。

图 9.4 描绘了城市能源消费系统主体结构，涵盖了家庭主体和生产部门主体能源消费及家庭、生产部门和外部环境间的交互关系。

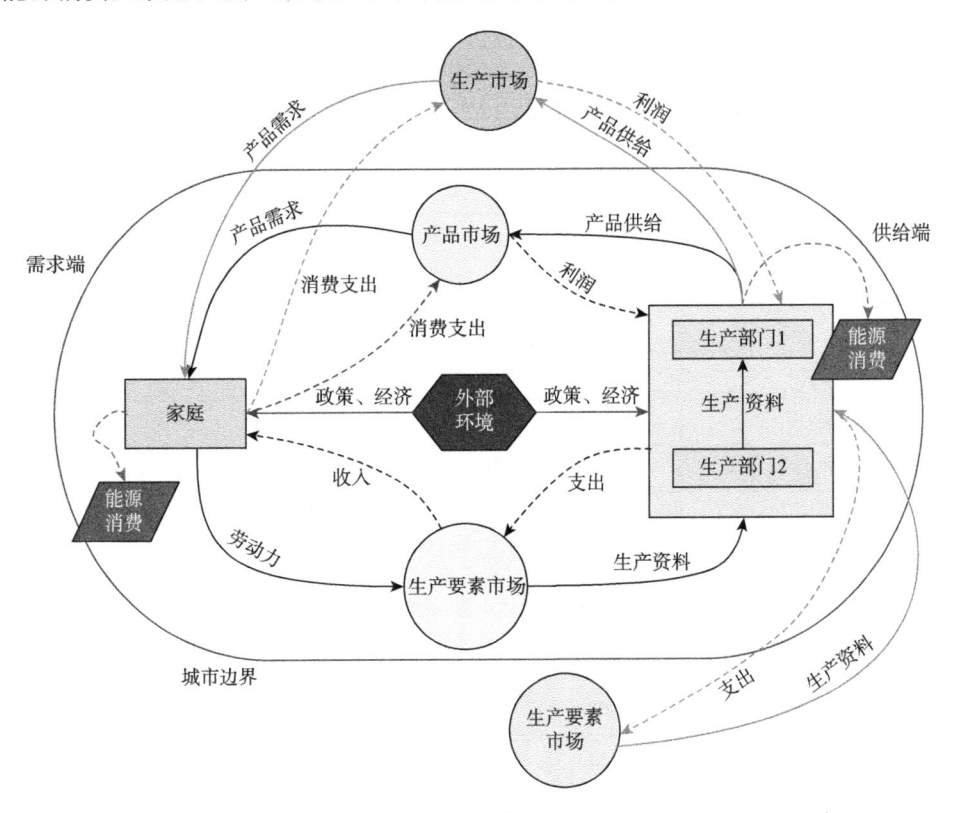

图 9.4 城市能源消费系统主体结构

1. 家庭主体与生产部门主体交互机制分析

从需求端来讲（图 9.4 左上方），家庭从市内、市外的产品市场购买产品或服务，并产生各类生活支出，以满足生活需求。家庭购买某类产品或服务的支出增加时，会促进相关生产部门生产商品的数量或产业规模的增加，进而会在一定程度上带动生产部门的能源消费量，这视为家庭主体的间接能源消费；家庭主体为满足日常生活需求，如炊事、自驾出行、取暖等会消耗电力、油品和天然气等能源，产生了直接能源消费。

在家庭主体各项消费支出方面，在购置产品或服务时，购买的各类产品或服务之间往往会存在一定关联性，如服装支出与娱乐支出之间可能会存在一定的联系，居民衣着支出增加的原因可能是青年消费群体增加，该类消费人群的特点是在娱乐上需求较大。因此，家庭主体的各项消费支出间也会存在一定的影响关系，进而间接影响到各部门能源消费。此外，政府政策、外部经济环境和社交等会对家庭主体的各项消费支出（直接能源消费和间接能源消费）产生一定的影响。

在商品供给端，生产部门将产品或服务投放到市内、市外的产品市场。此外，在各生产部门间还存在生产资料流通以满足企业生产需求，即产业链下游生产部门为上游生产部门提供产品或服务，而企业在提供产品或服务时离不开能源消费的支撑，也就是说，城市各生产部门在生产时的能源消费存在一定的影响关系，图 9.4 右侧的方框内描述了生产部门间的物资流通；同样，企业的发展和生产行为也会受到政府部门的政策和外部经济环境等的影响。

生产部门对家庭消费支出的影响在图 9.4 的下半部分，家庭以劳动力的形式投入生产要素市场以获取报酬；生产部门则通过市内、市外生产要素市场获得劳动力、资本等生产资料并支付相关费用。生产部门的发展对家庭的收入和产品消费有一定的影响，也就是说，在某种程度上生产部门的生产活动对家庭消费支出会产生一定的影响。

一个城市中生产部门的能源消费主要因为提供产品或服务而产生（能源作为生产材料因占比较少故本书不考虑）；对于家庭来说，能源消费主要为直接能源消费（因照明、炊事等产生的能源消耗）[328]和间接能源消费（购买的产品或服务在生产过程中的能源消耗）[329, 330]，间接能源消费在家庭能源消费中起主导作用，特别是发展中国家占到 62%~84%[331]。家庭间接能源消费实际是家庭因消费支出撬动生产部门提供产品或服务而产生的能源消耗。这里不得不考虑某城市居民购买的产品来自其他城市或该城市的生产部门生产的产品销售到外市而非供给本地居民。虽然如此，从"消费流行"角度去分析，某个城市居民在一段时期购买某种产品较为狂热且该产品并不供给本市居民，但是其他城市（该产品销售城市）居民同样或多或少地对该产品有较大购买偏好。居民消费支出具有一定的"风向标"作用。因此，即使本市生产部门生产的产品不供给本市居民，但本市居民消费支出都会对该市生产部门的生产有一定的影响进而影响其能源消耗。

2. 家庭主体与外部环境主体交互机制分析

除了外部环境主体的节能政策属性（政府节能环保支出）、能源价格（煤炭价格、成品油价格、天然气价格、电力价格）、地区产值（城市地区生产总值增长率）、三产占比（第三产业增加值占比）、贷款利率、商品价格（居民各项能源消费价格指数）等外部环境主体属性指标对家庭主体能源消费行为产生影响外，两个主体间还存在其他交互关系，图 9.5 中实线描述了家庭主体和外部环境主体间的交互关系。图 9.5 中点画线方框表示外部环境主体的影响因素，外部环境主体和家庭主体两个方框分别表示外部环境主体对家庭主体间接能源消费行为的影响因素和直接能源消费行为的影响因素。

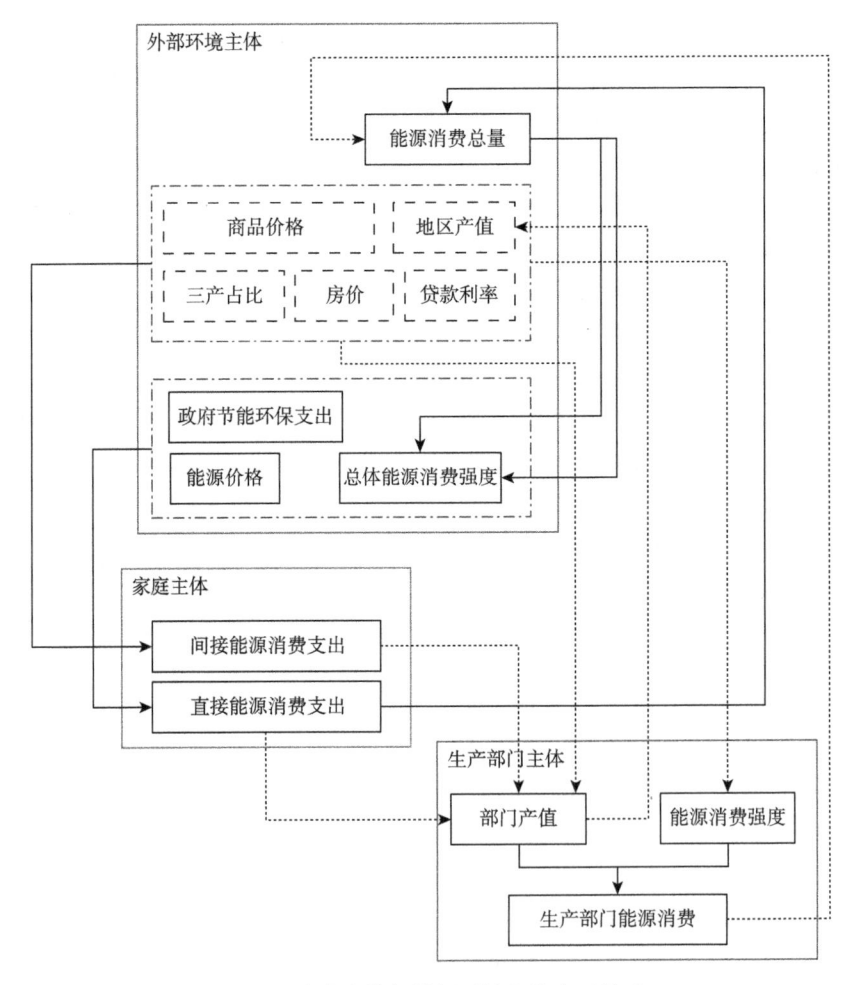

图 9.5　家庭主体与外部环境主体交互关系

外部环境主体各类能源消费总量由两部分组成，分别为家庭主体各类直接能源消费总量和生产部门主体各类能源消费总量。此外，家庭主体各类间接能源消费支出总量是生产部门产值和能源消费的关键影响因素，因此家庭主体间接能源消费支出间接影响到外部环境主体各类能源消费总量。

3. 生产部门主体与外部环境主体交互机制分析

外部环境主体的外部属性指标对生产部门主体的产值和各类能源消费强度均产生影响。经济政策是宏观经济调节的直接手段，将直接影响到企业的外部需求和成长[332]。货币政策作为经济政策的重要手段，通过调节利率、存款准备和债券等方式在微观层面上影响着企业规模和消费需求[333]。因此，货币政策直接影响生产部门的供需和规模，进而间接影响到产值。能源价格不仅能够反映出当地资源禀赋，也能反映出政府政策对能源消耗的调节作用，特别是对于生产部门而言，能源作为不可或缺的生产资料决定着生产成本[334]。因此能源价格是生产部门能源消费强度的重要外部影响因素。此外，采用政府年节能环保支出进行衡量的能源政策指标也对生产部门能源强度具有影响。

生产部门主体也对外部环境主体的属性产生影响。图 9.5 中的虚线描述了生产部门主体和外部环境主体间的交互关系。

由于外部环境主体的总产值等于各个产业增加值之和，生产部门的产值与外部环境主体的地区产值属性存在交互关系，进而影响到该城市的总体能源消费强度。

9.4 情景模拟及结果分析

通过构建的多主体仿真模型，微调家庭主体和生产部门主体的行为影响因素的参数值，并重复运行仿真模型，观察仿真模型家庭主体、生产部门主体和城市总体的各类能源消费量的仿真模型输出值，探究家庭主体和生产部门主体的行为变动对城市能源消费的影响机制，进而间接对仿真模型的敏感性进行验证。

9.4.1 家庭主体行为变动情景模拟及结果分析

影响到家庭主体能源消费行为的自身属性主要有家庭特征、家庭所处生命周期、家庭节能行为意愿和家庭消费行为。其中，家庭特征、家庭所处生命周期、家庭节能行为意愿是随着仿真模型的运行及外部环境主体和生产部门主体的相关属性变化而动态变化的。对于家庭消费行为而言，其由消费习惯（HCH）、习惯黏性（HSS）和外部影响力（EID）决定，并只受到同质主体，即其他家庭主体的影响发生变化。另外，习惯黏性和外部影响力在模型初始化时确定不随仿真模型运行而发生变动。因此，习惯黏性和外部影响力是调节家庭主体能源消费行为的关键变量。因此，重点分析家庭主体的习惯黏性和外部影响力变动对各类主体和城市总体能源消费的影响机制。

对家庭主体各生命周期下的习惯黏性和外部影响力属性值分别设置了 5 个等级参数变动，分别为-50%、-20%、0（将实际数据代入仿真模型）、20%、50%。

1. 习惯黏性变动模拟结果

对于家庭主体的能源消费，习惯黏性值调整 50%、20%、-20%、-50%，其电力消费较原始数据模拟值平均变动-2.07%、0.88%、1.47%和 1.91%；其油品消费较原始数据模拟值平均变动-3.64%、-1.56%、1.47%和 3.53%；其天然气消费较原始数据模拟值平均变动-0.89%、-0.39%、0.44%和 1.36%。从计算结果来看，家庭主体消费习惯黏性的提升，对于家庭主体各类直接能源消费起到抑制作用，但总体影响较小。原因是，习惯黏性的提升表明家庭主体消费行为倾向保持原状，受外界影响较小，因此对各类能源消费产生抑制作用。换言之，习惯黏性削弱了其他要素对家庭主体消费行为的影响。习惯黏性的提升只是提升了每个家庭主体的原有消费习惯，又因为整个城市的家庭主体的习惯黏性在初始化时具有多样分布，所以从总体能源消费来看起到较小的抑制作用。此外，习惯黏性对于家庭主体的油品消费影响最大，而对于电力和天然气影响较小。原因在于家庭主体的油品消费多为车辆出行产生的消耗且购置私家车属于高价值非必需品，受能源价格、家庭收入等因素影响较大；天然气和电力属于家庭生活能源消费必需品，受其他因素影响较小，故会得到上述计算结果。

对于生产部门主体的能源消费，习惯黏性值调整 50%、20%、-20%、-50%，其电力消费较原始数据模拟值平均变动-4.22%、-1.76%、1.63%和 4.27%；其油品消费较原始数据模拟值平均变动-3.77%、-1.88%、1.99%和 4.47%；其天然气消费较原始数据模拟值平均变动-1.22%、-0.43%、0.64%和 1.66%；其原煤消费较原始数据模拟值平均变动-3.98%、-1.58%、1.52%和 6.19%。从计算结果来看，家庭主体消费习惯黏性的提升，对于生产部门主体各类能源消费起到抑制作用，对天然气消费影响较小，对电力、油品和煤炭影响较大。原因是，习惯黏性的提升对家庭主体的各项直接和间接能源消费支出起到一定的抑制作用。家庭的各项消费支出的削减在一定程度上削弱了各生产部门产值，特别是直接向家庭主体提供产品或服务的生产部门。这些生产部门多为第三产业，且以电力和油品为主要能源，故对这两项的负向影响较大。随着这些服务型生产部门的产值下降，为这些生产部门提供直接或间接生产资料的基础型生产部门，即采矿业、制造业等的产值也随着家庭主体消费支出的下降而下降。就唐山市而言，采矿业和制造业等行业的能源主要依赖于煤炭，因此家庭主体消费习惯黏性的提升，对生产部门的原煤产生了较大的负向影响作用，但相较电力和油品负向影响稍弱。

对于城市总体的能源消费，习惯黏性值调整 50%、20%、-20%、-50%，其电力消费较原始数据模拟值平均变动-4.17%、-1.74%、1.61%和 4.21%；其油品消费较原始数据模拟值平均变动-3.76%、-1.85%、1.95%和 4.39%；其天然气消费较原始数据模拟值平均变动-1.18%、-0.43%、0.62%和 1.62%；其原煤消费较原始数据模拟值平均变动-3.98%、-1.58%、1.52%和 6.19%。因为习惯黏性对家庭主体和生产部门主体的影响均为负向影响，本书研究计算的城市各类能源消费量为家庭主体和生产部门主体能源消费量的和。因为唐山市生产部门能源消费量大于家庭能源消费量，所以呈现出习惯黏性变动对城市总体能源消费影响和对生产部门主体影响一致的现象。

2. 外部影响力变动模拟结果

对于家庭主体的能源消费，外部影响力值调整 50%、20%、-20%、-50%，其电力消费较原始数据模拟值平均变动 3.12%、1.22%、-1.27%和-2.95%；其油品消费较原始数据模拟值平均变动 5.00%、1.82%、-2.21%和-5.03%；其天然气消费较原始数据模拟值平均变动 2.10%、0.76%、-0.89%和-1.87%。从计算结果来看，家庭主体外部影响力的提升，对于家庭主体各类直接能源消费具有促进作用，对油品消费和电力消费影响程度最大并呈现边际递增的趋势。原因是，消费习惯具有"棘轮效应"，外部影响力的提升表明家庭主体间的消费习惯相互影响强度增加，家庭主体总体消费习惯提升速度加快。又因为消费习惯的指标值越高，家庭主体的消费品质越高，所以外部影响力对车辆出行的油耗和居家生活、娱乐的电耗等非生活必需品相关的能耗产生较大的影响作用且呈现边际递增的趋势。因为天然气主要用于炊事和家庭洗浴加热等，属于家庭生活必需消费，所以外部影响力的提升对天然气产生较小的促进作用。

对于生产部门主体的能源消费，外部影响力值调整 50%、20%、-20%、-50%，其电力消费较原始数据模拟值平均变动 7.33%、3.02%、-2.49%和-5.68%；其油品消费较原始数据模拟值平均变动 4.16%、1.75%、-1.83%和-4.70%；其天然气消费较原始数据模拟值平均变动 3.38%、1.26%、-1.26%和-2.89%；其原煤较原始数据模拟值平均变动 6.18%、2.55%、-2.40%和-5.80%。原因是，家庭主体外部影响力的提升在总体上提升了家庭消费习惯，由家庭主体间接能源消费影响机制的各要素影响系数计算结果可知，消费习惯对各项能源消费支出均为正向影响作用，且对家庭主体的服装购买、房屋装潢、家具支出、小型家电、护理用品、交通工具购买和饰品箱包具有显著的正向影响。这些家庭商品直接消费支出的增加，对各生产部门产值具有较大的正向影响，特别是对于第三产业产值的正向影响系数值最大。因为第三产业电力消费强度较大，所以家庭主体的外部影响力对生产部门的电力消费影响程度最大。

对于城市总体的能源消费，外部影响力值调整 50%、20%、-20%、-50%，其电力消费较原始数据模拟值平均变动 7.22%、2.98%、-2.46%和-5.61%；其油品消费较原始数据模拟值平均变动 4.23%、1.76%、-1.86%和-4.74%；其天然气消费较原始数据模拟值平均变动 3.22%、1.20%、-1.21%和-2.76%；其原煤消费较原始数据模拟值平均变动 6.18%、2.55%、-2.40%和-5.80%。因为家庭主体的外部影响力对家庭主体和生产部门主体的各类能源消费量均为正向影响，所以外部影响力的提升对城市各类能源消费总量也呈现正向影响作用。

9.4.2 生产部门主体行为变动情景模拟及结果分析

本书的研究采用反事实模拟的方法，分析微观主体行为变动对城市能源消费行为的影响机制，模拟了 2011~2020 年唐山市的能源消费情况，因此对于生产部门主体的部门产值、能源消费强度和从业人数等属性指标只需要输入 2010 年的实际数据值，2011~2020 年的这些属性数据是依据仿真模型在运行过程中计算并进行数据更新的。其中，只有固定资产投资属性值是通过表函数的数据结果存储的，表述了 2011~2020 年各类生产部门主体的固定资产投资的真实情况。此外，生产部门主体的固定资产投资属性可直观反映出其规模的关键变量且直接影响到产值和能源消费量。因此，重点分析生产部门主体固定资产投资属性变动幅度对各类主体和城市总体能源消费的影响机制。

基于各生产部门主体的固定资产投资的实际数据设置了 5 个等级参数变动。分别为-50%、-20%、0（将实际数据代入模型）、20%、50%。因为本书的研究共涉及 19 类生产部门主体，当其中一类生产部门主体的固定资产投资属性发生变动时，其他部门生产主体保持原有实际水平，所以共有 95（19×5=95）种对比方案。若对每一类生产部门的固定资产投资变动分别进行讨论，除了受到本书篇幅限制外还缺乏代表性。因此，选定了农业（S_1）、制造业（S_3）、交通运输、仓储和邮政业（S_7）、金融业（S_{10}）等具有代表性的生产部门和所有部门总体的固定资产投资变动进行设定。

1. 农业生产部门主体固定资产投资变动

对于家庭主体的能源消费，农业生产部门主体的固定资产值调整50%、20%、-20%、-50%，其电力消费较原始数据模拟值平均变动-2.67%、-0.83%、0.37%和1.44%；其油品消费较原始数据模拟值平均变动-1.81%、-0.69%、0.24%和0.63%；其天然气消费较原始数据模拟值平均变动-0.77%、-0.23%、0.17%和0.55%。从计算结果可知，农业生产部门主体的固定资产投资增加对家庭主体的各项能源消费支出总体上呈现出弱负向影响。原因是，农业固定资产投资增加，该主体的从业人数也随之增加（农业生产部门主体的固定资产投资增加对其从业人数具有显著的正向影响作用），虽然农业生产部门主体的固定资产投资增加在一定程度上提升了该主体的人均收入（在生产部门主体从业人员的人均收入影响机制分析中，农业部门主体的固定资产增加对其从业人员的人均收入有正向影响作用），但是，农业部门的人均收入比其他生产部门的人均收入低很多，因此，在总体上降低了家庭收入，进而降低了各类直接和间接消费支出，故而得到了农业部门主体固定资产投资变动对家庭主体各类能源消费呈现负向影响。

对于生产部门主体的能源消费，农业生产部门主体的固定资产值调整50%、20%、-20%、-50%，其电力消费较原始数据模拟值平均变动-2.6%、-1.10%、0.41%和1.55%；其油品消费较原始数据模拟值平均变动-3.69%、-1.52%、0.71%和2.13%；其天然气消费较原始数据模拟值平均变动-2.48%、-1.09%、-0.45%和1.27%；其原煤消费较原始数据模拟值平均变动-6.25%、-2.73%、1.50%和4.04%。从计算结果可知，农业生产部门主体的固定投资变动对各生产部门主体的能源消费呈现抑制作用，主要原因与家庭主体各项消费支出下降有关。前面分析了农业生产部门主体的固定资产投资增加能造成家庭主体各项消费支出下降，进而降低各生产部门主体的产值，故呈现出上述计算结果。

对于城市总体的能源消费，农业生产部门主体的固定资产值调整50%、20%、-20%、-50%，其电力消费较原始数据模拟值平均变动-2.61%、-1.10%、0.40%和1.55%；其油品消费较原始数据模拟值平均变动-3.52%、-1.45%、0.67%和1.99%；其天然气消费较原始数据模拟值平均变动-2.26%、-0.98%、0.42%和1.18%；其原煤消费较原始数据模拟值平均变动-6.25%、-2.73%、1.50%和4.04%。因为农业生产部门主体的固定资产投资变动对家庭主体和生产部门主体的各类能源消费量均为负向影响，所以农业生产部门主体固定资产投资的增加对城市各类能源消费总量也呈现负向影响作用。

2. 制造业生产部门主体固定资产投资变动

对于家庭主体的能源消费，制造业生产部门主体的固定资产值调整50%、20%、

−20%、−50%，其电力消费较原始数据模拟值平均变动 9.43%、4.37%、−3.68%和−8.09%；其油品消费较原始数据模拟值平均变动 10.23%、3.92%、−3.27%和−11.21%；其天然气消费较原始数据模拟值平均变动−0.31%、−0.23%、0.16%和0.30%。制造业生产部门主体的固定资产投资增加对家庭主体的电力和油品消费具有较大的正向影响，对家庭主体的天然气消费具有较小的负向影响。原因是，对于唐山市而言，制造业的从业人数最多，2020年在所有的生产部门中从业人数超过了29%。制造业人均年收入在所有生产部门中排名第三，2020年人均年收入超过了5.3万元。生产部门固定资产投资的增加促进了该主体的从业人数和人均收入的提升，进而使得该城市的家庭总收入大幅度提升。

对于生产部门主体的能源消费，制造业生产部门主体的固定资产值调整 50%、20%、−20%、−50%，其电力消费较原始数据模拟值平均变动 21.30%、8.13%、−7.51%和−22.34%；其油品消费量较原始数据模拟值平均变动 17.81%、6.24%、−7.32%和−19.25%；其天然气消费量较原始数据模拟值平均变动 12.25%、4.56%、−5.13%和−11.27%；其原煤消费较原始数据模拟值平均变动 19.42%、8.70%、−8.11%和−20.54%。从计算结果可知，制造业生产部门主体固定资产投资增加对各生产部门主体的能源消费呈现大幅度促进作用。这与家庭收入增加对家庭各项间接能源消费支出有关。

对于城市总体的能源消费，制造业生产部门主体的固定资产值调整 50%、20%、−20%、−50%，其电力消费较原始数据模拟值平均变动 21.00%、8.04%、−7.41%和−21.98%；其油品消费较原始数据模拟值平均变动 17.85%、6.31%、−7.32%和−19.34%；其天然气消费较原始数据模拟值平均变动 10.65%、3.95%、−4.46%和−9.79%；其原煤消费较原始数据模拟值平均变动 19.42%、8.70%、−8.11%和−20.54%。制造业生产部门主体固定资产投资的增加对城市各类能源消费总量呈现较大正向促进作用。原因是，制造业生产部门主体的固定资产投资增加对生产部门主体的各类能源消费量具有大幅度促进作用，虽然对家庭主体的天然气消费具有抑制作用，但是生产部门的能源消费量要大于家庭主体的能源消费量，故抵消了家庭主体天然气消费量的负向影响，因此呈现这样的计算结果。

3. 交通运输、仓储和邮政业生产部门主体固定资产投资变动

对于家庭主体的能源消费，交通运输、仓储和邮政业生产部门主体的固定资产值调整 50%、20%、−20%、−50%，其电力消费较原始数据模拟值平均变动 11.83%、5.42%、−4.27%和−9.76%；其油品消费较原始数据模拟值平均变动 17.86%、6.42%、−6.26%和−19.16%；其天然气消费较原始数据模拟值平均变动−0.42%、−0.29%、0.33%和 0.30%。原因是，交通运输、仓储和邮政业生产部门主体固定资产投资的增加对其产值具有较大的正向推动作用，又因为交通运输、

仓储和邮政业生产部门主体的产值增加除了对信息传输、软件和信息技术服务业，卫生和社会工作两生产部门具有较小的抑制作用外，对其他生产部门主体的产值均具有较大的促进作用，特别是对制造业产值正向影响作用较大，因此这些部门产值的提升直接增加了从业人数和人均年收入，进而提高了家庭总收入，导致除天然气消费外，家庭各项能源消费支出增加。

对于生产部门主体的能源消费，交通运输、仓储和邮政业生产部门主体的固定资产值调整 50%、20%、-20%、-50%，其电力消费较原始数据模拟值平均变动 12.70%、4.76%、-4.43%和-11.8%；其油品消费较原始数据模拟值平均变动 10.62%、4.22%、-4.03%和-9.82%；其天然气消费较原始数据模拟值平均变动 7.99%、3.40%、-3.33%和-7.11%；其原煤消费较原始数据模拟值平均变动 13.21%、5.61%、-4.91%和-9.23%。交通运输、仓储和邮政业生产部门主体的固定资产投资增加对生产部门主体的各类能源消费起到正向促进作用。上文分析了交通运输、仓储和邮政业生产部门主体固定资产投资增加能引发其他部门产值总体提升，进而导致各部门的各类能源消费量增加。因为唐山市生产部门能源消费中煤炭占有较大比重，所以对原煤消费正向促进作用最大，且呈现出边际递增的趋势。

对于城市总体的能源消费，交通运输、仓储和邮政业生产部门主体的固定资产值调整 50%、20%、-20%、-50%，其电力消费较原始数据模拟值平均变动 12.68%、4.77%、-4.42%和-11.75%；其油品消费较原始数据模拟值平均变动 11.27%、4.42%、-4.23%和-10.66%；其天然气消费较原始数据模拟值平均变动 6.92%、2.92%、-2.87%和-6.13%；其原煤消费较原始数据模拟值平均变动 13.21%、5.61%、-4.91%和-9.23%。结果表明，交通运输、仓储和邮政业生产部门主体固定资产投资的增加对城市各类能源消费总量呈现较大的正向促进作用。

4. 金融业生产部门主体固定资产投资变动

对于家庭主体的能源消费，金融业生产部门主体的固定资产值调整 50%、20%、-20%、-50%，其电力消费较原始数据模拟值平均变动 6.51%、2.80%、-2.35%和-5.21%；油品消费较原始数据模拟值平均变动 8.45%、3.16%、-3.03%和-7.77%；其天然气消费较原始数据模拟值平均变动-0.37%、-0.22%、0.12%和 0.22%。原因与交通运输、仓储和邮政业生产部门主体固定资产变动对家庭主体各类直接能源消费支出影响类似。金融业生产部门主体固定资产投资的增加对其他生产部门主体的部门产值均具有较大的促进作用，进而提高了家庭总收入，导致家庭主体的电力和油品消费支出增加，抑制了天然气消费支出。

对于生产部门主体的能源消费，金融业生产部门主体的固定资产值调整 50%、20%、-20%、-50%，其电力消费较原始数据模拟值平均变动 11.87%、4.63%、-4.34%和-10.49%；其油品消费较原始数据模拟值平均变动 10.81%、4.18%、-3.82%和

−7.76%；其天然气消费较原始数据模拟值平均变动 8.72%、3.57%、−3.00%和−6.47%；其原煤消费较原始数据模拟值平均变动 11.33%、4.39%、−3.91%和−9.29%。依据生产部门主体产值影响机制研究的计算结果可知，金融业生产部门主体的部门产值增加除了对农业，住宿和餐饮业，信息传输、软件和信息技术服务业，卫生和社会工作 4 类生产部门具有较小的抑制作用外，对其他生产部门的部门产值均为正向影响。另外，农业，住宿和餐饮业，信息传输、软件和信息技术服务业，卫生和社会工作生产部门均为低能耗产业。因此，金融业生产部门主体固定资产投资的增加能引发其他生产部门产值的总体提升，进而导致各生产部门的各类能源消费量增加。

对于城市总体的能源消费，金融业生产部门主体的固定资产值调整 50%、20%、−20%、−50%，其电力消费较原始数据模拟值平均变动 11.73%、4.58%、−4.29%和−10.36%；其油品消费较原始数据模拟值平均变动 10.59%、4.08%、−3.75%和−7.76%；其天然气消费较原始数据模拟值平均变动 7.56%、3.09%、−2.60%和−5.61%；其原煤消费较原始数据模拟值平均变动 11.33%、4.39%、−3.91%和−9.29%。结果表明，金融业生产部门主体固定资产投资的增加对城市各类能源消费总量呈现较大的正向促进作用。

5. 所有生产部门主体固定资产投资变动

对于家庭主体的能源消费，唐山市所有生产部门主体的固定资产值调整 50%、20%、−20%、−50%，其电力消费较原始数据模拟值平均变动 9.32%、3.58%、−3.26%和−8.97%；其油品消费较原始数据模拟值平均变动 10.94%、4.07%、−4.03%和−9.87；其天然气消费较原始数据模拟值平均变动−0.68%、−0.27%、0.32%和 0.59%。从计算结果可知，所有生产部门主体固定资产投资的增加对家庭主体的电力、油品消费具有促进作用，对天然气消费具有抑制作用。

对于生产部门主体的能源消费，所有生产部门主体的固定资产值调整 50%、20%、−20%、−50%，其电力消费较原始数据模拟值平均变动 13.70%、5.23%、−4.97%和−12.89%；其油品消费较原始数据模拟值平均变动 11.83%、4.51%、−4.38%和−10.70%；其天然气消费较原始数据模拟值平均变动 9.69%、3.98%、−3.53%和−9.16%；其原煤消费较原始数据模拟值平均变动 12.00%、4.18%、−3.89%和−9.61%。说明对于唐山市而言，生产部门主体的能源消费具有"反弹效应"。故而可知，对于唐山市的产业结构而言，降低能源消费强度并不能降低生产部门主体的能源消费量。若降低唐山市能源消费量应从调整产业结构入手。

对于城市总体的能源消费，所有生产部门主体的固定资产值调整 50%、20%、−20%、−50%，其电力消费较原始数据模拟值平均变动 13.59%、5.19%、−4.93%和−12.79%；其油品消费较原始数据模拟值平均变动 11.75%、4.47%、−4.35%和

−10.63%；其天然气消费较原始数据模拟值平均变动 8.37%、3.43%、−3.03%和−7.91%；其原煤消费较原始数据模拟值平均变动 12.00%、4.18%、−3.89%和−9.61%。结果表明，所有生产部门主体固定资产投资的增加对城市各类能源消费总量呈现较大的正向促进作用，且对电力和原煤消费正向影响作用最大。

9.4.3 外部环境主体变动情景模拟及结果分析

因为本书的研究将外部环境视为一个主体，其中将政府政策、经济环境、能源政策等要素均设为外部环境主体的属性。基于上文关于家庭主体的直接和间接能源消费行为、生产部门主体的部门产值和能源消费强度的外部影响要素的影响研究，房价、节能政策和能源价格等政策影响因素对家庭主体和生产部门主体的能源消费影响程度较大。因此，对于外部环境政策情景设置，分别针对房价、节能政策、各类能源价格分别设置了 5 个等级参数变动仿真情景，分别为−20%、−10%、0（将实际数据代入仿真模型）、10%、20%。

1. 调整房价情景模拟结果

对于家庭主体的能源消费，唐山市各地区的房价调整 20%、10%、−10%、−20%，其电力消费较原始数据模拟值平均变动−1.75%、−0.81%、0.79%和 1.40%；其油品消费较原始数据模拟值平均变动−2.51%、−1.35%、1.32%和 3.22%；其天然气消费较原始数据模拟值平均变动−1.34%、−0.78%、0.67%和 1.26%。从计算结果来看，房价的上涨对家庭主体的各项能源消费起到了抑制作用，其中对油品消费抑制作用程度最大。原因是，房价作为外部环境调节变量，房价上涨抑制了家庭各项能源消费支出。另外，天然气和电力多为家庭生活必要能耗，故房价上涨对其负向影响程度不大，但对于油品消耗的抑制作用较大。

对于生产部门主体的能源消费，唐山市各地区的房价调整 20%、10%、−10%、−20%，其电力消费较原始数据的模拟值平均变动−3.78%、−1.78%、1.58%和 3.36%；其油品消费较原始数据的模拟值平均变动−2.84%、−1.38%、1.42%和 2.68%；其天然气消费较原始数据的模拟值平均变动−1.34%、−0.70%、0.56%和 1.19%；其原煤消费较原始数据的模拟值平均变动−3.76%、−2.07%、1.99%和 3.59%。房价上涨对生产部门主体的各类能源消费呈现负向影响。本质原因在于家庭主体间接能源消费支出减少，导致各生产部门主体的部门产值下降从而引发能耗降低。

对于城市总体的能源消费，唐山市各地区的房价调整 20%、10%、−10%、−20%，其电力消费较原始数据模拟值平均变动−3.73%、−1.75%、1.56%和 3.31%；其油品消费较原始数据的模拟值平均变动-2.81%、-1.38%、1.41%和 2.73%；其天然气消费较原始数据模拟值平均变动-1.34%、-0.71%、0.57%和 1.20%；其原煤消费较原始数据模拟值平均变动-3.76%、-2.07%、1.99%和 3.59%。从总体上看，虽然房价上涨对唐山市各类能源消费呈现抑制作用，但其根本原因是降低了家庭主体的能源消费支出进而降低了各生产部门产值。

2. 调整节能政策情景模拟结果

对于家庭主体的能源消费，政府节能环保支出调整 20%、10%、-10%、-20%，其电力消费较原始数据模拟值平均变动 1.01%、0.45%、-0.42%和-1.57%；其油品消费较原始数据模拟值平均变动-2.78%、-1.44%、1.15%和 2.17%；其天然气消费较原始数据模拟值平均变动-1.81%、-0.80%、0.74%和 1.37%。对于家庭主体而言，政府节能环保支出增加的作用主要是引导家庭形成更绿色的用能习惯：一方面是减少用能；另一方面是改善用能结构。因此，当政府节能环保支出增加时，居民倾向减少能源使用（包括电力），但同时居民也改变了用能结构（购买电动汽车，以电力替代油品）。因此，最终的结果是电力消费增加，油品和天然气消费减少，但能源消费总量减少。

对于生产部门主体的能源消费，政府节能环保支出调整 20%、10%、-10%、-20%，其电力消费较原始数据的模拟值平均变动 2.44%、1.27%、-1.18%和-1.98%；其油品消费较原始数据的模拟值平均变动-1.70%、-0.81%、0.71%和 1.63%；其天然气消费较原始数据的模拟值平均变动 0.82%、1.88%、-0.71%和-1.32%；其原煤消费较原始数据的模拟值平均变动-2.79%、-1.44%、1.29%和 2.57%。对于生产部门主体而言，政府节能环保支出增加不仅降低了能源强度，也改善了能源结构。因此，政府节能环保支出增加导致油品和原煤消费减少。电力和天然气的消费变动则取决于能源强度下降和能源结构变动两方面作用的综合效果。结果表明，能源结构变动的影响强于能源强度下降的影响。

对于城市总体的能源消费，政府节能环保支出调整 20%、10%、-10%、-20%，其电力消费较原始数据模拟值平均变动 2.45%、1.27%、-1.18%和-1.99%；其油品消费较原始数据的模拟值平均变动-1.80%、-0.86%、0.75%和 1.68%；其天然气消费较原始数据模拟值平均变动 1.41%、0.61%、-0.53%和-0.98%；其原煤消费较原始数据模拟值平均变动-2.79%、-1.44%、1.29%和 2.57%。由于生产部门主体的能源消费远高于家庭主体，政府节能环保支出对城市总体能源消费的影响与其对生产部门主体的影响方向一致且大小接近。

3. 调整电力价格情景模拟结果

对于家庭主体的能源消费，电力价格调整 20%、10%、-10%、-20%，其电力消费较原始数据模拟值平均变动-1.19%、-0.47%、0.66%和1.24%；其油品消费较原始数据模拟值平均变动-0.53%、-0.25%、0.48%和0.92%；其天然气消费较原始数据模拟值平均变动0.76%、0.49%、-0.37%和-0.81%。从计算结果来看，电力价格上涨对家庭主体电力、油品和天然气消费分别产生抑制、弱抑制和弱促进作用。电力价格上涨会导致部分家庭主体非必须型电力消费（如空调、跑步机等）削减，从而抑制其对电力的消费。

对于生产部门主体的能源消费，电力价格调整20%、10%、-10%、-20%，其电力消费较原始数据的模拟值平均变动-2.50%、-1.31%、1.17%和1.96%；其油品消费较原始数据的模拟值平均变动1.70%、0.77%、-0.77%和-1.61%；其天然气消费较原始数据的模拟值平均变动1.71%、0.87%、-0.81%和-0.27%；其原煤消费较原始数据的模拟值平均变动2.55%、1.16%、-1.21%和-2.29%。从计算结果来看，电力价格上涨会抑制生产部门主体的电力消费，但会促进生产部门主体的油品、天然气和原煤消费。对于生产部门主体而言，电力与油品、天然气及原煤在一定程度上互为替代品，当电力价格上升时，生产部门主体会减少电力消费并转向其他类型能源消费，进而导致生产部门主体电力消费的减少及其他能源消费的增加。

对于城市总体的能源消费，电力价格调整20%、10%、-10%、-20%，其电力消费较原始数据的模拟值平均变动-2.47%、-1.29%、1.16%和1.94%；其油品消费较原始数据的模拟值平均变动1.50%、0.67%、-0.66%和-1.38%；其天然气消费较原始数据的模拟值平均变动1.59%、0.82%、-0.76%和-0.34%；其原煤消费较原始数据的模拟值平均变动2.55%、1.16%、-1.21%和-2.29%。电力价格上涨对城市总体能源消费带来的影响主要表现为其他类型能源消费对电力消费的替代，即电力价格上涨会导致城市总体减少电力消费而增加油品、天然气和原煤的消费。

4. 调整成品油价格情景模拟结果

对于家庭主体的能源消费，成品油价格调整20%、10%、-10%、-20%，其电力消费较原始数据模拟值平均变动1.55%、0.72%、-0.76%和-1.29%；其油品消费较原始数据模拟值平均变动-2.59%、-1.29%、1.21%和2.31%；其天然气消费较原始数据模拟值平均变动1.28%、0.49%、-0.59%和-1.14%。从计算结果来看，成品油价格上涨会抑制家庭主体对油品的消费，但会促进对电力和天然气的消费。这是因为成品油价格上涨会迫使部分家庭主体减少油品消费而增加其他类型能源消费。此外，计算结果表明，油品价格的变动对家庭主体油品、电力、天然气消费的影响都较大。

对于生产部门主体的能源消费，成品油价格调整20%、10%、-10%、-20%，其电力消费较原始数据的模拟值平均变动 3.52%、1.96%、-1.69%和-3.11%；其油品消费较原始数据的模拟值平均变动-2.81%、-1.43%、1.59%和 3.44%；其天然气消费较原始数据的模拟值平均变动 2.68%、1.34%、-0.98%和-2.46%；其原煤消费较原始数据的模拟值平均变动 2.59%、1.70%、-1.37%和-2.79%。从计算结果来看，成品油价格上涨会抑制生产部门主体对油品的消费，但会促进其对电力、天然气、原煤的消费。成品油价格上涨时，生产部门主体为了降低成本会转向对电力、天然气及原煤等能源的消费，从而降低对油品的需求。此外，唐山市作为我国重要的钢铁生产基地，其能源需求量巨大，一种能源的价格变动会导致生产部门主体对其他类型能源消费量的较大变化，油品也是如此。

对于城市总体的能源消费，成品油价格调整 20%、10%、-10%、-20%，其电力消费较原始数据的模拟值平均变动 3.47%、1.93%、-1.67%和-3.07%；其油品消费较原始数据的模拟值平均变动-2.79%、-1.41%、1.56%和 3.33%；其天然气消费较原始数据的模拟值平均变动 2.50%、1.23%、-0.93%和-2.29%；其原煤消费较原始数据的模拟值平均变动 2.59%、1.70%、-1.37%和-2.79%。成品油价格上涨对城市总体能源消费带来的影响主要表现为其他类型能源消费对油品消费的替代，即成品油价格上涨会导致城市总体减少油品消费而增加电力、天然气和原煤的消费。

5. 调整天然气价格情景模拟结果

对于家庭主体的能源消费，天然气价格调整 20%、10%、-10%、-20%，其电力消费较原始数据模拟值平均变动 1.57%、0.79%、-0.70%和-1.45%；其油品消费较原始数据模拟值平均变动 0.77%、0.37%、-0.30%和-0.58%；其天然气消费较原始数据模拟值平均变动-1.25%、-0.66%、0.57%和 1.28%。天然气价格上涨对电力消费和油品消费的影响为正向，这是因为天然气与电力和油品在家庭部门是替代关系，需求交叉价格弹性为正值。由于在家庭部门天然气被用来烹饪和取暖，其主要与电力之间存在替代关系，天然气价格上涨对电力需求的影响更大，即天然气与电力之间的需求交叉价格弹性更大。

对于生产部门主体的能源消费，天然气价格调整 20%、10%、-10%、-20%，其电力消费较原始数据的模拟值平均变动 3.66%、1.80%、-1.63%和-3.21%；其油品消费较原始数据的模拟值平均变动 2.88%、1.34%、-1.42%和-2.44%；其天然气消费较原始数据的模拟值平均变动-2.61%、-1.27%、1.17%和 2.38%；其原煤消费较原始数据的模拟值平均变动 2.95%、1.46%、-1.32%和-2.81%。天然气价格上涨对电力消费、油品消费和原煤消费的影响为正向，这是因为天然气与电力、油品和原煤在生产部门是替代关系，需求交叉价格弹性为正值。天然气价格上涨对电力需求的影响相比原煤和油品更大，说明电力对天然气的替代作用最强，因而交叉价格弹性最大。

对于城市总体的能源消费，天然气价格调整 20%、10%、-10%、-20%，其电力消费较原始数据的模拟值平均变动 3.60%、1.77%、-1.61%和-3.17%；其油品消费较原始数据的模拟值平均变动 2.70%、1.26%、-1.32%和-2.27%；其天然气消费较原始数据的模拟值平均变动-2.44%、-1.19%、1.09%和 2.24%；其原煤消费较原始数据的模拟值平均变动 2.95%、1.46%、-1.32%和-2.81%。由于天然气价格上涨对家庭主体和生产部门主体各类能源消费的影响均为正向，天然气价格上涨对城市总体各类能源消费的影响也为正向。又由于天然气价格上涨对生产部门主体能源消费的影响更大，天然气价格上涨对城市总体能源消费的影响小于对生产部门主体的影响。

6. 调整煤炭价格情景模拟结果

对于家庭主体的能源消费，煤炭价格调整 20%、10%、-10%、-20%，其电力消费较原始数据模拟值平均变动-1.53%、-0.72%、0.65%和 1.68%；其油品消费较原始数据模拟值平均变动-2.38%、-1.11%、0.96%和 2.18%；其天然气消费较原始数据模拟值平均变动-1.50%、-0.65%、0.13%和 0.44%。煤炭价格上涨对其他种类能源消费产生负向影响，原因在于唐山市的能源结构仍然以原煤为主，煤炭价格上涨将导致企业生产成本增加，降低生产部门产值，进而导致居民收入减少，最终导致其他各类能源消费减少。与电力和天然气相比，油品的价格更高而需求刚性更低，因此当居民收入下降时会更多地减少油品消费。

对于生产部门主体的能源消费，煤炭调整 20%、10%、-10%、-20%，其电力消费较原始数据的模拟值平均变动 2.51%、1.31%、-1.17%和-2.51%；其油品消费较原始数据的模拟值平均变动 1.91%、0.80%、-1.02%和-1.36%；其天然气消费较原始数据的模拟值平均变动 2.10%、1.31%、-0.86%和-1.76%；其原煤消费较原始数据的模拟值平均变动-3.47%、-1.74%、1.90%和 3.22%。尽管煤炭价格上涨将导致生产部门产出下降，但是生产部门对于能源的需求具有较大刚性，因此当煤炭价格上涨时生产部门会使用其他类型的能源进行替代而不是停止生产，故当煤炭价格上涨时电力、油品和天然气的消费量增加。

对于城市总体的能源消费，煤炭价格调整 20%、10%、-10%、-20%，其电力消费较原始数据的模拟值平均变动 2.41%、1.26%、-1.12%和-2.41%；其油品消费较原始数据的模拟值平均变动 1.52%、0.63%、-0.84%和-1.04%；其天然气消费较原始数据的模拟值平均变动 1.95%、1.22%、-1.66%和-3.17%；其原煤消费较原始数据的模拟值平均变动-3.47%、-1.74%、1.90%和 3.22%。当煤炭价格上涨时，家庭主体的电力、油品和天然气消费下降，而生产部门主体的电力、油品和天然气消费增加，由于生产部门主体的能源消费远高于家庭主体，当煤炭价格上涨时城市总体的电力、油品和天然气消费将增加。

9.5 本章小结

　　本章结合唐山市能源概况，从微观家庭主体及生产部门主体角度和宏观外部环境主体角度分析能源消费主体异质性，针对三种主体行为变动对唐山市能源生态系统影响情景进行仿真模拟，以探究未来不确定发展情景下主体行为变化对唐山市能源生态系统的影响。主要研究内容及结论要点如下。

　　（1）阐述唐山市能源概况，从唐山市所处区位、经济状况及能源存量三个方面分析唐山市能源系统概况，并概述唐山市19类生产部门原煤、电力、油品及天然气消费情况，阐释能源消费主体类型并分析主体之间的异质性。

　　（2）解析唐山市能源消费主体之间的交互机制，主要包括家庭主体与生产部门主体的交互机制分析，家庭主体与外部环境主体的交互机制分析，以及生产部门主体与外部环境主体的交互机制分析。

　　（3）基于家庭主体、生产部门主体和外部环境主体的属性和行为变化设定多情景仿真，依据多情景模型仿真输出结果，探究家庭主体、生产部门主体和外部环境主体的关键属性行为变动对各主体和城市总体的各类能源消费影响机制。

第 10 章　结论与展望

本书对我国城市能源生态系统进行分析，探究其理论内涵、基本特征及运行机理，构建提出城市能源生态系统理论方法体系。在此基础上，选取北京市、毕节市、榆林市、唐山市等不同层级、不同类型城市进行实证研究，解析其能源生态系统结构，模拟其代谢演化行为，给出针对性系统优化决策建议。基于此，本章梳理总结取得的主要研究结论，并结合研究和编写过程中存在的问题局限性及潜在研究前景进行分析展望。

10.1　主要研究结论

本部分针对我国城市能源生态系统理论架构、方法体系进行系统梳理、整合设计，并选取我国不同层级、不同类型城市开展实证研究，取得的主要结论如下。

（1）城市能源生态系统是针对城市范围内能源开发、加工、运输、使用、处理全过程，以生态环境和经济社会效益最大化为目标，充分考虑能源资源和环境生态承载力和系统内部微观要素复杂性、动态性的现代化城市能源系统。它的基本特征是内部要素的异质性和要素行为反馈的异步性，其运行机制的关键是动态反馈、非线性及协同演化。城市能源生态系统本质上是从代谢要素的异质性及代谢过程的异步性入手，基于复杂动态视角自下而上地解析城市能源生态系统演化过程。

（2）从目标理论层、核心理论层、基础理论层和学科层四个层级构建了城市能源生态系统理论体系：目标理论层即城市能源生态系统理论；核心理论层为城市能源系统理论及城市代谢理论；基础理论层为城市能源配置理论、城市发展理论及复杂系统自适应理论等；学科层为能源经济学、区域经济学、生态学、系统科学等。按问题识别、多维评价、系统优化构建城市能源生态系统方法体系，从层级和时间两个维度将城市能源生态系统方法体系分解为要素识别及结构解析、系统评价及优化、预测及行为分析、系统模拟仿真四个模块。

（3）北京市能源生态系统结构解析结果表明，尽管天然气在数量上主导了北京市近年来的能源演化，但在深层次系统影响上并未完全取代煤炭。同时，随着近年来北京市能源生态系统供给端规模明显缩减、能源对外依存度提高，北京市能源生态系统的优化主要依赖于能源密集型产业的外迁。北京市能源生态系统代谢结构演化分析表明，煤炭→第二产业能流主导了北京市能源生态系统代谢结构演化，并与天然气→第二产业能流同时对北京市能源生态系统整体代谢结构演化起促进作用，但二者间表现出相互抑制关系。

北京市能源生态系统代谢结构演化模拟结果表明，供给端控制负熵流对当前北京市能源生态系统代谢自组织演化的驱动效果已显著降低。针对非首都功能疏解，部门规模缩减相关政策对教育业部门能源代谢优化较为有效，但对交通运输、仓储和邮政业，批发和零售业部门能源代谢影响具有反向作用。此外，市场控制负熵流、技术控制负熵流等其他负熵流控制手段对驱动北京市能源生态系统代谢自组织演化具有重要意义。

（4）毕节市能源生态系统结构解析结果表明，毕节市能源产业存在资源开采粗放，能源利用效率低下，以及外部性问题突出，生态破坏严重的问题。基于ISM-MICMAC模型分析结果表明：科研人才和技术资金是毕节市能源生态系统演化的强驱动要素；煤炭消费占比和工业三废综合利用率对毕节市能源生态系统的外在基本特征具有直接影响；可再生能源发电量、环境规制强度、人口数量、数字技术、清洁生产技术、新能源发电技术、财政补贴政策和生态绩效考核体系等要素对毕节市能源生态系统运行起到基础性作用。

（5）榆林市能源生态系统有四个主要特征：①能源利用效率较低，单位地区生产总值能耗较高；②缺乏资源综合利用、有效开采理念，造成环境污染；③能源资源生产技术落后，开发效率低下；④能源科学研发投入制约，绿色发展转型困难。榆林市能源生态系统结构解析结果表明，全球经济形势、产业结构、经济发展水平、工业化水平、城市化水平、产业政策和宏观经济政策7个要素在榆林能源生态系统发展过程中驱动性较强，在整个能源生态系统中处于主导地位；能源生产结构、能源消费结构、能源价格、能源利用效率改进和能源输送能力5个要素受其他要素影响较大，而对其他要素影响程度相对较低。

（6）唐山市能源生态系统模拟仿真结果表明，对于降低家庭用能应从提升家庭节能行为意愿入手；对于生产部门的各类能源消费强度，能源价格发挥了主要作用；电力消费强度主要受到电力价格的负面影响；对于家庭主体能源消费行为对城市能源消费影响机制，家庭主体消费习惯黏性的提升抑制了该主体的各项直接和间接能源消费支出，削弱了家庭主体的消费需求，进而降低了各生产部门产值，从而降低了整个城市能源生态系统的各类能源消费量；对于生产部门主体行为对城市能源消费影响机制，生产部门主体的规模扩张对城市各类能源消费具有极大的促进作用。对于外部环境主体行为对城市能源消费影响机制，房价上涨对城市各类能源消费具有较弱的抑制作用，但是以牺牲经济发展为代价的。

10.2 研究展望

本书对我国城市能源生态系统的理论架构及方法体系进行了探讨，并选择典型城市开展了实证研究，为我国城市发展科学决策提供支持，但在研究过程中难免挂一漏万，造成研究存在一定局限性，需要在未来的研究中开展持续深入的研究。

1. 理论体系

本书重点聚焦城市能源生态系统的生态视角进行理论探讨和方法学设计，以期能够通过提出城市能源生态系统的研究思路抛砖引玉，启发相关领域学者的进一步研究。但限于笔者研究背景和学科认知，难免在研究视角上存在以偏概全。尤其在城市能源生态系统的实施过程中，涉及建筑设施、热力工程、道路设计等具体工学领域的方法应用、模型构建等，笔者了解相对欠缺，仅能从宏观层面对相关研究视角、理论体系设计进行探讨。

2. 模型方法

限于笔者研究条件及研究精力限制，本书所构建的理论体系和模型架构仅重点介绍了关键性的理论和模型方法，并未进行全面详尽的介绍，有必要在未来的研究工作中进一步对理论方法体系进行扩充和完善。此外，随着近年来大数据、机器学习、人工智能等前沿技术和算法模型的快速发展，数智化的城市能源生态系统已成为未来重点发展领域之一。在本书编写过程中，由于客观条件限制，仅重点介绍了多主体模型这一关键模型技术，这也为本书下一步工作指明了方向。

3. 数据资料

本书成稿历时5年，难免在数据及前沿信息更新方面存在一定不足。尤其对于绿色低碳发展等外部因素影响城市能源生态系统演化过程等存在考虑不周的情况。绿色低碳发展将彻底重塑城市能源生态系统底层逻辑，城市能源生态系统迎来了能源、技术、市场、行为、政策的全方位变革，涌现出大量颠覆性的零碳/负碳能源技术，对于现有城市能源生态系统认知和能源技术经济体系产生极大冲击。尽管本书构建提出的城市能源生态系统理论方法体系基于生态系统演化视角，对于新技术涌现及对城市能源代谢模式的影响能够进行趋势性研判，但对于实际研究开展过程中具体数据资料的认知理解和资料获取存在一定的局限性，限制了本书实证研究的现实指导意义。

参 考 文 献

[1] 奥德姆 E P. 生态学:科学与社会之间的桥梁[M]. 何文珊译. 北京:高等教育出版社,2014.

[2] Sagar A D, Frosch R A. A perspective on industrial ecology and its application to a metals-industry ecosystem[J]. Journal of Cleaner Production, 1997, 5:39-45.

[3] 李晓华,刘峰. 产业生态系统与战略性新兴产业发展[J]. 中国工业经济,2013,(3):20-32.

[4] Moore J F. Predators and prey:a new ecology of competition[J]. Harvard Business Review, 1993, 71(3):75-86.

[5] 胡斌,章仁俊. 企业生态系统的动态演化机制[J]. 财经科学,2008,(9):78-85.

[6] 吴金希. 创新生态体系的内涵、特征及其政策含义[J]. 科学学研究,2014,(1):44-51.

[7] 徐锭明. 建设能源生态体系促进能源生态文明[J]. 中国科技产业,2008,(6):30-32.

[8] Hoffman K C, Wood D O. Energy system modeling and forecasting[J]. Annual Review of Energy, 1976, 11(1):423-453.

[9] 刘豹. 能源系统工程和能源数学模型[J]. 能源,1981,(6):10-11.

[10] 邱大雄. 能源规划与系统分析[M]. 北京:清华大学出版社,1995.

[11] Chiodi A, Giannakidis G, Labriet M, et al. Introduction:energy systems modelling for decision-making[J]. Lecture Notes in Energy, 2015, 30:1-12.

[12] Cumo F, Garcia D A, Calcagnini L, et al. Urban policies and sustainable energy management[J]. Sustainable Cities and Society, 2012,(4):29-34.

[13] 魏一鸣,吴刚,刘兰翠,等. 能源—经济—环境复杂系统建模与应用进展[J]. 管理学报,2005, 2(2):159-170.

[14] Fagnart J F, Germain M. Energy, complexity and sustainable long-term growth[J]. Mathematical Social Sciences, 2015, 75:87-93.

[15] Tainter J A. Energy, complexity, and sustainability:a historical perspective[J]. Environmental Innovation and Societal Transitions, 2011, 1(1):89-95.

[16] Li J K, Gong L T, Chen Z L, et al. The hierarchy and transition of China's urban energy efficiency[J]. Energy Procedia, 2016, 104:110-117.

[17] 齐天宇，张希良，何建坤. 全球能源经济可计算一般均衡模型研究综述[J]. 中国人口·资源与环境，2016，26（8）：42-48.

[18] 师博，沈坤荣. 政府干预、经济集聚与能源效率[J]. 管理世界，2013，（10）：6-18，187.

[19] Xie R，Wang F F，Chevallier J，et al. Supply-side structural effects of air pollutant emissions in China：a comparative analysis[J]. Structural Change and Economic Dynamics，2018，46：89-95.

[20] Ou J M，Meng J，Zheng J Y，et al. Demand-driven air pollutant emissions for a fast-developing region in China[J]. Applied Energy，2017，204：131-142.

[21] 童健，武康平，薛景. 我国环境财税体系的优化配置研究——兼论经济增长和环境治理协调发展的实现途径[J]. 南开经济研究，2017，（6）：40-58.

[22] Mi Z F，Zhang Y K，Guan D B，et al. Consumption-based emission accounting for Chinese cities[J]. Applied Energy，2016，184：1073-1081.

[23] Albrecht J，François D，Schoors K. A shapley decomposition of carbon emissions without residuals[J]. Energy Policy，2002，30（9）：727-736.

[24] 雷明，赵欣娜，张明玺. 基于环境负产出的能效动态 Malmquist 模型研究[J]. 数量经济技术经济研究，2012，29（4）：33-48.

[25] Nie H G，Kemp R，Xu J H，et al. Drivers of urban and rural residential energy consumption in China from the perspectives of climate and economic effects[J]. Journal of Cleaner Production，2017，172：2954-2963.

[26] 王仲瑀. 京津冀地区能源消费、碳排放与经济增长关系实证研究[J]. 工业技术经济，2017，36（1）：82-92.

[27] Hanley N D，Mcgregor P G，Swales J K，et al. The impact of a stimulus to energy efficiency on the economy and the environment：A regional computable general equilibrium analysis[J]. Renewable Energy，2006，31（2）：161-171.

[28] 邓玉勇，杜铭华，雷仲敏. 基于能源—经济—环境（3E）系统的模型方法研究综述[J]. 甘肃社会科学，2006，（3）：209-212.

[29] 范凤岩，雷涯邻. 能源、经济和环境（3E）系统研究综述[J]. 生态经济，2013，（12）：42-48.

[30] Kraft J，Kraft A. Relationship between energy and GNP [J]. Journal of Energy Finance & Development，1978，2（2）：401-403.

[31] 隗斌贤. 经济增长的能源障碍分析与对策[J]. 中国软科学，1996，（6）：48-56.

[32] 张优智，党兴华. 能源消费结构与经济增长的动态关联分析[J]. 中国管理科学，2014，22（S1）：840-845.

[33] 范晓莉. 基于 VAR 模型的能源消费、经济发展与城市化质量关系分析——以天津市为例[J]. 生态经济（中文版），2015，31（8）：67-73.

[34] Shahbaz M，Khan S，Tahir M I. The dynamic links between energy consumption，economic growth，financial development and trade in China：fresh evidence from multivariate framework

analysis[J]. Energy Economics, 2013, 40（2）: 8-21.

[35] Akkemik K A, Göksal K. Energy consumption-GDP nexus: heterogeneous panel causality analysis[J]. Energy Economics, 2012, 34（4）: 865-873.

[36] 韩智勇, 魏一鸣, 焦建玲, 等. 中国能源消费与经济增长的协整性与因果关系分析[J]. 系统工程, 2004,（12）: 17-21.

[37] Grossman G M, Krueger A B. Environmental impacts of a North American free trade agreement[R]. NBER Working Paper, 1991.

[38] Siebert H. Economic Growth and Environmental Quality[M]. Berlin: Springer-Verlag, 1992.

[39] Dinda S. Environmental Kuznets Curve hypothesis: a survey[J]. Ecological Economics, 2004, 49（4）: 431-455.

[40] Apergis N, Ozturk I. Testing environmental Kuznets Curve hypothesis in Asian countries[J]. Ecological Indicators, 2015, 52: 16-22.

[41] 吴玉萍, 董锁成, 宋键峰. 北京市经济增长与环境污染水平计量模型研究[J]. 地理研究, 2002,（2）: 239-246.

[42] 彭水军, 包群. 经济增长与环境污染——环境库兹涅茨曲线假说的中国检验[J]. 财经问题研究, 2006,（8）: 3-17.

[43] 廉勇. 经济层次与环境污染: 基于碳排放的环境库兹涅茨曲线研究[J]. 统计与决策, 2021,（20）: 146-150.

[44] Sheldon S, Hadian S, Zik O. Beyond carbon: quantifying environmental externalities as energy for hydroelectric and nuclear power[J]. Energy, 2015, 84: 36-44.

[45] Aravena C, Hutchinson W G, Longo A. Environmental pricing of externalities from different sources of electricity generation in Chile[J]. Energy Economics, 2012, 34（4）: 1214-1225.

[46] Aden N, Fridley D, Zheng N. China's coal: demand, constraints, and externalities[J]. Developmental Science, 2010, 12（5）: 706-714.

[47] 刘倩倩. 我国煤炭环境外部成本核算与内部化研究[D]. 中国环境科学研究院硕士学位论文, 2014.

[48] 周纳, 陈黎明. 3E系统协调度特征分析[J]. 统计与决策, 2017,（14）: 54-58.

[49] 兰天阳. 实证研究我国能源经济环境系统的协调性[J]. 中国管理信息化, 2016, 19（24）: 132.

[50] 杜慧滨, 顾培亮. 城市发展中的能源—经济—环境复杂系统[J]. 天津大学学报（社会科学版）, 2005, 7（5）: 362-365.

[51] 张华, 魏晓平. "能源—经济—环境"系统的约束与解约束: 理论与实证[J]. 北京理工大学学报（社会科学版）, 2015, 17（3）: 53-59.

[52] 韩中合, 孙青琳. 基于能源—经济—环境的综合能效评价体系研究[J]. 中国人口·资源与环境, 2015,（S1）: 38-41.

[53] 张晓梅, 庄贵阳. 能源经济环境系统模型在城市区域尺度上的应用研究进展[J]. 生态经济（中文版）, 2014, 30（5）: 34-40.

[54] 曹瑞瑞, 蒋震. 上海市能源—经济—环境（3E）系统协调发展的实证研究[J]. 统计与决策, 2015, （12）: 134-136.

[55] 毕宏杰, 冯玉广. 城市能源—经济—环境系统的 Brusselator 模型[J]. 系统科学学报, 2013, （4）: 93-96.

[56] 刘承良, 段德忠, 余瑞林, 等. 武汉城市圈社会经济与资源环境系统耦合作用的时空结构[J]. 中国人口·资源与环境, 2014, 24（5）: 145-152.

[57] Ang J B. CO_2 emissions, energy consumption, and output in France[J]. Energy Policy, 2007, 35（10）: 4772-4778.

[58] Soytas U, Sari R, Ewing B T. Energy consumption, income, and carbon emissions in the United States[J]. Ecological Economics, 2007, 62（3/4）: 482-489.

[59] Halicioglu F. An econometric study of CO_2 emissions, energy consumption, income and foreign trade in Turkey[J]. Energy Policy, 2009, 37（3）: 1156-1164.

[60] Zhang X P, Cheng X M. Energy consumption, carbon emissions, and economic growth in China[J]. Ecological Economics, 2009, 68（10）: 2706-2712.

[61] Soytas U, Sari R. Energy consumption, economic growth, and carbon emissions: challenges faced by an EU candidate member[J]. Ecological Economics, 2009, 68（6）: 1667-1675.

[62] Suzuki S, Nijkamp P. An evaluation of energy-environment-economic efficiency for EU, APEC and ASEAN countries: design of a target-oriented DFM model with fixed factors in data envelopment analysis[J]. Energy Policy, 2016, 88（3）: 100-112.

[63] 赵涛, 李晅煜. 能源—经济—环境（3E）系统协调度评价模型研究[J]. 北京理工大学学报（社会科学版）, 2008, 10（2）: 11-16.

[64] 赵芳. 中国能源—经济—环境（3E）协调发展状态的实证研究[J]. 经济学家, 2009, （12）: 35-41.

[65] 王林钰, 陈浩, 陈思源, 王玉昆. 城市层面能源—经济—环境—社会耦合协调发展的动态演化与实证分析——以江苏省为例[J]. 北京理工大学学报（社会科学版）, 2022, 24（1）: 51-64.

[66] 赵涛, 于晨霞, 潘辉. 低碳城市 3E1S 系统耦合协调度研究[J]. 统计与决策, 2019, （22）: 131-135.

[67] 于洋, 张丽梅, 陈才. 我国东部地区经济—能源—环境—科技四元系统协调发展格局演变[J]. 经济地理, 2019, 39（7）: 14-21.

[68] 呼和涛力, 袁浩然, 赵黛青, 等. 生态文明建设与能源、经济、环境和生态协调发展研究[J]. 中国工程科学, 2015, 17（8）: 54-61.

[69] 张雷. 能源生态系统——西部地区能源开发战略研究[M]. 北京: 科学出版社, 2007.

[70] 吴映梅, 张雷, 程晓凌. 能源生态系统演进状态与西部能源资源开发[J]. 辽宁工程技术大学学报, 2006, 25（4）: 610-613.

[71] 杨志梁. 我国能源、经济和环境（3E）系统协调发展机制研究——基于能源生态系统视角[D]. 北京交通大学博士学位论文, 2010.

[72] Jess A, Kaiser P, Kern C, et al. Considerations concerning the energy demand and energy mix for global welfare and stable ecosystems[J]. Chemie-Ingenieur-Technik, 2011, 83（11）: 1777-1791.

[73] Jones N F, Pejchar L, Kiesecer J M. The energy footprint: how oil, natural gas, and wind energy affect land for biodiversity and the flow of ecosystem services[J]. BioScience, 2015, 65（3）: 290-301.

[74] Miko L, Storch D. Biodiversity conservation under energy limitation: possible consequences of human productivity appropriation for species richness, ecosystem functioning, and food production[J]. Ecosystem Services, 2015, 16: 146-149.

[75] Kreuter U P, Fox W E, Tanaka J A, et al. Framework for comparing ecosystem impacts of developing unconventional energy resources on western US rangelands[J]. Rangeland Ecology & Management, 2012, 65（5）: 433-443.

[76] Kirubakaran A, Jain S, Nema R K. Renewable energies and ecosystem service impacts[J]. Renewable & Sustainable Energy Reviews, 2015, （48）: 608-623.

[77] Titus B D, Maynard D G, Dymond C C, et al. Wood energy: protect local ecosystems[J]. Science, 2009, 324（5933）: 1389-1390.

[78] Howard D C, Burgess P J, Butler S J, et al. Energyscapes: linking the energy system and ecosystem services in real landscapes[J]. Biomass and Bioenergy, 2013, 55: 17-26.

[79] Blaschke T, Biberacher M, Gadocha S, et al. 'Energy landscapes': meeting energy demands and human aspirations[J]. Biomass and Bioenergy, 2013, 55: 3-16.

[80] 张一飞, 赵天宇, 马克尼. 能源景观视角下的空间规划改进探讨——以黑龙江生物质能发展策略为例[J]. 城市发展研究, 2014, （9）: 1-4.

[81] Holland R A, Scott K, Hinton E D, et al. Bridging the gap between energy and the environment[J]. Energy Policy, 2016, 92: 181-189.

[82] 徐南荪, 金志农, 张天火. 农村能源系统生态观及其生态工程[J]. 江西科学, 1991, （4）: 193-199.

[83] 王正周. 农村生活能源和农业生态环境[J]. 农业环境科学学报, 1986, （6）: 25-27.

[84] 翟国勋, 侯为军, 侯新培, 等. 基于网络模型的"五位一体"能源生态系统研究[J]. 农机化研究, 2003, （3）: 81-82.

[85] 焦庆余. 以沼气为纽带北方庭院能源生态系统工程技术[J]. 农村能源, 1995, 60（2）: 17-21.

[86] 张雷, 谢辉, 陈文言, 等. 现代能源生态系统建设: 一种理论探讨[J]. 自然资源学报, 2004,

（4）：525-530.

[87] 张雷. 能源生态系统发育——兼论西部能源资源开发[J]. 自然资源学报，2006，（2）：188-195.

[88] 谢辉，张雷，程晓凌，等. 鄂尔多斯市能源内生系统研究[J]. 矿业研究与开发，2005，（6）：1-3.

[89] 张敏，姜巍，高卫东，等. 晋陕蒙地区能源生态系统演进过程及影响因素分析[J]. 资源科学，2014，（9）：1933-1940.

[90] 丁辉. 城市能源系统分析模型研究：基于北京的案例分析[M]. 北京：科学出版社，2012.

[91] 杨松. 北京能源基础设施建设的重点任务——北京能源消耗结构视角[J]. 全国商情（理论研究），2014，（1）：4-6.

[92] 马丁，陈文颖. 上海市低碳发展状况分析[J]. 中国人口·资源与环境，2013，23（8）：26-32.

[93] 高迪，任庚坡，李琦芬，等. 基于驱动因素分解的能源消费预测——以上海市为例[J]. 重庆理工大学学报（自然科学），2021，35（9）：269-277.

[94] 汪辰晨. 基于产业视角的北京市能源消费与经济增长的关系研究[D]. 华北电力大学（北京）硕士学位论文，2012.

[95] 伍声宇，程路，白建华. 能源结构调整先行经验与启示[J]. 中国能源，2014，36（2）：15-17.

[96] 陈睿，饶政华，刘继雄，等. 基于 LEAP 模型的长沙市能源需求预测及对策研究[J]. 资源科学，2017，39（3）：482-489.

[97] 刘璇. 能源消费视角下北京市产业结构调整的政策建议[D]. 首都经济贸易大学硕士学位论文，2015.

[98] 张晓萱，黄国和，席北斗，等. 北京市能源系统存在的主要问题及其对策[J]. 节能与环保，2008，（5）：15-17.

[99] 牛彦涛，黄国和，张晓萱，等. 北京市能源系统模型的研究[J]. 环境工程，2009，（S1）：591-594.

[100] 牛彦涛，黄国和，杨勇平，等. 基于不确定性优化模型的北京市能源系统规划研究[J]. 华东电力，2010，38（7）：1012-1018.

[101] Feng Y Y, Chen S Q, Zhang L X. System dynamics modeling for urban energy consumption and CO_2, emissions: a case study of Beijing, China[J]. Ecological Modelling, 2013, 252: 44-52.

[102] 魏一鸣，曾嵘. 北京市人口、资源、环境与经济协调发展的多目标规划模型[J]. 系统工程理论与实践，2001，22（2）：74-83.

[103] 张静，鲁春霞，谢高地，等. 北京城市能源消费的生态与环境压力研究[J]. 资源科学，2015，37（6）：1133-1140.

[104] 唐忆文. 能源消费能源结构与上海的转型发展[J]. 上海节能，2012，（8）：1-5.

[105] 朱运涛，毛俊鹏，任庚坡，等. 基于灰色模型的上海工业能耗预测分析[J]. 上海节能，2016，（9）：498-502.

[106] Liang S, Zhang T Z. Managing urban energy system: a case of Suzhou in China[J]. Energy Policy, 2011, 39 (5): 2910-2918.

[107] 余岳峰, 胡建一, 章树荣, 等. 上海能源系统 MARKAL 模型与情景分析[J]. 上海交通大学学报, 2008, 42 (3): 360-364.

[108] 梁朝晖. 城市能源管理: 国际比较与中国实证研究[M]. 上海: 上海人民出版社, 2010.

[109] 蔡建军, 任庚坡, 王婷. 日本能源概况和推进节能减排工作的政策、举措和启示[J]. 上海节能, 2013, (9): 28-33.

[110] 张通. 英国政府推行节能减排的主要特点及其对我国的启示[J]. 经济研究参考, 2008, 12 (7): 2-8.

[111] Parshall L, Gurney K, Hammer S A, et al. Modeling energy consumption and CO_2, emissions at the urban scale: methodological challenges and insights from the United States[J]. Energy Policy, 2010, 38 (9): 4765-4782.

[112] Allcott H, Mullainathan S. Behavior and energy policy[J]. Science, 2010, 327: 1204-1205.

[113] Frederiks E R, Stenner K, Hobman E V. Household energy use: applying behavioural economics to understand consumer decision-making and behaviour[J]. Renewable & Sustainable Energy Reviews, 2015, 41: 1385-1394.

[114] 陈利顺. 城市居民能源消费行为研究[D]. 大连理工大学博士学位论文, 2009.

[115] Bamberg S, Möser G. Twenty years after Hines, Hungerford, and Tomera: a new meta-analysis of psycho-social determinants of pro-environmental behaviour[J]. Journal of Environmental Psychology, 2007, 27 (1): 14-25.

[116] 王建明, 孙彦. 定制化信息对家庭节能行为决策过程影响的追踪研究[J]. 心理科学进展, 2018, 26 (4): 571-583.

[117] Steg L, Vlek C. Encouraging pro-environmental behaviour: an integrative review and research agenda[J]. Journal of Environmental Psychology, 2009, 29 (3): 309-317.

[118] Sapci O, Considine T. The link between environmental attitudes and energy consumption behavior[J]. Journal of Behavioral & Experimental Economics, 2014, 52: 29-34.

[119] Wicker P, Becken S. Conscientious vs. ambivalent consumers: do concerns about energy availability and climate change influence consumer behaviour?[J]. Ecological Economics, 2013, 88: 41-48.

[120] 汪兴东, 熊彦龄. 农户绿色能源消费行为影响因素研究——基于户用沼气和大中型沼气的比较分析[J]. 南京工业大学学报 (社会科学版), 2018, 17 (5): 69-78.

[121] Erika B. Book review: Households and their Spatial-Energetic Practices. Searching for sustainable urban forms[J]. Nederlandse Geografische Studies, 2001, 16 (3/4): 349-351.

[122] Gifford R, Kormos C, Mcintyre A. Behavioral dimensions of climate change: drivers, responses, barriers, and interventions[J]. Wiley Interdisciplinary Reviews Climate Change,

2011, 2 (6): 801-827.

[123] 芈凌云, 顾曼, 杨洁, 等. 城市居民能源消费行为低碳化的心理动因——以江苏省徐州市为例[J]. 资源科学, 2016, 38 (4): 609-621.

[124] Rainisio N, Boffi M, Pola L, et al. The role of gender and self-efficacy in domestic energy saving behaviors: a case study in Lombardy, Italy[J]. Energy Policy, 2022, 160: 112696.

[125] Belaïd F, Garcia T. Understanding the spectrum of residential energy-saving behaviours: French evidence using disaggregated data[J]. Social Science Electronic Publishing, 2016, 57: 204-214.

[126] Thøgersen J, Grønhøj A. Electricity saving in households—a social cognitive approach[J]. Energy Policy, 2010, 38 (12): 7732-7743.

[127] Laroche M, Bergeron J, Barbaroforleo G. Targeting consumers who are willing to pay more for environmentally friendly products[J]. Journal of Consumer Marketing, 2013, 18 (6): 503-520.

[128] Fraune C. Gender matters: women, renewable energy, and citizen participation in Germany[J]. Energy Research & Social Science, 2015, 7: 55-65.

[129] Yu M, Wang C R, Liu Y, et al. Water and related electrical energy use in urban households—influence of individual attributes in Beijing, China[J]. Resources, Conservation and Recycling, 2018, 130: 190-199.

[130] Barr S, Gilg A W, Ford N. The household energy gap: examining the divide between habitual- and purchase-related conservation behaviours[J]. Energy Policy, 2005, 33 (11): 1425-1444.

[131] 王璇. 重庆居民家电节能使用行为影响因素研究[D]. 重庆大学硕士学位论文, 2014.

[132] Balcombe P, Rigby D, Azapagic A. Motivations and barriers associated with adopting microgeneration energy technologies in the UK[J]. Renewable & Sustainable Energy Reviews, 2013, 22 (8): 655-666.

[133] Parker P. Who changes consumption following residential energy evaluations? Local programs need all income groups to achieve Kyoto Targets[J]. Local Environment, 2005, 10 (2): 173-187.

[134] Wahlström M H, Hårsman B. Residential energy consumption and conservation[J]. Energy and Buildings, 2015, 102: 58-66.

[135] Zhang X L, Luo L Z, Skitmore M. Household carbon emission research: an analytical review of measurement, influencing factors and mitigation prospects[J]. Journal of Cleaner Production, 2015, 103: 873-883.

[136] Kaiser F G, Wolfing S, Guhrer U. Environmental attitude and ecological behavior[J]. Environmental Psychology, 1999, 19: 1-19.

[137] 孙岩. 居民环境行为及其影响因素研究[D]. 大连理工大学博士学位论文, 2006.

[138] Han Q, Nieuwenhijsen I, Vries B, et al. Intervention strategy to stimulate energy-saving behavior of local residents [J]. Energy Policy, 2013, 52: 706-715.

[139] 杨泽坤, 张宇波, 刘顺. 城镇居民节能意识和节能行为现状分析——基于"两型社会"建

设试点区的调查[J]. 科技信息, 2012, (27): 1, 131.

[140] 王丽萍. 环境友好型产品的消费态度及影响因素分析——基于焦作市社区居民的调查研究[J]. 干旱区资源与环境, 2016, 30 (2): 7-12.

[141] Poruschi L, Ambrey C L. On the confluence of city living, energy saving behaviours and direct residential energy consumption[J]. Environmental Science & Policy, 2016, 66: 334-343.

[142] Yang S, Zhang Y B, Zhao D T. Who exhibits more energy-saving behavior in direct and indirect ways in china? The role of psychological factors and socio-demographics[J]. Energy Policy, 2016, 93: 196-205.

[143] Haas R, Auer H, Biermayr P. The impact of consumer behavior on residential energy demand for space heating[J]. Energy & Buildings, 1998, 27 (2): 195-205.

[144] Holden E. Ecological footprints and sustainable urban form[J]. Journal of Housing and the Built Environment, 2004, 19 (1): 91-109.

[145] Holden E, Norland I. Three challenges for the compact city as a sustainable urban form: household consumption of energy and transport in eight residential areas in the greater Oslo region[J]. Urban Studies, 2005, 42 (12): 2145-2166.

[146] 于君华. 城市居民低碳消费影响因素分析[D]. 济南大学硕士学位论文, 2013.

[147] 张松梅. 城市居民低碳消费理念与消费行为的实证分析[J]. 特区经济, 2012, (5): 299-301.

[148] Castronova E. Achievement bias in the evolution of preferences[J]. Journal of Bioeconomics, 2004, 6 (2): 195-226.

[149] 于伟, 消费者绿色消费行为形成机理分析——基于群体压力和环境认知的视角[J]. 消费经济, 2009, (4): 75-77, 96.

[150] Lopes L, Hokoi S, Miura H, et al. Energy efficiency and energy savings in Japanese residential buildings—research methodology and surveyed results[J]. Energy & Buildings, 2005, 37 (7): 698-706.

[151] 王璐. 城市居民低碳消费行为选择及其影响因素研究[D]. 湖南大学硕士学位论文, 2014.

[152] Lindén A L, Carlsson-Kanyama A, Björn Eriksson. Efficient and inefficient aspects of residential energy behaviour: what are the policy instruments for change?[J]. Energy Policy, 2006, 34 (14): 1918-1927.

[153] Orset C. Is information a good policy instrument to influence the energy behaviour of households?[J]. Energy Economics, 2021, 102: 105451.

[154] Sardianou E. Estimating energy conservation patterns of Greek households[J]. Energy Policy, 2007, 35 (7): 3778-3791.

[155] Lindén A L, Carlsson-Kanyama A. Voluntary agreements—a measure for energy-efficiency in industry? Lessons from a Swedish programme[J]. Energy Policy, 2002, 30 (10): 897-905.

[156] Maki A, Burns R J, Long H, et al. Paying people to protect the environment: a meta-analysis

of financial incentive interventions to promote proenvironmental behaviors[J]. Journal of Environmental Psychology, 2016, 47: 242-255.

[157] Hori S, Kondo K, Nogata D, et al. The determinants of household energy-saving behavior: survey and comparison in five major Asian cities[J]. Energy Policy, 2013, 52: 354-362.

[158] Egmond C, Jonkers R, Kok G. A strategy to encourage housing associations to invest in energy conservation[J]. Energy Policy, 2005, 33 (18): 2374-2384.

[159] Gadenne D, Sharma B, Kerr D, et al. The influence of consumers' environmental beliefs and attitudes on energy saving behaviours [J]. Energy Policy, 2011, 39 (12): 7684-7694.

[160] Steg L. Promoting household energy conservation [J]. Energy Policy, 2008, 36(12): 4449-4453.

[161] 巢桂芳. 关于提高低碳经济意识、创导低碳消费行为的调查与研究[J]. 经济研究导刊, 2010, (31): 215-216.

[162] Steg L, Sievers L. Cultural theory and individual perceptions of environmental risks[J]. Environment and Behavior, 2000, 32 (2): 248-267.

[163] Wilhelmsson M. Household expenditure patterns for housing attributes: a linear expenditure system with hedonic prices [J]. Journal of Housing Economics, 2002, 11 (1): 75-93.

[164] 王国猛, 黎建新, 廖水香, 等. 环境价值观与消费者绿色购买行为——环境态度的中介作用研究[J]. 大连理工大学学报(社会科学版), 2010, 31 (4): 37-42.

[165] Anker-Nilssen P. Household energy use and the environment—a conflicting issue [J]. Applied Energy, 2003, 76 (1/3): 189-196.

[166] Price J C, Walker I A, Boschetti F. Measuring cultural values and beliefs about environment to identify their role in climate change responses[J]. Journal of Environmental Psychology, 2014, 37: 8-12.

[167] Estrada M, Schultz P W, Silva-Send N. The role of social influences on pro-environment behaviors in the San Diego region[J]. Journal of Urban Health Bulletin of the New York Academy of Medicine, 2017, 94 (2): 170-179.

[168] Hu H, Geertman S, Hooimeijer P. Personal values that drive the choice for green apartments in Nanjing China: the limited role of environmental values[J]. Journal of Housing & the Built Environment, 2016, 31 (4): 1-17.

[169] Hines J M, Hungerford H R, Tomera A N. Analysis and synthesis of research on responsible environmental behavior: a meta-analysis [J]. The Journal of Environmental Education, 1987, 18 (2): 1-8.

[170] Stern P C. New environmental theories: toward a coherent theory of environmentally significant behavior[J]. Journal of Social Issues, 2000, 56 (3): 407-424.

[171] Ding Z H, Wang G Q, Liu Z H, et al. Research on differences in the factors influencing the energy-saving behavior of urban and rural residents in China–a case study of Jiangsu

Province[J]. Energy Policy, 2017, 100: 252-259.

[172] Montalvo C. General wisdom concerning the factors affecting the adoption of cleaner technologies: a survey 1990–2007[J]. Journal of Cleaner Production, 2008, 16: 7-13.

[173] 朱淀. 工业企业低碳生产意愿与行为研究[J]. 中国人口·资源与环境, 2013, 23（2）: 74-83.

[174] Luken R, van Rompaey F, Katarína. The determinants of EST adoption by manufacturing plants in developing countries[J]. Ecological Economics, 2008, 66: 141-152.

[175] Lin C H, Yang H L, Liou D Y. The impact of corporate social responsibility on financial performance: evidence from business in Taiwan[J]. Technology in Society, 2009, 31(1): 56-63.

[176] Groot H L F D, Verhoef E T, Nijkamp P. Energy saving by firms: decision making, barriers and policies[J]. Energy Economics, 2001, 23（6）: 717-740.

[177] Darnall N, Henriques I, Sadorsky P. Adopting proactive environmental strategy: the influence of stakeholders and firm size[J]. Journal of Management Studies, 2010, 47（6）: 1072-1094.

[178] Chapple W, Paul C J M, Harris R. Manufacturing and corporate environmental responsibility: cost implications of voluntary waste minimisation[J]. Structural Change & Economic Dynamics, 2005, 16（3）: 347-373.

[179] Elsayed K. Reexamining the expected effect of available resources and firm size on firm environmental orientation: an empirical study of UK firms[J]. Journal of Business Ethics, 2006, 65（3）: 297-308.

[180] Thollander P, Ottosson M. An energy efficient Swedish pulp and paper industry–exploring barriers to and driving forces for cost-effective energy efficiency investments[J]. Energy Efficiency, 2008, 1（1）: 21-34.

[181] Brust D A V, Liston-Heyes C. Environmental management intentions: an empirical investigation of Argentina's polluting firms[J]. Journal of Environmental Management, 2010, 91（5）: 1111-1122.

[182] Blass V, Corbett C J, Delmas M A. Top management and the adoption of energy efficiency practices: evidence from small and medium-sized manufacturing firms in the US[J]. Energy, 2014, 65（2）: 560-571.

[183] Rohdin P, Thollander P, Solding P. Barriers to and drivers for energy efficiency in the Swedish foundry industry[J]. Energy Policy, 2007, 35（1）: 672-677.

[184] Zhang B, Wang Z H, Lai K H. Mediating effect of managers' environmental concern: bridge between external pressures and firms' practices of energy conservation in China[J]. Journal of Environmental Psychology, 2015, 43: 203-215.

[185] Zhang Y X, Wei Y M, Zhou G H. Promoting firms' energy-saving behavior: the role of institutional pressures, top management support and financial slack[J]. Energy Policy, 2018, 115: 230-238.

[186] Huhtala A. Promoting financing of cleaner production investments—UNEP experience[J]. Journal of Cleaner Production, 2003, 11（6）: 615-618.

[187] 戈爱晶, 张世秋. 跨国公司的环境管理现状及影响因素分析[J]. 中国环境科学, 2006, 26（1）: 106-110.

[188] Montalvo C, Kemp R. Cleaner technology diffusion: case studies, modeling and policy[J]. Journal of Cleaner Production, 2008, 1: 1-6.

[189] Staniskis J K, Stasiskiene Z. Promotion of cleaner production investments: international experience[J]. Journal of Cleaner Production, 2003, 11（6）: 619-628.

[190] Zwetsloot G I J M, Ashford N A. The feasibility of encouraging inherently safer production in industrial firms[J]. Safety Science, 2003, 41（2）: 219-240.

[191] Baldwin J, Lin Z X. Impediments to advanced technology adoption for Canadian manufacturers[J]. Research Policy, 2002, 31（1）: 1-18.

[192] 刘广廷. 陕西能源企业环境行为的影响因素研究[D]. 西北大学硕士学位论文, 2012.

[193] Annandale D, Taplin R. The determinants of mining company response to environmental approvals regulation: a report of Australian research[J]. Journal of Environmental Planning & Management, 2003, 46（6）: 887-909.

[194] Hoof B V. Organizational learning in cleaner production among Mexican supply networks[J]. Journal of Cleaner Production, 2014, 64: 115-124.

[195] 陈冬梅, 李峰. 环境责任保险可行性研究[J]. 保险研究, 2004,（8）: 35-37.

[196] Cagno E, Trianni A, Worrell E, et al. Barriers and drivers for energy efficiency: different perspectives from an exploratory study in the Netherlands[J]. Energy Procedia, 2014, 61: 1256-1260.

[197] Su M, Fath B D, Yang Z. Science of the total environment urban ecosystem health assessment: a review[J]. Science of the Total Environment, 2010, 408（12）: 25-34.

[198] Su M R, Zhang Y, Liu G Y, et al. Urban ecosystem health assessment: perspectives and Chinese practice[J]. International Journal of Environmental Research & Public Health, 2013, 10（11）: 5874-5885.

[199] Wolman A. The metabolism of cities[J]. Scientific American, 1965, 213: 179-190.

[200] Huang H P, Bi J, Li X M, et al. Material flow analysis（MFA）of an eco-economic system: a case study of Wujin District, Changzhou, China[J]. Acta Ecologica Sinica, 2008, 3（3）: 367-374.

[201] Decker E, Elliott S, Smith F A, et al. Energy and material flow through the urban ecosystem [J]. Annual Review of Energy & the Environment, 2000, 25: 685-740.

[202] Li X. Energy-based urban ecosystem health assessment: a case study of Zhoushan[J]. International Journal of Ecology, 2015, 4（4）: 93-99.

[203] Zhang L J, Qin Y C, Zhang J P, et al. An analytical framework and indicator system of urban carbon-based energy metabolism[J]. Acta Geographica Sinica, 2013, 114: 348-360.

[204] Kuznecova T, Romagnoli F, Rochas C. Energy metabolism for resilient urban environment: a methodological approach[J]. Procedia Economics & Finance, 2014, 18: 780-788.

[205] Fath B D, Grant W E. Ecosystems as evolutionary complex systems: network analysis of fitness models[J]. Environmental Modelling & Software, 2007, 22 (5): 693-700.

[206] Liang Q M, Fan Y, Wei Y M. Multi-regional input–output model for regional energy requirements and CO_2 emissions in China[J]. Energy Policy, 2007, 35 (3): 1685-1700.

[207] Cui L B, Peng P, Zhu L. Embodied energy, export policy adjustment and China's sustainable development: a multi-regional input-output analysis[J]. Energy, 2015, 82: 457-467.

[208] Li Z, Pan L Y, Fu F, et al. China's regional disparities in energy consumption: an input–output analysis[J]. Energy, 2014, 78: 426-438.

[209] Chen Z M, Chen G Q. Demand-driven energy requirement of world economy 2007: a multi-region input–output network simulation[J]. Communications in Nonlinear Science and Numerical Simulation, 2013, 18 (7): 1757-1774.

[210] Liang S, Wang C, Zhang T Z. An improved input–output model for energy analysis: a case study of Suzhou[J]. Ecological Economics, 2010, 69 (9): 1805-1813.

[211] Browne D, O'Regan B, Moles R. Comparison of energy flow accounting, energy flow metabolism ratio analysis and ecological footprinting as tools for measuring urban sustainability: a case-study of an Irish city-region[J]. Ecological Economics, 2012, 83 (6): 97-107.

[212] Baynes T M, Bai X M. Reconstructing the energy history of a city[J]. Journal of Industrial Ecology, 2012, 16 (6): 862-874.

[213] Yang D, Kao W T M, Zhang G, et al. Evaluating spatiotemporal differences and sustainability of Xiamen urban metabolism using emergy synthesis[J]. Ecological Modelling, 2014, 272: 40-48.

[214] Garcia-Montiel D, Verdejo-Ortiz J C, Santiago-Bartolomei R, et al. Food sources and accessibility and waste disposal patterns across an urban tropical watershed: implications for the flow of materials and energy[J]. Ecology & Society, 2014, 19 (1): 37-45.

[215] Zhang Y, Yang Z F, Fath B D, et al. Ecological network analysis of an urban energy metabolic system: model development, and a case study of four Chinese cities[J]. Ecological Modelling, 2010, 221 (16): 1865-1879.

[216] Zhang Y, Zheng H M, Fath B D. Analysis of the energy metabolism of urban socioeconomic sectors and the associated carbon footprints: model development and a case study for Beijing[J]. Energy Policy, 2014, 73: 540-551.

[217] Zhang Y, Zheng H M, Fath B D, et al. Ecological network analysis of an urban metabolic system based on input–output tables: model development and case study for Beijing[J]. Science

of the Total Environment, 2014, 468/469: 642-653.

[218] Zhang Y, Zheng H M, Yang Z F, et al. Multi-regional input–output model and ecological network analysis for regional embodied energy accounting in China[J]. Energy Policy, 2015, 86: 651-663.

[219] 刘华军, 刘传明, 孙亚男. 中国能源消费的空间关联网络结构特征及其效应研究[J]. 中国工业经济, 2015, （5）: 83-95.

[220] 姜巍, 高卫东, 熊天琦. 中国能源产业网络结构特征分析[J]. 干旱区资源与环境, 2015, 29（8）: 196-202.

[221] Chen S Q, Chen B. Urban energy consumption: different insights from energy flow analysis, input–output analysis and ecological network analysis[J]. Applied Energy, 2015, 138: 99-107.

[222] Zhang Y, Zheng H M, Yang Z F, et al. Urban energy flow processes in the Beijing–Tianjin–Hebei（Jing-Jin-Ji）urban agglomeration: combining multi-regional input–output tables with ecological network analysis[J]. Journal of Cleaner Production, 2016, 114: 243-256.

[223] 赵颜创, 赵小锋, 林剑艺, 等. 厦门市城市能源代谢综合分析方法及应用[J]. 生态科学, 2016,（5）: 110-116.

[224] Zheng S S. Energy metabolism network based on ecological network analysis: a case study of Shandong province[J]. Advances in Environmental Protection, 2016, 6（6）: 159-170.

[225] Chen S Q, Chen B. Urban energy–water nexus: a network perspective[J]. Applied Energy, 2016, 184: 905-914.

[226] Wang S G, Chen B. Energy–water nexus of urban agglomeration based on multiregional input–output tables and ecological network analysis: a case study of the Beijing–Tianjin–Hebei region[J]. Applied Energy, 2016, 178: 773-783.

[227] Zhang Y, Li Y X, Zheng H M. Ecological network analysis of energy metabolism in the Beijing-Tianjin-Hebei（Jing-Jin-Ji）urban agglomeration[J]. Ecological Modelling, 2017, 351: 51-62.

[228] Zheng H M, Wang X J, Li M J, et al. Interregional trade among regions of urban energy metabolism: a case study between Beijing-Tianjin-Hebei and others in China[J]. Resources, Conservation and Recycling, 2018, 132: 339-351.

[229] Keirstead J, Jennings M, Sivakumar A. A review of urban energy system models: approaches, challenges and opportunities[J]. Renewable & Sustainable Energy Reviews, 2012, 16（6）: 3847-3866.

[230] Jovanovic M, Afgan N, Bakic V. An analytical method for the measurement of energy system sustainability in urban areas[J]. Energy, 2010, 35（9）: 3909-3920.

[231] Keirstead J, Shah N. Urban Energy Systems: An Integrated Approach[M]. BeiJing: China Machine Press, 2018.

参 考 文 献

[232] 史锦华. 民族地区能源、经济与环境系统协调评价研究[J]. 广西民族研究, 2009, (3): 178-183.

[233] Zhang Y, Wu Q, Fath B D. Review of spatial analysis of urban carbon metabolism[J]. Ecological Modelling, 2018, 371: 18-24.

[234] 吴巧生, 成金华, 王华. 中国工业化进程中的能源消费变动——基于计量模型的实证分析[J]. 中国工业经济, 2005, (4): 30-37.

[235] Asafu A J. The Relationship between energy consumption, energy prices and economic growth: time series evidence from Asian developing countries[J]. Energy Economics, 2000, 22 (6): 615-625.

[236] 金忠义. 上海能源消费结构与生态环境研究[J]. 财经研究, 1993, (2): 44-48.

[237] 杨名, 顾一帆, 吴玉锋, 等. 面向固废资源化的能源—环境—经济综合绩效评价研究进展[J]. 材料导报, 2021, 35 (17): 17103-17110, 17124.

[238] El-Houari H, Allouhi A, Salameh T, et al. Energy, economic, environment (3E) analysis of WT-PV-Battery autonomous hybrid power plants in climatically varying regions[J]. Sustainable Energy Technologies and Assessments, 2021, 43 (2): 100961.

[239] 刘定一. 大连能源—环境—经济可持续发展研究[D]. 大连理工大学博士学位论文, 2009.

[240] 王德发, 阮大成, 王海霞. 工业部门绿色 GDP 核算研究——2000 年上海市能源—环境—经济投入产出分析[J]. 财经研究, 2005, (2): 66-75.

[241] 牛晓奇, 石风光. 能源、环境约束下的经济增长效率测评——以安阳市工业为例[J]. 科技管理研究, 2014, 34 (3): 47-52.

[242] 张丽君, 秦耀辰, 张金萍, 等. 城市碳基能源代谢分析框架及核算体系[J]. 地理学报, 2013, 68 (8): 1048-1058.

[243] 李兰冰. 中国能源绩效的动态演化、地区差距与成因识别——基于一种新型全要素能源生产率变动指标[J]. 管理世界, 2015, (11): 40-52.

[244] 郑忠海, 付林, 狄洪发. 基于生态足迹法的城市能源系统分析[J]. 清华大学学报(自然科学版), 2009, 49 (12): 1905-1908, 1914.

[245] 杨肃昌, 韩君. 基于 VAR 模型的中国能源需求动态计量分析[J]. 社会科学辑刊, 2012, (4): 147-151.

[246] 王永真, 林伟, 李成宇, 等. 工业型城市能源转型的综合评价——以苏州市为例[J]. 全球能源互联网, 2021, 4 (2): 188-196.

[247] Marquez-Ballesteros M J, Mora-López L, Lloret-Gallego P, et al. Measuring urban energy sustainability and its application to two Spanish cities: Malaga and Barcelona[J]. Sustainable Cities and Society, 2019, 45: 335-347.

[248] 郭晓君. 灰色自忆性组合预测拓展模型及应用研究[D]. 南京航空航天大学博士学位论文, 2015.

[249] 崔立志，江海峰. 3E 系统协调发展的 PLSPM-GIA 测度模型及其应用研究[J]. 数理统计与管理，2016，35（6）：984-996.

[250] Chen Y K，Wu Y C，Song C C，et al. Design and implementation of energy management system with fuzzy control for DC microgrid systems[J]. IEEE Transactions on Power Electronics，2012，28（4）：1563-1570.

[251] Jahedi G，Ardehali M M. Genetic algorithm-based fuzzy-PID control methodologies for enhancement of energy efficiency of a dynamic energy system[J]. Energy Conversion & Management，2011，52（1）：725-732.

[252] 唐昱佳. 基于 EMD-BP 神经网络预测模型的能源管理系统设计与实现[D]. 复旦大学硕士学位论文，2011.

[253] 陈博. 改进遗传算法在含分布式电源的配电网规划中的应用研究[J]. 低碳世界，2016，106（4）：32-33.

[254] 宋宇辰，王贺，李肖冰. 能源系统动力学应用研究综述[J]. 科技和产业，2015，15（5）：67-72.

[255] 李汝勇. 基于系统动力学的北京市能源消耗碳排放系统仿真分析[D]. 西南交通大学硕士学位论文，2016.

[256] Hu G W，Mu X Z，Xu M，et al. Potentials of GHG emission reductions from cold chain systems：case studies of China and the United States[J]. Journal of Cleaner Production，2019，239：1-11.

[257] Ge X B，Kremers E. Optimization applied with agent-based modelling in the context of urban energy planning[J]. 2015，21（18）：3096-3097.

[258] 赵霞，杨仑，瞿小斌，等. 电—气综合能源系统能流计算的改进方法[J]. 电工技术学报，2018，33（3）：467-477.

[259] 李忱息，刘培，李政. 城市能源系统碳达峰路径最优化[J]. 清华大学学报（自然科学版），2022，62（4）：810-818.

[260] 孙天晴，郑一，王昊，等. 中国城市能源系统可持续性评价体系实证研究[J]. 中国人口·资源与环境，2010，20（11）：1-6.

[261] Ma T J，Nakamori Y. Modeling technological change in energy systems–from optimization to agent-based modeling[J]. Energy，2009，34（7）：873-879.

[262] Beck J，Kempener R，Cohen B，et al. A complex systems approach to planning, optimization and decision making for energy networks[J]. Energy Policy，2008，36（8）：2795-2805.

[263] 蔡晶晶. 资源环境经济学中的基于主体建模方法最新进展[J]. 环境经济研究，2016，(1)：119-131.

[264] Skarvelis-Kazakos S，Papadopoulos P，Unda I G，et al. Multiple energy carrier optimisation with intelligent agents[J]. Applied Energy，2016，167：323-335.

[265] 谭玉华. 个体为本的综合能源系统建模及仿真[D]. 华南理工大学硕士学位论文, 2015.

[266] Lagorse J, Paire D, Miraoui A. A multi-agent system for energy management of distributed power sources[J]. Renewable Energy, 2010, 35（1）: 174-182.

[267] Krause T, Andersson G, Fröhlich K, et al. Multiple-energy carriers: modeling of production, delivery, and consumption[J]. Proceedings of the IEEE, 2011, 99（1）: 15-27.

[268] Natarajan S, Padget J, Elliott L. Modelling UK domestic energy and carbon emissions: an agent-based approach[J]. Energy and Buildings, 2011, 43（10）: 2602-2612.

[269] Barbati M, Bruno G, Genovese A. Applications of agent-based models for optimization problems: a literature review[J]. Expert Systems with Applications, 2012, 39（5）: 6020-6028.

[270] Lee T, Yao R M, Coker P. An analysis of UK policies for domestic energy reduction using an agent based tool[J]. Energy Policy, 2014, 66: 267-279.

[271] Rai V, Henry A D. Agent-based modelling of consumer energy choices[J]. Nature Climate Change, 2016, 6: 556-562.

[272] Gerst M D, Wang P, Roventini A, et al. Agent-based modeling of climate policy: an introduction to the ENGAGE multi-level model framework[J]. Environmental Modelling & Software, 2013, 44: 62-75.

[273] Decarolis J F, Babaee S, Li B, et al. Modelling to generate alternatives with an energy system optimization model[J]. Environmental Modelling & Software, 2016, 79: 300-310.

[274] Mercure J F, Pollitt H, Bassi A M, et al. Modelling complex systems of heterogeneous agents to better design sustainability transitions policy[J]. Global Environmental Change, 2016, 37: 102-115.

[275] Filatova T, Verburg P H, Parker D C, et al. Spatial agent-based models for socio-ecological systems: challenges and prospects[J]. Environmental Modelling & Software, 2013, 45: 1-7.

[276] Imran H A, Schröder D, Munir B A. Agent-based simulation for biogas power plant potential in Schwarzwald-Baar-Kreis, Germany: a step towards better economy[J]. Geocarto International, 2017, 32（1）: 59-70.

[277] Verhoog R, Ghorbani A, Dijkema G P J. Modelling socio-ecological systems with MAIA: a biogas infrastructure simulation[J]. Environmental Modelling & Software, 2016, 81: 72-85.

[278] Li Q, Chen F X, Chen M Y, et al. Agent-based decentralized control method for islanded microgrids[J]. IEEE Transactions on Smart Grid, 2016, 7（2）: 637-649.

[279] Khan M R B, Jidin R, Pasupuleti J. Multi-agent based distributed control architecture for microgrid energy management and optimization[J]. Energy Conversion & Management, 2016, 112: 288-307.

[280] 孙岩, 陈利顺. 城市能源生态化供应与管理[M]. 北京: 科学出版社, 2013.

[281] 胡广文. 耗散视阈下城市能源系统代谢演化机理及实证研究[D]. 北京工业大学博士学位

论文，2020.

[282] 张知彬，王祖望，李典谟. 生态复杂性研究——综述与展望[J]. 生态学报. 1998，（4）：99-107.

[283] 葛永林. 生态复杂性研究中（火用）、能值理论的哲学意义[J]. 系统科学学报. 2008，16(1)：82-86.

[284] Wang R S, Li F, Hu D, et al. Understanding eco-complexity: social-economic-natural complex ecosystem approach[J]. Ecological Complexity, 2011, 8 (1): 15-29.

[285] 张晓春，马春，古松，等. 生态系统动态的复杂性分析[J]. 南开大学学报（自然科学版），2009，（2）：99-104.

[286] 迈因策尔 K. 复杂性中的思维：物质、精神和人类的复杂动力学[M]. 曾国屏译. 北京：中央编译出版社，1995.

[287] 黄欣荣. 复杂性科学方法及其应用[M]. 重庆：重庆大学出版社，2012.

[288] Addiscott T M. Entropy, non-linearity and hierarchy in ecosystems[J]. Geoderma, 2010, 160 (1): 57-63.

[289] 蔡晓明，蔡博峰. 生态系统的理论和实践[M]. 北京：化学工业出版社，2012.

[290] 许国志. 系统科学[M]. 上海：上海科技教育出版社，2000.

[291] 穆献中，吴玉锋，么新，等. 生产系统和生活系统循环链接管理理论及机制设计[M]. 北京：经济管理出版社，2019.

[292] 于航，黄子硕，潘毅群，等. 城区需求侧能源规划实施指南[M]. 北京：中国建筑工业出版社，2018.

[293] Mauree D, Naboni E, Coccolo S, et al. A review of assessment methods for the urban environment and its energy sustainability to guarantee climate adaptation of future cities[J]. Renewable and Sustainable Energy Reviews, 2019, 112: 733-746.

[294] Grigoroudis E, Kouikoglou V S, Phillis Y A, et al. Energy sustainability: a definition and assessment model[J]. Operational Research, 2019, 21: 1845-1885.

[295] Sharifi A, Yamagata Y. Principles and criteria for assessing urban energy resilience: a literature review[J]. Renewable and Sustainable Energy Reviews, 2016, 60: 1654-1677.

[296] Lin B Q, Du K R. Energy and CO_2 emissions performance in China's regional economies: do market-oriented reforms matter?[J]. Energy Policy, 2015, 78: 113-124.

[297] 沃伊塔 T，杨莉. 中国城市能源的可持续发展[J]. 国外社会科学，2019，（3）：153-155.

[298] 苏文韬，胡伟，牛耀岚. 能源利用、环境保护与社会可持续发展探讨[J]. 能源与环保，2019，（7）：266-270.

[299] 孙倩，汪鹏，蔡国田. 基于LMDI的城市能源消费总量指标评价模型研究[J]. 生态经济，2019，（6）：24-29.

[300] 张松，王鑫. 浅析毕节市推进煤矿智能机械化改造对煤炭产业结构的影响[J]. 内蒙古煤炭

经济，2019，（8）：31-32，15.

[301] 张应腾. 浅谈毕节煤炭开采现状[J]. 内蒙古煤炭经济，2017，（9）：37-39，62.

[302] 任恒熠，陈笑嫒. 资源富集区提升发展能力的实证研究——以毕节市煤炭产业为例[J]. 上海国土资源，2015，36（1）：54-57.

[303] 田茂勋. 毕节市资源型产业转型研究[D]. 贵州大学硕士学位论文，2015.

[304] 宋雷，郭萍，祝伦伟，等. 毕节市农业产业发展现状及对策[J]. 现代农业科技，2021，（17）：230-231，234.

[305] 汪志球，苏滨. 毕节培育工业发展新动能[N]. 人民日报，2022-08-05（001）.

[306] 翟小伟，成倬，艾小斐，等. 榆林市能源开发现状及引起的环境问题分析[J]. 中国矿业，2019，28（S2）：154-158.

[307] 霍伟. 创新驱动的能源型城市转型发展及规划建设策略——以榆林市为例[C]//中国城市规划学会. 面向高质量发展的空间治理——2020中国城市规划年会论文集（14区域规划与城市经济）. 北京：中国建筑工业出版社，2021：659-680.

[308] 黄晔，周秋成. 榆林能源化工基地二十年发展研究[M]. 西安：陕西人民出版社，2019.

[309] 王丽珊. 陕北地区能源产业存在的问题与对策研究[J]. 广西质量监督导报，2019，（2）：116-117.

[310] 侯健敏. 多因素影响的中国分布式能源并网策略研究[D]. 南京航空航天大学博士学术论文，2014.

[311] Yang J H. Climate change and domestic migration in China[J]. Chinese Journal of Urban & Environmental Studies，2019，6：1850020.

[312] Hao H，Liu F Q，Sun X，et al. Quantifying the energy，environmental，economic，resource co-benefits and risks of GHG emissions abatement：the case of passenger vehicles in China[J]. Sustainability，2019，11：1-8.

[313] 郭姣，李健. 中国三大城市群全要素能源效率与节能减排潜力研究[J]. 干旱区资源与环境，2019，（11）：17-24.

[314] Wang M，Zhou P. Does emission permit allocation affect CO_2 cost pass-through? A theoretical analysis[J]. Energy Economics，2017，66：140-146.

[315] Fang D L，Chen B. Linkage analysis for water-carbon nexus in China[J]. Applied Energy，2018，225：682-695.

[316] Lund H，Østergaard P A，Connolly D，et al. Smart energy and smart energy systems[J]. Energy，2017，137：556-565.

[317] 涂闯. 多主体能源消费行为对城市能源消费影响机制研究[D]. 北京工业大学博士学位论文，2022.

[318] Lee E，Kang M，Song J，et al. From intention to action：habits，feedback and optimizing energy consumption in South Korea[J]. Energy Research & Social Science，2020，64：101430.

[319] Carroll C D, Overland J, Weil D N. Saving and growth with habit formation[J]. The American Economic Review, 2000, 90 (3): 341-355.

[320] Zhang K Z K, Benyoucef M. Consumer behavior in social commerce: a literature review[J]. Decision Support Systems, 2016, 86: 95-108.

[321] 梁静. 消费观念的类型及特征基于消费者认知和动机的视角[J]. 商业时代, 2014, (27): 33-34.

[322] Rowntree B S. Poverty: A Study of Town Life[M]. London: Macmillan, 1903.

[323] 李志兰, 江林. 家庭生命周期对我国居民消费意愿的影响研究[J]. 上海经济研究, 2014, (2): 126-132.

[324] William D, Wells G G. Life cycle concept in marketing research[J]. Journal of Marketing Research, 1966, 3 (4): 355-363.

[325] Gilly M C, Enis B M. Recycling the family life cycle: a proposal for redefinition[J]. Advances in Consumer Research, 1982, 9 (4): 271-276.

[326] 杨凌, 陈学彬. 我国居民家庭生命周期消费储蓄行为动态模拟研究[J]. 复旦学报（社会科学版）, 2006, (6): 14-24.

[327] 罗永明, 陈秋红. 家庭生命周期、收入质量与农村家庭消费结构——基于子女异质视角下的家庭生命周期模型[J]. 中国农村经济, 2020, (8): 85-105.

[328] Papageorgiou E I. Review study on fuzzy cognitive maps and their applications during the last decade[M]//Glykas M. Business Process Management. Berlin: Springer, 2012: 281-298.

[329] Ferguson T M, MacLean H L. Trade-linked Canada–United States household environmental impact analysis of energy use and greenhouse gas emissions[J]. Energy Policy, 2011, 39 (12): 8011-8021.

[330] Park H C, Heo E. The direct and indirect household energy requirements in the Republic of Korea from 1980 to 2000—an input–output analysis[J]. Energy Policy, 2007, 35(5): 2839-2851.

[331] Liu H T, Guo J E, Qian D, et al. Comprehensive evaluation of household indirect energy consumption and impacts of alternative energy policies in China by input-output analysis[J]. Energy Policy, 2009, 37 (8): 3194-3204.

[332] Liu R Y, He L Y, Liang X, et al. Is there any difference in the impact of economic policy uncertainty on the investment of traditional and renewable energy enterprises?–A comparative study based on regulatory effects[J]. Journal of Cleaner Production, 2020, 255: 120102.

[333] Fang L T, He L R, Huang Z G. Asymmetric effects of monetary policy on firm scale in China: a quantile regression approach[J]. Emerging Markets Review, 2019, 38: 35-50.

[334] Fu T. How does government intervention determine a Firm's fuel intensity: evidence from China[J]. Journal of Cleaner Production, 2018, 196: 1522-1531.